U0738593

高等院校金融类专业规划教材

保险学

（第二版）

INSURANCE

主编　张代军

ZHEJIANG UNIVERSITY PRESS
浙江大学出版社

图书在版编目(CIP)数据

保险学 / 张代军主编. —2 版. —杭州：浙江大学
出版社，2016.7(2022.1 重印)
ISBN 978-7-308-15951-7

Ⅰ．①保… Ⅱ．①张… Ⅲ．①保险学 Ⅳ．①F840

中国版本图书馆 CIP 数据核字（2016）第 130594 号

保险学（第二版）

主　编　张代军

丛书策划	朱　玲
责任编辑	徐　霞　朱　玲
责任校对	杨利军　高士吟
封面设计	周　灵
出版发行	浙江大学出版社
	（杭州市天目山路 148 号　邮政编码 310007）
	（网址：http://www.zjupress.com）
排　　版	杭州青翊图文设计有限公司
印　　刷	广东虎彩云印刷有限公司绍兴分公司
开　　本	787mm×1092mm　1/16
印　　张	21.5
字　　数	524 千
版 印 次	2016 年 7 月第 2 版　2022 年 1 月第 2 次印刷
书　　号	ISBN 978-7-308-15951-7
定　　价	58.00 元

第二版编写说明

今天的中国,人们已普遍感受到了保险对整个社会的影响力。在保险业"新国十条"中,政府巩固并提升现代保险服务业在社会经济体系中的地位,明确了到2020年中国由现在的保险大国发展成为保险强国,将保险理念融入国家治理层面中来。在金融主体功能上,银行与证券业侧重于风险与收益的合理配置,保险业侧重于风险与损失的合理配置,由传统金融业衍生或创新的其他金融业态也无外乎收益、风险、损失三者间的调整与分配。现代保险业的回归与发展势必有助于以更开阔的视野、更理性的态度、更科学的手段处理好政府与市场的关系,发挥好市场在资源配置中的金融核心功能。

时光荏苒,《保险学》列为浙江省"十一五"重点教材(项目序号:ZJB2009155)顺利出版发行已过去五年多的时间了。值得欣慰的是,第一版教材的理论知识体系的构架、内容处理与书面设计等方面仍然与现阶段保险领域的形势较为契合,其理论指导意义显而易见。

第一版教材的使用虽然对当代财经类本科生和硕士研究生有关保险理论知识的教学仍具有较好的参考价值,但是鉴于国内保险业的快速变化,有关保险新政的不断出台以及如何运用保险理论解释、指导保险实务的创新活动的要求,有必要针对第一版《保险学》进行修订,使第二版《保险学》的理论知识体系架构更合理、内容更丰富、实务动态更前沿、书面形式更新颖和更规范。在具体修订中所完成的工作主要包括以下几个方面:

1. 充分借鉴国内外《保险学》教材编写经验,尊重保险活动规律,适当减少章节数,进一步凸显保险学自身知识体系的固有特征。即鉴于保险活动既是保险文化凝聚过程,也是保险文化传承过程,有关保险文化相关知识已蕴含在其他各章节之中,因此,在本次修订中,有关保险公司文化建设不再单独列为一章进行介绍,将第一版的篇幅(总共十四章)减少到十三章,即删除原版的第十二章"保险公司文化建设"。

2. 对原版正文各章节结构和文字表达方面进行了优化处理。各章节具体修订负责人对原版章节内容进行重新布局、调整、补充或删改,对相关文字表达的准确性、严谨性、易读性等方面进行了逐字逐句地重新核定。

3. 在原版案例基础上精选一些案例进行补充或更新,更加注重利用经典案例诠释各章节主要的知识难点。同时,更新和补充各章节贴图中的问题,借此引发读者思考问题的兴趣和拓宽学生思考问题的视野。

4. 将精心收集到的有关保险历史典故、理论动态、新政新规及保险实务经典事例等相关文献补充或更新到原版各章节的专栏内容中。根据以往的教材使用经验,延续原版教材各章节专栏的设置,既不影响保险基本理论知识脉络的把握,同时还有助于拓展相应章节理论与实务的知识面,并具有融会贯通之功效。

5. 根据学生使用《保险学》教材的学习要求,编写《保险学》配套学习教材,即《〈保险学〉习题与案例精编》,其内容包括《保险学》各章思考与练习问题的参考答案、各章节贴图中问题的参考答案、典型案例分析、模拟试题及其参考答案。

本书中的附录是 2015 年最新修正版的《中华人民共和国保险法》,书中案例或涉及法律解释的部分均以修正后的《中华人民共和国保险法》条款为依据进行法律诠释。

本书的修订工作主要是由浙江财经大学长期从事保险教学科研工作的专业教师完成的,具体分工如下:浙江财经大学张代军承担第一章、第二章、第三章、第七章的修订工作;张代军和浙江财经大学胡仕强共同完成第四章的修订工作;浙江财经大学叶晓凌承担第五章和第八章的修订工作;浙江财经大学沈蕾完成第六章的修订工作;浙江财经大学漆世雄完成第十章的修订工作;浙江财经大学石秀华完成第十一章的修订工作;浙江财经大学周海珍完成第十二章的修订工作;浙江财经大学东方学院金轶和包薇薇分别完成第九章修订工作以及部分案例的收集与整理工作;上海金融学院徐英完成第十三章的修订工作。修订方案的总体设计和主编工作由张代军教授完成。

现代保险理论与实务涉及面广且呈深入发展之势,保险服务技术含量高,专业理论知识在学科体系中具有较显著的边缘性特征,编写一部尽可能高品质的保险领域专业书籍无疑是对我们编写团队的再一次考验。鉴于认知局限的客观性,在编撰本书的过程中难免存在疏漏,欢迎读者批评指正。

张代军

2016 年 5 月 7 日

于杭州清雅苑陋室

目　　录

第一章 风险与保险

学习要点

- 风险的特点、风险的构成要素。
- 风险管理的一般程序。
- 保险损失学说、保险性质与特征。
- 风险与保险的关系。
- 保险的基本职能与派生职能。

第一节 风险与风险管理

今后会怎么样？这是任何人都无法回避的问题。人们是否可以锁定未来是个有趣的话题。无论是谁，总是希望对未来的情形做出准确的判断。但是，由于人们认知的局限性，针对非线性的人的生存发展问题给出准确的判断并非易事，或者说，实际的情况往往与所预期的有所偏差。一般地，人们将现实与预期存在偏差的可能性称为风险，而将那些只有损失可能性的风险称为危险或狭义层面上的风险，如人们可能遇到自然灾害、意外的不幸事故也正是我们通常所说的风险。正是由于风险的存在，人们开始寻求解决和应对的办法，保险才得以产生和发展。可以说，风险的存在是保险产生的基础，没有风险也就不会产生保险。因此，在了解保险之前，对风险相关的知识进行学习就显得尤为重要了。

一、风险的概念

(一)风险的定义

风险是指未来结果的不确定性。在实际生活中，如果我们闭上眼睛想象一下周边可能是什么状态，当睁开眼睛所看到的现实状态，总感觉多少有些不一样，即便是闭眼和睁眼之间的间隔哪怕是个很短时间，只要你处于一个动态的生活环境，所预期的状态和实际状态通常都会存在不同程度的不一致性。只要某一事件实际发生的情况与人们的预期有所不同，就意味着可能产生风险。如果未来的结果好于人们的预期，人们将获得一定的收益；相反，如果未来的结果低于人们的预期，就会给人们带来损失。正是由于这种不确定的结局，可能给人们带来不良影响，促使人们对风险管理引起了重视。

预期与实际结果存在偏差可能性的大小可以反映风险发生的概率。根据概率论，人们通常所指风险发生概率的大小关键取决于损害的概率大小,若损害的概率是 1 或 0,就不存在风险;但当损害的概率在(0,1)时,风险就会发生,而且概率越大,风险发生的可能性就越大,反之则越小。从概率论的角度来分析,就不难理解风险概念的真正意义了。风险发生概率大小和风险大小是两个不同的概念,风险大小不仅与风险发生概率有关,同时还与风险损失大小有关。

(二)风险的特点

1.风险的客观性

所谓客观是相对你自己而言的,你周边的任何事物都是一种客观存在。风险是客观存在的,地震、台风、洪水、瘟疫,以及相对于主观行为主体①而言别人行为的不确定性和意外事故等风险,都是不以人的意志为转移的,它们是独立于主观行为主体的意志之外客观存在的。人们只能在一定的时间和空间内改变风险存在和发生的条件,降低风险发生的频率和损害程度,却难以彻底消除风险。

2.风险的普遍性

风险普遍性凸显于纵向和横向等所有维度。如从纵向角度看,自从人类出现后,就面临着各种各样的风险,如自然灾害、意外事故、疾病、伤害、战争等。随着科学技术的发展、生产力的提高、社会的进步以及人类的进化,又产生新的风险,且风险事故造成的损失越来越大。再从横向角度看,在当今社会,个人面临着生、老、病、死、意外伤害等风险,企业面临着自然灾害、意外事故、市场风险、技术风险和政治风险等,甚至国家和政府也面临着各种风险。总之,风险覆盖到社会、企业和个人生活的方方面面,风险无处不在、无时不在。

3.风险的不确定性

风险的不确定性是风险最根本的属性,而这一属性同时也可以反映到风险这一抽象事物的各个层面。第一,风险是否发生是不确定的;第二,风险发生的时间是不确定的;第三,风险发生的地点是不确定的;第四,风险所致的损失程度是不确定的;第五,风险所致的损失承担的主体是不确定的。需要注意的问题是,风险发生的不确定性是对标的个体而言的,即风险的发生是一种随机现象,具有不确定性;对于标的总体而言,风险的发生是必然的,并带有一定的规律性。正是风险的这种特点,使保险得以存在和发展。

4.风险的可测性

虽然对某一经济主体或风险作用的某一对象而言,风险的发生具有不确定性。但是,就某一个特定的群体而言,因其所面临某一特定风险的客观存在,从总体的角度上看,该特定风险的发生具有必然性。比如,人人都面临着疾病与死亡的风险,对具体某一人而言,疾病与死亡风险的发生具有偶然性,但对所有的人来说,疾病与死亡必然会发生。人们可以根据某一风险发生的统计资料及其相关经验,测算出该风险发生的概率及造成的损失程度,并将其作为风险管理的重要依据。正是基于此,保险通过对风险总量的掌控促使其基业长青。

5.风险的可变性

随着人类生活、生产范围的扩大,以及经济交往的增强、科学技术的进步,风险也随之

---

① 这里的主观行为主体是指风险承受者或基于读者的视角认识风险的人。

发生了变化。主要表现有:第一,空间范围扩大。风险从国内溢出国界,使某一类风险具有国际性质,影响众多国家。如东南亚的金融危机波及世界许多国家和地区。第二,损失数额增加。由于城市化水平的提高、财富的积累增长迅速,即使发生和以往一样的风险,也会使损失成倍增加。同时,某些风险标的的价值巨大,如核电站、航天飞机、人造卫星等,一旦发生风险,其损失是相当大的。第三,新的风险不断出现。科学技术的应用在给人们的生产和生活带来巨大便捷的同时,也给人们带来了前所未有的风险。

6. 风险的相关性

风险与其行为主体紧密相关,人们面临的风险与其行为有着密切的联系。由于人们的风险意识、敏感程度等个体差异较大,相同的风险对于不同的行为主体会产生不同的结果,同一行为主体在不同的阶段或者由于其所采取的行为不同,也会面临不同的风险。

7. 风险的社会性

风险与人类社会的利益密切相关,无论风险源自自然现象,还是社会现象,必须是相对于人身及其财产的危害而言的。对于自然现象本身来说,风险只是其自身运动的表现形式。但自从有了人类以后,风险就会对人类的人身和财产安全带来一定的影响。可以说,没有人,没有人类社会,就没有风险可言。或者说,风险会影响到社会体系中的每一个成员,从这一角度分析也可透视风险的社会性。

(三)风险的要素

风险由多种要素组成,这些要素相互作用,共同决定了风险的存在与变化。一般认为,风险的组成要素包括以下几个方面。

1. 风险因素

风险因素又称风险条件,是指那些隐藏在损害事件后面,增加损害可能性和损失程度的条件。风险因素是风险事故发生的潜在原因,是造成损害的间接的、内在的原因,或通俗地讲,风险因素在路上。风险因素的存在,有可能增加风险事故发生的频率、增大风险损害的程度。风险因素又可分为实质风险因素、道德风险因素和心理风险因素。

实质风险因素,是指在社会生活中客观存在的并能引起事物变化的各种物理因素,一般表现为有形的风险因素。有形的风险因素是指那些看得见、影响损害程度和频率的环境条件。例如,汽车的刹车系统、建筑物的结构、人体的免疫力等,都属于实质风险因素。

道德风险因素,是指与人的道德修养及品行有关的无形的风险因素。如由于人的不诚实或不良企图,故意导致了风险的发生,如欺诈、纵火等恶意行为,都属于道德风险因素。

心理风险因素,是指与人的心理状态有关的无形的风险因素。如人的过失、疏忽、侥幸心理或依赖保险的心理等,造成风险事故发生的机会增加。如购买家庭财产保险以后放松对家庭财产的保护就属于心理风险因素。

2. 风险事故

风险事故是造成生命、财产损失的偶发事件,是造成损失的现实情境,是对应风险不确定性的一个随机现象。只有发生风险事故,才会形成损失或伤害。风险事故意味着风险由可能性转化为现实性,即风险的发生。就某一事件来说,在一定的条件下,它可能是造成损失的直接原因,则它成为风险事故;而在其他条件下,它又可能是造成损失的间接原因,则它成为风险因素。显然,这和前面所提到的风险因素是不同的概念。

3. 风险损失

由于风险的存在,就有发生损失的可能性,如财产价值或个人所得的减少。但这种财产价值或个人所得的损失,必须以"非故意"所导致的损失为限。因而,在风险管理中,损失是指非故意的、非预期的、非计划的经济价值的减少,即经济损失,这是狭义的损失定义。一般以失去所有权或预期利益、支出费用、承担责任等形式表现。而像精神打击、政治迫害以及折旧等均不能作为狭义层面上的经济损失。

通常我们将损失分为两种形态,即直接损失和间接损失。直接损失是由风险事故导致的财产本身的损失和人身的伤害;而间接损失则是由直接损失引起的额外费用损失、收入损失、责任损失等。间接损失的金额往往很大,有时甚至超过直接损失。

4. 风险载体

所谓风险载体即为风险作用的母体,或者说风险损失的承载体。风险事件往往是伴随着损失的发生,而无论是精神损失,还是经济损失总是会存在一个承载的母体。相对于人的生命而言,人的身体和寿命即为人身风险的载体;相对于物质及其相关利益而言,与其相对应的,并能够承载一定货币价值含量的有形或无形的财产,即为财产风险的载体。

二、风险的分类

人类在日常生产和生活中,面临着各种各样的风险。为了便于管理,需要对风险进行分类。按照不同的分类方式,可将风险分为不同的类别。

(一)按风险的性质分类,风险可分为纯粹风险与投机风险

1. 纯粹风险

纯粹风险是指仅有损失机会而无获利机会的风险。例如汽车所有人有因碰撞而遭受损失的风险。若发生碰撞,即遭受损失。若无碰撞事故,并无额外获利。

2. 投机风险

投机风险是指既有损失机会也有获利机会的风险。例如,价格变动对企业存货形成的风险,价格下跌将出现损失,价格上涨则可获利。

纯粹风险与投机风险具有以下的区别:第一,纯粹风险损失是绝对的,对整个社会而言,它是一种社会的净损失;投机风险损失是相对的,对整个社会而言,各经济主体间得与失是相对应的,一般不会形成社会的净损失。第二,纯粹风险的发生较规则,重复性强,只要条件基本相同,就会重复出现。因此运用数理统计能较好地测定并把握其运动规律;投机风险的运动,其规律性较差,这是由于导致投机风险发生的基本条件通常是无法重现的,所以难以运用数理统计手段研究其运动规律。一般来说,风险管理的前提是可以量化的风险,不可量化的风险不属于风险管理范畴。

(二)按风险产生的环境分类,风险可分为静态风险与动态风险

1. 静态风险

静态风险是指在社会经济结构不变的条件下,因自然力量不规则变动或反常和人类行为的错误或失当所形成的风险。如由自然力量不规则变动或反常所形成的风险有洪水、台

风、火山爆发、疾病等。由人类行为错误或失当所造成的风险有盗窃、诈骗、恶意伤害、碰撞等,这类风险存在于任何一种经济社会中。或者说,这类风险在任何社会经济条件下都是不可避免的。

2. 动态风险

动态风险是与经济及社会变动有密切关系的一类风险,或者说由政治、经济、科技发展等社会经济结构的变化引致的风险。如人口的增加、资本的增长、新技术的采用、产业结构的调整和经济体制改革等等,都可能产生此类风险。

静态风险与动态风险具有如下的区别:第一,静态风险可能造成的损失,其影响仅涉及少数人,其结果为社会的净损失;动态风险所引起的结果,则有较广泛的影响,对社会未必一定有损,或者反而有利。第二,静态风险的发生在一定时期内较为规则,通常多属纯粹风险;动态风险的发生较为不规则,很难进行综合统计。

(三)按风险标的分类,风险可分为财产风险、人身风险、责任风险与信用风险

1. 财产风险

财产风险是指可能引起财产毁损、灭失以及因财产毁灭所致的其他利益损失的风险。例如,因风险事故发生导致厂房、机器、设备的经济价值的减少以及使企业不能再凭借这些财产获取正常经济利益的利润损失。

2. 人身风险

人身风险是指可能导致人的疾病、伤残、死亡或损失劳动力的风险。如瘟疫、碰撞、年老等。人身风险会影响本人及其家庭经济生活的稳定性。

3. 责任风险

责任风险是指个人或单位因行为上的疏忽或过失,造成他人的财产损失或人身伤亡,依据法律、合同或道义应负的经济赔偿责任的风险。如医师的过失行为引致的医疗事故造成患者病情加重、伤残或死亡,企业生产或销售有缺陷的产品可能给消费者带来的损失等风险,均为责任风险。

4. 信用风险

信用风险是指在经济交往中,权利人与义务人之间,由于一方违约或违法行为给对方造成经济损失的风险。例如,在对外贸易活动中,进口商未按合同要求及时将货款支付给出口商,从而造成出口商经济损失的风险。

(四)按风险的影响程度分类,风险可分为基本风险与特定风险

1. 基本风险

基本风险是指非个人的行为引起的风险。基本风险不同于系统性风险,通常是指一项活动所面临的最主要的一个或若干个风险。相对于非个性化行为特征而言,基本风险可以形象地比喻团体风险,可能影响到整个社会及其主要生产部门,且不易防范。例如,政局变动、经济体制改革、巨灾等,都属于基本风险。

2. 特定风险

特定风险是指风险的产生及其后果,只会影响特定的个人或组织,一般可以通过个人

或组织对其采取某种措施加以控制。特定风险事件发生的原因多属个别情形,其结果局限于较小范围,本质上较易控制及防范。例如,盗窃可能导致财产损失,属于特定风险;又如,某企业生产的产品因质量不合格引起经济赔偿责任的风险,可列入特定风险范畴。

(五)按风险产生的原因分类,风险可分为自然风险、社会风险、政治风险与经济风险

1.自然风险

自然风险是指因自然力的不规则变化引起的种种现象而导致对人们的经济生活和物质生产及生命安全等所产生的威胁。地震、水灾、火灾、风灾、雹灾、冻灾、旱灾、虫害以及各种瘟疫等自然现象是时常发生的。

2.社会风险

社会风险是指由于个人或团体的行为,包括过失行为、不正当行为及故意行为对社会生产和人们生活造成损失的可能性。如盗窃、抢劫、玩忽职守及故意破坏等行为对他人的财产或人身造成损失的可能性。

3.政治风险

政治风险又称为国家风险,是指在对外投资和贸易过程中,因政治原因或订约双方所不能控制的原因,债权人可能受到损失的风险。

4.经济风险

经济风险是指在生产和销售等经营活动中由于受到各种市场供求关系、经济贸易条件等因素变化的影响,或经营者决策失误,对前景预期出现偏差等,从而导致经济上受到损失的风险,比如生产的增减、价格的涨落、经营的盈亏等方面的风险。

三、风险管理

风险管理作为一门系统的管理科学,是 20 世纪 30 年代在美国兴起的。此后,风险管理逐渐引起美国社会的普遍关注并在 50 年代末得到推广。到了 70 年代,风险管理开始蓬勃发展。现在,风险管理的理论与实践,已在世界各国广为传播和应用。

(一)风险管理的定义

风险管理是经济社会中的行为主体在对风险进行识别、估测、评价的基础上,优化组合各种风险管理技术,对风险实施有效的控制,妥善处理风险所导致的后果,以期达到以最小成本获得最大的安全保障的目标的过程。风险管理是人们生活与生产活动中一个永恒的主题,所有人都会面临在现有条件下如何锁定未来的各类问题。

(二)风险管理的基本程序

风险管理的基本程序包括风险识别、风险估测、风险评价、风险处理方式的选择、风险管理的实施和效果评价几个环节。

1.风险识别

风险识别是风险管理的第一步,它是指对社会经济体系中的各类组织或个人面临的潜在风险加以判断、归类和鉴定风险性质的过程。存在于企业自身周围的风险多种多样、错综复杂,无论是潜在的,还是实际存在的,是静态的,还是动态的,是企业内部的,还是企业外部的,所有这些风险在一定时期和某一特定条件下是否客观存在,存在的条件是什么,以及损害发生的可能性等,都是在风险识别阶段应予以回答的问题。识别风险主要包括感知风险和分析风险两方面的内容。

风险识别的方法主要有:风险清单识别法、财务报表分析法、流程图分析法、事件树分析法、事故树分析法和风险链分析法等。

2.风险估测

风险估测是指在风险识别的基础上,通过对所收集的大量的详细损失资料或情境模拟以及量化分析手段选择与运用,估计和预测风险发生的概率和损失程度。风险估测不仅使风险管理建立在科学的基础上,而且使风险分析定量化。损失分布的建立、损失概率和损失期望值的预测,为风险管理者进行风险决策,选择最佳管理技术提供了可靠的科学依据。

3.风险评价

风险评价是指在风险识别和风险估测的基础上,把风险发生的概率、损失的严重程度,结合其他因素综合起来考虑,得出系统发生风险的可能性及其危害程度,并与公认的安全指标比较,确定系统的危险等级,然后根据系统的危险等级,决定是否需要采取控制措施,以及控制措施采取到什么程度。风险评价通过定性、定量分析风险的性质和比较处理风险所支出的费用,来确定风险应如何处理和处理的方式。风险评价可以分为定性风险评价、定量风险评价和综合风险评价。

4.风险处理方式的选择

风险管理者对于行为主体所面临的风险进行识别、估测、评价之后,就需要选择相适应的技术手段对风险进行处理。也就是说,风险管理者要针对风险的实际情况,根据自身的资源状况,以及各种风险管理技术的特点,合理选择和组合风险管理技术,做出科学的风险管理决策,实现预期的风险管理目标。因此,前人结合风险管理经验、技术以及其他相关知识,总结归纳出不同的风险管理方法与样式供人们选择。

5.风险管理的实施和效果评价

在选择风险处理方式的基础上,需要实施风险管理的决策及评价风险管理的效果。实施风险管理的决策就是将风险管理相关事项的政策措施贯彻落实。风险管理效果的好坏,一方面要参考是否能以最小的成本取得最大的安全保障,另一方面还要考虑风险管理与整体管理目标是否一致等。风险管理决策总是与未来的不确定性相联系的,所以应该将风险管理的实施结果反馈到上述各个环节,对风险管理方式的适用性及有效性情况进行分析和评估,及时发现风险管理的实际情况与管理目标的差异程度,定期或不定期地调整风险管理计划,促进实现风险管理各阶段目标,以达到风险管理的最佳效果。风险管理评价实质是一个不断校正的过程,也是一个不断探索发现风险管理规律的过程。

(三)风险管理方式

风险管理方式总体可分为控制型管理方式和财务型管理方式两大类。

1.控制型管理方式

控制型管理方式是指针对存在的风险因素采取控制技术以消除风险因素,或减少风险因素的危险性。主要表现为:在事故发生前降低风险的频率;在事故发生时将损失减少到最低限度。控制型风险管理方式主要包括避免风险、预防损失、分散风险、损失抑制等具体方式。

(1)避免风险。避免风险是指设法回避损失发生的可能性,从根本上消除特定风险。处理风险的成本有可能大于其产生的效益。避免方法简单易行,但有时会丧失利润,且避免方法通常会受到限制。例如,担心锅炉爆炸,就放弃使用锅炉,改用电热炉等。这种方法的优点是能够彻底避免风险,但是其缺陷也是相当明显的,即在回避风险的同时放弃某种经济利益。如改用电热炉,所需的成本就较用煤的锅炉要高。此外,这种方法可能是根本无效的。如地震风险,在现有的科学技术水平下,是任何行为主体都无法回避的。况且,有些时候,避免了某种风险,又会面临新的风险,如因电压过高致使电热炉损坏的风险。

(2)预防损失。预防损失是指在风险发生前为了消除或减少可能引起损失的各种因素而采取措施处理风险,其目的在于通过消除或减少风险因素来降低损失发生的频率。具体方法通常有:工程物理法,是指损失预防侧重于风险单位的物质因素;人类行为法,是指损失预防侧重于人们行为的教育。

(3)分散风险。分散风险是指增加同类风险单位的数目来提高未来损失的可测性,以达到降低风险的目的。分散风险是通过兼并、扩张和联营等手段,集合许多原来各自独立的风险单位,增加风险单位数目,提高风险的可测性,达到把握风险、控制风险、降低风险成本的目的。

(4)损失抑制。损失抑制是指在风险事故发生时或之后采取各种措施防止损失扩大。它是处理风险的有效技术,如安装灭火系统等。损失抑制是一种特殊形态的割离,它将风险单位割离成许多独立的小单位,从而达到缩小损失幅度的目的。

2.财务型管理方式

由于种种因素的制约,人们对风险的预测不可能绝对准确,而防范损失的各项措施都具有一定的局限性,所以某些风险事故的损失后果是不可避免的。财务型风险管理方式是指通过事故发生前所做的财务安排技术手段的运用,来解除事故发生后给人们造成的经济困难和精神忧虑,为生产自救、恢复经济、维持正常生活等提供财务基础,具体包括自留风险、转移风险等方式。

(1)自留风险。自留风险是指对风险的自我承担,即自我承受风险损害后果的方法,是一种非常重要的财务型风险管理技术。自留风险有主动自留和被动自留之分。主动自留是指在识别风险的基础上,根据自己的经济承受力和经济上的合理性、可行性决定自留,它使人们有意识地、主动地承担风险成本。被动自留则是指未能识别出风险或无条件选择其他方式而被迫承担风险成本。在现实中,更多的表现是因无法准确预测风险或缺乏足够信息的情况下的被迫行为。

自留风险通常在风险所致损失频率和损失程度或幅度低、损失情况短期内可以预测以及最坏的情况不至于影响财务的稳定性时采用。自留风险的成本低,方便有效,可减少潜在损失,节省费用和取得基金运用收益。但有时会因风险单位数量和相关信息不足的限制,难以准确测定风险,一旦自留风险发生,所导致的损失比预期的大得多,在自我承受力有限的情况下,必然引起财务上的不稳定。

(2)转移风险。转移风险是指一些单位或个人为避免承担风险损失,有意识地将损失或与损失有关的财务后果转嫁给另一些单位或个人去承担的一种风险管理方法。这种以转移风险成本为特征的财务处理方法包括非保险转移和保险转移。

非保险转移是指单位或个人通过经济合同,将损失以及与损失有关的财务后果转移给另一单位或个人去承担的方法。经济单位在从事经济活动的过程中,可以利用合同条款等将有关活动的潜在风险损失转移给他人承担。如在建筑合同中,业主可以要求承包人必须提供抵押品或质押物,这样便降低了承担处理风险的费用和风险成本。非保险转移的优点在于应用范围很广,费用低廉,灵活性强。特别是经济活动过程中出现的各种风险,保险公司往往不予承保,因此,非保险转移方法有着广泛的空间。然而,非保险转移常常受到法律的限制,而且,有些风险根本无法通过非保险转移方法处理。

从风险管理角度来说,保险转移是单位或个人通过订立保险合同,将其面临的财产风险、人身风险和责任风险等转嫁给保险人的一种风险管理技术。保险转移是以保险费为条件的,因此,转移之前就发生了风险处理成本,所以,考虑保险转移时,应充分考虑保险转移的成本问题。因为有些风险,保险转移成本可能比自留的成本高得多,而且,还可能因采用保险转移而泄露技术秘密从而导致更大的经济损失。但是,保险转移作为风险转移方式之一,有很多的优越之处,在社会上得到了广泛的运用。

第二节　保险与保险的分类

一、保险的概念

在没有学习"保险"这一专业术语之前,人们通常把"保险"理解为稳妥或有把握的意思。但保险学中的保险有其独特的含义。"保险"是由英文"assurance"或"insurance"翻译而来。据有人考证,先由日本人意译为保险,后来我国借用了这个译名。保险起初在英语中的含义是"safeguard against loss in return for regular payment",即以缴付保费为代价来取得损失补偿。这一表述虽然不能确切回答保险完整的含义,但在一定程度上反映出了保险的特性。后来,各国学者分别站在不同角度研究探索,试图给保险下一个完整定义,但迄今尚无一个公认的保险定义。

(一)保险的学说

在了解以往各国学者试图回答保险是什么的不同见解时,学术界比较一致的采用日本学者园乾治关于保险性质学说的归纳:损失说、非损失说和二元说。

1. 损失说

损失概念是该学说的核心。损失说又具体分为损失赔偿说、损失分担说、损失转移说和人格保险说。

(1)损失赔偿说。该学说相对其他保险学说而言是最早形成的一种保险理论,其代表人物有英国的马歇尔(S. Marshall)和德国的马修斯(E. A. Masius)。该学说的基本观点可概括为:保险是赔偿损失的合同。这一观点奠定了早期海上保险和火灾保险理论基础,但随着人寿保险业务的开展,这种观点无法解释人寿保险的储蓄性和人身风险损失不可估量性方面的矛盾。

(2)损失分担说。该学说代表人物是德国的华格纳(A. Wagner)。其观点是在承认保险是一种损失赔偿前提下,着重强调在损失赔偿中多数人互助合作、共同分担损失的事实,并认为该理论适用于各种保险。发现损失分摊的保险运作机理是该学说对保险学的一大贡献。但部分学者认为该学说适用于任何形式的保险的说法过于偏颇。

(3)损失转移说。该学说是基于风险管理的角度来认识保险,其代表人物是美国的维兰特(A. H. Willet)。维兰特认为损失赔偿是通过众多人把风险转嫁给保险组织来实现的,或者说保险是一种转移风险的方法。损失转移说是对损失分担说的一个有效补充,其缺陷仍然是忽视人身风险损失的特殊性。

(4)人格保险说。该学说主要针对人寿保险而言,其代表人物是美国的休勃纳(S. S. Huebner)。该学说认为,人的寿命与财产价值一样可以用货币来衡量,人类体内所具有经济性的各种精神和力量可以产生金钱价值,如健康、技能、经验、判断力、创造力等。因此,既然人寿保险以保障寿命价值的丧失为目的,也就可以与财产保险理论相提并论。

2.非损失说

鉴于以上以损失为核心,诠释保险引起的财产与人身风险损失量化的矛盾冲突,非损失说另辟蹊径探索发现,力求客观地回答保险是什么。该理论流派主要包括保险技术说、欲望满足说、相互金融说和财产共同准备说。

(1)保险技术说。保险技术说的代表人物是意大利的费方德(C. Vivante)。该学说强调保险的计算基础,揭示保险的产生缘于集中和分散风险的风险管理技术。其理论依据是保险基金的建立和保险费收取的标准,是通过计算风险损失的概率来确定的。保险的精算技术奠定了保险科学发展的基础。但是,该学说只重视保险的数理基础,而不考虑保险的经济价值和职能,显然过于片面。

(2)欲望满足说。欲望满足说主要代表人物是意大利的戈比(U. Gobi)和德国的马纳斯(A. Manes)。该学说的核心是以保险能够满足经济需要和金钱欲望来解释保险的性质,认为保险费与保险理赔金额在数量上形成的巨大反差,有助于人们采用支付少量保险费手段,满足在灾后可获得部分或全部补偿的欲望。但是,该学说对保险性质的诠释含糊其辞,而且存在唯心主义和功利主义倾向。

思考:

如何看待接受保险服务和求助"神仙"保佑?

(3)相互金融说。相互金融说的代表人物是日本的米谷隆三和酒井三郎。该学说认为,可以将保险视为一个在互助合作基础上的金融机构,与银行、信用社一样起着融通资金的作用。认识到保险具有融资职能是可贵的,但把保险性质与其一个职能放在一个层面上来认识也是片面的。

(4)财产共同准备说。财产共同准备说的代表人物是日本的小岛昌太郎。该学说认为,保险是为了保障社会经济生活的稳定,将多数单位集合起来,根据大数法则所建立的财产共同准备制度。

3.二元说

二元说是把具有补偿性质的非人寿保险(简称非寿险)和人寿保险(简称寿险)视为两个独立的概念予以分别定义。二元说的代表人物是德国的爱伦贝格(V. Ehrenberg)。该学说认为财产保险合同是将损失赔偿作为合同约定的目的,人身保险合同是以给付一定金额为合同约定的目的,两者不能混为一谈。因此,二元说又称"择一说"。该学说强调保险法律内涵,分别设定寿险和非寿险制度框架,并在实践中具有较强的可操作性,因此对中外保险法产生了较为普遍的影响。但有许多学者认为,不应怀疑寿险与非寿险所存在共同属性,从科学角度出发,对保险的内涵与外延的界定理应存在一个完整的定义。

(二)保险的性质

随着保险的不断发展,对保险内涵与外延的理解与认识也日趋完备。现代意义的保险已具有十分丰富的理论体系。在揭示保险性质方面,人们一般从经济、法律、社会三个角度进行分析。

1.保险的经济属性

保险的经济属性体现在保险活动的性质、保障对象、保障手段和保障目的等各方面。保险活动是整个国民经济活动的一个有机组成部分;保障对象即财产和人身,是直接或间接属于社会生产中的生产资料和劳动力两大经济要素;保障手段最终主要是采取支付货币的形式进行补偿或者给付;保障的根本目的是有利于经济发展。

2.保险的法律属性

保险是一种合同行为,合同是保险存在的形式。具有法律效力的保险合同条款,是保险双方利益主体从事或参与保险活动的行为依据,是明确双方当事人权利与义务的法律保证。人们缴纳保险费参加保险之时,形式上得到的只是一纸合同。合同中所载明的保险事项能否兑现,关键是看合同内容的法律效力。如"从摇篮到坟墓"长期人寿保险,可能在订立合同后的几十年或上百年后,保险公司才开始理赔,如果保险不具有法律属性,谁还会相信很久以前所约定的一纸承诺呢?

3.保险的社会属性

保险的社会属性也称保险的互助性。保险能够使众多人结合起来,将个体对付风险化为众人共同应对风险。保险不能消除保险事故的发生,但人们可以通过保险将可能由自己承担的风险损失责任转移出去,或者说将个体所承担的损失责任转化为由所有参加保险的人共同承担。这种依据"一人为众,众人为一"的风险管理理念营造的风险损失转移机制有助于整个社会的经济生活稳定运行,因此,保险有"社会稳定器"之称。

(三)保险的定义

通过对保险学说的了解和保险性质的分析,人们的脑海中对保险的认识更多的局限于什么是保险的理解上,在此有必要给出保险是什么的一般表述。从金融角度给保险下定义,"保险是对不可预期损失重新分配的融资活动"[①];"保险就是一种风险融资转移,保险公司承诺承担损失的财务负担"[②]。从法律角度给保险下定义,保险是"承保人和投保人双方的合同协议,按照协议承保人同意补偿投保人的损失作为投保人缴纳的保险费的回报"[③]。保险是以契约形式确立双方经济关系,以缴纳保险费建立起来的保险基金,对保险合同规定范围内的灾害事故所造成的损失,进行经济补偿或给付的一种经济形式。2005年国际财务报告准则(IFRS)对保险合同的定义是:"保险合同是保险人一方从另一方(保险单持有人)接受了重要的保险风险,并同意补偿保险单持有人因列明的、不确定的未来事件(被保险事件)遭受损害的合同";也有的学者试图给保险下一个完整的定义,如"保险是集合同类危险聚资建立基金,对特定危险的后果提供经济保障的一种危险财务转移机制"。[④] 该定义是基于传统保险一般的风险保障范围(纯粹风险)和体现经济、法律、社会等三大属性,对保险予以抽象性的表述。

2015年修订的《中华人民共和国保险法》(以下简称《保险法》)第2条对保险的法律定义:"本法所称保险,是指投保人根据合同约定,向保险人支付保险费,保险人对于合同约定的可能发生的事故因其发生所造成的财产损失承担赔偿保险金责任,或者当被保险人死亡、伤残、疾病或者达到合同约定的年龄、期限等条件时承担给付保险金责任的商业保险行为。"

(四)保险的特征

保险的特征体现在以下几个方面:

1. 经济性

保险是一种经济保障行为,保险的经济保障活动是整个国民经济活动的一个有机组成部分。保险体现的是一种经济关系,没有风险造成的经济损害,也就无保险可言。从经营的角度讲,经营商业保险业务的保险公司属商业性机构,经营的主要目标则是提高经济效益,追求利润最大化。

2. 互助性

保险在一定条件下,分担了个别单位和个人所不能承担的风险,从而形成了一种经济互助关系。这种经济互助关系通过保险人用多数投保人缴纳的保费而建立起来的保险基金补偿或给付少数人发生的风险损失而得以体现,因此,这种经济互助关系体现了"一人为众,众人为一"的思想。

3. 契约性

从法律角度来看,保险又是一种契约行为。因为,保险商品交换关系,是依据保险合同来进行的,保险双方都要根据保险合同规定的各自享有一定的权利和承担一定的义务来从

① [美]马克·S.道费曼. 风险管理与保险原理[M].齐瑞宗,等译.北京:清华大学出版社,2009:2.
② [美]C.小阿瑟·威廉斯,迈克尔·L.史密斯,彼得·C.杨,等. 风险管理与保险[M].8版.马从辉,刘国翰,译.北京:经济科学出版社,2000:264.
③ [美]C.小阿瑟·威廉斯,迈克尔·L.史密斯,彼得·C.杨,等. 风险管理与保险[M].8版.马从辉,刘国翰,译.北京:经济科学出版社,2000:265.
④ 张洪涛,郑功成.保险学[M].北京:中国人民大学出版社,2009:28.

事保险活动。

4.商品性

保险体现的不是一般的经济关系,而是一种商品等价交换关系。保险劳动是一种服务性劳动,这种服务性劳动为社会提供服务。保险服务是按等价交换原则进行交换的,这种服务是一种商品。

5.科学性

保险是以数理计算为其收缴保费的基本依据,因此,使保险避免了盲目性,同时使保险的财务具有了稳定性,这就为最大限度地保障被保险人的经济利益和保险人的稳健经营提供了科学依据。

二、保险的分类

随着社会的进步和保险事业的发展,保险领域不断扩大,新的险种层出不穷。根据不同的要求和分类标准,对保险的分类也是不同的。

(一)按保险的性质分类,保险可分为社会保险、商业保险和政策性保险

1.社会保险

社会保险是指在既定的社会政策的指导下,由国家通过立法手段对公民强制征收保险费,形成保险基金,用以对其中因年老、疾病、生育、伤残、死亡和失业而导致丧失劳动力或失去工作机会的成员提供基本生活保障的一种社会保障制度。

2.商业保险

商业保险是指保险人按商业原则经营,以盈利为目的的经营理念,同被保险方建立的一种等价的保险关系。所谓商业原则,在这里就是指保险人所提供的保险服务是以投保人交付保险费为前提,并力图在损失补偿或给付后有一定的盈余。

3.政策性保险

政策性保险是指为贯彻一定的国家政策,以国家财政为后盾所建立的一种不以盈利为目的的保险关系。广义的政策性保险,还包括社会保险;狭义的政策性保险仅涉及有关财产的保险。实际上,很多国家的政府对政策性保险业务都给予补贴。

(二)按照实施的方式分类,保险可分为自愿保险和强制保险

1.自愿保险

自愿保险是指投保人与保险人在平等自愿原则基础上建立保险关系的一类保险。由于社会各经济主体的差异性,对保险的需求也是多种多样的。为适应人们的多种需求,保险市场中大多数保险业务一般都采用自愿保险的方式。商业保险基本上都属于自愿保险。

2.强制保险

强制保险是指保险双方以法律、法规或行政命令为依据建立的保险关系。这类保险有两大特点,一是被保险方无权依据自己的意愿决定是否投保;二是保险方不得拒绝符合强制保险条件的被保险方的投保。例如2006年7月1日起实施的机动车交通事故责任强制保险就属于一种典型的强制保险。

(三)按保险标的分类,保险可分为财产保险和人身保险

1.财产保险

财产保险是指以财产及其相关利益为保险标的的保险。在此是以广义的财产概念来界定财产保险的。财产,就广义而言,不仅仅指有形的具体物质财富,还包括与具体物质相关的民事权利和义务。因此,财产保险的标的除有形的物质财产外,还包括与财产相关的经济利益、责任、信用等无形财产。在保险实务中,一般把以有形的物质财产为标的的保险称为财产损失保险,即狭义的财产保险。把以责任、信用为标的的保险分别称为责任保险和信用保险等。因而财产保险一般分为财产损失保险、责任保险和信用保证保险。

2.人身保险

人身保险是以人的身体和寿命为保险标的的一类保险。当被保险人发生死亡、伤残、疾病、年老等事故或保险期满时,保险人给付保险金。由于人身保险的保险标的的价值无法用货币衡量,因此其保险金额可根据被保险人的经济生活需要和投保人缴付保险费的能力由保险双方协商确定。人身保险一般分为人寿保险、健康保险和人身意外伤害保险。

(四)按承保方式分类,保险可分为原保险、再保险、重复保险和共同保险

1.原保险

原保险是指保险人与投保人之间直接签订保险合同而建立保险关系的一种保险。

2.再保险

再保险是保险人将其所承保的风险和责任的一部分或全部,转移给其他保险人的一种保险。

3.重复保险

重复保险是投保人以同一保险标的、同一保险利益、同一保险事故与数个保险人订立保险合同,保险金额总和超过保险价值的一种保险。

4.共同保险

共同保险是指投保人与两个以上保险人之间,就同一保险利益、同一保险事故共同缔结保险合同的一种保险。

第三节　可保风险、风险与保险的关系

一、可保风险

(一)可保风险的定义

可保风险是指保险双方在政策法规框架内可交易的风险。具体含义是:一是保险人愿意并有能力承保的风险;二是投保人愿意并有能力转嫁给保险人的被保险人的人身或财产灾害损失的风险;三是政策法规允许保险合同所约定的承保风险。

（二）可保风险应具备的条件

传统保险可保风险通常应具备以下条件。

1. 风险应是纯粹风险

保险是对投保人所拥有的利益予以保障。通常保险人保的是投保人在投保时已确定的既得利益，而对其未来可能获得的利益不予承保。简单地说，投保人或被保险人不能通过保险额外获益。因此，具有投机性的风险，保险人不予承保。

2. 风险损失可以用货币来计量

风险损失可以用货币来计量，说明存在公认的评估方法和手段可以对被保险人的风险损失给出精确的估算，这样会有助于面对不确定的风险损失明确保险人的理赔责任。该条件主要用来局限财产保险的可保风险。针对人身保险该条件可理解为能够通过事先约定不同风险损失状态下保险人应该给付的金额。

3. 风险的发生具有偶然性

偶然性与必然性相对应。事件发生的必然性意味着事件必然发生或已经发生。若允许投保人投保具有必然性的风险，显然有悖于保险活动的商业规则。

4. 风险的发生应是意外的

意外与意料之内相对应。即保险所承保的风险发生概率不能过高。因为风险发生可能性超过一定限度，风险事故的发生可以说是意料之内的。风险发生概率大小与保险经营成本正相关，过高的承保风险发生概率，一方面会抑制保险需求，另一方面也可能动摇保险经营财务基础。

5. 风险应该使大量标的均有遭到损失的可能

这是基于保险人保证保险产品定价满足客观要求所设立的条件。如果风险只是对于一个标的或几个标的而言，则承保的风险不具备大数法则这一数理基础，保险经营的稳定性就会受到影响，因而需要大量的标的。

6. 风险导致的损失应具有严重性

这是基于投保人有意向转嫁风险损失责任所设立的条件。只有风险发生有导致重大或比较重大损害的可能性，才会产生保险需求。

需要强调的一点，作为商业保险，基于市场供求规律，保险意愿的达成是由其利益相关者的权衡确认可保风险。因此，可保风险的条件不是一成不变的，随着保险经营水平的提高，可保风险的范围会逐渐扩大。

二、风险与保险的关系

（一）风险是保险和风险管理的共同对象

"无风险则无保险。"风险的存在是保险得以产生、存在和发展的客观原因与条件，并成为保险经营的对象。但是，保险不是唯一的处置风险的办法，更不是所有的风险都可以保险。从这一点上看，风险管理所管理的风险要比保险的范围广泛得多，其处理风险的手段也比保险多。

(二)风险管理贯穿于保险活动的始终

从风险处理方式角度人们认识到保险是一种风险损失责任转移手段。但从保险活动的整个过程来看,保险是一项专门集中和分散风险的经营活动。无论是集中风险还是分散风险,都会对所经营的风险进行有效的管理。如果保险人不能正确认识客户所面临的风险、客观地评估风险、选择合理的风险处理手段及不断调整与完善风险管理模式,就不可能提升保险经营水平。

(三)保险发展有助于风险管理水平提高

从风险管理的历史上看,最早形成系统理论并在实践中广泛应用的风险管理手段就是保险。在风险管理理论形成以前的相当长的时间里,人们主要通过保险的方法来管理企业和个人的风险。由于保险起步早,业务范围广泛,经过长期的经营活动,积累了丰富的识别风险、预测与评估风险和防灾防损的经验和技术资料,掌握了许多风险发生的规律,制定了大量的预防和控制风险的行之有效的措施。所有这些都为风险管理理论和实践的发展奠定了基础。

(四)并非所有风险都能保险

根据可保风险的要求和条件,可保风险不仅需满足保险供求双方与政策法规的要求,同时还应符合所规定的基本条件。所以,这里所提到的风险与保险的关系,更确切地讲,应当是可保风险与保险的关系。在保险实务中,客户不可能将自己面临的所有风险转移给保险公司;保险公司也没有一种产品可以承保客户的所有风险。

第四节　保险的职能与作用

一、保险的职能

保险的职能是源于保险本质生成的内在、固有的功能,主要包括基本职能和派生职能。

(一)保险的基本职能

1.补偿职能

保险是在特定风险损害发生时,在保险的有效期和保险合同约定的责任范围以及保险金额内,按其实际损失数额给予赔付。这种赔付原则使得已经存在的社会财富因灾害事故所致的实际损失在价值上得到了补偿,在使用价值上得以恢复,从而使社会再生产过程得以连续进行。保险的补偿职能,只是把社会已有的财富进行再分配,而不能增加社会财富。因为从社会角度而言,个别遭受风险损害的投保人的所得,正是没有遭受损害的多数投保人的所失,它是由全体投保人给予的补偿。这种补偿既包括财产损失的补偿,又包括了责任损害的赔偿。

财产保险与人身保险是两种性质完全不同的保险。由于人的价值是很难用货币来计价的,所以,人身保险是经过保险人和投保人双方约定进行给付的保险。因此,人身保险的补偿职能不是损失补偿,而是经济给付。

2.分摊职能

对于个体来说,风险事故是否发生具有不确定性,但对于相同风险的群体来说风险事故发生是可以确定的。或者说风险发生的概率对个体来说具有不确定性,但对群体来说其概率分布却是一个确定的数值。这使得保险可以作为一种分摊损失的方法。有意思的是,保险集中风险的过程,同时也是分散风险的过程。即站在投保人的角度看保险将客户的风险集中在自己身上;但站在保险人的角度看,众人投保的同时也是保险人在分散所集中的风险的过程。当发生约定的保险事故时,保险人利用众人缴纳保险费所建立的保险基金进行理赔,其实就是由所有参加保险的人共同承担个体发生的风险损失。

(二)保险的派生职能

1.融资职能

融资职能主要是指保险人将保险资金中暂时闲置部分,重新投入社会再生产过程,以扩大社会再生产规模的职能。其实保险的融资行为贯穿于保险活动的始终。首先,保险基金建立的过程就是投保人与保险人之间资金余缺调剂的过程;其次,保险基金建立之后,该基金并未处于完全闲置状态,而是作为保险资金融入货币市场和资本市场;最后,当发生约定的保险事故时,保险人的理赔活动也可以说是保险双方进行的货币资金余缺调剂的融资活动。

2.防灾防损职能

首先,在风险管理过程中,管理者要注重运用防损和减损等具体措施对所面临的风险进行有效处理,说明防灾防损本身就是风险管理的重要内容,而保险活动其实也是一项专业的风险管理活动;其次,保险人的行为动机也是有助于弱化风险形成的条件和尽可能地减少损失;另外,随着保险服务的开展,有助于社会行为主体增强风险防范意识,提高风险管理水平。

此外,现代意义的保险具有了社会管理功能。一般来讲,社会管理是指对整个社会及各个环节进行调节和控制的过程,目的在于正常发挥各系统、各部门、各环节的功能,从而实现社会关系的和谐、整个社会良性运行和有效管理。保险的社会管理功能不同于国家对社会的直接管理,而是通过保险内在的特性,促进经济社会的协调以及社会各领域的正常运转和有序发展。保险的社会管理功能是在保险业逐步发展成熟并在社会发展中的地位不断提高和增强之后衍生出来的一项功能,主要体现在社会保障功能、社会管理、社会关系管理、社会信用管理等方面。

二、保险的作用

(一)促进经济发展

保险在经济发展中有着非常重要的作用。保险人通过赔偿被保险人的经济损失,帮助人们避免在保险合同约定的风险事故发生时所产生的危害。这种经济危害,对于个人来说,只是经济困难,但对于企业来说,就可能是破产。按照产业资本循环理论,产业资本采取货币资本、生产资本和商品资本三种形态。三种形态的资本在空间上并存,在时间上继起。产业资本要顺利循环,要求三种形态的资本能够顺利地相互转化。保险发挥其经济补偿作用,可以保证三种形态的资本顺利地转化,不会因灾害事故造成产业的停滞或中断,从而有利于企业加速资金周转,提高经济效益,保持生产经营活动的连续和稳定。

(二)保障社会稳定

保险通过分散风险及提供经济补偿,在保障社会稳定方面发挥着积极的作用。公民个人及其家庭生活的安定是整个社会稳定的基础,然而,各种风险事故的发生常使个人或家庭遭到损害,而成为社会不稳定因素。这些不稳定因素会使正常的社会生活秩序遭到破坏。保险通过保障个人及家庭的生活稳定,消除了这些不稳定因素,从而维护了社会生活秩序的安定。保险的防灾防损职能,在客观上起到了保障社会稳定的作用。保险人通过与有关部门的配合,开展防火、防洪、防震和防止交通事故等宣传工作,提高了投保人对防灾防损重要性的认识;通过参加当地安全委员会和消防委员会等安全组织,做到互通信息,搞好部门间的防灾防损工作;保险人还参加由主管部门组织的地区性或行业性安全联合检查,帮助投保人消除事故隐患;结合承保和理赔工作,帮助企业做好安全管理,拨付防灾补助费,用于防灾防损专职部门添置设备、防灾宣传、修建防损设施,使企业发生风险事故的可能性降到最低,既稳定了企业生产,也保障了社会安定。

(三)促进改革开放

改革开放给商业保险的发展带来了难得的机遇,与此同时,商业保险的发展也发挥着促进改革开放的积极作用。劳动用工制度的改革、住房制度改革、医疗制度改革、社会保障制度改革等改革政策和措施都是以市场为导向的。这就要求保险业及时做出回应,积极配合各项改革,适时推出人民群众迫切需要的保障产品,满足社会新的需求。比如,住房制度改革以后,人们将自己购买住房,而住房有可能遭遇各种灾害的风险;医疗体制改革后,医疗费用支出将更多地由个人负担,保险能不能及时开发出承担这些风险的保险产品,直接关系到上述改革是否能够顺利进行。因此,充分发挥保险业的作用,加快保险业的发展,对于我国经济体制改革具有重大的意义。

随着我国对外开放程度的不断提高,我们也面临着一些新的风险。无论是对外经济交往,还是对外文化交往,保险都是不可缺少的重要保障。保险办得好不好,是考察投资环境的重要方面。因此,办好保险,可以促进对外开放的进一步发展。

(四)促进对外贸易的发展

保险作为对外贸易和经济交往中不可缺少的环节,为促进对外贸易的发展,起到了巨大的作用。在国际贸易中,最常用的贸易术语,也是外贸合同中必备的价格条件有三种,它们是离岸价、成本加运费价、成本加运费加保险费价。这三种价格都与保险密切相关。首先,在离岸价的价格条件下,卖方必须在合同规定的装运期内于指定装运港将货物交至买方指定的船上,并负责货物越过船舷为止的一切费用和货物灭失或损坏的风险。因此,为了转嫁风险,通常由买方办理保险。其次,成本加运费价价格条件与离岸价价格基本相似,除由卖方租船定舱、支付正常运费外,保险仍由买方办理。最后,在成本加运费加保险费的价格条件下,由卖方负责办理运输货物保险,支付保险费,租船定舱,交纳运费。可见,外贸合同中必备的价格条款本身就不能脱离保险的存在。

为了鼓励和扩大出口,促进对外贸易的发展,一些政策性保险(如出口信用保险)既可帮助出口方获得银行贷款,又为创汇提供保障,这都有力地推动了我国对外贸易的发展。另外,保险作为国际收支中无形贸易的重要的组成部分,在自身开展业务的同时,也为国家争取到了大量的外汇资金。

(五)促进科技创新

在科学技术的开发与应用中,会不可避免地伴有风险发生。要调动科技人员和生产经营管理人员开发应用新技术的积极性,最重要的一点就是降低或转移新技术开发应用中的各种风险。保险可以为新技术的开发、应用与推广提供经济补偿职能。例如,承保核电站建设、卫星发射等高科技领域的项目,一方面保障了高科技建设顺利进行,另一方面也扩大了业务范围。

专栏 1-1

风险一词的由来[①]

人类的历史可以说是一部风险抗争史,自从有了人类,风险就相伴而生。"风险"一词的由来,最为普遍的一种说法是,在远古时期,以打鱼捕捞为生的渔民们,每次出海前都要祈祷,祈求神灵保佑自己在出海时能够风平浪静、满载而归。他们在长期的捕捞实践中,深深体会到"风"给他们带来的无法预测的危险,"风"即意味着"险"——可能遭受的灾难。因此,有了"风险"一词。而另一种较普遍的说法,是基于经过多位学者论证的"风险"一词的"源出说"。该"源出说"认为,风险(risk)一词是舶来品。有人认为来自阿拉伯语,有人认为来源于西班牙语或拉丁语,但比较权威的说法是来源于意大利语的"risque"一词。在早期的运用中,也是被理解为客观的危险,体现为自然现象或者航海遇到礁石、风暴等事件。大约到了 19 世纪,在英文的使用中,风险一词常常用法文拼写,主要是用于与保险有关的事情上。

现代意义上的风险一词,已经大大超越了"遇到危险"的狭义含义,而是"遇到破坏或损失的机会或危险",可以说,经过两百多年的演义,风险一词越来越被概念化,并随着人类活动的复杂性和深刻性而逐步深化,并被赋予了从哲学、经济学、社会学、统计学甚至文化艺术领域的更广泛更深层次的含义,且与人类的决策和行为后果联系越来越紧密,风险一词也成为人们生活中出现频率很高的词汇。

无论如何定义风险一词的由来,但其基本的核心含义是"未来结果的不确定性或损失",也有人进一步定义为"个人和群体在未来遇到伤害的可能性以及对这种可能性的判断与认知"。如果采取适当的措施使破坏或损失的概率不会出现,或者说智慧地认知,理性地判断,继而采取及时而有效的防范措施,那么风险可能带来机会,由此进一步延伸的意义,不仅仅是规避了风险,可能还会带来比例不等的收益,有时风险越大,回报越高、机会越大。

因此,如何判断风险、选择风险、规避风险继而运用风险,在风险中寻求机会创造收益,意义更加深远而重大。

---

① 资料来源:http://www.baike.baidu.com/view/156901.htm.

专栏 1-2

保险的由来

"保险"的精神和重要性,不论是在古今中外,或是在我们的生活当中,皆有许多的案例可循,而比较接近现代,亦比较有规划、有系统的由来,可以追溯到 300 多年前英国的海上保险。在 17 世纪时,英国的海上活动便已十分频繁,其船只不断出没在世界各地经商或航海探险,以开辟政治和经济的新天地,然而,当时的科技不如现在进步,因此,许多的船只出海之后并没有平安归来,进而造成当时英国很大的社会问题,因为,船只上装载着货物及人员,货物损失,即造成商家经营的困境,人员罹难,即造成其家属收入中断生活无以为继,就在这样的情况下,当时,许多的船家、商号便集合起来成立了一个"协会",加入这个协会的每个商号或个人都出一份钱、一份力,当万一又有船只遇难时,就将这一大笔钱用来帮助不幸的商家及船员家属渡过财务上和生活上的难关,后来,这样的制度和精神,逐渐受到世人广泛的肯定和认同,进而,在不断地评估、改良之后,便发展出今天保险的形态。

【本章小结】

风险是保险学最基本的概念之一,正确理解和认识风险的定义、特点、构成要素等方面知识对客观地理解和认识保险是非常必要的。风险最基本的特征是不确定性。风险因素、风险事故、风险损失、风险载体是风险四大要素。风险要素的理解有助于我们对具有抽象性的风险定义进行具体的、深入的分析。风险的分类与保险种类、保险个性化服务具有密切关系。风险管理与保险关系的分析,对探索发现保险生存与发展规律是必要的。保险的经济性、法律性与社会性是保险的三大基本属性,是形成保险职能与作用的根本与前提。在可保风险认识方面,遵循法律法规与满足保险双方供求条件是确认可保风险的基本的前提条件。

【思考与练习】

■主要概念

风险　风险管理　保险　可保风险　社会保险　政策性保险　补偿职能　给付职能
分摊职能　融资职能　防灾防损职能

■基础练习

一、单项选择题

1.风险损失相对于财产而言是指(　　)损失。

A.财产　　　　　　B.物质　　　　　　C.精神　　　　　　D.资金

2.风险事件变为现实的可能性是(　　)存在的。

A.必然　　　　　　B.不会　　　　　　C.主观　　　　　　D.客观

3.只有(　　)的存在,才有风险发生的可能性。

A.风险因素　　　　B.风险损失　　　　C.风险事故　　　　D.风险变化

4.纯粹风险损失,对整个社会而言它是一种社会的（　　）。

A.损害 B.损失 C.净损失 D.净资产

5.（　　）是指保险双方以法律、法规或行政命令为依据建立的保险关系。

A.社会保险 B.强制保险 C.政策性保险 D.商业保险

二、多项选择题

1.风险因素归纳起来主要包括（　　）。

A.实质因素 B.道德因素 C.心理因素 D.客观因素

2.财产损失主要包括（　　）。

A.财产毁损 B.精神损失 C.财产灭失 D.相关利益

3.损失的发生必须是（　　）。

A.确定的 B.意外的 C.合理的 D.非故意的

4.（　　）是保险的基本职能。

A.防灾防损职能 B.融资职能 C.分摊职能 D.补偿职能

三、简答题

1.风险的特点有哪些？

2.风险由哪些要素构成？各要素之间有何联系？

3.风险分类的主要方法及其划分的内容如何？

4.保险的主要特征是什么？

5.可保风险应具备的条件有哪些？

6.保险分类的主要方法及其划分的内容如何？

■思考题

1.谈谈你对"无风险,则无保险"这一保险理念的认识。

2.你认为人生比较可怕的风险有哪些？处理这些风险较为妥当的方法是什么？

3.学习了本章内容谈谈你对"凡是符合法律法规的,与风险转移相关的保险方案为保险双方所接受的,保险交易发生并成功实现风险由被保险人转移至保险人,并使各方从风险转移中获得效用改进,那么该风险就是可保的"这一"风险可保性"的现代定义的理解。

■单元实训

2008年5月12日和2010年4月14日分别在我国汶川与玉树两地发生强烈地震,造成了重大人员伤亡和财产损失。请查阅有关保险在这两次地震后的理赔信息,并依据所查阅的信息谈谈保险的作用。

第二章　保险的基本原则

学习要点

- 保险利益构成应具备的条件。
- 最大诚信原则基本内容、违反该项原则的法律后果。
- 近因与保险责任的内在联系。
- 损失补偿原则及其派生原则,遵循损失补偿原则的意义。

第一节　保险利益原则

一、保险利益的含义

保险利益又称可保利益,是指投保人或被保险人对保险标的所具有的法律上认可的经济利益。人们通过保险并不能消除风险事故的发生,或者说,保险并不能使被保险人的财产或人身安然无恙,保险保障的是被保险人的财产或人身所承载的经济利益。

保险利益是保险合同的客体,是保险合同得以成立的重要前提。保险利益的构成必须具备下列条件:

（一）必须是法律认可的利益

保险利益必须是合法的、受法律保护的利益。不法利益,如盗窃、非法占有、不当得利获得的利益,不能构成保险利益。法律上不予承认或不予保护的利益也不构成保险利益。

（二）必须是经济上的利益

所谓经济利益是指投保人或被保险人对保险标的的利益必须是可通过货币计量的利益。保险的主要功用是向被保险人提供经济保障,保险风险损失发生后,保险人一般通过货币形式进行补偿或给付来结束保险双方的合同关系。保险人对被保险人的非经济损失是无能为力的,而且也不属于它的职责范围内的事务,如精神创伤、政治利益损失、刑事责任等。

（三）必须是确定的利益

确定的利益是客观存在的、可实现的利益,而不是凭主观臆测或推断可能获得的利益。客观存在的利益包括现有利益和期待利益。

二、保险利益原则的含义与意义

(一)保险利益原则的含义

保险利益原则是指在签订保险合同时或履行保险合同的过程中,投保人或被保险人对保险标的必须具有保险利益的规定。具体来说,如果投保人对保险标的不具有保险利益,所签订的保险合同无效;若保险合同生效后,财产保险的投保人或被保险人失去了对保险标的的保险利益,则保险合同随之失效。而人身保险合同只要求在投保时投保人对被保险人的身体或生命具有保险利益。

(二)保险利益原则的意义

1.避免赌博行为的发生

如果不规定保险利益的存在为签订保险合同的重要前提,保险行为就会类似于赌博行为。因为投保人与保险标的无利害关系,签订合同的目的是想获得侥幸利益,即全凭偶然的风险事件能否发生,决定以小金额保费为代价,能否获取数倍于保费的额外所得,无疑是一种赌博。保险利益原则是体现保险人对投保人或被保险人已拥有的经济利益的保障,投保方不可能因保险而额外获利,从而避免了保险成为赌博或类似于赌博的行为。

2.限制保险赔付的额度

根据保险利益原则,保险利益不仅具有质的规定,还具有量的规定。保险利益的货币量化金额是保险赔付的最高限额,对超过这一金额部分的经济利益不属于投保方的保险利益。因此,遵循这一原则,保险双方在合同中,在保险利益的限度内可约定具体的保险金额,从而可有效地限制损害赔付的程度。

3.防止诱发道德风险

防止诱发道德风险主要是指防止投保人投保目的不是为了被保险人得到经济保障,而是为了谋取保险金。遵循保险利益原则,可有效地防止投保人投保的不轨企图,如纵火索赔、谋财害命索赔等。在人身保险合同订立、履行中,遵循这一原则是对被保险人生存安全的有效保护。

三、主要险种的保险利益

(一)财产保险的保险利益

由于财产保险标的是财产及有关利益,因此,财产保险的保险利益产生于财产的不同关系。根据民法债权和物权基本理论,这些不同关系依此产生不同的利益:现有利益、预期利益、责任利益和合同利益。

1.现有利益

现有利益是投保人或被保险人对财产已享有且继续可享有的利益。投保人对财产具有合法的所有权、抵押权、留置权等关系且继续存在者,均具有保险利益。现有利益随物权的存在而产生。

2.预期利益

预期利益是因财产的现有利益而存在,依法律或合同产生的未来一定时期的利益。它包括利润利益、租金收入利益、运费收入利益等。

3.责任利益

责任利益是被保险人因其对第三者的民事损害行为依法应承担的赔偿责任,它是基于法律上的民事赔偿责任而产生的保险利益,如职业责任、产品责任、公众责任、雇主责任等。

4.合同利益

合同利益是基于有效合同而产生的保险利益。在合同关系中,一方当事人或双方当事人,只要合同标的的损失会给他们带来法律承认的经济损失,相应的当事人对合同标的就具有保险利益。

案例 2-1

个人为单位车辆投保有效吗?

【案情简介】

2008 年 9 月,某地 A 厂购得奥迪 A6 轿车一辆。10 月,司机李某在厂长的指示下向当地保险公司投保了车辆损失保险和第三者责任保险。在投保中,为了方便省事,司机李某在投保人和被保险人两栏中都写了自己的名字。2009 年 5 月,该轿车在行驶中不慎与一辆卡车相撞,车身严重毁损。

保险公司在随后的调查中发现,被保险车辆的碰撞责任及相关损失都在保险责任范围之内,但是,保险公司同时也发现,李某所投保的轿车并非其个人财产,而是 A 厂的企业财产,也就是说,李某是以个人的名义对企业的财产进行投保,那么,这份保单是否有效呢? 围绕这个问题,保险公司内部形成两种不同意见:

第一种意见认为,A 厂作为一个法人组织,其财产的投保人必须是其法人代表,即厂长,厂长之外的其他人均没有投保的权利能力和行为能力。由于该轿车不是厂长投保,李某也没有厂长授权其投保的书面证明,所以该保单无效。

第二种意见认为,虽然轿车不是李某的个人财产,但是作为司机李某对轿车具有管理权,也就是说,李某对该轿车具有保险利益,所以,在厂长的许可下,年满 18 周岁的李某有权对其投保,保单因此有效。

【处理结果】

保险公司采纳第二种意见,认同保单的有效性。

【分析意见】

投保人的投保行为若要产生要约的效力,必须具备以下三个条件:

第一,投保人必须具有民事权利能力和民事行为能力;

第二,投保人必须对保险标的具有保险利益;

第三,投保人要按约定交付保费。

在本案中,司机李某显然符合第一和第三两个条件,所以要判断该保单是否有效的关键就是看李某对保险标的的是否具有保险利益。从案例中我们可以发现,虽然李某不是奥迪轿车的所有权人,但是李某的职业是司机,他对这辆轿车具有管理利益、收益利益以及责任利益,而这些根据保险法规的规定都是保险利益的具体表现形式。所以,司机李某也符合第二个条件,该保险合同有效。

不过,由于司机李某不对轿车具有所有权,保险公司在理赔时也就没有义务对轿车损失进行赔偿,而只需要对李某在此次碰撞事故中的责任做相应赔偿。而对于李某所交纳的用来投保车辆损失险的那一部分,保险公司应该相应退还。

(二)人身保险的保险利益

在人身保险中投保人对被保险人的寿命和身体具有保险利益。人身保险的保险利益虽然难以用货币估计,但同样要求投保人与保险标的(寿命或身体)之间具有经济利害关系,即投保人应具有保险利益。人身保险可保利益可分为两种情况:

1. 本人投保

投保人以自己的寿命或身体为保险标的投保,当然具有保险利益。

2. 为他人投保

保险利益有严格的限制规定,主要包括:血缘、婚姻及抚养关系;债权债务关系;业务关系等。各国法律规定不一,大致有两种:一种是利害关系论;一种是同意或承认论。我国《保险法》规定:"投保人对下列人员具有保险利益:本人;配偶、子女、父母;前项以外与投保人有抚养、赡养或者扶养关系的家庭其他成员、近亲属;与投保人有劳动关系的劳动者。除前款规定外,被保险人同意投保人为其订立合同的,视为投保人对被保险人具有保险利益。"

> **想一想:**
>
> 你或你的家人在投保人身保险的时候,保险代理人和你讲了保险利益的问题了吗?有哪些人对你具有保险利益?

案例 2-2

修订后的《保险法》对"保险利益"的新诠释

【案情简介】

2006 年,宁波某单位为员工投保了中国人民财产保险公司的家庭财产险作为福利。之后,员工张某家中失火,财产损失大半,他找到保险公司,要求赔偿。但是,保险公司却以"该单位与张某家庭财产没有保险利益"为理由拒赔。

【分析意见】

按修订后的《保险法》中"投保人或者被保险人对保险标的应当具有保险利益"规定,该案例张某应该获得人保财险公司的理赔。现在不少单位以福利的形式为员工投保家庭财产险,由单位作为投保人出钱投保,职工作为被保险人享受保险保障。众所周知,单位对于职工的个人家庭财产一般毫无保险利益可言。但之前的《保险法》规定:投保人对保险标的应当具有保险利益,因此如果严格按照这一规定来判断则这类保险合同均为无效。而就一般法理而言,这种投保行为是各方当事人的真实意思表示,并未侵犯任何人的合法权益(以私分、转移国有资产为目的的除外),理应得到法律的支持。这就造成了法律规定与现实生活的不一致。

修订后的《保险法》关于"投保人或者被保险人对保险标的应当具有保险利益"的规定,与之前的《保险法》相比,必须具有保险利益的主体由单一的投保人扩展为投保人或被保险人。这一修订顺应了中国保险业的现实需求。社会生活中大量存在的赠与型保险、团体保险等险种以及代购代付保险费等行为,将告别合理不合法的尴尬境地。

案例 2-3

外公对外孙女具有保险利益吗?

【案情简介】

4 岁女孩芳芳父母在国外工作,暂时由上海的外公抚养。后芳芳外公为其买了一份定期保险,并指定自己为该保险受益人。半年后,芳芳意外死亡。父母和外公要求保险公司给付死亡保险金,遭到保险公司拒绝。

【处理结果】

投保人未经父母同意为其未成年女儿投保的保险合同被认定为无效合同。

【分析意见】

依据案情投保人与被保险人之间的长期抚养关系的事实存在,投保人对被保险人的保险利益是存在的。在此需要说明的是根据我国《保险法》,虽然,被保险人是投保人的外孙女,如果不存在事实上的抚养关系,外公对外孙女没有保险利益。然而,投保人对人身保险标的具有保险利益,只是人身保险合同有效的必要条件之一。根据《保险法》规定,只有父母才可以为未成年子女投保以死亡为给付条件的保险,除此之外,均不得投保,保险公司也不得承保。因此,投保人未征得小女孩父母的同意而为其投保,并指定自己为受益人是不合法的,该保单被认定为无效合同是有法律依据的,同时,保险公司对这份合同的订立,未能严格核保,说明保险公司在这方面的管理存在一定的缺陷。

四、保险利益的时限

(一)财产保险保险利益的时限要求

财产保险的保险利益,一般要求从保险合同订立到保险事故发生时始终要有保险利益。如果合同订立时具有保险利益,而当保险事故发生时不具有保险利益,则保险合同无效。如某房屋的房主甲在投保房屋的火灾保险后,将该房屋出售给乙,如果没办理转让批改手续,发生保险事故时,保险人因被保险人已没有保险利益而不需履行赔偿责任。

海上运输货物保险比较特殊,投保人在投保时可以不具有保险利益,但当损失发生时必须具有保险利益。这种规定是为了适应国际贸易的做法。买方在投保时,货物所有权尚未转移到自己手中,但因其货物所有权的转移是必然的,所以可以投保海上运输货物保险。

(二)人身保险保险利益的时限要求

人身保险的保险利益存在于保险合同订立时。在保险合同订立时要求投保人必须具有保险利益,而发生保险事故时,则不追究是否具有保险利益。如某投保人为其配偶投保人身保险,即使在保险期限内夫妻离婚,保险合同依然有效,保险公司按规定给付保险金。该规定是基于人身保险的保险标的是人的寿命和身体,人身保险生效后,若发生保险事故,被保险人或受益人是保险金请求权人,法律并未赋予投保人领取保险金的权利。因此,在保险合同生效后,投保人是否对被保险人具有保险利益没有意义。

第二节　最大诚信原则

一、最大诚信原则的含义

最大诚信的含义是指当事人真诚地向对方充分而准确地告知有关保险的所有重要事实,不允许存在任何虚伪、欺瞒、隐瞒行为。而且不仅在保险合同订立时要遵守此项原则,在整个合同有效期内和履行合同过程中也都要求当事人履行"最大诚信"原则。

最大诚信原则的含义可表述为:保险合同当事人订立合同及合同有效期内,应依法向对方提供足以影响对方做出订约与履约决定的全部实质性重要事实,同时绝对信守合同订立的约定与承诺。否则,受到损害的一方,按民事立法规定可以此为由宣布合同无效,或解除合同,或不履行合同约定的义务或责任,甚至对因此受到的损害还可以要求对方予以赔偿。

二、最大诚信原则产生的原因

保险合同订立和履行时要遵循最大诚信的原则,主要基于以下原因:

(一)保险经营过程中信息的不对称性

在保险经营的过程中,无论在保险合同订立时还是保险合同成立后,投保人与保险人对有关保险的重要信息的掌握程度是不对称的。

1.保险标的风险信息的不对称

对于保险人而言,由于保险标的始终掌握在投保人手中,有关标的的真实情况只有投保人最了解,保险人要了解其中的重要信息,只能通过投保人的如实告知与陈述才有可能确切地了解所要承保的风险信息。

2.保险条款信息的不对称

对于投保人或被保险人而言,由于保险合同的专业性及复杂性,一般的投保人是难以理解和掌握保险合同条款的具体含义,这对于投保人或被保险人来说是极其不利的。

可见,无论对于投保人还是保险人来说,要使保险合同得以成立,双方必须基于最大的诚实和信用,将自身所掌握的重要信息如实地告知对方,以维护好双方的正当权益。

(二)保险经营稳健性的客观要求

风险的可测性是实现保险稳健经营的科学依据。保险产品的合理定价要求保险标的的风险状况符合事先设定的承保条件,只有符合承保条件的风险标的才可以按照所预定的价格承保。因此,要求投保人和保险人诚实守信,履行应尽的义务,这样,才有助于保险人切实满足投保人的保险需求,以凸显保险交换的商业属性。否则,会导致投保人支付的保费与所获得的风险保障服务不对称,也就是说,投保人实际支付的保险费与应该支付的保险费不一致。如果投保人支付较少,可能导致保险基金入不敷出;如果投保人支付的较多,则会人为抑制正常的保险需求。这两种结果最终都会对保险的稳健经营产生负面影响。

三、最大诚信原则的内容

最大诚信原则的基本内容包括告知、保证、弃权与禁止反言。在早期保险合同及有关法律中，告知与保证是对投保人和被保险人的约束，如英国早在 1906 年《海上保险法》第 17 条中要求投保人自动地对"凡影响保险人确定保险费率或决定是否承保的情况做正确的、充分的披露"；在现代保险合同及有关法律规定中，告知和保证是对合同当事人的共同约束；弃权与禁止反言主要是用来约束保险人的。

（一）告知

1. 告知的含义

告知的含义可分为狭义和广义。狭义的告知仅指合同当事人双方在订约前与订约时，当事人双方互相据实申报、陈述；广义的告知指合同订立前、订立时及在合同有效期内，投保方对已知或应知的与风险标的有关实质性重要事实据实向保险方做口头或书面申报，同时，保险方也应将与投保方利害相关的实质性重要事实据实通告投保方。

2. 告知的内容

对于投保人或被保险人来说，主要是指那些影响保险人确定保险费率或影响其是否承保及承保条件的每一项事实。对于保险人来说，应主动向投保人说明保险合同条款的内容，特别是免责条款的内容须明确说明；在保险事故发生时或合同中约定的条件满足后，保险人应按合同约定如实履行赔偿或给付义务。

3. 告知的形式

对于投保人来说，主要有无限告知和询问回答告知。无限告知即投保方须主动将保险标的的状况及有关重要事实如实告知保险人；询问回答告知又称主观告知，是投保方只对保险人询问的问题如实告知，对询问以外的问题投保方则无须告知。我国《保险法》规定："订立保险合同，保险人就保险标的或者被保险人的有关情况提出询问的，投保人应当如实告知。"可见，我国采用的是询问回答告知的形式。

对于保险人来说，主要有明确列明和明确说明两种方式。明确列明是指保险人只需将保险的主要内容列明在保险合同之中，即视为已告知投保人；明确说明是指保险人不仅应将保险的主要内容明确列明在保险合同中，还必须对投保人进行正确的解释。我国要求保险人告知时采用明确说明的方式。

案例 2-4

由投保人是否如实告知引起的合同纠纷

【案情简介】

2004 年 6 月 25 日，刘女士向新华保险公司投保了健宁还本终身重大疾病保险附加个人住院医疗保险，在个人寿险投保书健康告知栏第 8 项"被保险人或家属是否曾患有高血压、癌症或曾被发现为乙型或非甲型乙型肝炎带菌者?"刘女士填写为"否"。在投保人、被保险人声明处，刘女士亲笔签字确认在投保书中的所有陈述和告知均完整、真实。当日，新华保险公司向刘女士出具健宁还本终身重大疾病保险单。保险单显示:投保人、被保险人均为刘女士,保险金额2万元,保险费1628元,交费期限:2004年6月26日至终身。刘女士同时投保了附加险个人住院医疗保险,保险金额1万元,保险费312元,保险期限1年,上述两项保险费合计1940元,2004年至2008年,刘女士一直缴纳保险费。健宁还本终身重大疾病保险条款第7条、个人住院医疗保险条款第8条约定:(如实告知)投保人、被保险人故意未履行如实告知义务,本公司有权解除本合同,并对本合同解除前发生的保险事故,不负给付保险金的责任,不退还保险费。

2008年10月10日,刘女士因突发头晕8小时至北京电力医院就诊,入院记录显示,既往史:高血压病史5年,血压最高达210/110mmHg,间断口服贝那普利,未兼测血压;家族史:其父母、兄弟姐妹均患高血压病;体格检查:发育正常,营养中等,平车入病房,神志清楚,查体合作;言语:流利。初步诊断为短暂性脑缺血发作(椎基底动脉系统)、高血压病3(极高危)。当月22日,刘女士出院。出院后,刘女士向北京电力医院提出修改病历内容申请,申请修改"高血压病史5年改为5天",理由是"由于发病时神志不清、匆忙等原因,口述有误"。医生周国平、刘菁在申请单子上签字,但对于是否同意修改病历内容未做出是与否的表态。之后,刘女士向新华保险公司申请理赔,要求其根据个人住院医疗保险赔偿住院期间的医疗费用9218.62元。新华保险公司于2008年12月12日做出理赔决定通知书,拒赔原因为"不如实告知"。

【分析意见】

本案争议的焦点是投保人刘女士是否履行了合同约定以及法律规定的如实告知义务,保险人是否有权拒绝赔付。投保人刘女士应当履行如实告知义务既是当事人之间合同约定的内容,也是法律的强制性规定。健宁还本终身重大疾病保险条款第7条、个人住院医疗保险条款第8条,均明确约定了投保人、被保险人的如实告知义务,该合同条款对刘女士具有拘束力。同时投保人应当履行如实告知义务也是法律强制性规定,投保人刘女士应当遵守。

案例 2-5

酒驾肇事后追究保险人事先未履行告知义务

【案情简介】

2008年1月,程某所在单位为包括程某在内的30名职工,向某保险公司浙江分公司投保团体意外伤害保险及团体附加意外医疗保险。2008年3月,程某驾车途中翻车死亡。交警部门出具了程某酒后驾驶,应负事故全部责任的事故认定书。保险公司以酒后驾驶为由拒绝给付保险金,程某家人认为未做酒精含量测定认定酒后驾驶依据不能构成保险公司拒绝给付意外死亡保险金的理由,随后起诉保险公司,要求保险公司赔付保险金17万元。

【处理结果】

本案最终以保险公司支付少量的抚慰金调解结案。

【分析意见】

双方争议的主要焦点有两个:一是程某是否属于酒后驾驶?二是保险公司是否尽到了责任免除条款的说明义务?

首先,事故认定依据是事故时两名同车乘客的询问笔录和现场照片,认证依据充分。

其次,"明确说明"是指保险人应说明并采取合理方式提请投保人注意免责条款存在。司法实践中,对免责条款的明确说明认定为:只要说明方在合同订立时或订立前采用能够引起对方注意的方式、采用符号提醒以引起对方注意,即应该认定已经尽到"明确说明"义务。保险公司提供的投保人签章的投保单首页投保须知中提示:请认真阅读产品说明书和保险;在确认已充分理解保险责任、责任免除条款、保险合同解除条款后再做出投保决定。同时,投保人声明并盖章确认:已经认真阅读产品说明书、投保须知、所投保险种条款,确认对其中各项内容尤其是责任免除条款、合同解除条款均已完全理解并同意遵守。显然,原告方的索赔依据无法得到法庭认可。

案例 2-6

一起关于最大诚信原则的保险纠纷

【案情简介】

2010 年 10 月,陆某经人介绍,同意购买一份每年保费高达 20 万元、缴费年限为 5 年的人寿保险。11 月 4 日,陆某在没有填写投保单的情况下缴纳了 20 万元的保险费,营销员代投保人签名并完成了投保手续,保险合同如期签发。不久,该营销员将投保单、健康问卷、保单文件等交给了陆某,并拿出一份确认书要他签名。出于信任,陆某在没有仔细阅读确认书的情况下签了字。事后,陆某发现当时约定的缴费年限竟由 5 年变成了 10 年,而确认书的内容则是对他人代签行为的追认,并声明保险公司已经向他进行说明。感到受了骗的陆某向保险公司提出全额退保的要求。

【处理结果】

保险人在承保时对关键条款未如实说明,致使陆某对合同内容存在重大误解,因此这份合同属于可撤销合同,应全额退保。

【分析意见】

保险人应履行如实说明义务。《保险法》第 17 条规定:订立保险合同,采用保险人提供的格式条款的,保险人向投保人提供的投保单应当附格式条款,保险人应当向投保人说明合同的内容。对保险合同中免除保险人责任的条款,保险人在订立合同时应当在投保单、保险单或者其他保险凭证上做出足以引起投保人注意的提示,并对该条款的内容以书面或者口头形式向投保人予以明确说明,未作提示或者明确说明的,该条款不产生效力。

(二)保证

保证是指被保险人在保险期限内对某种特定事项的作为或不作为。也就是说,被保险人应承诺做某事或不做某事。

根据保险存在的形式,保证有明示保证和默示保证两种。明示保证是以条款形式在合同内载明的保证。保险人为了慎重起见,在有些情况下,在保险合同中安排一种固定格式,让被保险人承认保单上印就的保证条款,该条款作为合同中的内容,被保险人必须遵守。默示保证是指在保险合同中虽然没有用文字明确列出,但在习惯上已被社会公认是应予遵守的事项。如要求被保险的船舶必须有适航能力等。

根据保证事项是否存在,保证可分为确认保证和承诺保证。确认保证是投保人或被保险人对过去或现在某一特定事实存在或不存在的保证。承诺保证是投保人对将来某一事项作为或不作为的保证,即对该事项今后的发展做保证。

(三)弃权与禁止反言

弃权,是指放弃主张某项权利的行为;禁止反言,是指对放弃的权利不得再向对方主张。如保险合同中规定了被保险人保证做某项事或不做某项事,但保险人放弃了这项要求,那么,保险人日后就不能以此为由而拒绝承担保险责任。

从理论上讲,保险的商业属性决定保险双方所签订的合同符合双方的意愿。或者说,保险双方彼此所承担的义务和享有的权利均得到对方的认可。如果任何一方明知所享有的权利却主动放弃,并不能解除与所放弃权利对应的义务。否则,如果没有这方面的要求,合约一方在合同履行过程中,如果发现行使某项权利对自己不利时,会逃避应履行的义务而有意放弃这项权利,这样有可能会给对方造成应得利益的损害。

在保险实务中,保险代理人是基于保险人授权以保险人的名义对外从事保险业务的,因此,保险代理人可能为增加佣金收入而不认真或有意地不按照保险条件展业,保险合同一旦成立生效,从而出现保险人的弃权行为。这时保险人不得以代理人的行为有违保险条款而解除保险合同,这就是禁止反言。

四、违反最大诚信原则的法律后果

英国法律中没有诚实信用原则的普遍性规定,相应的,把要求当事人诚实信用的特殊合同归类为最大诚信合同,而保险合同就是这类合同的一种。英国 1906 年《海上保险法》第 17 条(以下简称 17 条)规定:"海上保险合同是最大诚信合同,如果任何一方当事人没有遵守最大诚信原则,那么另一方当事人可宣布合同自始无效。"一方面,由于保险合同补偿性或给付性的性质,英国法律采取了严厉的措施,防止被保险人利用保险事故获得超过其损失的额外利益。另一方面,被保险人相对于保险人对保险标的在控制和信息掌握上都处于更加优越的地位,为了平衡双方的地位,法律对被保险人信息披露的诚信度做出了很高的要求。因此,法律对违反最大诚信原则的处罚是非常严厉的,有过错的一方,无论其过错多轻微,都有可能失去整个合同。并且,由于该条没有明确地指出其适用范围,一般认为 17 条应当适用于合同订立履行的全过程。

但在之后的司法实践中,人们认识到 17 条对被保险人过于严厉,只要被保险人在有关的保险活动中存在违反最大诚信的情况,被保险人就将被剥夺保险合同下所有其他权利。然而,该条款对保险人又过于宽松,因为在被保险人已经遭受了损失的情况下,如果保险人违反最大诚信的话,保险合同被宣告无效对被保险人无任何实益。为维护合同双方正当权益,人们对合同成立前的最大诚信义务和合同成立后的最大诚信义务所存在的不同有了比较一致的认识。合同成立前的最大诚信义务为主动披露义务,当事人必须事无巨细,主动将与被保险物有关的一切信息披露,如果被保险人对事实问题未披露或者误述,就被认为是违反了"最大诚信原则",保险人可以引用 17 条主张合同无效。但是在合同成立后,只有欺诈行为或类似欺诈的不诚实行为才能被认定为是违背 17 条所要求的最大诚信。

为了明确保险双方违反最大诚信原则的法律后果,有必要对违反告知法律后果与违反保证法律后果加以区分。

(一)违反告知的法律后果

保险双方违反告知的情形可归纳为漏报、误告、隐瞒、欺诈等四种主要类型。漏报是指由于告知者的疏忽对某些事项未予告知,或对自以为某项事实对合同的订立与履行无关紧要而忽略告知。误告是指告知者的过失导致所告知的事项与事实不符。隐瞒是指告知者基于某种动机明知告知内容而有意不予告知的情形。欺诈是指告知者有意捏造事实,弄虚作假,故意对重要事实不做正确说明的不当行为。

在违反告知方面的处分,各国法律一般是依据告知者的动机和告知内容与合同生效的利害关系予以确定,而且相应的法律规定主要针对投保人方面的约束。我国《保险法》规定,"订立保险合同,保险人就保险标的或者被保险人的有关情况提出询问的,投保人应当如实告知。投保人故意或者因重大过失未履行前款规定的如实告知义务,足以影响保险人决定是否同意承保或者提高保险费率的,保险人有权解除合同";"投保人故意不履行如实告知义务的,保险人对于合同解除前发生的保险事故,不承担赔偿或者给付保险金的责任,并不退还保险费";"投保人因重大过失未履行如实告知义务,对保险事故的发生有严重影响的,保险人对于合同解除前发生的保险事故,不承担赔偿或者给付保险金的责任,但应当退还保险费"。

(二)违反保证的法律后果

满足保证事项的要求有助于保险防灾防损职能的发挥。在保险活动中,无论是明示保证还是默示保证,所保证的事项理应属于重要事实。因此,若在保险合同订立或履行过程中一旦存在违反保证事项,保险合同即告失效,或者保险人可以拒绝承担理赔责任。对非寿险而言,投保方如果存在这方面的违约,保险人不仅不承担理赔责任,通常也不退还保费。如果保险人违反保证事项应承担的义务,并不会影响投保方相应权利的行使。

案例 2-7

违反事先所作承诺的理赔遭拒案

【案情简介】

某金融机构向保险公司投保企业财产保险,并承诺单位全天 24 小时有警卫值班。在保险期间内,该机构所保财产被盗,并要求保险公司根据合同约定予以理赔。

【处理结果】

保险公司认为该金融机构违反保证义务,拒绝理赔。

【分析意见】

无疑金融机构投保财产全天 24 小时有警卫值班是保险公司予以承保的重要条件,但在事故调查中,保险公司了解到在保险期间因召开全体职工大会警卫室有脱岗 10 分钟的事实,保险公司以此为由拒绝理赔。

虽然,事故也许不是在警卫室脱岗期间发生,但这并不影响保险公司拒绝理赔的理由。如果没有金融机构投保财产全天 24 小时有警卫值班的承诺,保险公司还会根据对方所提的其他条件予以承保吗? 如果条件改变此合同未必能够订立。

第三节　近因原则

一、近因及近因原则的含义

所谓近因，是指导致损失的最直接、最有效、起决定作用的原因。近因原则是指保险人是否承担风险责任，是以保险风险产生的原因是否是风险损失发生的近因为要件的原则。即只要保险的风险因素不是损失的近因，保险人就不承担造成风险损失的责任。

风险因素是风险要素之一，显然也是保险所承保风险的四大要素之一。所谓保险责任主要是指保险事故发生后保险人应承担的理赔责任。将风险事故确定为保险事故的前提，是风险事故的近因属于保险所承保的风险因素。保险中的近因原则，起源于海上保险。英国1906年《海上保险法》第55条规定："除本法或保险契约另有规定外，保险人对于因承保之海难所致之损害，均负赔偿责任，对于非因承保之海难所致之损害，均不负赔偿责任。"

近因原则的里程碑案例是英国利兰公司案。一战期间，利兰公司一艘货船被德国潜艇的鱼雷击中后严重受损，被拖到法国勒哈佛尔港，港口当局担心该船沉没后会阻碍码头的使用，于是该船在港口当局的命令下停靠在港口防波堤外，在风浪的作用下该船最后沉没。该船的水险保单承保了海上危险，但把"一切敌对行为或类似战争行为的后果"作为除外责任。保险人认为损失的近因是鱼雷，属于除外责任。利兰公司索赔遭拒后诉至法院，审理此案的英国上议院大法官 Lord Shaw 认为，导致船舶沉没的原因包括鱼雷击中和海浪冲击，但船舶在鱼雷击中后始终没有脱离危险，因此，船舶沉没的近因是鱼雷击中而不是海浪冲击。

二、近因的判定

保险关系上的近因并非是指在时间上或空间上与损失最接近的原因。近因判定的正确与否，关系到保险双方当事人的利益。从近因的判断看，可能会有以下几种情况：

(一)单一原因造成的损失

保险标的损失由单一原因所致，该原因即为近因。若该原因属于保险责任，保险人应负赔付责任；若该原因属于责任免除项目，保险人不负赔付责任。

(二)同时发生的多种原因造成的损失

多种原因同时发生而无先后之分，且均为保险标的损失的近因，这时将存在三种可能：一是所有近因均属保险责任，保险人理应承担全部责任；二是所有近因均属责任免除范围的原因，保险人对该事件不承担任何责任；三是这些原因不全是保险责任，则应严格区分。对能区分保险责任和责任免除的，保险人只负保险责任范围所致损失的赔付责任。但在保险实务中，在很多情况下损害是无法区分的，保险人有时倾向于不承担任何损失赔偿责任，有时倾向于与被保险人协商解决，对损失按比例分摊。

(三)连续发生的多种原因造成的损失

多种原因连续作用下造成的损失，且各个原因之间没有间断，前后之间互为因果。因此,如果这些原因均为保险责任范围内的原因,保险人承担赔付责任。如果这些原因有些是保险责任范围内的原因,有些不是,则可以分为两种情况:第一,若前因是被保风险,后因是除外风险或未保风险,且后因是前因的必然结果,保险人对损失负全部责任;第二,前因是除外风险或未保风险,后因是承保风险,后因是前因的必然结果,保险人对损失不负责任。

(四)间断发生的多项原因造成的损失

在一连串连续发生的原因中,有一项新的独立的原因介入,导致损失,并能确定其是近因。若该项独立原因为保险风险因素,保险人应承担赔付责任;反之,则保险人不应承担相应风险损失的赔付责任。但若在该项独立原因出现之前存在保险风险导致的损失,那么前面所发生的损失保险人应按约定赔付。

案例 2-8

被保险人进行青霉素皮试后死亡的保险纠纷

【案情简介】

某被保险人投保了人身意外伤害保险,同时附加了意外伤害医疗保险。一天,被保险人因支气管发炎,去医院求治。医院按照医疗规程操作,先为被保险人进行青霉素皮试,结果呈阴性。然后按医生规定的药物剂量为其注射青霉素。治疗两天后,被保险人发生过敏反应,虽经医院全力抢救,但医治无效死亡。医院出具的死亡证明是:迟发性青霉素过敏。被保险人的受益人持医院证明及保险合同向保险人提出索赔申请。

【处理结果】

保险人按照人身意外伤害险的保险合同规定,履行给付保险金的义务。

【分析意见】

保险人接到受益人的申请后,内部产生两种不同意见。

一种意见是被保险人是在接受疾病治疗过程中死亡的,不属于"意外伤害"的范畴。由于被保险人投保的是人身意外伤害险,并非是疾病死亡的医疗保险,因此,保险人不应承担给付保险金的责任。另一种意见是尽管被保险人是在治疗疾病过程中死亡的,但由于迟发性的青霉素过敏对于医院和被保险人来说均属突然的意外事件,尤其对于具有过敏体质的人来说,不能认为身体仅对某种物质过敏就认定是次健康体。因此,由于青霉素过敏导致死亡,可以比照中毒死亡处理,而不能认为是因疾病导致死亡。既然如此,排除了被保险人因疾病死亡的可能性,只能视为意外死亡。

一般认为后一种意见比较合理。首先,就"意外伤害"的定义而言,是指外来的、突然的、非本意的使被保险人身体遭受剧烈伤害的客观事件。对于被保险人来说,医院按照医疗规程为其注射的青霉素药物,可以认定为"外来的"物质,即具有"外来的"因素;因皮试反应正常,被保险人于接受治疗两天后突发过敏反应,不仅被保险人自己难以预料,而且医院也是在被保险人发生过敏反应后才知道。尽管医院方懂得人群中有人会发生青霉素过敏反应,但究竟何人发生、何时发生,尤其是首次使用青霉素药物,并产生迟发性青霉素过敏反应的人,对于医院方来说也是个未知数。因此,该事件对于被保险人来说,具有"突然的"因素;被保险人去医院受治疗的目的,是医治支气管的炎症,没有料到会因青霉素过敏反应导致身亡,显然被保险人具有"非本意"的因素。综合上述三个因素,被保险人的死亡完全符合"意外伤害"的定义。

再者,就"意外伤害"的因果关系而言,只有当意外伤害与死亡、残废之间存在因果关系时,即意外伤害是死亡或残废的直接原因或近因时,才构成保险责任。本案中青霉素过敏反应是导致被保险人死亡的直接原因,也是意外伤害的原因。我国医疗卫生部门至今没有统一确认:对于某种物质具有过敏反应体质的人,这种过敏反应是一种疾病。因此可以得出结论,即被保险人的死亡是意外死亡。

案例 2-9

诱因导致的事故不属于保险事故

【案情简介】

王先生是某物流公司货车司机,在一家保险公司投保了意外伤害保险。在保险期间王先生在下乡送货的路上与迎面装满树枝的马车发生刮擦,马车不幸翻到路旁的沟里。王先生不顾被树枝刮伤的脸,跳下车急忙与赶马车的人以及附近村民一起将马车从沟里拉回路边,这期间王先生突然倒地不省人事。王先生被急救车拉到医院的途中便无生命迹象。事后,王先生的妻子作为合同受益人要求保险公司给付意外身故保险金。

【处理结果】

保险公司依据医院开具王先生死亡证明,是疾病导致心脏猝死诊断结果为由拒绝给付意外身故保险金。

【分析意见】

根据保险经营所遵循的近因原则,保险公司是否理赔首先需要弄清导致王先生死亡的近因是否属于保险公司所承保的风险因素,即外来的、短暂的、剧烈的风险因素。事实上,王先生脸部被树枝划伤与用力抬拉马车都不足以使其死亡,只是其死亡的诱因;导致其死亡最直接、最有效、起决定性的原因是心脏方面的疾病,而这方面的死亡风险因素不在意外身故保险之列。

案例 2-10

豪车涉水驾驶引起的保险纠纷——是天灾还是人祸

【案情简介】

2011 年 1 月 31 日,永发公司作为投保人为该公司所有的一辆奔驰轿车在人保 W 分公司投保了保险金额为 3298000 元的机动车损失保险及相应的不计免赔险。2011 年 8 月 26 日 15 时左右,永发公司法定代表人 A 驾驶上述奔驰轿车行驶至某隧道内时,因隧道内有积水导致车辆被淹熄火,发动机进水受损。嗣后,永发公司因维修受损车辆而产生维修费用 130 万元,因人保 W 分公司对上述费用拒不履行赔偿义务,故请求当地法院判令人保 W 分公司立即支付保险金 130 万元。庭审中,永发公司与人保 W 分公司均认可涉保车辆发动机损坏的原因是发动机进水。

被告人保 W 分公司辩称：①导致本案涉保车辆发生车损事故的直接原因是 A 的驾车涉水行驶行为，该事故不属于保险人承保的保险事故范围；②导致涉保车辆发动机受损的原因可能是发动机进水，但因发动机进水导致的发动机损害属于保险人的免责事项，因为被保险人没有投保针对发动机进水后损害的发动机特别损失险，保险人无须理赔。

原告认为保险条款第四条中因暴雨造成的机动车损失保险人应负责赔偿与保险条款第七条中发动机进水后导致的发动机损坏保险人不负责赔偿的条款内容间存在矛盾之处。因上述条款系格式条款，故应做出有利于被保险人的解释，人保 W 分公司不能免除保险赔付责任。

【处理结果】

当地人民法院判决：驳回永发公司全部诉讼请求。宣判后，永发公司未提出上诉，判决已发生法律效力。

【分析意见】

法院认为，本案中涉保车辆发动机进水受损并非因暴雨造成，而是因 A 驾驶涉保车辆涉水行驶的行为所造成，具体理由如下：①涉保车辆在隧道积水中被淹、发动机进水受损并非是由于暴雨发生当时隧道内形成的积水所导致，而是由于 A 于事故当日在积水的隧道中驾驶涉保车辆涉水行驶的行为所导致；②永发公司诉称，导致涉保车辆发动机进水受损的"近因"是暴雨。对此，法院认为，所谓近因，是指引起保险标的损失的直接的、最有效的、起决定性作用的因素，它是导致保险标的受损的直接原因。我国《保险法》上的近因原则是指损失的发生必须与保险合同约定的保险事故之间存在因果关系，只有当导致损失的近因属于保险合同约定的承保范围，保险人方才承担保险责任。本案中，事故隧道中的积水虽然是事故前日当地的降雨所致，但该降雨导致隧道中积水的事实与事故当日 A 驾驶涉保车辆在积水隧道中涉水行驶的事实间并无必然的、直接的因果关系，而 A 驾驶涉保车辆涉水行驶的行为与涉保车辆被淹、发动机进水受损之间存在必然的、直接的因果关系，故本案中，导致涉保车辆发动机进水受损的近因是 A 的涉水行驶行为而并非是暴雨。

第四节　损失补偿原则

经济补偿是保险的基本职能，也是保险产生和发展的最初目的和最终目标。因而保险的损失补偿原则是保险的重要原则。但需要指出的是损失补偿原则对于补偿性合同来说是理赔的首要原则，而对于给付性的保险合同在实务中并不适用。

一、损失补偿原则的含义

损失补偿原则是指当保险标的发生保险责任范围内的损失时，被保险人有权按照合同的约定，获得保险赔偿，用于弥补被保险人的损失，但被保险人不能因损失而获得额外的利益。其包括以下两层含义。

（一）有损失，有补偿

损失补偿以保险责任范围内的损失发生为前提，在保险合同中，被保险人因保险事故所致的经济损失，依据合同有权获得赔偿。

（二）损失多少，补偿多少

损失补偿以被保险人的实际损失为限，而不能使其获得额外的利益，即通过保险赔偿使被保险人的经济状态恢复到事故发生前的状态。

补偿原则是保险理赔的重要原则。补偿原则的运用可限制被保险人利用保险获取非保险利益的保险金。保险补偿是以被保险人"拥有"为前提，不能凭空获取保险补偿。坚持损失补偿原则，有助于维护保险双方当事人的利益，防止道德风险的发生。

二、损失补偿原则的限制条件

（一）以实际损失为限

以实际损失为限是保险补偿最基本的限制条件。当被保险人遭受损失后，不论其保险合同约定的保险金额为多少，其所能获得的保险赔偿以标的的实际损失为限。

（二）以保险金额为限

保险金额是保险人收取保险费的基础和依据，也是其发生赔偿责任的最高限额。因此，保险人的赔偿金额在任何情况下均不能超过保险金额。

（三）以保险利益为限

保险赔偿是以被保险人的保险利益为条件的。因此，在被保险人的保险利益发生变更减少时，应以被保险人实际存在的保险利益为限。如果发生风险，一般地，对被保险人已经丧失的保险利益，保险人将不予赔偿。

保险事故发生后，被保险人为防止或减少保险标的的损失所支付的必要的、合理的费用，由保险人承担。现行法律规定，被保险人上述施救费用的支出属于保险标的损失补偿金额以外另行计算，最高不超过保险金额的数额。

案例 2-11

家庭财产保险重复保险损失如何赔付

【案情简介】

2010 年 2 月，庞某向中国人民保险公司济南某分公司投保了家庭财产保险及附加盗窃险，保险金额为 2 万元，期限一年。同年 4 月，庞某所在单位为每名职工在中国太平洋保险公司济南某分公司投保了家庭财产保险及附加盗窃险，每人的保险金额为 2 万元，期限一年。两家保险公司分别向庞某出具了保险单。

2010 年 7 月，庞某家中被盗，庞某及时向派出所报案，并同时通知了两家保险公司。经现场勘验后认定，庞某被盗物品价值 2 万元。因公安机关一直未能破案，庞某向两家保险公司提出各赔偿 2 万元的要求。两家保险公司以庞某重复投保，造成保险合同无效为由拒绝赔偿。庞某遂向法院提起诉讼，要求两家保险公司按合同的约定各赔偿 2 万元的经济损失。

【处理结果】

法院经审理认为,庞某与两家保险公司所签订的家庭财产保险合同均为有效合同,庞某家中被盗后,保险公司理应按合同约定承担赔偿责任。鉴于庞某在两家保险公司重复保险,不能获得超过保险价值的赔偿,按照法律规定,两家保险公司应按照其保险金额与保险金额总和的比例承担赔偿责任。据此,庞某要求获得双倍赔偿的诉讼请求和两家保险公司以合同无效而拒不赔偿的辩解主张,均与法不符,应予驳回。法院依照 2009 年版《保险法》第 56 条的规定,判决两家保险公司分别赔偿庞某 1 万元。

【分析意见】

本案是一起因家庭财产重复保险而产生的财产保险合同纠纷案件,争议的焦点在于重复保险的财产保险合同是否有效以及出险后如何赔偿。

所谓重复保险,系指投保人对同一保险标的、同一保险利益、同一保险事故分别与两个以上的保险人订立保险合同的保险。本案中,庞某就其家庭财产在两被告保险公司均投保,在同一保险期间内就同一保险事故分别向两家保险公司主张同一保险利益,因此属于重复保险。由于重复保险合同是双方当事人自愿签订的,我国法律对此又未予以禁止,故庞某与两家保险公司分别签订的财产保险合同均为有效合同,两家保险公司以重复保险合同无效为由拒不承担赔偿责任的理由不成立。

但是,庞某也并不能依照两份保险合同获得双倍赔偿。我国 2009 年版《保险法》仍然在第 56 条第 2 款规定:"重复保险的各保险人赔偿保险金的总和不得超过保险价值。除合同另有约定外,各保险人按照其保险金额与保险金额总和的比例承担赔偿保险金的责任。"可见,财产保险合同以赔偿被保险人的实际财产损失为目的,被保险人仅有权按其实际损失请求保险人赔偿,不得获得超过其实际损失以上的赔偿。

具体到本案,两家保险公司的保险金额总和为 4 万元,其承担责任的比例对等,它们对于庞某受到的 2 万元的经济损失应分担,即各承担 1 万元的赔偿责任。即:

$$2 \times \frac{2}{2+2} = 1(万元)$$

当然,庞某从保险公司获得赔偿后,必须将对第三人的求偿权让给保险公司,即保险人享有代位求偿权,本案破案后追回的财产应当归保险人所有。为避免理赔方面所形成不必要的纠纷,合同订立时应提醒投保人是否参加过家庭财产保险,这也有助于投保方履行如实告知义务以及不必要的家庭财产保险支出。

案例 2-12

财产保险施救费的认定

【案情简介】

王某投保一份家庭财产保险,所保标的只是家庭中的纯平彩电与 VCD 各一台,保额 3000 元。在保险期限内,因使用酒精炉不慎引发大火。王某情急之下,抢救出彩电和 VCD,因来不及救出其他物品,结果导致损失 4500 元。王某向保险公司提出索赔后,保险公司分析此案过程中出现了异议。

【分析意见】

本案的最主要焦点就是王某的损失能否认作施救费。此火灾损失虽然不是家庭财产保险标的的损失,但如果王某施救的不是保险标的,据现场查勘,该火灾必然会导致其损失,若是这种情况,保险公司按照保险金额理赔则不会存在争议。显然施救行为对保险标的避免损失是必要和有效的,可以认定其他物品的损失具有施救费用属性。因此,对其施救行为所发生合理的费用将由保险公司承担。

基于保险理赔以保险金额为限,故保险公司对其理赔额度限定为3000元。如果鼓励王某施救行为,保险公司若承担其余部分的损失,只能依据公司通融赔付管理规定予以处理。

三、损失补偿原则的派生原则

(一)代位原则

代位原则是指保险人依照法律或保险合同约定,对被保险人遭受的损失进行赔偿后,依法取得向对财产损失负有责任的第三者进行追偿的权利或取得被保险人对保险标的的所有权。代位原则具体包括代位求偿与物上代位两部分。

1.代位求偿

代位求偿又称权利代位,是指当保险标的遭受保险风险损失,依法应当由第三者承担赔偿责任时,保险人自支付保险赔偿金之后,在赔偿金额的限度内,相应取得对第三者请求赔偿的权利。

权利代位是遵循损失补偿原则的必然结果。被保险人因保险事故发生而遭受损失固然应该得到补偿,保险人对被保险人承担的赔偿责任不应该因第三者的介入而改变。但若被保险人在得到保险金后又从第三者责任方获得赔偿,则其可能因损失而获利,这与损失补偿原则相违背,这就是权利代位产生的原因。

权利代位的产生要具备以下的条件:第一,损害事故发生的原因及受损失的标的都属于保险责任的范围;第二,保险事故的发生是由第三者的责任引起的;第三,保险人按合同规定对被保险人履行了赔偿责任之后,才享有代位求偿权。

案例 2-13

从一起航空保险案例看代位求偿权

【案情简介】

2013年7月20日,A市电器商家与B航空公司办理了40台某品牌液晶电视机的航空托运手续,货款总值共计人民币12万元,托运目的地为C市。双方有关托运的各种手续以及托运货物的包装均符合航空货物托运规章的要求。同日,电器商家又向A市保险公司投保了该批货物的运输保险,投保金额为人民币12万元,电器商家交付保险费后,保险公司为其出具了保险单。7月30日,在货物运输过程中,由于B航空公司飞机出现故障,致使降落时机身剧烈抖动,造成电器商家所托运的40台液晶电视机全部损坏。7月31日,B航空公司电告电器商家。电器商家知悉该情况后立即通知了保险公司,一周后向保险公司提出了索赔要求。保险公司认真审查了电器商家提供的有关证明材料,确认后遂按保险金额赔付电器商家人民币12万元。赔付后,保险公司即向B航空公司提出追偿,遭到B航空公司的拒绝。B航空公司认为,40台液晶电视机所有权归 A 市电器商家,保险公司非托运货物所有人故无权就该批货物的损失向其求偿。为此双方发生纠纷,保险公司遂以 B 航空公司为被告、A 市电器商家为第三人诉至法院。

【处理结果】

法院支持保险公司对 B 航空公司的追偿。

【分析意见】

本案保险合同是合法有效的。根据《保险法》第 60 条,"因第三者对保险标的的损害而造成保险事故的,保险人自向被保险人赔偿保险金之日起,在赔偿金额范围内代位行使被保险人对第三者请求赔偿的权利",本案的保险事故是由 B 航空公司造成的,保险公司在赔付被保险人电器商家保险金后,在赔偿范围内取得代位行使电器商家对 B 航空公司请求赔偿的权利。

案例 2-14

保险人行使代位请求赔偿权,被保险人能否
就未取得赔偿的部分向第三者请求赔偿?

【案情简介】

2002 年 12 月 23 日,华西感光材料有限责任公司(以下简称"华西感光")为其小货车投保了车辆损失险和第三者责任险。2003 年 4 月 1 日,迅达运输有限责任公司(以下简称"迅达运输")的大型卡车在运输途中,驶入逆行道上,与华西感光的小货车相撞,造成华西感光的小货车司机受伤,车辆和货物受到严重损失。经交通管理部门认定,华西感光实际损失共计 10 万元。华西感光请求迅达运输赔偿,迅达运输不予配合。华西感光遂转请保险公司赔偿 10 万元的损失。保险公司审核之后,赔付了华西感光 8 万元保险金。同时,要求华西感光出具权利转让书,将向迅达运输追偿的权利全部转让给保险公司。而后,保险公司从迅达运输处追回 7 万元保险金。华西感光又向迅达运输请求赔偿剩余 2 万元损失,但迅达运输以华西感光已经将全部权利转让给保险公司,而迅达运输已经与保险公司协商,达成赔偿协议,并且履行了协议规定的义务为由,拒绝了华西感光的赔偿请求。

【分析意见】

此案处理现有两种意见:

一种是华西感光无权向迅达运输要求 2 万元的赔偿。因为华西感光已经请求保险公司赔偿,并且将全部追偿权转让给保险公司。保险公司同意迅达运输赔付 7 万元,视为放弃追偿余额的权利。

另一种是华西感光向保险公司申请赔偿,并转让追偿权,不影响其对保险金没有补偿的部分继续向第三人追偿的权利。华西感光没有得到保险公司的全部补偿,它仍然有权继续向迅达运输追偿 2 万元的损失。

本案涉及保险代位求偿权应该在什么范围行使。现行法律规定,因第三者对保险标的的损害而造成保险事故的,保险人自向被保险人赔偿保险金之日起,在赔偿金额范围内代位行使被保险人对第三者请求赔偿的权利。保险事故发生后,被保险人已经从第三者取得损害赔偿的,保险人赔偿保险金时,可以相应扣减被保险人从第三者已

取得的赔偿金额。保险人行使向第三者请求赔偿的权利,不影响被保险人就未取得赔偿的部分向第三者请求赔偿的权利。在不足额保险中,保险给付的保险金不足以弥补被保险人的损失,第三者的清偿能力又不能同时满足被保险人的继续追偿权和保险人的代位求偿权,此时,我们认为应该优先满足被保险人,然后,再由保险人行使代位求偿权,这才能体现保险的功能和损失补偿原则。

所以,在本案中,华西感光没有得到保险公司全部补偿,它仍然有权继续向迅达运输追偿2万元的损失。保险公司与迅达运输的赔偿协议,不影响华西感光依法享有的权利。华西感光向保险公司转让了全部10万元损失的代位追偿权,保险公司仅给华西感光8万元的保险金,保险公司在向迅达运输行使代位求偿权时,可否超过给付的保险金额? 也就是:保险公司可否与迅达运输协议,追偿10万元? 对此意见不一,我们认为,允许保险人超过保险金额行使代位求偿权,超额获得的利益应该退还被保险人。也就是:保险公司与迅达运输协议,追偿10万元,再将2万元退还华西感光。这样,既防止保险人不当得利,又有助于减轻被保险人向第三者请求损害赔偿的负担。

2.物上代位

物上代位又称标的代位,是指保险标的遭受保险风险发生全部损失或推定全损后,一旦保险人履行了对被保险人的赔偿义务,即拥有对保险标的所有权。保险的目的是保障被保险人的利益不致因保险风险损失的存在而丧失。因此,被保险人在获得对保险标的所具有的保险利益的补偿后,就达到了保险的目的,保险标的理应归保险人所有。若保险金额低于保险价值时,保险人应按照保险金额与保险价值的比例取得受损保险标的的部分权利。

委付是指放弃物权的一种行为。当保险标的处于推定全损时,被保险人可以书面申请,明确表示愿意将保险标的的全部权利转让给保险人,要求保险人按照全损予以赔偿。委付必须经保险人同意,方可成立。保险人一旦接受委付就不能撤销;被保险人也不得以退还保险赔偿金要求保险人退还保险标的。因此,委付是保险标的的一切权利与义务的转移。

(二)分摊原则

重复保险分摊原则是损失补偿原则的派生原则,它是指在重复保险的情况下,当保险事故发生时,通过采取适当的分摊方法,在各保险人之间分配赔偿责任,使被保险人得到充分的补偿,又不会超过其实际损失而获得额外的利益。

重复保险的分摊方式:

1.比例责任分摊方式

这种分摊方法是以每个保险人所承保的保险金额比例来分摊损失赔偿责任,公式为:

$$某保险人承担的赔款 = 损失金额 \times \frac{该保险人承担的保险金额}{各保险人承保的保险金额总和}$$

例如:某财产向甲乙两家保险公司投保财产保险,其中甲公司承保4万元,乙公司承保6万元,损失金额为5万元,则

$$甲公司的赔偿金额 = 5 \times \frac{4}{10} = 2(万元)$$

$$乙公司的赔偿金额 = 5 \times \frac{6}{10} = 3(万元)$$

2. 限额责任分摊方式

即每个保险人对损失的分摊并不以其保险金额作为分摊基础,而是按照他们在无他保的情况下单独应负的限额责任比例分摊。公式为:

$$某保险人承担的赔款 = 损失金额 \times \frac{该保险人的赔偿限额}{各保险人的赔偿限额总和}$$

依照上面的例子,计算如下:

$$甲公司的赔偿金额 = 5 \times \frac{4}{4+5} = 2.22(万元)$$

$$乙公司的赔偿金额 = 5 \times \frac{5}{4+5} = 2.78(万元)$$

3. 顺序责任分摊方式

顺序责任分摊方式是按保险合同的先后顺序由各保险人分摊损失金额。即由先出具保险单的保险人首先负赔偿责任,第二个保险人只在承保的财产损失金额超过第一家保险公司的保险金额时,才依次承担超出部分的赔偿责任,以此类推。如在上例中,甲公司的赔偿金额为4万元,乙公司的赔偿金额为1万元。

【本章小结】

保险利益原则、最大诚信原则、近因原则、损失补偿原则是从事保险活动四项基本原则。值得注意的是人身保险、定值保险等一些特殊保险模式不适宜补偿原则。保险基本原则是风险与保险基本理论逻辑推理的结果。在保险利益原则方面,人身、财产保险具有一定的质的规定性和法律的约定性。告知、保证、弃权与禁止反言是保险最大诚信原则三项基本内容。保险近因原则强调保险责任的确认须以风险事故近因为保险的风险因素为前提。以实际损失为限、以保险金额为限、以保险利益为限是遵循保险损失补偿原则的三个应同时满足的基本限制条件。代位求偿、标的代位、委付及重复保险分摊方式是保险损失补偿原则的派生原则。值得注意的是,委付是以保险标的权利与义务同时转移为前提。

【思考与练习】

■主要概念

保险利益 最大诚信 告知 保证 弃权与禁止反言 近因 代位求偿 标的代位 委付 分摊原则

■基础练习

一、单项选择题

1. 代位求偿权不适用于(   )。

A. 人寿保险   B. 家庭财产保险   C. 货物运输保险   D. 建筑工程险

2. 保险利益应为确定的利益,其含义是指此种经济利益应是(   )。

A. 现有利益   B. 期待利益

C. 现有利益和期待利益　　　　　　　　　　D. 任何经济利益

3. 我国《保险法》采取（　　）的方式对人身保险合同的保险利益加以明确。

A. 被保险人同意

B. 限制家庭成员关系范围

C. 限制家庭成员关系范围并结合被保险人同意

D. 按被保险人与投保人之间存在一定经济联系

4. 我国的保险立法采用（　　）的形式要求保险人履行告知义务。

A. 无限告知　　　　　B. 询问回答告知　　　　　C. 明确列明　　　　　D. 明确说明

5. 在我国，某投保人将价值100万元的财产向甲、乙、丙三家保险公司投保同一险种，其中甲保单的保额为80万元，乙保单的保额为40万元，丙保单的保额为40万元，损失额为80万元，则甲、乙、丙保险公司赔偿额依次为（　　）。

A. 40万元　20万元　20万元　　　　　　　　B. 50万元　25万元　25万元

C. 5万元　2.5万元　2.5万元　　　　　　　　D. 80万元　10万元　10万元

6. 投保人故意不履行如实告知义务的，保险人对于保险合同解除前发生的保险事故（　　）。

A. 不承担赔偿或给付保险金的责任，但退还保险费

B. 不承担赔偿或给付保险金的责任，不退还保险费

C. 承担赔偿或给付保险金的责任

D. 承担部分赔偿或给付保险金的责任

7. 保险标的的危险程度增加，被保险人未按合同约定通知保险人的，由于危险增加引起的保险事故的，保险人（　　）。

A. 应承担全部赔偿责任　　　　　　　　　　B. 应承担部分赔偿责任

C. 不承担赔偿责任　　　　　　　　　　　　D. 视情况而定

8. 人身保险的投保人在（　　）时，必须对保险标的具有保险利益。

A. 确定保险金额　　　　　　　　　　　　　B. 保险合同生效

C. 保险事故发生　　　　　　　　　　　　　D. 请求保险金给付

9. 我国《保险法》规定，在重复保险中，各保险人之间采用（　　）作为分摊赔款的计算基础。

A. 比例责任制　　　　B. 限额责任制　　　　C. 顺序责任制　　　　D. 均摊损失责任制

10. 投保人应将（　　）的有关情况通知保险人。

A. 再保险　　　　　　B. 足额保险　　　　　C. 不足额保险　　　　D. 重复保险

11. 对未来的事实做出的保证是指（　　）。

A. 确认保证　　　　　B. 承诺保证　　　　　C. 默示保证　　　　　D. 信用保证

二、多项选择题

1. 在（　　）情况下，保险人可解除保险合同。

A. 投保人故意隐瞒事实不履行如实告知义务

B. 投保人、被保险人或受益人故意制造保险事故

C. 财产保险中，投保人、被保险人未按约定履行其对标的安全应尽之责任

D. 人身保险中，合同效力中止超过两年

E. 人身保险合同中,未指定受益人

2. 在我国,法律上承认的对人身保险合同的被保险人有保险利益的人员有(　　　)。

A. 本人　　　　　　　　　　　　B. 配偶、父母、子女

C. 家庭其他成员　　　　　　　　D. 被保险人同意的为其订立人身保险合同的

3. 确立保险利益原则的意义在于(　　　)。

A. 与赌博从本质上划清界限　　　　B. 便于保险的经营与管理

C. 可以减少道德风险　　　　　　　D. 衡量损害补偿的限度

4. (　　　)是投保方履行告知义务时应告知的内容。

A. 合同订立时告知重要事实

B. 合同订立后通知危险增加的情况

C. 保险事故发生后及时通知

D. 通知有关重复保险的情况

E. 通知有关保险标的转让的情况

5. 下列有关代位求偿权的说法错误的是(　　　)。

A. 被保险人有权就未取得保险人赔偿的部分向第三者请求赔偿

B. 适用于财产保险和人身保险

C. 保险人依代位求偿权取得第三者的赔偿金额超过保险人的赔偿金额,超过部分应归保险人所有

D. 如果因被保险人的过错影响了保险人代位求偿权的行使,保险人可扣减相应的保险赔偿金

E. 在任何情况下,保险人不得对被保险人的家庭成员或者其组成人员行使代位求偿权

6. 代位求偿权实施的前提条件(　　　)。

A. 保险标的的损失属于保险责任事故

B. 保险标的的损失是由第三方责任造成的

C. 保险人履行了赔偿责任

D. 被保险人对于第三者依法应负赔偿责任

E. 保险标的的损失是由本人责任造成的

三、简答题

1. 简述保险利益的构成条件。

2. 最大诚信原则的基本内容?

3. 近因与保险近因原则含义?

4. 损失补偿原则及其限制条件?

5. 保险补偿原则有哪些派生原则?

■思考题

1. 遵循保险利益原则有何意义?

2. 强调如实告知和保证对保险业的健康发展意义何在?

3. 李某以妻子为被保险人投保寿险,每年按期支付保费。一年后李某与妻子离婚,李某继续缴纳保费。后被保险人李某的前妻因保险事故死亡,问李某作为受益人能否获得保险金给付,为什么?

■单元实训

　　某单位将价值 5000 万元的固定资产同时向甲、乙两家保险公司投保企业财产保险，甲保险公司承保 2000 万元，乙保险公司承保 4000 万元。发生保险事故后使 3000 万元的保险财产遭受损失，根据按比例分摊赔偿责任条款计算，甲、乙保险公司应分别赔偿多少万元？如果改用限额责任分摊方式，那么甲、乙保险公司应分别赔偿多少万元？

第三章　保险合同

学习要点

- 保险合同的特征。
- 保险合同的当事人、关系人和中介人。
- 保险标的与保险利益的关系。
- 保险合同的基本条款与附加条款。
- 保险合同的基本形式。
- 保险合同的解释及争议处理的方式。

第一节　保险合同的定义及其特征

一、保险合同的定义

合同是平等主体的自然人、法人或其他组织之间设立、变更、终止民事权利义务关系的协议。保险合同属于合同的一种。我国《保险法》对保险合同的定义是："保险合同是投保人与保险人约定保险权利义务关系的协议。"其中的投保人是指与保险人订立保险合同,并按照合同约定负有支付保险费义务的人,保险人是指与投保人订立保险合同,并按照合同约定承担赔偿或者给付保险金责任的保险公司。并要求保险双方在订立保险合同时应当协商一致,遵循公平原则确定各方的权利和义务。

二、保险合同的特征

保险合同既然是合同的一种,因此具备合同的一般属性,即订立保险合同双方的法律地位平等,应当遵循公平互利、协商一致、自愿订立的原则,合同的内容应当合法,当事人应当自觉履行合同等。但是,保险合同除具有合同的一般属性之外,也还具有其自身的法律特征。

(一)保险合同是双务合同

双务合同是指合同双方当事人相互享有权利,又相互负有义务。保险合同的双务性表现在合同一方的权利与另一方的义务相对应。或者说,合同一方期望获得保险活动的某种权利,就必须承担与之相对应的义务。有些学者将保险合同的这一特点归为保险合同的有偿性特征。基于保险的商业属性,保险合同双务性反映保险双方一分权利、一分义务,权利大小与应承担的义务大小相对应,而且,双方权利与义务要自始至终须保持着应有的平衡。

案例 3-1

投保方应当为保险公司违规操作埋单吗?

【案情简介】

孙某夫妇每人投保了 100 万元人寿保险并缴纳了保险费,11 月 3 日,保险公司同意承保并签发了正式保单,保单生效时间是当日零时。11 月 4 日孙某夫妇在外出途中发生车祸,当场死亡,保单受益人孙某夫妇父母向保险公司索赔。保险公司以未按公司管理规程出单为由拒绝承担 200 万元死亡保险金的索赔请求。孙某夫妇父母遂将保险公司告上法院。

【处理结果】

法院审理认为保险合同违反了保险公司的投保规定,因此保险合同无效。保险公司出于人道主义的考虑,提出支付孙某夫妇父母 80 万元的一次性通融赔付。孙某夫妇父母表示接受并放弃了上诉。

【分析意见】

本案中关于巨额保险合同须经上级公司批准和必须体检后才能承保等保险公司内部管理规定不能用来约束投保方。保险合同的双务性和保险的商业属性,理论上意味着当投保人履行缴纳保费义务之时,也正是保险人开始履行其承诺之时;再者,被保险人意外身亡与生前是否体检没有必然联系;而且保险公司出具保单过程中投保人没有过错。因此,判定该合同无效不能被认同。因此,理论上,保险公司应当承担给付全额死亡保险金的责任。

(二)保险合同是射幸合同

所谓"射幸",即"侥幸",它的本意是碰运气的意思。是指当事人一方是否履行义务有赖于偶然事件的出现的一种合同。这种合同的效果在于订约时带有不确定性。保险合同的射幸性表现在合同的有效期间,如果发生保险标的的损失,则被保险人可从保险人那里得到远远超出其所支出的保险费的赔偿金额,而如果无损失发生,则被保险人只能付出保费而无任何收入。这种合同的效果在订立时是不确定的,保险人赔偿义务的实际履行带有偶然性。保险合同的射幸性并不能否定保险交易的等价性。我们可以将保险通俗地比喻为"经济保镖",我们雇用"保镖",并不能因为我们没有发生安全事件就不付"工钱"了。

(三)保险合同是附和合同

附和合同是与商议合同相对的一种合同,不是由缔约双方充分协商而订立的,而是由一方提出合同的主要内容,而另一方只能做"取与舍"的决定。保险合同的附和性是缘于保险双方对保险认知水平与能力存在显著的不对称性,要求投保方在订立合同前提供合同预案既不现实也不可能。因此,保险合同通常需要保险人提出合同方案,投保人只能做出同意或者不同意的选择。但是,保险经纪人的介入,保险双方信息不对称的情况有所改变,相应的保险合同的附和性特征就不会像一般保险合同那样显著。

（四）保险合同是最大诚信合同

保险最大诚信原则揭示了要求保险最大诚信的原因，即是由保险人所经营风险特殊性和保险合同的附和性所决定的。诚信是一般合同的基本要求，而保险合同所要求的诚信原则不是一般的、相对的、抽象的诚实守信，而是具体的、明确的、最大限度的诚实守信。

（五）保险合同是要式合同

要式合同，是指法律规定必须采取一定形式的合同。法律不要求采取特定形式的合同则为非要式合同。通常，投保人支付的是实实在在的保险费而收到的是"一纸承诺"。保险合同以书面形式订立是国际惯例，它可以使各方当事人明确了解自己的权利和义务，并作为解决保险双方纠纷的重要依据。通常人们称向他方提出订立合同的人为要约人。保险合同的要约人一般是投保人，这点似乎与我们平常的认识有点不一样，当我们理解投保单的作用后对这方面的疑惑就不难理解了。

第二节　保险合同的主体与客体

一、保险合同的主体

保险合同的构成要素包括主体、客体和内容等三个方面。保险合同的主体具体包括当事人、关系人和辅助人。

（一）保险合同的当事人

保险合同的当事人是指直接订立保险合同的人，是具有权利能力和行为能力的人。当事人一般包括保险人和投保人。

1. 保险人

保险人是收取保险费并按照保险合同的约定负有赔偿损失或给付保险金义务的人。我国《保险法》规定："保险人是指与投保人订立保险合同，并按照合同约定承担赔偿或者给付保险金责任的保险公司。"为了保障被保险人的利益，几乎所有国家都有专门法律来限定和管理保险人。除少数国家（如英国）允许自然人经营保险业务外，绝大多数国家只准许经过国家有关部门审核认可的法人经营保险业务。没有经过政府批准的任何单位或个人，一律不准擅自经营保险业。

2. 投保人

投保人是指与保险人订立保险合同，并按照保险合同负有支付保险费义务的人。投保人可以是自然人，也可以是法人。投保人一般应具备以下几个基本条件：

第一，投保人应具有民事权利能力和民事行为能力；

第二，投保人或被保险人应对保险标的具有保险利益；

第三，投保人须与保险人订立保险合同并按约定交付保险费。

（二）保险合同的关系人

保险合同的关系人是指与保险合同的订立间接发生关系的人。保险合同的关系人包括被保险人和受益人。

1. 被保险人

被保险人是指其财产或人身受保险合同保障,享有保险金请求权的人。也就是说,被保险人的财产、生命或身体受到保险合同的保障,如果在保险期限内发生了保险事故,被保险人有权向保险人请求赔偿或给付保险金。投保人为自己的利益订立保险合同,投保人和被保险人为同一人;投保人为他人利益订立保险合同,投保人与被保险人为不同人。在财产保险中被保险人通常也是投保人,在人身保险中上述两种情况均常见。

2. 受益人

受益人是指人身保险合同中由被保险人或者投保人指定的享有保险金请求权的人。投保人、被保险人可以为受益人。人身保险中的受益人由被保险人或投保人指定,但是为了保障被保险人的生命安全,投保人指定受益人须经被保险人同意。显然,具有民事能力的被保险人在指定其保险受益人的问题上具有至高无上的权利。

被保险人一般可以任意指定受益人。被保险人或投保人可以指定一人或数人为受益人。被保险人或投保人可以变更受益人,但要书面通知保险公司。显然,被保险人以外的受益人保险金的请求权实质是被保险人请求权的转让或其授权。保险受益人所获得的保险金只是被保险人身体或生命所承载无限利益的一个有限部分,是保险受益人的原始所得,既不需要用来清偿被保险人生前债务,也无须缴纳税金。

案例 3-2

受益人获得的保险金应否偿还被保险人的生前债务?

【案情简介】

2006 年 3 月,刘某为自己投保了 20 万元人身保险,并指定刚出生的儿子小文为受益人。2008 年 8 月 10 日,刘某出差途中遭遇车祸意外死亡。保险公司经调查核实后,认为属于保险责任范围,决定全额赔付 20 万元保险金。在给付保险金之前,保险公司接到了法院的民事裁定书,因刘某和李某的借款纠纷法院正在受理,故要求暂停支付刘某的死亡保险金。2008 年 9 月 20 日,法院发出协助执行通知书,要求保险公司划拨 20 万元保险金偿还刘某生前债务。保险公司认为,法院无权执行受益人的 20 万元保险金,因为该保险单已明确指明了受益人,20 万元保险金已成为受益人的个人财产,不用能来清偿被保险人生前的债务。于是向法院提出了执行异议。法院审理后决定中止执行。

【分析意见】

《保险法》第 23 条第 3 款规定,任何单位和个人不得非法干预保险人履行赔偿或者给付保险金的义务,也不得限制被保险人或者受益人取得保险金的权利,从而对受益人的权益从法律上给予了保护。在本案中,由于小文尚未成年,该笔保险金应由其监护人代为领取和保管。

案例 3-3

被保险人被受益人杀害,新旧《保险法》理赔两重天

【案情简介】

张先生 2009 年 5、6 月间先后在恒安标准人寿投保"恒安标准爱的延续定期寿险",保额 20 万元,身故保险金受益人均是妻子王某。2009 年 7 月,恒安标准人寿的理赔人员接到报案,张先生农药中毒身亡。理赔人员立刻赶往张先生家中,经了解获知,当地警方已介入了案件的侦破。

2010 年 10 月,法院终审判决:被告人王某(即上述保单身故保险金受益人)犯故意杀人罪,判处有期徒刑 12 年并赔偿被害人张某父母死亡赔偿金、丧葬费、被扶养人生活费共计 41 万元。

2010 年 12 月,张先生的家人根据判决结果向恒安标准人寿提出理赔申请。

【处理结果】

恒安标准人寿决定承担保险责任。

【分析意见】

在张先生投保当时,2009 年版《保险法》尚未生效实施,根据该保险合同条款和 2002 年版《保险法》的规定,投保人、受益人故意造成被保险人死亡,保险公司免于承担给付义务。而根据 2009 年版《保险法》的规定,只强调了投保人故意造成被保险人死亡等责任事故,保险公司免于承担给付义务。而所明确的受益人故意造成被保险人死亡等责任事故,该受益人丧失受益权,这一相关法律规定,并不排除其他受益人(如果存在的话)的受益权和保险公司对投保方给付义务。

在经过审慎考虑之后,恒安标准人寿最终决定承担保险责任,并向除身故保险金受益人王某(前述被告人)之外的、被保险人的其他法定继承人给付保险金,即向被保险人的父母给付 20 万元保险金。

(三)保险合同的辅助人

保险合同的辅助人是指辅助保险双方当事人订立及履行保险合同的人,又称保险中介人。保险合同辅助人一般包括:保险代理人、保险经纪人和保险公估人等。

1. 保险代理人

保险代理人是根据保险人的委托,向保险人收取佣金,并在保险人授权的范围内代为办理保险业务的机构或者个人。保险代理机构包括专门从事保险代理业务的保险专业代理机构和兼营保险代理业务的保险兼业代理机构。保险代理人与保险公司是委托代理关系,保险代理人在保险公司授权范围内代理保险业务的行为所产生的法律责任,由保险公司承担。

自保险业问世以来,保险代理人便应运而生,并成为保险业务经营不可或缺的部分。世界各国,凡是保险业发达的国家,保险代理也十分发达。目前,保险代理从业人员,在数量上,已经远远超过了保险公司人员。

我国将保险代理人分为专业代理人、兼业代理人和个人代理人三种。专业代理人是指专门从事保险代理业务的保险代理公司。兼业代理人是指受保险人委托,在从事自身业务

的同时,指定专用设备、专人为保险人代办保险业务的单位,主要有行业兼业代理、企业兼业代理和金融机构兼业代理、群众团体兼业代理等形式。个人代理人就是指根据保险人的委托,在保险人授权的范围内代办保险业务并向保险人收取代理手续费的个人。由于个人代理人开展业务方式灵活,为众多保险公司广泛采用。

2. 保险经纪人

保险经纪人是指代表被保险人在保险市场上选择保险人或保险人组合,同保险方洽谈保险合同条款内容,并代办保险手续以及提供相关服务的中间人。我国《保险法》将保险经纪人定义为:"保险经纪人是基于投保人的利益,为投保人与保险人订立保险合同提供中介服务,并依法收取佣金的机构。"

保险经纪人已经有了很长的历史,起源于 17 世纪的英国,现在它已经成为世界性的行业,但是在中国还处于起步阶段。保险经纪人应当具有较高的业务素质,因此国际上对它都规定有严格的资格要求。在我国设立保险经纪人必须报经中国保监会审批,从事保险经纪业务的人员必须参加保险经纪人资格考试,并获得资格证书。

保险经纪人和保险代理人均为保险市场的中介人,但两者的主要区别是:

(1)代表的利益不同。保险经纪人接受客户委托,代表的是客户的利益;而保险代理人为保险公司代理业务,代表的是保险公司的利益。

(2)提供的服务不同。保险经纪人为客户提供风险管理、保险安排、协助索赔与追偿等全过程服务;而保险代理人一般只代理保险公司销售保险产品、代为收取保险费。

(3)服务的对象不同。保险经纪人的客户主要是收入相对稳定的中高端消费人群及大中型企业和项目,保险代理人的客户主要是普通自然人。

(4)法律上承担的责任不同。客户与保险经纪人是委托与受托关系,如果因为保险经纪人的过错造成客户的损失,保险经纪人对客户承担相应的经济赔偿责任。而保险代理人与保险公司是代理与被代理关系,被代理的保险公司仅对保险代理人的授权范围内的行为后果负责。

(5)佣金来源不同。保险代理人的佣金来源于保险公司;保险经纪人可来源于保险公司,也可来源于所服务的客户。通常对保险公司业务拓展有利的经纪业务佣金来源于保险人,对保险公司利益有冲突的经纪业务的佣金来源于客户。

案例 3-4

口头委托代为购买保险的合同会有效吗?

【案情简介】

某高校保险专业学生叶某的母亲李某 2009 年 5 月口头委托该学生的姨妈为其购买了 5 份长期寿险。2010 年 2 月,叶某偶然发现这些保单,并认为这些保单都是无效保单,要求保险公司给予全额退保。

【处理结果】

认定办理该项业务的保险营销方应承担主要责任,投保方承担次要责任。因此,保险公司不能完全接受代表投保方叶某的退保请求。

【分析意见】

案件的关键是口头委托签订的人寿保险合同是否有效。首先,被保险人的姨妈接受其母亲委托为其购买保险的事实清楚,无可争辩。但委托代理人或经纪人在保险合同上签字的行为属无效委托。《保险法》明确规定保险合同签约人是投保人和保险人,有关保险代理和经纪业务的法律法规均将代替保险双方签字的事项列为除外事项。因此,叶某姨妈代替其母亲购买寿险并签字的保险合同没有法律效力。其次,被保险人对为其投保一事此前并不知情,如果该寿险将死亡作为保险项目,根据法律规定,该保障项目没有法律效力。

3. 保险公估人

保险公估人是指依照法律规定设立,受保险公司、投保人或被保险人委托办理保险标的的查勘、鉴定、估损以及赔款的理算,并向委托人收取酬金的公司。公估人的主要职能是按照委托人的委托要求,对保险标的进行检验、鉴定和理算,并出具保险公估报告,其地位超然,不代表任何一方的利益,使保险赔付趋于公平、合理,有利于调解保险当事人之间关于保险理赔方面的矛盾。

保险公估人在保险市场上的作用具有不可替代性,它以其鲜明的个性与保险代理人、保险经纪人一起构成了保险中介市场的三驾马车,共同推动着保险市场的发展。保险公估人的作用主要体现在以下两个方面:

(1)有效地缓和保险人与被保险人在理赔中的矛盾。保险公司既是承保人("运动员")又是理赔人("裁判员"),直接负责对保险标的进行检验和定损,做出的结论难以令被保险人信服。而地位超然、专门从事保险标的的查勘、鉴定、估损的保险公估人作为中介人,往往以"裁判员"的身份出现,独立于保险双方之外。在从事保险公估业务过程中始终本着"独立、公正"原则,与保险人和被保险人是等距离关系,而不像保险人或被保险人易受主观利益的驱动,能使保险赔付更趋于公平合理。

(2)促进保险市场合理分工、降低保险成本。保险公估人代替保险公司独立承担保险理赔领域的工作,从而实现了保险理赔工作的专业化分工。这种分工一方面有利于保险理赔技术的不断升级和横向交流,并能促进保险公估业的整体执业水平的提高,从而促进整个保险行业的发展;另一方面,由于规模效应以及逆向选择和道德风险的减少,必然会大大降低保险理赔费用,降低保险成本,从而最终提高整个社会的福利。

二、保险合同的客体

保险合同的客体是保险利益。因为,合同的客体是指合同双方当事人权利义务共同的指向。保险合同的客体不是保险标的本身,而是投保人对保险标的所具有的法律上承认的利益,即保险利益。保险合同的客体是以保险标的的存在为前提的,如果没有保险标的,保险利益就缺乏载体,也就失去了它的存在条件。投保人对保险标的的保险利益是保险合同生效的要件和依据,没有保险标的,就构不成保险利益,从而保险合同就失去了意义。

而保险标的是保险合同中所载明的投保对象,是保险风险作用的母体。在财产保险中,保险标的就是财产及其有关利益;在人身保险中,保险标的就是人的身体或生命。在保险合同中,明确了保险标的,对投保人来说,就是肯定了风险转嫁的具体范围;对保险人来说,则是指明了它对哪些财产和哪些人的生命和身体承担保险责任。显然,保险双方的共同指向并不是保险标的本身,而是保险标的所承载的经济利益。通俗地讲,如果将饭盒比喻为保险标的,饭盒里的饭菜就是饭盒所承载的经济利益。或简单地说:"保险保的是盒饭,而不是饭盒。"

第三节　保险合同的内容与形式

一、保险合同的内容

(一)保险合同内容的概念

保险合同的内容与保险合同的主体、客体一样,是建立合同关系必不可少的要素之一。对保险合同的内容,有广义和狭义两种理解:广义保险合同的内容是指保险合同的全部记载事项,包括合同的当事人、关系人、双方权利义务和合同标的及保险金额等;狭义保险合同的内容,仅仅是指保险合同双方当事人所约定的、由法律确认的权利、义务。我们通常从广义的角度理解保险合同的内容。

保险合同的内容从保险法律要素看,主要由以下几部分组成。

1. 主体部分

保险合同的主体部分包括保险人、投保人、被保险人、受益人及其住所。

2. 权利、义务部分

保险合同的权利、义务部分包括保险责任和责任免除、保险费及其支付办法、保险金赔偿或给付办法、保险期间和保险责任开始的时间、违约责任等。

3. 客体部分

保险合同的客体是保险利益,财产保险合同表现为保险价值和保险金额;人身保险合同表现为保险金额。

4. 其他声明事项部分

保险合同的内容还包括其他法定应记载事项和当事人约定事项,前者指除上述事项外的法定应记载事项,如争议处理、订约日期等;后者指投保人和保险人在法定事项之外约定的其他事项。

从保险条款角度看,保险单上规定的有关保险人与被保险人的权利、义务及其他保险事项的条文,包括基本条款和附加条款,或法定条款和任意条款等方面的内容。

(二)保险合同的条款

1. 基本条款

基本条款是指保险人根据不同险种规定的关于保险合同当事人权利义务的基本事项,它通常印制在保险单上,构成保险合同的基本内容。

2. 附加条款

附加条款是指在基本条款的基础上，保险合同双方当事人对权利义务的补充规定，它通常对基本条款的内容加以扩大或者限制。例如，扩大承保责任、减少基本条款规定的除外责任或者承保范围等，以此满足投保人的需要。通常，保险人事先印制附加条款的相应格式，在与投保人就特别约定的事项达成一致并填写完毕后，将其粘贴在保险单上。

3. 法定条款

法定条款是指法律规定必须明确约定的条款。我国《保险法》第18条规定，保险合同应当包括下列事项：

(1)保险人的名称和住所。保险人专指保险公司，其名称须与保险监管部门和工商行政管理机关批准和登记的名称一致。保险人的住所即保险公司或分支机构的主营业场所所在地。

(2)投保人、被保险人的名称和住所，以及人身保险的受益人的名称和住所。该项要求作为保险合同基本条款的法律意义在于：明确保险合同的当事人、关系人，确定合同权利义务的享有者和承担者；明确保险合同的履行地点，确定合同纠纷诉讼管辖。

(3)保险标的。保险标的作为保险利益的载体必须在保险合同中予以载明，它是确认保险利益和确定财产保险中保险金额的重要依据。

(4)保险责任和责任免除。保险责任是指保险人承担赔偿或给付保险金的责任。在保险合同中明确保险责任，主要是基于三个方面的考虑：一是从保险双方所面对的风险现实的角度看，不同的保险标的的风险隐患可能存在较大的差异，或同一保险标的处于不同时间、地点，它所承受的风险也可能存在较大的差别；二是从投保方的角度看，保险需求层次、内容具有多样性；三是从保险人的角度看，保险人的承保能力是有限的。无论是从哪个角度，均可以看出保险合同中明确保险责任是必要的。

责任免除是指保险责任的限制。明确与可保风险相对的不可保风险的除外责任以及因对方违约保险人所不能承担的保险责任。简单地说，责任免除是保险合同中关于保险人在何种条件下不负赔偿或给付责任的规定。

(5)保险期间和保险责任开始的时间。保险期间是保险双方约定的有效期限，又称保险期限。它既是计算保险费的依据，又是保险人和被保险人享有权利和承担义务的有关时限界定的根据。

保险责任开始时间指保险人开始承担赔偿或给付保险金责任的时间，如企业财产保险的保险期间，一般为起始日的零时开始。值得注意的是，保险责任的开始时间未必与保险期间的起始时间完全一致，当事人可以就保险责任开始时间做出特别约定，但保险责任的开始时间必然在保险期间之内。类似地，保险合同的成立时间与保险期限开始时间也并非一致。

(6)保险金额。保险金额简称保额，它是指保险人承担赔偿或给付保险金的最高限额。保险金额是计算保险费的重要依据。

(7)保险费及其支付办法。保险合同是有偿合同，保险费是保险商品的价格，必须在保险合同中载明其金额和支付方式。保险费的支付方式包括支付时间和缴费途径两个方面：其一，从支付时间上看，保险费可以在投保时一次付清，也可以在一定时期内分期支付。其二,投保人通过何种途径支付保险费,如通过银行转账,或是保险人登门收缴等。

（8）保险金赔偿或者给付办法。保险金的赔偿或者给付办法正是保险人承担保险责任的方法。原则上保险人对保险风险损失最终是以现金履行其补偿或给付责任的。但是,对于财产保险,也可以采取修复、重置等办法补偿损失。明确保险金的赔偿给付办法,可避免产生有关这方面的争议并有利于保险人履行保险责任。

（9）违约责任和争议处理。违约责任是合同当事人未履行合同义务所应当承担的法律责任。保险合同是诚信合同,是射幸合同,因此,违约责任在保险合同中的地位,比一般民事合同更为重要,必须载于合同中。争议处理是发生保险合同争议时采用的处理方式,主要包括四种方式:协商、调解、仲裁和诉讼。

（10）订立合同的年、月、日。订立合同的年、月、日,通常是指合同的订约时间。订约时间对于核实保险利益的存在与否,对双方当事人的权利、义务、法律主张、时间、效力等具有重要意义。

4.任意条款

任意条款是指保险合同当事人自由约定的条款。投保人和保险人在前条规定的保险合同事项外,可以就与保险有关的其他事项做出约定。通常,任意条款也由保险人根据实际需要订入保险单条款,如人身保险中对保险金额加以限制等。

二、保险合同的形式

保险单或者其他保险凭证应当载明当事人双方约定的合同内容。当事人也可以约定采用其他书面形式载明合同内容。保险合同的书面形式主要有:投保单、保险单、保险凭证、暂保单与批单等。

（一）投保单

投保单又称"投保书"、"要保书",是投保人向保险人申请订立保险合同的书面要约。投保书是由保险人事先准备、具有统一格式的书据。投保人必须依其所列项目——如实填写,以供保险人决定是否承保或以何种条件、何种费率承保。投保单本身并非正式合同的文本,但一经保险人接受后,即成为保险合同的一部分。投保人提出保险要约时,均需填写投保单。如投保单填写的内容不实或故意隐瞒、欺诈,都将影响保险合同的效力。

（二）保险单

保险单也称保单,是保险合同成立后,保险人向投保人签发的正式书面凭证。保险单由保险人制作,经签章后交付给投保人。保险合同成立后,保险人应当向投保人签发保险单或其他保险凭证,保险单或其他保险凭证应载明合同内容。

（三）保险凭证

保险凭证也称为"小保单",是保险人向投保人签发的证明保险合同已经成立的书面凭证,是一种简化的保险单。保险凭证具有和正规保险单同等的法律效力,只是内容较为简单,实践中主要应用于运输货物保险、汽车保险及第三者责任保险中使用。另外,在团体保险中也使用保险凭证,对参加团体保险的个人分别签发。

（四）暂保单

暂保单又称临时保险单,是保险单或保险凭证出立前发出的临时性的保险单证。使用暂保单主要是基于四种情况:第一,保险代理人已招揽到保险业务但尚未向保险人办妥保险手续;第二,保险公司的分支机构接受投保,但仍需请示上级公司;第三,保险双方当事人已就合同的主要条款达成协议,但有些条件尚需进一步商榷;第四,出口贸易结汇时,保险单是必备文件之一,在保险人尚未出具保险单或保险凭证之前,先出立暂保单,以兹证明出口货物已经办理保险,作为结汇凭证之一。暂保单的有效期一般为30天。

(五)批单

批单是指变更保险合同内容的一种书面证明,一般附贴在原保险单或保险凭证上。根据法律规定,在保险合同有效期内,合同双方可以通过协商来变更保险合同的内容。变更方式有三种:一种是另行签订书面协议,一种是在原保险单或保险凭证上加批注,另一种就是在原保单或保险凭证上附贴批单。在保险合同中,批单具有和保险单同等的法律效力。

案例 3-5

保险宣传单是否具有法律效力?

【案情简介】

2004年3月,某保险公司的代理人向李女士推销保险。代理人所持的宣传单上载明:"被保险人因意外事故或于保险生效一年后,因疾病死亡,或高度伤残,保险公司给付死亡或伤残保险金。"后李女士为丈夫投保并缴纳了保险费,保险公司签发了保险单。保险条款规定:"被保险人因意外事故或于保险生效一年后,因疾病死亡,或高度伤残,保险公司按附表所列伤残等级给付伤残保险金或死亡保险金。"李女士没有对合同内容提出异议。2004年10月,李女士丈夫意外摔伤,右臂骨折,遂向保险公司提出索赔。保险公司拒赔,理由是:李女士丈夫的伤情未达到保险合同约定的伤残等级。李女士丈夫不服,起诉至法院。李女士丈夫认为,宣传单上没有规定必须达到附表所列伤残等级才给付伤残保险金,保险公司构成误导,因此保险公司应依照保险宣传单上的说明承担责任。保险公司辩称:"保险宣传单不是保险合同,不具有法律约束力。保险宣传单上的保险范围与保险合同上的保险范围是一致的,只不过保险合同的内容更详细。保险公司不存在误导和欺诈。李女士拿到保险合同后,没有提出异议,是对合同的默认。所以,保险公司不应该承担责任。"

【分析意见】

法院经审理认为,本案涉及保险宣传单之法律效力问题。保险合同的签订,要经过要约和承诺两个阶段。保险公司发放保险宣传单的行为,不是要约,而是要约邀请,不具有法律效力。李女士投保是要约行为,保险公司同意后签发保险合同是承诺,合同成立,应该以保险合同具体条款为准。所以,保险公司不应该承担赔偿责任。

案例 3-6

保险公司经办人员的疏忽会影响保险合同吗?

【案情简介】

2009年10月10日,某市造纸厂向某市保险公司投保了企业财产险,保险期限为一年。造纸厂在投保单上注明其要求投保的财产项目及保险金额为:固定资产800万元;流动资产180万元,其中原材料、燃料、低值易耗品各60万元。

　　保险公司在收到投保单后,经审查同意承保,经办人员在投保单上签章并开具了保险单。由于保险公司经办人员的疏忽,在流动资产一栏中未按投保单上的内容载明原材料、燃料和低值易耗品三个项目。

　　2010年4月5日,造纸厂发生火灾,烧毁财产价值达80万元,其中固定资产50万元,产品(纸张)30万元。事发后,造纸厂以保险单为凭证向保险公司索赔全部损失80万元。保险公司以产品(纸张)不属保险范围规定的流动资产而拒付保险金。双方产生纠纷,诉至法院。

【处理结果】

　　法院判决支持造纸厂向保险公司索赔全部损失80万元。

【分析意见】

　　根据我国《保险法》的相关规定,造纸厂与该市的保险公司之间的企业财产保险合同是有效的。造纸厂填具了投保单,并在投保单上列明了投保的企业财产项目及保险金额,保险公司收到其投保单后经审查同意承保并在投保单上签字盖章,这时双方的行为已构成合同成立过程中的要约与承诺,企业财产保险合同具有法律效力。虽然保险公司开具的保险单上未载明造纸厂投保的流动资产的具体项目,遗漏了投保单上的内容,过错在于保险公司(其内部职工的疏忽大意)。从要约与承诺本身的含义来讲,保险公司要承诺的保险责任应为造纸厂投保的范围。因此法院应支持造纸厂的诉讼请求。

第四节　保险合同的订立、变更、中止和终止

一、保险合同的订立

(一)保险合同订立的程序

保险合同订立的基本程序:要约和承诺。

1.要约

　　要约又称订约提议,是一方当事人向另一方当事人提出订立合同的建议和要求。一般包括三项内容:一是有明确要求另一方订立合同的意思表示;二是有提出订立合同的具体内容;三是有要求另一方做出答复的期限。

　　在保险合同中,一般以投保人提交填写好的投保单为要约,即投保人为要约人,保险人为受约人。当然,在特殊的情况下,保险人也可以是要约人,例如保险人接到投保人提交的已填好的投保单后,又向投保人提出某些附加条件,此时,保险人所做出的意思表示并非是完全接受投保人的订立合同的意思表示,而是向投保人提出了新的意思表示,这在法律上被视为新的要约。在该情形下,保险人是新的要约人,投保人则为受约人。

2.承诺

　　承诺又称接受提议,是指受约人在收到要约后,对要约的全部内容表示同意并做出愿

意订立合同的意思表示。

在保险实务中,通常保险人在接到投保人的投保单后,经核对、查勘及信用调查,确认一切符合承保条件时,签章承保,即为承诺,保险合同即告成立。承诺方式可以按法律规定向投保人签发保险单或保险凭证或暂保单,也可以是保险人直接在投保人递交的投保单上签章表示同意。但是,不应认为承诺人一定是保险人,如前所述,要约承诺可能是一个反复的过程,投保人与保险人对标准合同条款以外的内容可以进行协商,在这个过程中,承诺人并非一定就是保险人,相反,保险人在某一环节上反而变为被承诺人。

(二)保险合同的成立与生效

一般而言,保险合同的订立意味着保险合同的成立,但是,保险合同的成立与保险合同的生效不是同一个概念。

保险合同的成立是指保险双方当事人就保险合同条款达成协议。《保险法》规定:"投保人提出保险要求,经保险人同意承保,保险合同成立。"保险合同的生效是指保险合同对保险双方当事人产生法律约束力。

保险合同的生效意味着保险合同具有了法律效力,保险合同的双方当事人、关系人都应按照保险合同的约定承担义务、享受权利,否则将承担相应的法律后果。

由于保险合同的特殊性,其往往是在保险合同成立后的某一时间或某条件具备后才生效。如保险合同条款中可能特别约定:只有缴纳了保险费后保险合同才能生效,否则在保险合同成立后生效前发生的保险事故,保险公司不承担保险责任。

二、保险合同的变更

保险合同变更,是指在保险合同没有履行或没有完全履行之前,当事人根据情况变化,依照法律规定的条件和程序,对原保险合同的某些条款进行修改或补充。

保险合同生效后即具有法律约束力,保险双方一般不得擅自变更。但是,如果主观意愿或客观情况发生变化,也可以依法变更保险合同。保险合同的变更,主要是指主体、客体及内容的变更。

(一)保险合同主体的变更

保险合同主体的变更即保险人、投保人、被保险人或受益人的变更。从我国目前状况来说,保险人的变更并不多见。保险人变更的主要原因是因其破产、合并或分立,并且保险人所承担的全部保险合同责任转移给其他保险人或政府有关基金承担。而投保人、被保险人和受益人的变更较为常见。

1. 财产保险合同主体的变更

财产保险合同主体的变更是指投保人或被保险人的变更。财产保险合同主体的变更意味着财产保险标的的转让。财产保险标的的转让可以因买卖、继承、赠予等法律事实的出现而发生,从而导致保险标的从一个所有权人转移至另一个所有权人。在这种情况下,要使保险合同继续有效,就需要变更保险合同中的被保险人。

第一,一般财产保险合同主体的变更。在一般情况下,财产保险标的的转让应当通知保险人,经保险人同意继续承保后,依法变更被保险人。保险人可以根据财产保险合同主体变更引起的风险状况的变化,加收或退减部分保费。

第二，运输货物保险合同主体的变更。在财产保险中，运输货物保险合同由于其标的的流动性大，运输过程中经常通过货物运输单据的转让而发生物权转移。因此，法律允许运输货物保险合同不经保险人同意即可变更被保险人，但须被保险人记名背书。

2.人身保险合同主体的变更

人身保险合同主体的变更取决于投保人或被保险人的主观意愿，而不以保险标的的转让为前提。人身保险合同主体的变更可以是投保人，也可以是被保险人、受益人。

（1）投保人的变更。投保人的变更须征得被保险人的同意并通知保险人，经保险人核准后方可变更。

（2）被保险人的变更。被保险人与投保人是同一人时，投保人经保险人同意即可变更被保险人。

（3）受益人的变更。依照《保险法》的规定，投保人或被保险人可以变更受益人并书面通知保险人。投保人变更受益人须经被保险人同意。投保人或被保险人变更受益人的，须书面通知保险人，保险人收到该书面通知后，应在保险单上批注。

（二）保险合同客体的变更

保险合同客体变更的原因主要是保险标的价值增减变化，从而引起保险利益发生变化。保险合同客体的变更，通常是投保人或被保险人提出，经保险人同意，加批后生效。保险人往往根据变更后的保险合同客体调整保险费率，从而导致保险合同权利与义务的变更。

（三）保险合同内容的变更

保险合同内容变更是指合同当事人之间享受的权利、承担的义务发生的变更，表现为保险合同条款事项发生的变更，如保险标的、保险价值、风险程度、保险期限、保险费、保险金额等约定事项的变更。

保险合同内容变更可分为两种情况：一是投保人根据自身实际需要提出的变更，如增减保险金额、延长或缩短保险期限等；二是投保人必须进行的变更，否则违背合同义务，将承担法律后果，如风险程度增加的变更、某些条款规定的必须加以批改的事项等。

（四）保险合同变更的形式

1.批注

保险单或保险凭证一般是正本一份，副本一份或若干份。正本由投保人存执，副本由保险人存执，正本和副本的内容完全相同。当需要变更保险合同时，由保险人在正副本上，同时手写或打印保险合同变更的事项及变更日期，签字、盖章后仍将正本交投保人存执，副本存档。

2.批单

批单是保险人事先印就的专门业务用纸，保险人在批单上手写或打印保险合同变更的事项和变更日期，然后签字、盖章。批单应一式多份，分别粘贴在保险单或保险凭证的正本、副本上，并加盖骑缝章。当需要变更保险合同时，保险人可以不在原保险单或保险凭证上进行批注，而是另外出具批单。批单是保险合同的组成部分。

3.书面协议

保险合同的变更必须在投保人与保险人协商一致后进行,但在保险单或保险凭证上批注和附贴批单则是保险人单方面所为。当保险合同变更的事项较为复杂、重要,必须由投保人和保险人共同签章、确认时,一般采取订立保险合同变更书面协议的方式。书面协议书应一式两份,由投保人和保险人各执一份,该协议书也是保险合同的组成部分。

三、保险合同的中止和终止

(一)保险合同中止

保险合同中止是指在保险合同存续期间,由于某种原因的发生而使保险合同的效力暂时失效,常见于人寿保险合同中,由于被保险人或投保人没有如期缴纳保险费而使保险合同中止。在保险合同中止期间,投保人可以向保险人提出要求恢复保险合同效力的申请。人寿保险合同的复效应具备如下条件:

(1)投保人应在合同效力中止后两年内提出复效申请。超过这一复效申请保留期的,保险人有权解除保险合同,但保险人未解除合同的,投保人仍可提出复效申请。

(2)经保险人同意,双方就合同复效条件达成书面或口头协议。

(3)投保人应一次性补交合同效力中止期间的保费。

(二)保险合同终止

保险合同终止是指合同双方当事人确定的权利义务关系的消灭。保险合同的终止主要包括以下几个方面。

1.保险合同因解除而终止

保险合同的解除是指保险合同在有效期内,当事人依据法律规定或合同约定提前终止合同效力的一种法律行为。保险合同解除与保险合同变更的区别是,前者的目的是终止权利义务关系,后者的目的在于修改权利义务关系,保险合同在修改后将继续履行。

保险合同的解除方式主要有法定解除和协议解除。

(1)法定解除。法定解除是法律赋予合同当事人的一种单方解约权。如《保险法》第15条规定:"除本法另有规定或者保险合同另有约定外,保险合同成立后,投保人可以解除合同。"

(2)协议解除。协议解除是指当事人双方经协商同意解除保险合同的行为。由于保险合同的解除关系到双方的重大利益,故其约定解除事由应当以书面形式记载,解除协议时也应采取书面形式。保险合同的协议解除不得损害国家和社会公众的利益。

2.保险合同因期限届满而终止

保险期限是保险人承担保险责任的起止时间。如果在保险期限内发生了保险事故,保险人按照合同约定赔偿了保险金额的一部分,保险合同期满时,保险合同的权利义务关系终止;如果在保险期限内没有发生保险事故,保险人没有赔付,保险合同期限届满时,保险合同自然终止。

3.保险合同因履约而终止

保险合同在有效期间,发生保险事故后,合同因保险人按约定履行了全部保险金赔偿或给付义务而消灭。但需注意的是,《保险法》规定:"保险标的发生部分损失的,自保险人赔偿之日起 30 日内,投保人可以解除合同;除合同另有约定外,保险人也可以解除合同,但应当提前 15 日通知投保人。合同解除的,保险人应当将保险标的未受损失部分的保险费,按照合同约定扣除自保险责任开始之日起至合同解除之日止应收的部分后,退还投保人。"

4.保险合同因保险标的的灭失而终止

这里的标的灭失是指保险事故以外的原因造成保险标的的灭失,则投保人就不再具有保险利益,保险合同也因此而终止。人身保险中被保险人因非保险事故而死亡的,投保人对该合同就不再具有保险利益,保险合同随之终止。

第五节 保险合同的解释及争议处理的方式

一、保险合同解释

保险合同的解释是指对保险合同条款的说明。由于保险合同条款的专业性极强,确定保险合同的解释原则具有重要的意义。

(一)保险合同解释的原则

对于合同争议,不论采用何种处理方式,在解释保险合同条款时应遵循下列四项原则。

1.文义解释原则

文义解释是按保险合同条款所使用文字的普通的、标准的含义进行解释,即保险合同中用词应按通用文字含义并结合上下文来解释。

2.意图解释原则

意图解释即按保险合同当事人订立保险合同的真实意思,对合同条款所做的解释。其具体做法是:书面约定与口头约定不一致时,以书面约定为准;保险单及其他保险凭证与投保单及其他合同文件不一致时,以保险单及其他保险凭证中载明的合同内容为准;特约条款与基本条款不一致时,以特约条款为准;保险合同的条款内容因记载方式和记载先后不一致时,按照批单优于正文,后批注优于先批注,手写优于打印,加贴批注优于正文批注的规则解释,即以当事人手写的、后加的合同内容为准。

3.专业解释原则

专业解释是指对保险合同中使用的专业术语,应按照其所属专业的特定含义解释。在保险合同中除了保险术语、法律术语之外,还会出现某些其他专业术语。对于这些具有特定含义的专业术语,应按其所属行业或学科的技术标准或公认的定义来解释。

4.有利于被保险人和受益人的解释原则

当保险合同条款模棱两可、语义含混不清或一词多义,而当事人的意图又无法判明时,要遵循这一原则。《保险法》规定:"采用保险人提供的格式条款订立的保险合同,保险人与投保人、被保险人或者受益人对合同条款有争议的,应当按照通常理解予以解释。对合同条款有两种以上解释的,人民法院或者仲裁机构应当作出有利于被保险人和受益人的解释。"

(二)保险合同解释的效力

保险合同条款的解释是否具有法律效力,是与解释的部门或人员相关的。保险合同的解释主要包括以下几个方面。

1.立法解释

立法解释是指国家最高权力机关常设机构——全国人大常务委员会对宪法和法律进行的解释。全国人大是全国最高的权力机关,也是最高的立法机关。宪法赋予其常设机构对宪法及其他基本法律进行具有法律效力的解释权利。对于《保险法》,只有全国人大常委会的解释才是属于具有法律效力的解释。

2.司法解释

司法解释是指国家最高司法机关在适用法律过程中,对于具体应用法律问题所做的解释。国家最高司法机关是指最高人民法院。对于保险合同条款中有关《保险法》的内容,在适用法律时,必须遵守司法解释。

3.行政解释

行政解释是指国家最高行政机关及其主管部门对自己根据宪法和法律所制定的行政法规及部门规章所做的解释。中国保险监督管理委员会是中国保险业的最高行政主管机关,其有权解释保险合同条款中有关规章类或视同规章部分,有权解释由中国保险监督管理委员会审批的保险条款。这些解释虽对法院的判决具有重要的作用,但不具有必须执行的强制力。

4.仲裁解释

仲裁解释是保险合同争议双方的当事人达成协议并把争议提交仲裁机构仲裁后,仲裁机构对保险合同条款的解释。仲裁机构对保险合同条款的解释同样具有约束力。当一方当事人不执行时,另一方当事人可以申请人民法院强制执行。

5.学理解释

学理解释是一般社会团体、专家学者对法律所进行的法理性的解释,但不具有法律效力。作为专家学者等也可以在教学或著书或宣传法律时对宪法、法律、行政法规、地方法规进行法理性解释,但一般不能作为实施法律的依据。

二、保险合同争议处理的方式

(一)协商

协商是指合同主体双方在自愿诚信的基础上,根据法律规定及合同约定,充分交换意见,相互切磋与理解,求大同存小异,对所争议的问题达成一致意见,自行解决争议的方式。这种方式不但能使矛盾迅速化解,而且还可以增进双方的进一步信任与合作,有利于合同的继续执行。争议双方经协商不能达成一致时,可以约定向仲裁机构提出仲裁,也可以依法向人民法院提起诉讼。

(二)调解

调解是指双方当事人以外的第三者,以国家法律、法规和政策以及社会公德为依据,对纠纷双方进行疏导、劝说,促使他们相互谅解,进行协商,自愿达成协议,解决纠纷的活动。在我国,调解的种类很多。因调解的主体不同,调解有人民调解、法院调解、行政调解、仲裁调解以及律师调解等。人民调解是人民调解委员会主持进行的调解;法院调解是人民法院主持下进行的调解;行政调解是基层人民政府或者国家行政机关主持下进行的调解;仲裁调解是在仲裁机构主持下进行的调解。在这几种调解中,法院调解属于诉内调解,其他都属于诉外调解。

(三)仲裁

仲裁是指争议双方依仲裁协议,自愿将彼此间的争议交由双方共同信任、法律认可的仲裁机构的仲裁员居中调解,并做出裁决。仲裁机构和法院不同。法院行使国家所赋予的审判权,向法院起诉不需要双方当事人在诉讼前达成协议,只要一方当事人向有审判管辖权的法院起诉,经法院受理后,另一方必须应诉。仲裁机构通常是民间团体的性质,其受理案件的管辖权来自双方协议,没有协议就无权受理。仲裁实行一裁终局制,仲裁裁决一经仲裁庭做出,即发生法律效力。这使得当事人之间的纠纷能够迅速得以解决。

(四)诉讼

保险诉讼主要是指争议双方当事人通过国家审判机关——人民法院解决争端、进行裁决的办法。它是解决争议的最激烈方式。人民法院具有宪法授予的审判权,是维护社会经济秩序、解决民事纠纷的最具权威的机构,不受行政机关、社会团体和个人的干预,以法律为准绳,以事实为依据,独立行使审判权,维护当事人的合法权益。

案例 3-7

小孩造成的火灾,保险公司该赔吗?

【案情简介】

2008 年春节,李某为其刚满 8 岁的儿子买了价值 200 元的烟花爆竹。某日,李某与其妻出门访客,其子独自在家感觉无聊,遂将李某藏的烟花爆竹翻出,在屋内玩耍,不慎引起火灾,造成衣服、被褥、家电、家具等均有不同程度的损坏,损失约为 30000 元。所幸,李某投保了家财险,遂向保险公司索赔。

对于这样一起火灾,保险公司认为,火灾是李某之子故意行为造成的,而根据《家庭财产保险条款》规定,被保险人及其家庭成员的故意行为引起的财产损失,属于除外责任。保险公司不应赔付。而李某认为,其子并非故意纵火,不应视为被保险人家庭成员的故意行为,保险公司应该赔付。

【处理结果】

既然本案的财产损失不是被保险人及其家属的故意行为造成的,保险公司应该承担赔偿责任。

【分析意见】

本案的争论焦点在于对"故意行为"的认定。

根据法理解释,"故意"是指行为人预见到自己的行为会引起一定的损害结果,仍然希望该结果发生或者放任结果发生的心理状态。显然,故意总是与行为人的"明知"和"有意"有关。

本案中行为人是刚满 8 岁的儿童,按《中华人民共和国民法通则》的规定:"不满 10 周岁的未成年人是无民事行为能力人。"8 岁的儿童应认定为无民事行为能力人,根本谈不上故意或非故意的问题,对其行为后果不负民事责任。

根据《中华人民共和国民法通则》的规定:"无民事行为能力人、限制民事行为能力人造成他人损害的,由监护人承担民事责任。监护人尽了民事责任的,可以适当减轻他的民事责任。"李某及其妻在出门之前将烟花爆竹藏起来,说明他们已尽了责任,但将未成年的孩子单独留在家中,将有可能产生一些难以预料的不良后果,对此,李某及其妻应该想到,但却因疏忽而未想到。即便如此,也只能说李某及妻子有过错,但决不是"故意"。因此,保险公司应该承担赔偿责任。

【本章小结】

本章系统性地介绍保险合同定义、特征、合同主体、客体、内容、保险合同的基本形式、保险合同订立、变更、中止与终止以及保险合同的解释及争议处理的方式。本章学习内容是保险法律属性的具体化,也是规范保险行为的基础理论知识。

【思考与练习】

■主要概念

保险合同 保险人 投保人 被保险人 受益人 保险代理人 保险经纪人 保险公估人 保险标的 基本条款 特约条款 法定条款 保险金额 保险责任 保险期限 责任期限 投保单 保险单 暂保单 保险凭证 批单 要约 承诺 法定解除 协议解除

■基础练习

一、单项选择题

1.保险合同是( )约定权利与义务关系的协议。

A.保险人与受益人　　　　　　　　B.保险人与投保人

C.投保人与被保险人　　　　　　　D.保险人与被保险人

2.保险合同的客体是( )。

A.保险责任　　B.保险标的　　　　C.保险利益　　　　D.保险单

3.确定人身保险受益人的方式是( )。

A.保险人指定,但需投保人同意　　B.投保人指定,但需保险人同意

C.被保险人指定,但需受益人同意　D.被保险人或投保人指定

4.( )是投保人向保险人申请订立保险合同的书面要约。

A.投保单　　　　B.保险单　　　　C.保险费　　　　D.保险凭证

5.代表投保人的利益,与保险人洽谈签订保险合同,并向保险人收取佣金的是( )。

A.保险代理人　　B.保险经纪人　　C.保险公估人　　D.保险人

二、多项选择题

1.保险合同作为一种特殊的合同,其独有的法律特征包括( )。

A.是双务合同   B.是最大诚信合同

C.是附和合同   D.是射幸合同

2.书面形式的保险合同包括( )。

A.投保单   B.保险单   C.保险凭证   D.暂保单

3.保险合同双方发生争议时,可以采取( )方式解决。

A.诉讼   B.协商   C.仲裁   D.调解

4.保险合同的解释应遵守的原则是( )。

A.文义解释原则   B.有利于保险人的解释原则

C.意图解释原则   D.有利于被保险人和受益人的解释原则

三、简答题

1.保险合同的特点有哪些?

2.保险合同的构成要素有哪些?

3.法定条款应当包括哪些事项?

4.试比较保险合同的终止与中止。

5.保险合同在什么情况下需要变更?

6.简述保险合同订立的程序。

■思考题

1.谈谈你对有利于被保险人和受益人的解释原则的理解与认识。

2.基于保险商业属性谈谈你对保险合同双务性的理解与认识。

■单元实训

利用课后时间查阅有关保险合同中止、复效的相关资料,总结分析导致保险合同中止原因以及制约保险合同复效的影响因素。

第四章　财产损失保险

- 财产损失保险的基本含义,保险损失标的的特点。
- 家庭财产保险与企业财产保险一般的补偿方式。
- 车辆损失与第三者责任损失补偿的基本计算方法。
- 货物运输保险的基本保障项目、保险期限的确认。
- 建筑工程保险与安装工程保险所承保的主要风险。

第一节　财产损失保险概述

一、财产损失保险的含义

财产保险的可保财产,包括物质形态和非物质形态的财产及其有关利益。以物质形态的财产及其相关利益作为保险标的的,通常称为财产损失保险。狭义的财产损失保险是指以实物形态保险标的直接损失为保障项目的保险。广义的财产损失保险是不仅包括标的价值含量因保险事故直接损失保障项目外,还包括由实物标的引起或形成的间接损失。本书基于广义的角度介绍与讨论财产损失保险。这类财产保险主要包括企业财产保险、家庭财产保险、运输工具保险、货物运输保险、工程保险和农业保险等种类。而以非物质形态的财产及其相关利益作为保险标的的,通常是指各种责任保险、信用保险等。

财产保险范围广泛,除了人身保险以外的各种保险均可归为财产保险。有形的或有实物形态的财产只是财产的狭义部分。财产损失保险是人们通常所提到的财产保险,也称为狭义的财产保险。

二、财产损失保险标的的特点与分类

（一）保险标的的特点

财产损失保险标的是实物状态的物质财富。相对于无形状态的财产而言,它是一种具体的、有形的财产。其财产的价值就是该实物体的货币价值含量。该实物的有形体正是财产损失保险风险承受的载体,保险人所保障的通常也是这类风险载体所承载货币含量的直接损失。

因此,作为财产损失保险的保险标的不仅明确了保险风险承受母体是一种有形的实物体,同时也明确了保险所承担的责任是此类实物体货币价值的全部或部分损失。但在保险实务中,为了切实满足客户的保险保障需求,保险公司往往设计复合型险种,如将狭义财产损失保险与责任保险复合而成的运输工具保险(属于广义财产损失保险),所承保的基本险有两类:一类是此类实物承载的货币价值的全部或部分损失,即狭义财产损失保险;另一类是除保险标的自身损失外,保险人还承保被保险人管理或使用保险标的时可能造成的对第三人应承担的民事赔偿责任。

(二)保险标的的分类

财产损失保险的保险标的种类繁多、形态各异。根据其特点,人们能够目测的物质财富均可能成为财产损失保险的保险标的。由于风险状况与保险标的所处的环境关系密切,为了便于风险管理和保险业务的开展,通常人们根据保险标的是否处于相对静止的状态来划分财产损失保险的具体类型。在此,我们依据财产损失保险的保险标的是否处于相对静止状态,以及价值在保险期间是否显著变化为标准,将其划分为三大类。

1.存放固定场所且价值无显著变化的保险标的

此类标的存放的位置相对不变,或者说这类标的有固定的存放场所,并处于相对静止状态。该类标的的风险与所处的地理环境、社会环境关系密切,如处于沿海一带的财产,遇到台风风险的可能性通常会高于处于内陆地区的财产;治安环境好的地区,该地区存放的财产发生偷盗、抢劫的风险一般要比治安环境较差的地区低。

2.非存放固定场所且价值无显著变化的保险标的

移动的常态化是此类标的所处状态的主要特征。显然,这类标的所承受的风险与其所处的移动状态密切相关,如碰撞、坠落,或可能造成他人的财产损失与人身伤害等。这类财产损失保险主要包括运输工具保险、货物运输保险。

3.处于固定场所且价值有显著变化的保险标的

在保险期限内保险标的货币含量变化是此类标的的显著特征,此类标的如在建工程和农产品。鉴于农业生产的风险保障在我国社会经济发展中所具有的特殊地位和其风险管理的特殊性,本教材将属于财产损失保险的农业保险单独列为一章介绍。

第二节 家庭财产保险与企业财产保险

一、家庭财产保险

家庭财产保险是以我国城乡居民的家庭财产为保险对象的财产损失保险。凡我国城乡个人自有财产、代他人保管的财产或与他人共有的财产均可投保该项保险。家庭财产保险的开展,为遭受灾害事故损失的家庭提供了经济补偿,维护了城乡居民的生活安定。它的开展与普及程度,标志着一个国家与地区国民的保险意识水平,并能够带动其他财产保险业务的发展。在我国大力发展家庭财产保险,广泛筹集社会闲散资金,对减少消费资金,增加建设资金也有一定的积极作用。

我国保险公司开办的家庭财产保险的主要险种有普通家庭财产保险、家庭财产两全保险①、团体家庭财产保险、附加盗窃险及其他家庭专项财产保险,如家庭建房保险、房贷险、车贷险、家用煤气、液化气设备专项保险。根据家庭财产保险承保的责任范围,可分为综合性险种(包括普通家庭财产保险、家庭财产两全保险、团体家庭财产保险)、专项险种、附加险种等。

(一)保险范围

1.可保财产

凡是坐落、存放于保险单所载明的地点,属于被保险人自有或代保管或负有安全管理责任的财产,均可以投保家庭财产保险。具体项目包括:

(1)自有房屋及其附属设备。房屋的附属设备是指固定装置在房屋中的冷暖卫生设备、照明、供水设备等。

(2)各种生活资料。包括衣服、家具、行李、文化娱乐用品、家用电器、非机动交通工具等,农村家庭的农具、工具及已经收获的农副产品也属于生活资料范畴。

2.不保财产

在家庭财产保险中,保险公司对其风险难以控制的财产、无法鉴定价值的财产以及正处于危险状态的财产通常列为不保财产。不保财产如金银、首饰、珠宝、货币、有价证券、票证、邮票、古玩、字画、文件、账册、技术资料、图表、家畜、花、树、鱼、鸟、盆景、危房、处于常年警戒水位以下的财产、洪水来临即将淹没的财产等。当然,不受法律保护的家庭财产也可列为不保财产的范围之内。

(二)保险责任

依据家庭财产风险保障的客观性,家庭财产保险的保险责任一般分为基本责任和特约盗窃责任两种。

1.基本责任

家庭财产保险的基本责任是指保险人在家庭财产保险中对其保险标的所承受的基本风险保障服务。基本责任一般表示为具体的风险因素或具体的风险损失。如火灾、爆炸;雷电、冰雹、雪灾、洪水、海啸、地震、地陷、崖崩、龙卷风、冰凌、泥石流;空中运行物体的坠落,以及建筑物和其他固定物体的倒塌;暴风或暴雨使房屋主要结构(外墙、屋顶、屋架)倒塌造成保险财产的损失;因防止灾害蔓延或因施救、保护所采取必要的措施而造成保险财产的损失和支付的合理费用等。

2.特约盗窃责任

特约盗窃责任是基本责任之外的一种附加责任。经被保险人和保险人双方特别约定,凡放在保险地址室内的保险财产遭受盗窃的损失,或者存放在保险地址屋内、院内的其他家庭财产保险标的遭受盗窃损失的,由保险人负责赔偿。特约盗窃责任需要另行加收保险费。

---

① 家庭财产两全保险是一种长期性保险,具有遭受灾害时补偿经济损失和保险期满还本的双重保险性质。其主要特点是用被保险人所交保险储金的利息作为保险人的保费收入。

(三)除外责任

家庭财产保险除外责任是指合同或法律确认的保险人不予承担的风险责任。家庭财产保险一般将战争、军事行动或暴力行为、核辐射或核污染、被保险人或其家庭成员的故意行为、保险财产本身缺陷、保管不善、变质、霉烂、受潮、虫咬、自然磨损、家用电器因使用过度或超电压、碰线、漏电、自身发热等原因所造成的自身损毁等风险因素造成的损失作为除外责任,保险人不负赔偿责任。另外,对于堆放于阳台或露天的财产,或用芦席、稻草、油毛毡、麦秆、芦苇、竹竿、帆布等材料为外墙、棚顶的简陋罩棚下的财产及罩棚由于暴风、暴雨、盗窃或抢劫等风险因素造成的损失保险人也不负赔偿责任。

(四)保险期限

家庭财产保险的保险责任期限,采用定期保险方式,主要是一年期保险业务。以约定起保日期的零时起至期满日期的二十四时止,到期可以续保,但需另行办理投保手续。当然,家庭财产保险业务中也有长于一年的保险业务,如家庭财产两全保险业务,保险责任期限的长短可以由保险人与被保险人协商。

(五)保险金额及保险费率

家庭财产保险金额,由被保险人根据保险财产的实际价值自行确定,并且按照保险单上规定的保险财产项目分别列明。

家庭财产保险的保险费率,通常根据被保险人居住的房屋建筑结构及其等级,还应当考虑社会治安状况等因素来确定。不同地区的家庭财产风险不一,保险费率在地区之间也存在着较大的差异。

家庭财产保险的保险费,按照规定的保险费率计算,通常在起保当天一次交清保险费。

> **讨论一下:**
>
> 你的家庭购买家庭财产保险了吗?为什么有那么多的标的或责任是保险公司不保的?你认为是否合理?

(六)赔偿处理

对财产损失险和盗窃险赔偿处理的一般要求如下:

1.提供凭证与证明

被保险人在向保险公司申请赔偿时,应当提供保险单、赔偿申请单、损失清单、发票和其他有关单证以及公安部门和所在单位、街道组织等有关部门出具的证明。

2.计算赔款

在计算赔款时,首先,应当考虑承保方式,即区别第一危险赔偿方式①与比例赔偿方式,以及两者相结合的赔偿方式。其次,发生全部损失,按保险金额扣除残值后计算赔款;发生部分损失,按照实际损失计算赔款或根据受损财产出险当天的实际价值乘以损失程度计算赔款,以保险金额为上限,对于有免赔额的,还应当扣除免赔额。此外,在赔款计算中,还应掌握新的赔新价,旧的赔旧价原则,考虑受损标的的使用年限等;按市场价估计的保险赔案,一般以恢复原状为原则;损失的标的遇有调价情况时,应统一按受损时的实际价值赔

---

① 第一危险赔偿方式,即在发生保险责任范围内的损失时,不论是否足额保险,保险人按实际损失赔偿,但损失超过保险金额时,赔偿金额以保险金额为限。

偿,但不超过保险金额;对于一户多保的,其总赔偿金额仍应按实际价值计算,以不超过总保险金额和实际损失为限。

案例 4-1

高压锅爆炸,保险人是否应赔偿全部损失?

【案情简介】

2005年6月10日,张某向一家财产保险公司投保了家庭财产保险,保险金额2万元,期限一年。同年9月,张某的母亲探望儿子,第一次使用高压锅煮绿豆稀饭,由于高压锅的排气孔被绿豆粒堵塞,致使锅内气压急剧上升引发爆炸,高压锅、煤气灶、阳台玻璃被炸毁,造成损失4200元,张母的双手被炸伤,支付医疗费500元。案发后,张某向保险公司要求赔偿其财产损失及母亲医疗费。保险公司接案后,迅速组织查勘,证实损失确属高压锅爆炸造成,但在赔付问题上与张某意见不同,保险公司按《家庭财产保险条款》规定,只负责赔偿财产损失,不赔付张母的医疗费。

【分析意见】

第一,《家庭财产保险条款》明确规定爆炸属于保险责任,包括物理性爆炸和化学性爆炸两种。本案中的高压锅爆炸,属物理性爆炸,即高压锅压力超过容器耐压极限而发生的爆炸,属于《家庭财产保险条款》中的爆炸责任。

第二,《家庭财产保险条款》的除外责任规定,被保险人或其家庭成员的故意行为造成财产损失,保险公司不负责赔偿责任。本案中张母第一次使用高压锅,不是故意行为造成财产损失,保险公司应赔偿。

第三,家庭财产保险的保险对象是被保险人的家庭财产,在遭受保险责任范围内的自然灾害和意外事故造成损失后给予经济补偿,因此,张母的双手炸伤所花去的医疗费不属于保险公司承保的范围。

保险公司在保险金额的范围内,赔偿张某财产损失4200元,张母医疗费用不在保险责任范围内,保险公司不应赔偿。

案例 4-2

房屋转让后发生火灾,保险人该不该赔偿?

【案情简介】

2005年5月6日,王某将其私有房屋投保家庭财产保险,保险金额为30000元,保险期限为一年。同年8月10日,王某将该房屋卖给了李某,并把保险单一起转让,房屋卖价中已包含了保险费一项。次年3月10日,该房屋发生火灾,损失金额为4000元。李某向保险公司提出索赔,被保险公司拒绝。

【处理结果】

在财产保险中,除货物运输单可随保险财产出售而自动转让不须通知保险人外,其他财产转让必须通知保险公司同意,原保险合同才能继续有效,本案中王某转让房屋未通知保险人变更,因此,发生火灾后,保险人拒绝赔偿李某损失。

【分析意见】

首先,财产保险合同的成立是以被保险人对投保财产具有可保利益为条件的。本案中的李某不是房屋投保的被保险人,而被保险人王某在房屋出售后已失去了可保利益,该保险合同已自动失效。其次,在财产保险中,除了货物运输单以外的其他财产保险单不能随保险财产出售而自动转让,应该先通知保险公司,经保险公司根据其风险是否显著增加来衡量是否调整或解除合同。如果标的转移告知保险公司,且客观上风险并未显著增加,保险公司不能拒绝该事故的理赔,否则,没有通知保险公司或虽然告知保险公司但该合同因保险标的转让风险显著增加,保险公司可以依法拒绝理赔。

案例 4-3

家财被盗未及时通知保险公司,拒赔是否合理?

【案情简介】

2009 年 11 月的一天,李某出差回家后发现家庭财产被盗,于是,他迅速到派出所报案。经公安人员现场勘查,发现有 1 万多元的财物被盗走。10 多天后此案还没告破,这时李某才想起自己参加了家庭财产保险。于是,他手持保单急匆匆来到保险公司要求索赔。保险公司以李某在出险后未及时通知为由拒赔。

【分析意见】

《家庭财产保险条款》还专门就被保险人"及时通知"义务进行了明确规定,即被保险人必须在知道保险事故发生后,保护好现场,并在 24 小时内通知保险公司,否则,保险公司有权不予赔偿。保险公司拒绝赔偿是按照法规及合同规定处理,是合理的。

《保险法》第 21 条规定:"投保人、被保险人或者受益人知道保险事故发生后,应当及时通知保险人。故意或者因重大过失未及时通知,致使保险事故的性质、原因、损失程度等难以确定的,保险人对无法确定的部分,不承担赔偿或者给付保险金的责任,但保险人通过其他途径已经及时知道或者应当及时知道保险事故发生的除外。"这里的"及时通知"是指被保险人应尽快通知保险人,以便及时到现场勘查定损。通知的方式可以是口头方式,也可以是书面形式。"及时通知"是被保险人应尽的义务,同时,被保险人向保险公司索赔也是有时间限制的。

通过李某的案件,我们应该树立以下意识:

一是要树立家财出险后"及时通知"的意识,做到处事不慌。一方面要向公安部门报案,另一方面也要向保险公司报险,做到"两报"都不误。这样保险公司人员就可及时进行现场核实定损,为后期理赔奠定基础。

二是家财出险后,要注意在 24 小时内到保险公司"报险",以免超过规定时效而引发双方在理赔中的纠纷。

三是要注意通知的方式。出险后,被保险人要迅速找出保单,亲自去所投保的保险公司"报险",或者打电话及时告知保险公司。

只有这样,才能避免上文中李某的后果,使家庭财产得到有效保障。

3. 坚持权益转让原则

当被保险人的财产损失是由第三者造成而且应当由第三者负赔偿责任时,被保险人向保险人提出索赔,只要是保险责任范围内的损失,保险人可先行赔偿,但应当向责任方实行代位追偿。当被保险人的保险标的因失盗造成损失,在保险人赔偿后被盗财产经破案追回时,保险人应当追回已付出的赔款,保险人对因盗造成财产受损的维修费负责,或要求被保险人退还被盗财物,两者只能择其一。

专栏 4-1

天津爆炸事故数据:市民投保家财险占比极低[①]

天津港 2015 年"8·12"事故中,爆炸冲击波影响了周边大面积居民区,事故发生一周后中国网记者从天津市保险公司了解到,爆炸事故报案数据显示市民投保家财险占比极低。据现场记者报道,爆炸事故发生后,仅紧急疏散的就包括周边 3 个小区,安置附近 3500 余名群众。记者从中国人保天津分公司了解到,截至 2015 年 8 月 22 日,天津港爆炸事故涉及本市家财险报案仅为 50 件左右,相比于爆炸波及的范围和居民区住户数量,投保比例还不到一成。而太平洋财险天津分公司的数据显示,此次爆炸事故中家财险报案数仅为 14 件。目前市场上的家财险产品非常丰富,价格也不高,而险企在设计产品时则将保障范围扩大,不仅涵盖房屋、房屋附属物,有些包括车库、天台、房屋装修及服装、家具、家用电器等生活用品,另外,还有现金盗抢险、第三方责任险等,几乎包含了一个家庭可能遭受的所有损失。中国人民保险公司的一款家庭财产综合保险豪华型保障期限为一年,价格 692 元,平均每天约为 1.89 元,保障包括 80 万元的房屋及附属设施、40 万元室内装潢、10 万元盗抢损失以及 5 万元家电因电线短路等用电引起的损失、5 万元管道破裂水渍损失等。太平洋保险公司一款家财险保障同样为期一年,售价 398 元,除了房屋装潢、财产保障外,还有租赁费用、现金珠宝、数码产品、家庭人员意外等多重保障。在日本等发达国家,家财险是非常普及的险种,但这次爆炸事故则显示出国内此类与市民财产及生活息息相关的保险普及率却极低。现在人们普遍居住在楼房,面临的主要是失火、失窃等发生概率为千分之几的风险,人们对于房屋和财产的风险意识不足。

二、企业财产保险

企业财产保险是指以投保人存放在固定地点的处于相对静止的财产和物资作为保险标的的一种保险。这类保险的保险标的的存放地点相对固定,且保险标的在保险期限内应当处于相对静止状态。企业财产保险是我国财产保险业务中的主要险种之一,其适用范围很广,一切工商、建筑、交通、服务企业、国家机关、社会团体等均可投保企业财产保险,即对一切独立核算的法人单位均适用。鉴于企业财产保险运作机理不仅适用于一般的企业也适用于国家机关、社会团体等社会其他经济单位存放在固定地点的财产和物资,因此在保险实务中人们将企业财产保险又称作团体财产保险。

(一)保险范围

企业财产按是否可保的标准可以分为三类,即可保财产、特约可保财产和不保财产。

---

① 资料来源:http://finance.sina.com.cn/money/insurance/bxlc/20150822/142923037933.shtml.

1.可保财产

企业可保财产是基于保险原则、企业财产保险标的特征以及可保风险基本条件为依据确定其是否属于企业财产保险中的可保财产。一般地,企业可保财产包括属于被保险人所有或者与他人共有而由被保险人负责的财产、由被保险人经营管理或者替他人保管的财产、具有法律认可与被保险人有经济利害关系的财产。

从财产的具体种类来说,企业财产保险可以投保的财产有:

(1)房屋、建筑物及附属装修设备。

(2)机器及设备。

(3)工具、仪器及生产用具。

(4)交通运输工具及设备(受限于活动空间,不同于一般的运输工具)。

(5)管理用具及低值易耗品。

(6)原材料、半成品、在产品、产成品或库存商品、特种储备商品。

(7)建造中的房屋、建筑物和建筑材料。

(8)账外或已摊销的财产。

(9)代保管财产。

2.特约可保财产

除上述一般的可保财产外,企业财产保险的可保财产还包括特约可保财产。所谓特约可保财产,是指经保险双方特别约定在保险单中载明的保险财产。特约可保财产又分为不提高费率的特约可保财产和需提高费率的特约可保财产。不提高费率的特约可保财产一般包括市场价格变化较大或无固定价格的财产,如金银、珠宝、玉器、首饰、古玩、古画、邮票、艺术品、稀有金属和其他珍贵财物,或堤堰、水闸、铁路、涵洞、桥梁、码头等。需提高费率或需附贴保险特约条款的财产通常为风险相对较大的一类企业财产,如矿井、矿坑的地下建筑物、设备和矿下物资等。

3.不保财产

不保财产是保险人不予承保的财产。不保财产可分为两大类:一类是不适宜保险的财产,如土地、森林、违章建筑、危险建筑、非法占用的资产、货币、票证、有价证券、文件、账册、图表、技术资料以及无法鉴定价值的财产;一类是不具有企业财产保险标的特征的财产,如未经收割或收割后尚未入库的农作物、在运输过程中的物资等。

(二)保险责任

在企业财产保险中,保险人应承担的保险责任主要可分为保险标的损失赔偿责任和施救费用补偿责任两大类。

1.保险标的损失赔偿责任

一是除被保险人的故意行为外,凡不可预料和不可抗力事故所造成的保险财产损失,保险人都负有赔偿的责任。其不可预料和不可抗力事故包括:火灾、爆炸;雷击、暴风、龙卷风、暴雨、洪水、破坏性地震、地面突然塌陷、崖崩、突发性滑坡、雪灾、雹灾、冰凌、泥石流;空中运行物体坠落等。二是被保险人因上述灾害事故即不可预料和不可抗力事故遭受损坏引起停电、停水、停气,以致造成被保险人的机器设备、产品和贮藏物品的损坏和报废的,保险人负有赔偿责任。

2.施救费用补偿责任

发生保险事故时,为了减少保险财产损失,被保险人对保险财产采取施救、保护、整理措施而支出的合理费用也由保险人负责赔偿。需要说明的是,保险人一般只对所承保标的对应部分的施救费用给予必要的补偿。

(三)除外责任

在企业财产保险中,保险公司所承担的基本责任一般将战争、军事行动、暴乱、武装冲突、罢工、核辐射或污染、被保险人及其代表的故意行为或纵容等风险因素所造成的损失列为除外责任。通常也将保险事故引起的各种间接损失和财产本身缺陷造成的损失列为除外责任。

(四)保险期限

"冰棍效应"是企业和家庭一般财产的基本特征,也就是说,企业财产保险的保险标的价值含量随着时间的推移都会存在一定的折扣。基于企业或家庭一般财产的这一特征,企业财产保险和家庭财产保险的保险期限都不宜时间过长,和其他的财产保险一样,保险期限通常为一年或一年以内。在保险单到期前,保险人可以通知被保险人办理续保手续。

(五)保险金额

企业财产保险的保险金额,是被保险人对保险标的的实际投保金额,也是保险人计算保险费的依据和承担补偿责任的最高限额。对于不同的资产,其投保金额是不相同的。通常,固定资产投保时按账面原值或由被保险人与保险人协商按重置重建价值作为保险金额;流动资产投保时,可按最近账面余额或最近 12 个月平均余额确定保险金额;已摊销的或账外财产一般按实际价值确定保险金额。

(六)保险费及保险费率

保险费的缴纳,是投保人最主要的义务之一。财产保险合同依法成立后,投保人或被保险人应按合同约定缴纳保险费用。一般情况下,投保人应当在签订保险合同之日起 15 日内一次付清保险费;特殊情况下,财产保险的保险费可以分次缴纳。

保险费率,一般来说都是由保险人事先确定并列表公布。我国现行的企业财产保险费率分为三部分:一是基本险费率。根据企业的生产经营性质、仓储情况等因素,基本险费率分为工业险费率、仓储险费率和普通险费率三类,每类均按占用性质确定不同的级差费率。二是附加险费率。附加险费率是指在基本险之上附加的保险事故的保险费率。其附加费率一般是在同一类型基本条款中的保险事故的保险费率基础上加成若干倍而确定的。三是短期费率。短期保险费率,适用于保险期不满 1 年的业务。

(七)赔偿处理

1.提供凭证与证明

被保险人向保险人索赔时,应当提供保险单、财产损失清单、技术鉴定证明、事故报告书、救护费用发票以及必要的账簿、单据和有关部门的证明。

2.计算赔款

(1)固定资产赔款计算。固定资产全部损失,当受损财产的保险金额等于或高于出险时重置价值时,其赔偿金额以不超过出险时重置价值为限;若受损财产的保险金额低于出险时重置价值,其赔款不得超过该项财产的保险金额。

固定资产部分损失,当受损财产的保险金额等于或高于出险时重置价值时,按实际损失计算赔偿金额;若受损财产保险金额低于出险时重置价值,应按下列公式计算赔偿金额:

$$赔款 = \frac{保险金额}{出险时重置价值} \times 实际损失或受损财产恢复原状所需修复费用$$

(2)流动资产赔款计算。流动资产全部损失,当受损财产的保险金额等于或高于出险时账面余额时,其赔偿金额以不超过出险时账面余额为限;若受损财产的保险金额低于出险时账面余额,其赔款不得超过该项财产的保险金额。

流动资产部分损失,当受损财产的保险金额等于或高于出险时账面余额时,按实际损失计算赔偿金额;若受损财产的保险金额低于出险时账面余额,应按下列公式计算赔偿金额:

$$赔款 = \frac{保险金额}{出险时账面余额} \times 实际损失或受损财产恢复原状所需修复费用$$

(3)账外资产和代保管财产赔款计算。账外资产和代保管财产全部损失,当受损财产的保险金额等于或高于出险时重置价值或账面余额时,其赔偿金额以不超过出险时重置价值或账面余额为限;若受损财产的保险金额低于出险时重置价值或账面余额,其赔款不得超过该项财产的保险金额。

账外资产和代保管财产部分损失,当受损财产的保险金额等于或高于出险时重置价值或账面余额时,按实际损失计算赔偿金额;若受损财产的保险金额低于出险时重置价值或账面余额,应按下列公式计算赔偿金额:

$$赔款 = \frac{保险金额}{出险时重置价值或账面余额} \times 实际损失或受损财产恢复原状所需修复费用$$

以上赔款计算公式所遵循的原则是一致的,当保险金额低于规定的保险价值时,按比例赔偿方法计算赔款。另外,关于施救、抢救、保护费用的赔偿要与保险标的的损失赔款分别计算,均以不超过保险金额为限。如果保险标的的损失是按比例赔偿,施救、抢救、保护费用也应按比例赔偿。保险标的受损后的残值须经协议作价折归被保险人,保险人应在支付赔款时扣除残值。

一般来说,保险标的遭受部分损失经赔偿后,保险人应出具批单,注明保险金额减去赔偿金额后尚余的有效保险金额。若被保险人需要恢复保险金额,应补交保险费,由保险人出具批单注明。

(八)被保险人的义务

企业财产保险合同是双务合同,双方的权利和义务是对等的,因此,在要求保险人给予经济保障的同时,被保险人需要履行的义务通常包括:投保人应当在保险合同生效前按约定交付保险费;被保险人应当履行如实告知义务;被保险人应当遵照国家有关部门制定的保护财产安全的各项规定,对安全检查中发现的各种灾害事故隐患,在接到安全主管部门或保险人提出的整改通知书后,必须认真付诸实施;在保险合同有效期内,如有被保险人名称变更、保险标的的占用性质改变、保险标的的地址变动、保险标的的危险程度增加、保险标的的权利转让等情况,被保险人应当事先书面通知保险人,并根据保险人的有关规定办理批改手续;保险标的遭受损失时,被保险人应当积极抢救,使损失减少至最低程度,同时保护现场,并立即通知保险人,协助查勘;被保险人如果不履行上述约定的各项义务,保险人有权拒绝赔偿,或从解约通知单送达一定时期(通常 15 日)后终止保险合同。

案例 4-4

企业财产保险人为纵火此路不通

【案情简介】

2008 年 6 月,江某以股权转让的方式购买了衢州市新汇彩印有限公司,以公司厂房、设备等财产向中国人寿财产保险股份有限公司金华中心支公司义乌营销部投保了 4900 多万元的财产综合险。2009 年 1 月 15 日凌晨 3 时许,该公司主车间内起火。经消防部门施救,车间内的印刷机、版辊、复合机、打蜡机、分切机等设备以及车间厂房、会计办公室被不同程度烧毁。当日,江某向中国人寿财产保险股份有限公司报告出险。随后,江某分别与中国人寿财产保险股份有限公司、泛华保险公估有限公司签署了索赔通知书和知会函,提出索赔申请。

【处理结果】

公安消防部门认定火灾系人为纵火,并移送公安机关立案侦查,江某也因涉嫌纵火骗保落网。

【分析意见】

保险公司得到报案后,迅速组织相关部门对该案件事故现场进行认真勘查,发现许多疑点:一是,多处起火点几乎同时燃烧,这与意外火灾的一般情况不符;二是,投保企业在投保前,资金周转状况陷入困境;三是,投保前有两份标的额较大的彩印设备买卖合同实为虚构;等等。根据上述情况分析,江某投保动机不纯存在重大嫌疑。后经公安机关调查取证对所发现的疑点得到了确认。江某对其人为纵火骗保动机与行为供认不讳。后经核损,火灾损失为 146 万余元。10 月 15 日,江某被衢州市柯城区检察院依法提起公诉。

本案可以说是企业主利用企业财产保险骗取保险理赔的典型案例。当保险公司接到投保方的报案后,及时会同有关职能机构,在第一时间赶赴事故现场对事故责任的正确确认是必要的,同时,也应对投保企业投保前后的经营状况以及投保人的人品有一客观认识。其目的,严防不良投保动机与行为,尽可能避免道德风险事故的发生。

第三节　运输工具保险与货物运输保险

一、运输工具保险

运输工具保险是专门承保各种机动运输工具,包括机动车辆、飞机、船舶、摩托车等各种以机器为动力的运载工具。由于各种运输工具在运行过程中会遇到各种不同的自然灾害与意外事故,因而将运输工具保险划分为机动车辆保险、飞机保险和船舶保险三种。

（一）机动车辆保险

机动车辆保险是运输工具保险中的主要业务，它将各种以机器为动力的陆上运输工具作为保险标的，包括各种汽车、摩托车、拖拉机等。机动车辆具有陆上运行、流动性大、行程不固定等特点，决定了其自身的风险大，造成第三者责任风险亦大。因此，机动车辆保险业务量大、投保率高；第三者责任险的目的在于维护社会公众的利益，从而起到安定社会的作用。机动车辆保险分为基本险与附加险。基本险包括车辆损失险和第三者责任险。

1. 车辆损失险的保险责任

车辆损失险的保险责任是保险车辆遭受保险责任范围内的自然灾害和意外事故造成保险车辆本身损失，保险人依照保险合同的规定给予赔偿。具体的灾害包括：

（1）碰撞、倾覆。"碰撞"是指车辆与外界物体的意外接触；"倾覆"指保险车辆因灾害事故造成本身倾斜翻倒，车体触地，使其失去正常运行状态，不经施救不能恢复行驶。

（2）火灾、爆炸。"火灾"包括保险车辆本身燃烧和邻近火灾波及保险车辆；"爆炸"包括保险车辆油箱爆炸、经交通管理部门批准装载的易燃易爆物品发生爆炸和外界发生爆炸殃及保险车辆，造成保险车辆本身损失。

（3）外界物体倒塌、空中运行物体坠落、行驶中平行坠落。

（4）雷击、暴风、龙卷风、暴雨、洪水、海啸、地陷、冰陷、崖崩、雪崩、雹灾、泥石流、滑坡。"冰陷"指在经交通管理部门允许行驶车辆的冰面上，保险车辆通过时，冰面突然下陷造成车辆损坏。

（5）载运保险车辆的渡船遭受自然灾害导致保险车辆受损（只限于有驾驶人员随车照料者）。

发生保险事故时，被保险人或其允许的合格驾驶员对保险车辆采取施救、保护措施所支出的合理费用，其最高赔偿金额以保险金额为限。施救、保护费用应与修理费用分别理算。在施救前，如果估计这三项费用相加已达到或超过保险金额，可以推定全损予以赔偿。

2. 第三者责任险的保险责任

机动车辆第三者责任保险的保险责任，是被保险人或其允许的合格驾驶员在使用被保险车辆过程中发生意外事故，致使第三者的人身或财产受到直接损毁，依法应当由被保险人支出的赔偿金额，保险人依照保险合同的规定给予赔偿。这时"第三者"指被保险人和本保险车辆上一切人员和财产以外的他人和他物；"直接损毁"指交通事故中一次直接造成第三者的人身伤亡及财产损失的赔偿责任，包括受害者的死亡补偿、伤残补偿、医疗补偿及财物损毁补偿；"依法"指依据法律规定，我国道路交通事故是由公安部门处理的，公安部门处理交通事故的职责是：处理交通事故现场，认定交通事故责任，处罚交通事故责任者，对损害赔偿进行调解。经调解未达成协议的，当事人可以向人民法院提起民事诉讼。对保险人来说，公安部门的处理是保险人承担责任与否的基础性依据，但又不是完全按照公安部门的处理结论承担赔偿责任。因为制约保险双方的直接法律依据是保险合同。因此，保险人应承担符合保险合同规定的责任。

想一想：

机动车辆保险中的第三者责任保险有何作用？

3. 机动车辆保险基本险的除外责任

(1)车辆损失险除外责任。具体包括:自然磨损、锈蚀、车辆自身故障、轮胎爆裂;地震、人工直接供油、高温烘烤造成的损失;受本车所载货物撞击的损失;两轮及轻便摩托车停放期间翻倒的损失;遭受保险责任范围内的损失后,未经必要修理继续使用,致使损失扩大部分;自燃以及不明原因产生火灾;玻璃单独破碎;保险车辆在淹及排气筒的水中启动或被水淹后操作不当致使发动机损坏。

(2)第三者责任保险的除外责任。具体包括:被保险人或其允许的驾驶员所有或代管的财产;私有、个人承包车辆的被保险人或其允许的驾驶员及其家庭成员,以及他们所有或代管的财产;本车上的一切人员和财产。

(3)共同的除外责任。保险人对造成保险车辆损失,对第三者的赔偿责任以及损失的费用不负责赔偿的具体原因包括:战争、军事冲突、暴乱、扣押、罚没、政府征用;竞争、测试、在营业性修理场所修理期间;驾驶员饮酒、吸毒、药物麻醉、无有效驾驶证;保险车辆拖带未保险车辆及其他拖带物或未保险车辆拖带保险车辆造成的损失;非被保险人或非被保险人允许的驾驶员使用保险车辆;被保险人或其允许的合格驾驶员的故意行为;保险车辆肇事逃逸;未按书面约定履行缴纳保险费义务;除保险合同另有书面约定外,发生保险事故时保险车辆没有公安交通管理部门核发的行驶证和号牌,或保险车辆未按规定检验或检验不合格。

(4)不保损失和费用。具体包括:保险车辆发生意外事故,致使被保险人或第三者停业、停驶、停电、停水、停产、中断通信以及其他各种间接损失;因保险事故引起的任何有关精神损害赔偿;因污染引起的任何补偿和赔偿;保险车辆全车被盗窃、被抢劫、被抢夺,以及在此期间受到损坏或车上零部件、附属设备丢失或导致第三者人员伤亡或财产损失;其他不属于基本保险责任范围内的损失和费用。

4. 保险金额和赔偿限额

(1)车辆损失险的保险金额。车辆损失险的保险金额,可以按投保时新车购置价或实际价值确定,也可以由被保险人与保险人协商确定。

(2)第三者责任险的赔偿限额。第三者责任险的每次事故最高赔偿限额应根据不同车辆种类选择确定:在不同区域内,摩托车、拖拉机的最高赔偿限额一般分为四个档次。如2万元、5万元、10万元和20万元。每次事故最高赔偿限额因不同区域其选择原则不同,应与《机动车辆保险费率规章》有关摩托车、拖拉机定额保单销售区域的划分相一致;除摩托车、拖拉机外的其他机动车辆的第三者责任险的最高赔偿限额一般分为六个档次。如5万元、10万元、20万元、50万元、100万元、100万元以上1000万元以下等。挂车投保后与主车视为一体。

在保险期限内,被保险人需要调整赔偿限额时,应向保险公司提出书面申请,在保险公司签发批单后,申请调整的赔偿限额才有效。

5. 赔偿处理

(1)车辆损失险赔偿处理。若保险车辆全部损失,有两种情况:

第一,如果保险金额高于车辆出险时实际价值时,赔偿以出险时的实际价值为限。即:

$$赔款=(实际价值-残值)\times 事故责任比例 \times (1-免赔率)$$

第二,如果保险金额等于或低于出险时的实际价值,按保险金额计算赔偿。即:

$$赔款=(保险金额-残值)\times事故责任比例\times(1-免赔率)$$

若保险车辆部分损失,也有两种情况:

第一,按投保时新车购置价确定保险金额的车辆,按实际修理费用赔偿。即:

$$赔款=实际修复费用\times事故责任比例\times(1-免赔率)$$

第二,保险金额低于投保时新车购置价的车辆,按保险金额与投保时的新车购置价比例计算赔偿。即:

$$赔款=实际修复费用\times\frac{保险金额}{新车购置价}\times事故责任比例\times(1-免赔率)$$

车辆损失险的保险金额实际上适用于两个方面:车辆本身损失和施救、保护费用。这两方面应分别计算和赔偿,但都不能超过保险金额。在保险有效期内,不论保险车辆发生多少次损失,只要每次赔款金额未达到保险金额,保险依然有效。如果保险车辆按全部损失赔偿或部分损失一次或多次赔款达到保险金额时,车辆损失险的保险责任即行终止。

(2)第三者责任险赔偿处理。保险车辆发生第三者责任事故时,保险人按照公安部《道路交通事故处理办法》以及有关法律、法规和保险合同的规定,在保险单载明的赔偿限额内确定赔偿金额。《道路交通事故处理办法》将交通事故责任分为全部责任、主要责任、同等责任、次要责任,规定了交通事故责任制,即交通事故责任者应当按照所负交通事故责任承担相应的损害赔偿责任,并且规定了损害赔偿的项目和标准。凡涉及保险方负赔偿责任的事故,保险公司应有代表参加事故损害赔偿的协商,被保险人自行承诺或支付的赔偿金额对保险方无约束力。另外,保险公司对第三者责任保险的赔偿采用一次赔偿结案方法,也就是说,赔偿结案后,对被保险人追加受害人的任何赔偿费用不再负责。第三者责任事故赔偿后,保险责任继续有效,直至保险期满。

此外,车辆损失险、第三者责任险均根据保险车辆驾驶人员在事故中所负的责任实行绝对免赔率(即让被保险人自己承担一部分责任)。如负全部责任的免赔20%,负主要责任的免赔15%,负同等责任的免赔10%,负次要责任的免赔5%。

案例 4-5

两保险车辆相撞保险公司如何理赔

【案情简介】

A车投保车损险和第三者责任险,其中车损险保额为30万元,新车购置价为50万元,第三者责任险的最高赔偿限额为每次事故5万元。B车也投保了车损险和第三者责任险,其中车损险保额按新车购置价确定为33万元,第三者责任险的最高赔偿限额为每次事故20万元。两车在保险期间发生碰撞事故,A车损失后实际修复费用10万元,伤1人,人身伤亡补偿费12000元;B车损失后实际修复费用15万元,伤1人,人身伤亡补偿费8000元,车上货物损失6000元。经裁定,A车负主要责任。问A、B两车的承保人各自应承担多少赔款?

【理赔计算】

A车承保人的理赔计算:

A车承保人承担A车车损的理赔额:

$$10 \times 30/50 \times 70\% \times (100\% - 15\%) = 3.57(万元)$$

A 车承保人承担 A 车第三者责任的理赔额:

$$5 \times (100\% - 15\%) = 4.25(万元) \quad (注:受限于责任限额)$$

两项合计:3.57 + 4.25 = 7.82(万元)

B 车承保人的理赔计算:

B 车承保人承担 B 车车损的理赔额:

$$15 \times 30\% \times (100\% - 5\%) = 4.275(万元)$$

B 车承保人承担 B 车第三者责任的理赔额:

$$(10 + 1.2) \times 30\% \times (100\% - 5\%) = 3.192(万元) \quad (注:受限于赔偿限额)$$

两项合计:4.275 + 3.192 = 7.467(万元)

注:肇事双方各自实际承担的责任另行计算。

讨论一下:

为什么车损理赔要考虑保险金额与新车购置价的比例,而在确定三责险的赔偿金额时却不考虑这一比例呢?

6.无赔款优待

在制度设计中一般规定:保险车辆在一年保险期内无赔款,续保时可享受无赔款优待,不续保者不享受。被保险人投保车辆不止一辆的,无赔款优待分别按辆计算。如果车辆同时投保车辆损失险和第三者责任险及附加险的,只要其中一个险别发生赔款,续保时就不能享受无赔款优待;保险车辆发生保险事故,续保时案件未决,不能给予无赔款优待。但在事故处理后,保险公司不承担赔偿责任,则可补给无赔款优待;在一年的保险期内,发生所有权转移的保险车辆,续保时不享受无赔款优待。

7.机动车辆附加险

机动车辆的"车损险"和"三责险",在保险责任范围方面有诸多限制,对于保险客户而言,只是实现使用车辆过程中基本的风险保障,但未能满足机动车辆所有人或使用者个性化的风险保障要求。在保险实务中,车辆保险客户在投保基本险的基础上,可在保险人提供多样化的附加险中选择适合自身要求的机动车辆附加险。保险人提供给客户选择的机动车辆附加险一般包括全车盗抢险、车辆停驶责任险、玻璃单独破损险、划痕险、无过失责任险以及车上责任险等。

案例 4-6

肇事车移动现场,商业第三者责任保险能否拒赔?

【案情简介】

2010 年 1 月 12 日,黄某驾驶重型厢式货车由西向东沿昌南大道行驶途经抚生路右转弯时,与由北往南在抚生路上靠右推行三轮车的万某发生相撞,事故发生后,肇事司机黄某并没有停车,而是继续行驶,后被受害人万某的儿子强行拦下。发生交通事故之前黄某已投保了中国人民财产保险股份有限公司南昌县支公司的机动车交通事故责任强制保险和第三者责任险。

万某受伤后,被送往武警江西省总队医院救治,住院治疗 24 天,花费医疗费用 13306.75 元。2010 年 1 月 25 日,南昌县公安局交通管理大队出具了交通事故认定书注明交通事故形成原因及当事人或者意外原因:黄某注意路面情况不足,采取措施不力,在事故发生后,移动现场,违反了《道路交通安全法》第70条规定,是造成本次交通事故的全部过错。据此认定黄某负本次事故的全部责任,万某不负责任。2010年10月27日,万某经江西中晟司法鉴定中心鉴定为十级伤残。因协商不成,万某遂向江西省南昌县人民法院提起诉讼,请求黄某、肇事车登记车主及其保险公司共同赔偿各项损失计币46258.75元。

【处理结果】

由于本案肇事车在保险公司投保了机动车交通事故责任强制保险和第三者责任险,所造成的损失应先由保险公司在保险限额内进行赔付,不足部分应由黄某承担。××物流公司作为挂靠单位对黄某不能支付部分承担垫付责任。由于黄某事故发生后移动现场,因黄某没有依法保护现场导致承担全部责任,按商业第三者责任保险条款保险公司在第三者限额内不负责赔偿。

【分析意见】

本案争议焦点为:肇事车移动现场,商业第三者责任保险能否拒赔?

《中国人民财产保险股份有限公司机动车第三者责任保险条款》第6条第6项约定:"下列情况下,不论任何原因造成的对第三者的损害赔偿责任,保险人均不负责赔偿:……(六)事故发生时,被保险人或其允许的驾驶人在未依法采取措施的情况下驾驶被保险机动车或者遗弃被保险机动车逃离事故现场,或故意破坏、伪造现场、毁灭证据。"《保险法》第57条第1款规定:"保险事故发生时,被保险人应当尽力采取必要的措施,防止或者减少损失。"《机动车第三者责任保险条款》第26条第1款约定:"保险人依据被保险机动车驾驶人在事故中所负事故责任比例,承担相应的赔偿责任。"据此,在本案中,发生交通事故后,因被保险机动车驾驶人黄某未依法保护现场导致保险车辆方负全部事故责任。

黄某与中国人民财产保险股份有限公司南昌县支公司签订的机动车第三者责任险保险合同是双方真实意思的表示,依照保险条款的规定:事故发生后,被保险人或其允许的驾驶人在未依法采取措施的情况下驾驶被保险机动车或者遗弃被保险机动车逃离事故现场,或故意破坏、伪造现场、毁灭证据,属于保险人的免责情形。而本案经审理查明,事故发生后,黄某并没有停车,而是继续行驶,后被他人强行拦下,其行为直接导致现场被破坏。依照保险合同的约定,中国人民财产保险股份有限公司南昌县支公司应在商业三责险的赔偿范围内免除赔偿责任。黄某虽然上诉称事发时没有发现交通事故,但其并未提供充分证据以证明,不予采信。

案例 4-7

基于被保险人视角的车损险理赔方案的选择

【案情简介】

牛先生用12万元购置一台新车,但与国内某保险公司签订的保险合同保险金额是按二手办理的足额保险,确定的保险金额是10万元。车辆在保险期间内发生碰撞,面目皆非,发动机严重受损。根据理赔部门估损,如果维修,费用至少7万元以上。依据合同车损超过70%,投保人可以选择车辆全损理赔方案。牛先生经过再三思考后要求保险公司按照全损理赔,即从保险公司获得 10 万元保额的补偿和部分保费的返还。

【分析意见】

车主牛先生如果按照新车购置价保险,其定损可能达不到至少 70%可以按照全损理赔的底线,如果达不到该底线,牛先生只能接受车辆维修处理。理论上足额保险损失多少保险公司理赔多少,即所有修理费用完全由保险公司出。但牛先生总觉得再怎样修也难以恢复原貌了,且感觉发生如此碰撞的车让人感到比较晦气,就是修好了也不想再开这部车。如果选择维修再到市场上出售该车,一般是很难卖到 10 万元。

牛先生所办理的车损险是选择具有可变通的合法方式,其目的就是尽可能的少缴点保险费,不存在不诚信之处,事故被确认为保险事故并按合同约定理赔无可争议。从牛先生角度讲,事故没有导致人员伤亡已是不幸中的万幸,如果从心里认同 2 万元(12 万元-10 万元)代价值得付出,其选择不失为一种比较明智的选择。

专栏 4-2

走进交强险

【交强险定义】

交强险是机动车交通事故责任强制保险的简称,是由保险公司对被保险机动车发生道路交通事故造成受害人(不包括本车人员和被保险人)的人身伤亡、财产损失,在责任限额内予以赔偿的强制性责任保险。建立机动车交通事故责任强制保险制度不仅有利于道路交通事故受害人获得及时有效的经济保障和医疗救治,而且有助于减轻交通事故肇事方的经济负担。

【交强险与商业第三者责任险的区别】

1. 实行强制性投保和强制性承保

交强险的强制性体现在所有在道路上行驶的机动车辆的所有人或管理人必须依法投保本险;同时,也要求具有经营交强险资格的保险公司不能拒绝承保和随意解除合同。

2. 赔偿原则不同

根据《道路交通安全法》的规定,对机动车发生交通事故造成人身伤亡、财产损失的,由保险公司在交强险责任限额范围内予以赔偿。而商业三责险中,保险公司是根据投保人或被保险人在交通事故中应负的责任来确定赔偿责任。

3. 保障范围不同

交强险的赔偿范围几乎涵盖了所有道路交通责任风险。而商业三责险中,保险公司不同程度地规定有免赔额或免赔率或责任免除事项。

4. 费率确定的原则不同

商业保险机动车第三者责任保险在各保险公司厘定的费率可能不同。交强险实行全国统一的保险条款和基础费率,保监会按照交强险业务总体上"不盈利不亏损"的原则审批费率。

5. 实行分项责任限额

国务院《机动车交通事故责任强制保险条例》(以下简称《交强险条例》)于 2006 年

7月1日正式实施后引起社会对交强险暴利的质疑。2007年11月27日中国保险行业协会代表各从事交强险业务的保险公司,向中国保监会提交了交强险费率调整方案。中国保监会决定受理该方案。由于费率调整方案的调整幅度较大,涉及广大机动车所有人和管理人及道路交通事故受害人的切身利益。根据《交强险条例》规定,中国保监会决定召开听证会。听证会过后新颁布的《交强险条例》对分项责任限额进行了较大幅度的调整:

赔偿项目	新颁布的《交强险条例》规定的分项责任限额			
	2008年2月1日前		2008年2月1日后	
	有责	无责	有责	无责
死亡伤残赔偿限额(元)	50000	10000	110000	11000
医疗费用赔偿限额(元)	8000	1600	10000	1000
财产损失赔偿限额(元)	2000	400	2000	100

案例 4-8

被盗车肇事,失主被判赔

【案情简介】

2008年12月11日深夜,江苏常州的周先生停放在小区的车辆被盗,公安机关为其出具了失窃证明。26日中午,盗车者驾车肇事撞死一人并逃逸。因周先生在车辆"交强险"到期后未再续保,死者家属要求周先生在交强险责任限额内赔偿11万元。

【处理结果】

法院判决被告应替代保险公司在"交强险"责任限额内对原告的损失承担赔偿责任,判决赔偿原告死亡赔偿金11万元。

【分析意见】

原告代理人认为,投保"交强险"是机动车所有人或者管理者的法定义务,由于被告没有履行义务,使得交通事故受害人丧失了请求保险公司在"交强险"限额范围承担赔偿责任的权利,被告的过错导致原告权利的丧失,应承担赔偿责任。

被告方认为:自己的车辆在被盗期间发生车祸,根据最高人民法院1999年6月18日公布的《关于被盗机动车辆肇事后由谁承担损害赔偿责任问题的批复》的司法解释:"使用盗窃的机动车辆肇事,造成被害人物质损失的,肇事人应当依法承担损害赔偿责任,被盗机动车辆的所有人不承担损害赔偿责任。"该解释表明,当被盗车辆造成交通事故后,被盗机动车辆的所有人不应承担赔偿责任。根据2012年第二次修订的《机动车交通事故责任强制保险条例》第22条中的条款"被保险机动车被盗抢期间肇事的,发生道路交通事故的,造成受害人的财产损失,保险公司不承担赔偿责任"。显然,依据目前法规,本案交通事故的受害人只能依法向肇事者请求赔偿。

公民生命权受法律保护,原告作为死者近亲属有要求赔偿损失的权利。此案被告虽与本次事故的发生无关,但办理"交强险"是机动车所有人应当履行的法定义务,被告在"交强险"到期后理应及时续保,但未能续保,其行为具有过错。被告该过错使车辆被盗期间导致被害人丧失了要求保险公司在理赔范围内承担赔偿责任的权利。从情理上说,根据此判定由被告对11万元索赔(实际索赔并不局限于此金额)全部承担并非完全通情达理,如果被告或盗抢者均不具有偿付能力,事故受害人岂不听天由命了吗?显然,交强险相关法律法规仍有待于进一步完善。

案例 4-9

肇事后逃离现场,商业第三者责任保险可否拒赔?

【案情简介】

2015年4月某日凌晨3时许,江苏盐城市滨海县李某驾驶一辆红色卡车从苏州市装运货物送往射阳县某企业,途经南通市某镇某地段,因夜间长途开车疲劳,李某驾驶的卡车不慎撞上骑三轮车的张某,致张某当场死亡,李某卡车前部标牌撞坏。因夜深人静,事故发生后,李某下车看了一下,赶紧逃离现场。凌晨5时许,当地老百姓发现张某躺在路上已死亡,即打110报案。当地公安交警大队交警随即赶往现场勘查,认定这是交通事故逃逸事件。交警调取了事发地段5公里内的所有监控,发现凌晨3时许一辆红色卡车从此路段经过,极有嫌疑。进一步调取相关资料,认定此卡车为盐城市滨海县李某所有,于是即赶往滨海,找到了当事人李某。李某起初试图抵赖,后在交警向其提供了有关监控录像后,承认了肇事后逃离现场的事实。

李某的卡车在某保险公司投保了机动车交通事故强制责任险和商业第三者责任险,保险金额分别为12.2万元(死亡伤残赔偿金11万元,医疗费用赔偿金1万元,财产损失赔偿金2000元)和30万元。李某归案后,向受害者家属支付了部分费用。后受害者家属又向法院提起诉讼,要求李某所投保的保险公司赔付交强险和商业三责险42.2万元,但保险公司以李某肇事逃逸属于三责险下的免责事由为由,拒绝赔偿。

【处理结果】

2015年7月,李某因交通肇事罪被判处有期徒刑9个月,驾照被吊销。判决保险公司仅承担交强险项下的赔偿11.1万元(死亡伤残赔偿金11万元,财产损失1000元),商业三责险不予赔偿。

【分析意见】

一审法院审理认为,李某与保险公司签订保险合同时,保险公司未对免责事由尽到提示说明义务,所以保险公司在三者险项下应支付保险赔偿金30万元。至于交强险项下的2000元财产损失赔偿,因受害者所骑三轮车原值不足2000元,且该车已使用多年,故酌情赔付1000元。最终,一审法院判决保险公司支付受害人家属保险赔偿金42.1万元。

保险公司不服一审判决,向二审法院提起上诉,二审法院开庭审理此案。

法庭上,争论的焦点仍旧是肇事逃逸是否属于三责险项下的免责事由。

法庭当庭向双方进一步核实了保险单及保险条款的内容。

其中保险单载明:"请您详细阅读所附保险条款,特别是加黑突出标注的、免除保险人责任部分的条款内容。"

三责险条款在责任免除部分载明:"下列情况下,不论任何原因造成的人身伤亡、财产损失和费用,保险人均不负责赔偿:(一)交通肇事后逃逸……"该部分条款属于加黑加粗字体。国家法律、法规对造成交通事故后的逃逸行为做出了禁止性规定，交通肇事后不得逃逸也属于公众应当知悉且遵守的公共秩序。保险公司在向李某签发的保险单上明确要求李某注意保险条款中的免责条款，同时保险公司向李某交付的三责险条款对于免责条款进行了加黑加粗，保险公司对于三责险条款中的免责条款已向李某尽到了提示说明义务。

交通肇事后不得逃逸属于公众应当知悉且遵守的公共秩序。逃逸不仅不利于救助受害人，也容易引发道德风险。故对保险公司已向投保人尽到说明义务的免责条款应予支持。受害人由此造成的损失只能由肇事者承担。保险公司不能为违法行为买单。李某在出险后驾车逃逸且未及时向保险公司报案，属于保险公司在三责险项下的免责事由，因此，对受害者家属的各项诉讼请求，保险公司仅认可在交强险项下承担11万元死亡伤残赔偿金（医疗费用未产生不予认可，三轮车损失无估价单、修理发票，不予认可），在三责项下不同意赔付。

故二审法院应该撤销一审判决，判决保险公司仅承担交强险项下的赔偿11.1万元（死亡伤残赔偿金11万元，财产损失1000元），商业三责险不予赔偿。

专栏 4-3

汽车保险首张保单①

1886年，德国人卡尔·本茨用他研制的内燃机在曼德镇造出第一辆三轮汽车，于同年的1月29日取得了正式的"汽车制造专利权"并在1888年8月进行了首次试车，从此，汽车走进了日常生活，成为人类历史上最为重要的交通工具。但汽车的产生既为人类社会带来了巨大的效益和广泛的效应，也给人类带来了巨大的危害，主要表现在交通拥堵、能源耗费、环境污染、事故频发等方面。据世界权威组织统计，全世界60亿人口每年死亡5200万人，其中死于交通事故的有50万人，占总死亡人数的1%，排人类死亡原因的第十位。而我国，形势更加严峻，统计数据表明，我国每5分钟就有一人丧生车轮，每一分钟就会有一人因交通事故而伤残。多年来，中国每年因交通事故死亡人数均超过10万人，居世界第一位，占总死亡人数的1.5%以上，所造成的经济损失达数百亿元。正是因为汽车导致的交通事故对社会公众产生巨大影响，为转移由此而带来的损害，保险公司推出汽车保险。世界上第一张汽车保险保单是由英国"法律意外保险公司"于19世纪90年代签发的，是一份汽车第三者责任保险的保单。

（二）飞机保险

飞机保险是以飞机及其相关责任、利益为保险标的的运输工具保险。飞机保险具有险种多、价格高、损失大的特点。在我国，飞机保险按责任范围分为飞机机身险、第三者责任险、旅客责任险三种基本险和承运货物责任险与战争、劫持险两种类型的附加险。飞机保险的主要条款包括如下内容。

1. 保险责任

（1）飞机机身险。飞机在飞行或滑行中以及在地面上，因自然灾害或意外事故造成飞

---

① 资料来源：王健康,周灿.机动车辆保险实务操作[M].北京:电子工业出版社,2009:7.

机及其附件的损失;飞机起飞后一定时间(一般规定 15 天)尚未得到其行踪消息所构成的失踪损失;因意外事故引起飞机拆卸、重装和运输费用;清理残骸的合理费用;保险飞机发生上述自然灾害或意外事故时,采取施救、保护措施所支出的合理费用,但最高限额不得超过该飞机机身保险金额的一定比例(如 10%)。

(2)第三者责任险。由于飞机或从飞机上坠人、坠物所造成的第三者人身伤亡或财产的直接损失,依照法律或有关规定应由被保险人承担的经济赔偿责任,保险公司负责赔偿。涉及被保险人的赔偿责任所引起的诉讼费用,保险公司另外负责赔偿,并不受保险单上载明的最高赔偿额的限制。

(3)旅客责任险。航空公司在经营过程中造成旅客人身伤亡和行李损失,在法律上应负赔偿责任时,保险公司在规定的赔偿限额内予以赔偿。保险责任一般从乘客验票后开始到离开机场之前提取完行李时为止。

(4)附加险。在承保基本险的同时,还可以承保附加险。包括:承运货物责任险等,凡办妥托运手续装载在飞机上的货物,如在运输过程中发生损失,根据法律或合同规定应由承运人负责的,由保险人负责赔偿;战争、劫持险。凡由于战争、敌对行为或武装冲突、拘留、扣押、没收、劫持或被第三者破坏等原因造成的损失或费用,以及引起被保险人对第三者或旅客应负的赔偿责任或费用,由保险人负责赔偿。

2.除外责任

具体包括:飞机不符合适航条件而飞行;被保险人的故意行为;飞机任何部件的自然磨损、制造及机械缺陷;飞机受损后引起被保险人停航、停运等间接损失;保险飞机战争、劫持险条款规定的除外责任。

3.保险金额

在我国,飞机保险的保险金额一般采用定值保险方式。

机身险的保险金额可以按照净值确定,也可以由被保险人和保险公司协商确定,新购买的飞机可按原值确定。

飞机第三者责任保险按照飞机种类收取固定保险费的,赔偿限额也是按飞机种类规定的。

4.保险费率

飞机的保险费因其保险责任范围不同,收费标准或依据不同。机身险保险费一般是按照保险金额的一定比例收取;第三者责任险的保险费是按照飞机种类和型别规定最高赔偿额和固定保险费的;旅客责任险的保险费通常是按照飞机的座位数来计算。

5.赔偿处理

保险飞机在保险有效期内发生保险责任范围内的损失和费用,保险公司按下列规定赔偿:发生全部损失,按保险金额赔偿;发生部分损失,在保险金额的限度内,按实际修理费用赔偿。按照净值或协商确定保险金额的飞机,则按保险金额与损失当时的市场价值的比例进行赔偿。以上飞机损失的一次或多次赔款达到机身险保险金额时,机身险责任即行终止。

案例 4-10

"6·22"武汉空难保险赔案

【案情简介】

2000 年 6 月 22 日下午 15 时 16 分,武汉航空公司一架机号为 B3479 的国产运七型的小型客机从湖北恩施飞往武汉,在汉阳永丰乡四台村汉水边失事,4 名机组人员和 38 名乘客全部罹难,同时将岸边一水泵船撞入江中,船上 7 名正在作业的工人也同时遇难。

武汉航空公司 2000 年 3 月 15 日为该飞机在太保武汉分公司投保 2000 万元的机身险和 5000 万元的第三者责任险及每一座位 7 万元的乘客法定责任险,总计保险金额 7550 万元,保险期限一年。另外武汉航空公司 2000 年 4 月在中国人民保险公司湖北分公司的国际部投保了雇主责任险,确定每位机组人员最高赔偿限额为 24.3 万元。遇难的 38 名乘客中 20 名投保了中国人寿保险公司的航意险。

【处理结果】

本案中根据各保险条款的约定进行赔付。雇主责任险支付 97.2 万元,航意险赔付 400 万元,机身险、第三者责任险及每一座位 7 万元的乘客法定责任险都应予以支付。

【分析意见】

事故发生后,武汉航空公司立即通知各保险公司,经过现场勘查,认定此次事故属于保险责任范围。中国人民保险公司湖北分公司支付武汉航空公司雇主责任险共 97.2 万元(24.3 万元/人×4 人),成为本次空难事故第一家支付保险赔款的公司。太保武汉分公司承保的 7550 万元机身险等一揽子保险中,除 20% 的法定分保外,中国再保险公司还接受了 40% 的商业分保,总共 60% 的分保中国再保险公司全部自留,太保武汉分公司承保 40%,接到报案后,中国再保险公司协助直接承保的太保公司做好空难的保险理赔工作,并表示,等太保公司的理赔告一段落后,中国再保险公司将根据合同履行自己的保险责任。太保公司通过查勘、定损、缮制赔案,也以最快的速度进行理赔机身险和第三者责任险及每一座位 7 万元乘客法定责任险。中国人寿保险公司承保的航意险每位乘客 20 万元的保额,将向购买航意险的 20 名乘客赔付人民币 400 万元,空难后第 5 天至 7 月 3 日将购买航意险的赔款全部送到遇难者家属手中。同时中国人寿保险公司也将遇难者在本公司投保的非航意险赔款全部理赔到位。

(三)船舶保险

船舶保险是指以各种船舶、水上装置及其碰撞责任为保险标的的运输工具保险。这里所说的船舶保险仅指国内的船舶保险。船舶保险适用于各种团体单位、个人所有或与他人共有的机动船舶与非机动船舶,以及股份制航运企业和合资企业、外商独资企业所有或租用的机动船舶与非机动船舶。船舶保险必须具有港航监督部门签发的适航证明和按规定配备持有职务证书的船员,从事客货营业运输的,还必须持有工商行政管理部门核发的营业执照。船舶保险的主要条款包括如下内容。

1. 保险责任

船舶保险的保险责任同样是基于船舶通常所承受的风险方面的考虑。其保险责任一般包括台风、碰撞、搁浅、触礁、倾覆、沉没、火灾、爆炸、船舶在航行中失踪六个月以上以及碰撞责任、共同海损分摊费用、施救费用等。

2.除外责任

船舶保险除外责任一般包括战争、军事行动、政府征用、不具备适航条件、被保险人及其代表的故意行为、超载、浪损、坐浅引起的事故损失、船体和机件的正常维修、油漆费用和自然磨损、腐蚀、机器本身发生的故障、因保险事故导致停航、停业的损失以及因海损事故造成第三者的一切间接损失、木船、水泥船的锚及锚链(缆)或子船的单独损失、清理航道、清理污泥的费用等。

3.保险期限

船舶保险的期限一般为1年,起止日期以保险单载明的时间为准。期满续保另办手续。逾期不续保,保险公司不负责赔偿。

4.保险金额

船龄在3年(含3年)以内的船舶视为新船,新船的保险价值按重置价值确定,重置价值是指市场新船购置价。船龄在3年以上的船舶视为旧船,旧船的保险价值按实际价值确定。实际价值是指船舶市场价或出险时的市场价格。保险金额按保险价值确定,也可以由保险双方协商确定。但保险金额不得超过保险价值。

5.保险赔偿

保险船舶发生保险事故,被保险人应及时采取合理救助措施,避免事故扩大,并必须在到达第一港口后48小时内向港航监督部门及保险人报告,并对保险事故负有举证义务及对举证的真实性负责。

根据赔款规定计算应赔金额具体包括以下四种情况:

(1)船舶全损赔偿。船舶全损按照保险金额赔偿。但在确定全损以前,被保险人为了进行施救或采取紧急措施而支付的费用,也一并赔偿,对此项费用,保险人在赔付船舶保险金额外,另行按保险金额限度负责。保险人按全损赔付以后,船舶所有权即转让给保险人,如果船舶构成推定全损,被保险人应当向保险人办理委付手续,保险人可接受委付或拒绝,但这不影响保险人对推定全损的赔偿义务。

(2)船舶部分损失赔偿。新船按实际发生的损失、费用赔偿,但保险金额低于保险价值时,按保险金额与该保险价值的比例计算赔偿。旧船按保险金额与投保时或出险时的新船重置价的比例计算赔偿,两者以价高的为准。部分损失的赔偿金额以不超过保险金额或实际价值为限,两者以价低的为准。但无论一次或多次累计的赔款等于保险金额的全数时(含免赔额),则保险责任即行终止。在保险金额限度内需支付的修理费用,须经保险人、被保险人和修船厂三方根据受损船舶情况确定修理项目,签订协议书,任何一方不得随意变更,对超范围修理、非正常维修,以及因延迟修理而扩大损失程度的修理费用,保险人不予负责。

(3)船舶碰撞、触碰责任赔偿。该项赔偿在保险金额限度内遵循按过失责任赔偿的原则:"全过失全赔,无过失不赔,有过失分摊。"但每次碰撞、触碰责任仅负责赔偿金额的一定比例(如75%)。

(4)共同海损和施救、救助费用、救助报酬的赔偿。共同海损按照国家有关法律规定摊付费用。保险船舶发生共同海损事故时,对施救、救助费用、救助报酬的赔偿,保险人只负责获救的船舶价值与获救的船、货、运费总价值的比例分摊。

案例 4-11

"海霞"轮保险纠纷案

【案情简介】

2004 年 12 月 15 日,保险公司接受某救捞局的投保,向救捞局出具保险单。保单中载明:船名"海霞",总吨位 3500 吨,保险价值 500 万元,保险金额 500 万元,承保船舶"一切险"。保险责任期间为 2004 年 12 月 16 日零时至 2005 年 12 月 15 日 24 时止,共一年时间。绝对免赔额为每次意外事故 4 万元。双方就"海霞"轮投保事宜无特别约定,救捞局按保单约定支付保费。

"海霞"轮于 2005 年 7 月 6 日奉命前往甲海域拖"东风一号"驳船,7 月 7 日 2 时,接到"东风一号"驳船通知,由于风浪较大,该驳船有点移锚,要求将其拖离甲水域。7 月 7 日 5 时拖带"东风一号"驳船启船。5 时 20 分,"东风一号"驳船左右偏荡严重,"海霞"轮与"东风一号"驳船联系不上。6 时 20 分,"海霞"轮拖带的"东风一号"驳船艏部触碰锚泊于某锚地的"东江"轮右艏部,致使"东江"轮受损。"东江"轮的所有人因此向救捞局提出书面索赔。救捞局向投保的保险公司提出索赔,保险公司认为不属保险责任范围,拒绝赔偿,双方发生纠纷,救捞局于 2005 年 9 月 10 日向海事法院起诉。

【处理结果】

本案发生的碰撞事故不属于保险当事人双方在船舶保险条款中列明的保险责任,因而保险人不应负责赔偿。

【分析意见】

法院认为,本案所涉及保单是合法有效的保险合同,除保单外双方并无其他明确约定。因此,当事双方均应严格按照保单约定的船舶保险条款行使权利、履行义务。由于救捞局未就被保险船从事拖带或救助服务时的风险事先与保险公司另行约定,因此尽管被保险船舶在拖带业务过程中,对"东风一号"驳船与"东江"轮的碰撞负有间接碰撞责任,但这种责任不属船舶保险条款列明的保险责任,因而不应由保险公司承担。救捞局的诉讼请求理由不能成立,依照相关法规,海事法院做出判决,驳回救捞局的诉讼请求。

本案争议的焦点是船舶保险人的责任范围问题,这涉及对船舶概念和船舶碰撞责任的理解。船舶保险条款明确规定:保险标的是船舶,包括其船壳、救生艇、机器、设备、仪器、索具、燃料和物料,这应是双方当事人对船舶概念的约定。在本案中保单列明所保船舶为"海霞"轮,而不是"海霞—东风一号"拖驳船组。救捞局在此事故中混淆了船舶概念。

另外本案中保险公司只负责因被保险船舶与其他船舶碰撞或触碰任何固定的、浮动的物体或其他物体而引起的被保险人应负的法律赔偿责任。这涉及对船舶碰撞责任的理解。船舶碰撞包括直接碰撞和间接碰撞,"海霞"轮没有与"东江"轮直接碰撞,根据《海商法》规定,间接碰撞的构成要件:一是有过失,即船舶有操纵不当或不遵守航行规章的事实;二是必须有损失;三是过失与损失之间必须存在因果关系。可见本案

"海霞"轮与"东江"轮也不属于间接碰撞,因此,本案所涉及的碰撞不属当事双方保险合同下的保险事故,由此而产生的责任不属保险人的保险责任范围。

二、货物运输保险

货物运输保险是以运输过程中的货物为保险标的,承保其因自然灾害或意外事故而遭受的损失的一种财产保险。在我国货物运输保险险种主要有水路、铁路货物运输保险、公路货物运输保险、航空货物运输保险等。在财产保险实务中,货物运输保险是唯一可以不经保险人同意就可将保险单随提货单背书转让的一种保险。

(一)保险责任

1. 国内水路、陆路货物运输保险的保险责任范围

(1)基本险的保险责任。首先,因火灾、爆炸、雷电、冰雹、暴风、暴雨、洪水、破坏性地震、海啸、地面突然陷落、崖崩、突发性滑坡、泥石流等造成运输中的货物损失。上述责任与企业财产保险中同类责任概念相同。需要说明的是火灾,保险人不仅对各种意外失火、货物自燃、他人纵火、邻处火灾波及等直接烧毁的货物损失负责赔偿,而且对货物本身虽未燃烧但被熏坏、烧焦所致的损失等也负责赔偿。

其次,由于运输工具发生碰撞、搁浅、触礁、倾覆、沉没、出轨或隧道、码头坍塌所造成的损失。上述责任均与运输工具保险中的同类责任相通。需要注意的是运输工具所载货物与外界物体的碰撞及货物之间的碰撞等不属于碰撞责任,若运输工具与外界物体的碰撞并造成货物损失,属于保险责任范围。

最后,在装货、卸货或转载时,因遭受不属于包装质量不善或装卸人违反操作规程所造成的损失;另外,按国家规定或一般惯例应分摊的共同海损的费用以及在发生上述灾害、事故时,因纷乱而造成的货物失散以及因施救或保护货物所支付的直接、合理的费用均属于基本险的保险责任。

(2)综合性的保险责任。水路、陆路货物运输保险的综合保险责任是在承保基本风险基础上保险服务的延伸。主要包括以下内容:

第一,因受震动、碰撞、挤压而造成破碎、变曲、凹瘪、折断或包装破裂致使货物散失的损失。这里的"碰撞"与基本责任中的保险责任不同,是指运输工具中所载货物或存放在车站、码头上的货物与其他物体碰撞造成的损失,如货物与运输工具或货物与货物之间的碰撞。需要对包装进行修补或调换所支出的费用,可按施救费用负责赔偿。

第二,液体货物因受震动、碰撞或挤压致使所用容器损坏而渗漏的损失,或用液体保藏的货物因液体渗漏而造成保藏货物腐烂变质的损失。

第三,遭受盗窃或承运人责任造成的整件提货不着的损失。"盗窃"不限于整件货物的被盗,只要有明显痕迹能证明货物的一部分或整件被盗的(包括抢劫),保险公司均应负责。"提货不着"必须是整件提货不着,"整件"是指货物运输单上所列明的一个完整的包装件(集装箱除外)。

第四,符合安全运输规定而遭受雨淋所致的损失。在理赔处理时,只要被保险货物有雨水湿损痕迹,并有承运部门的"货运记录"证明或其他有关单位的证明,亦可以按雨淋责任负责。

（3）除外责任。一般来说，货物运输保险不论是基本险还是综合险，由于战争或军事行动、核事件或核爆炸、被保险货物本身的缺陷或自然损耗或由于包装不善所致的损失、被保险人的故意行为或过失造成的损失保险人均不负责赔偿。被保险人的"过失"是指被保险人应当预见自己的行为可能发生灾害的结果，但因为疏忽大意而没有预见到，或者已经预见而轻信能够避免，以致发生这种结果的行为。

2. 国内航空货物运输保险的保险责任范围

（1）保险责任。基于货物运输的共性特点，同水路与陆路运输保险相比较，航空货物运输保险责任存在许多相似之处，所谓不同之处主要体现在空中运输的风险特征。如由于飞机遭受碰撞、倾覆、坠落、失踪（在三个月以上）、在危难中发生卸载以及遭遇恶劣气候或其他危难事故发生抛弃行为所造成的损失；保险货物因受震动、碰撞或压力而造成的破碎、弯曲、凹瘪、折断、开裂等损伤以及由此而引起包装破裂而造成的散失；凡属液体、半流体或者需要用液体保藏的被保险货物，在运输途中因受震动碰撞或压力致使所装容器（包括封口）损坏发生渗漏而造成的损失，或用液体保藏的货物因液体渗漏而致保藏货物腐烂的损失；在装货、卸货时和地面运输过程中，因遭受不可抗力的意外事故及雨淋所造成的被保险货物损失等。

（2）除外责任。航空货物运输保险的除外责任与其他运输保险基本相同。

（二）保险期限

1. 国内水路、陆路货物运输保险的保险期限

保险责任的起讫期，是自签发保险单和保险货物运离起运地发货人的最后一个仓库或储存处所时起，至该保险单上注明的目的地收货人在当地的第一个仓库或储存处所时终止。但保险货物运抵目的地后，如果收货人未及时提货，则保险责任的终止期最多延长至以收货人接到《到货通知单》后的15天为限（以邮戳日期为准）。

2. 国内航空货物运输保险的保险期限

保险责任自保险货物经承运人收讫并签发航空货运单注明保险时起，至空运目的地收货人当地的仓库或储存处所时终止。但保险货物空运至目的地后，如果收货人未及时提货，则保险责任的终止期最多以承运人向收货人发出到货通知以后的15天为限。

飞机在飞行途中，因机件损坏或发生其他故障迫降，以及因货物严重积压导致保险货物需用其他运输工具运往目的地时，保险公司仍继续承担保险责任，但被保险人应向保险公司提出办理批改手续的申请。如果保险货物在被迫降落的地点出售或分配，保险责任的终止期以承运人向收货人发出通知以后的15天为限。

（三）保险金额

货物运输一般是采用一种主要运输工具的单一运程或多种主要运输工具的综合运程。物资的流动性、出险地点的不定性，决定货物运输保险的保险金额采用"定值保险"的办法，即由投保人或发货人提出，在投保单或托运单上填明，经保险人或保险代理人同意，就可确定保险金额。根据保险条款规定，国内水路、陆路货物运输保险的保险金额，是按货价或货价加运杂费确定，国内航空货物运输保险的保险金额，可按货价或货价加运杂费、保险费确定。

(四)保险费率

国内水路、陆路货物运输保险,按照基本险和综合险,分别制定费率。基本险的保险费率分为本省和外省,结合运输方式与运输路线确定具体费率标准;综合险将货物划分为五类,从一类货物到五类货物,根据运输方式和运输路线,确定不同等级的保险费率。

航空货物运输保险,保险人将投保货物分为三类:第一类属于一般货物,第二类属于易损货物,第三类属于特别易损货物,其保险费率依次增加。但鲜活物品和动物的保险费率一般另行规定。

(五)检验受损货物和赔偿处理

1.检验受损货物

被保险货物运抵目的地收货人在当地第一个仓库或储存处所后,如发现货物受损,被保险人必须在10天内申请检验,但具体检验时间可不受10天的限制。对于提货不着的货物,可从承运部门宣布提货不着之时起计算申请期限。

2.赔偿处理

被保险人向保险公司申请索赔时,必须提供有关单证,主要包括:证明发生货物损失原因的书面证明(如运输部门出具的事故报告、货运记录、商务记录以及其他足以证明出事原因的文件等);保险单、运单、提货单、发货票;受损货物检验报告;损失清单和施救费用单据,以及其他规定的单证。国内货物运输保险索赔的期限,一般规定自被保险人获悉货物遭受损失的次日起,180天为限,即经过180天不向保险人申请赔偿,或虽经申请但未提供必要单证,均作为自愿放弃权益对待。

货物运输保险的赔偿方法分为足额和不足额投保两种:

当货物发生全部损失时,保险人按保险金额扣除残值后计算赔款。

当货物发生部分损失时,保险人首先应当核定是足额投保还是不足额投保,对足额投保的,在保险金额限度内按实际损失赔偿;对不足额投保的,则应按比例计算赔款,其计算公式为:

$$赔偿金额 = 损失金额 \times \frac{保险金额}{起运地货物实际价值}$$

或:

$$赔偿金额 = 保险金额 \times 损失程度(\%)$$

对于施救费用,一般与货物损失分别计算,并各以不超过保险金额为限。但对于不足额投保的施救费用也按比例分摊,其计算公式如下:

$$应赔偿施救保护费 = 施救保护费 \times \frac{保险金额}{起运地货价}$$

案例 4-12

海上货物运输保险在出险后出单赔偿案

【案情简介】

某公司以每吨2000元人民币的价格购进2500吨豆粕,需从天津港经水路运往上海港。2005年8月20日,该公司将货物运进天津港。因某财产保险公司下属支公司与天津港有长期代办保险业务合同关系,天津港收到该公司货物后,即于8月21日在

《水路货物承运登记单》上加盖了某财产保险支公司的保险印章，并通知该公司缴纳保险费，该公司按每吨保额 1500 元人民币的保险费对 2500 吨豆粕（共计 39600 件）向该保险支公司投保了综合险，保险总金额 375 万元，并支付了保险费 13125 元。该批货物于 2005 年 8 月 21 日开始装船。8 月 23 日凌晨天降大雨，因承运船第六舱液压管爆裂，致使舱盖不能关闭，造成该公司已装船货物被雨淋湿。该公司要求承运人卸下 395 件，并告知保险公司货被雨淋，要求保险公司上船对剩余货物是否需要卸下船进行检验确认。保险公司经查验，没有提出卸货意见。当日，承运人按规定向该公司出具了"六舱货物被雨淋湿，已卸下 350 件，余货水湿不详"的货运记录。2005 年 8 月 24 日，该批货物装船完毕后运往上海港。8 月 25 日，保险公司向该公司出具了《国内水路、陆路货物运输保险单》。船抵上海港，因泊位紧张，一直在锚地等泊，直到 9 月 27 日才靠泊卸货。根据上海港货运记录记载，所卸下货物有 7000 件水湿现象，其中有 380 吨豆粕发生霉变。该公司通知保险公司赴上海港查验货损情况。保险公司派员查验后，通知该公司尽快采取各种补救措施，处理受损货物，避免扩大损失。该公司将受损严重的 380 吨豆粕以每吨 500 元人民币的价格卖出。按投保额扣除残值后，该公司损失 38 万元人民币。事后，该公司按保险合同约定向保险公司索赔 120 万元人民币的经济损失，保险公司以货损事故系承运人责任造成的为理由拒赔。2005 年 12 月 8 日，该公司向天津海事法院提起诉讼。

【处理结果】

本案属于保险责任范围，保险人应予以赔偿，经法院协调，双方达成协议。

【分析意见】

法院审理后认为：原、被告间的保险合同有效，受法律保护，合同双方当事人均应严格履行合同约定的义务。货物损害是在保险合同期内发生的，而且属于被告的保险责任范围，被告应按合同约定对原告的货损予以补偿。在查清事实、分清责任的基础上，经法院调解，双方达成协议：保险公司赔偿该公司货损人民币 35 万元整，于 2006 年 2 月 1 日前一次付清。

据案情描述，投保方已于 8 月 21 日履行交费义务，其后又履行了告知义务。保险公司在知情的情况下，没有提出卸货意见，也就意味着对此环节的权利的放弃，之后保险公司按内部管理流程出具的保单也就自然生效。后期发生的损失，是货物尚未到达目的地第一个仓库或储存处，其风险损失属于货物运输保险其间的风险损失，按其承保风险约定，应属于保险风险损失。

本案中，投保的货物发生保险责任范围内的损失后，投保人（被保险人）是向有责任的承运人索赔，还是向保险人索赔，其有权做出选择。

第四节　建筑工程保险与安装工程保险

工程保险是以各种工程项目为主要承保对象的保险。根据工程项目不同，将工程保险划分为建筑工程保险和安装工程保险。

一、建筑工程保险

建筑工程保险简称"建工险",主要承保各项土木工程建筑的整个建筑期间由于发生保险事故造成被保险工程项目的物质损失、列明费用损失以及被保险人对第三者人身伤害及财产损失引起的经济赔偿责任。因此建筑工程保险是一种包括财产损失保险和责任保险在内的综合性保险。

建筑工程保险的被保险人是指在工程建设期承担风险或具有利益关系的各方。一般包括:建筑单位,即工程项目所有人;工程承包单位,即施工单位;技术顾问,即由工程所有人聘请的建筑师、设计师、工程师等专业顾问,对建筑工程进行设计、咨询和监督;其他关系方,如贷款银行等。当存在多个被保险人时,一般由一方出面投保,主要是承包人或业主,并负责支付保费,申报保险期间风险变动情况,提出原始索赔等。

(一)保险项目和保险金额

1.建筑工程及材料(包括永久和临时工程及工地上的物料)

该项目主要包括建筑工程合同内规定建设的建筑主体工程,建筑物内的装修设备、配套的道路和桥梁、水电设施等土木建筑项目,存放在工地的建筑材料、设备及临时建筑工程。该保险项目的保险金额为承包工程合同的总金额,即建设该项目的实际价格,其中包括设计费、材料设备费、施工费(人工及施工设备)、运杂费、税款及其他有关费用。

2.所有人提供的材料及项目

未包括在上述建筑工程合同内由所有人提供的物料及负责建造的项目,保险金额按重置价值确定。

3.安装工程项目

安装工程项目是指建筑工程内部的安装项目,如取暖、照明、空调、电话等机器设备的安装项目,保险金额按重置价值确定。

4.建筑用机器、装置及设备

该项目包括施工用的各类机器、装置和设备,如起重机、推土机等。保险金额按重置价值确定。

5.场地清理费

该项费用是指发生灾害事故后为清理场地现场所支付的费用。保险金额可由保险人和投保人根据工程的具体情况协商确定,大的工程一般不超过总保险金额的一定比例(如5%),小的工程通常也不超过总保险金额的一定比例(如10%)。

6.邻近财产

在施工场地周围或邻近地点的财产。这类财产可能因工程的施工而遭受损坏,但这些财产并未包括在工程造价之内。保险金额可参照上述标准由双方协商确定。

(二)保险责任

建筑工程保险主要承保由于下列原因造成的损失和费用:

(1)洪水、潮水、水灾、地震、海啸、暴雨、雪崩、地崩、山崩、冻灾、冰雹及其他自然灾害。

（2）雷击、火灾、爆炸。

（3）飞机坠毁、飞机部件或飞行物体坠落。

（4）盗窃。

（5）工人和技术人员违反操作规程或破坏行为。

（6）原材料缺陷或工艺不善造成的事故。

（7）责任免除以外的其他不可预料的自然灾害和意外事故。

思考：

你的身边一定会有很多的工程项目，这些工程项目都投保了吗？我国的工程保险的发展空间有多大？

建筑工程保险第三者责任保险条款主要涉及两方面内容：一是建筑工程在保险期限内，因发生意外事故，造成工地及邻近地区的第三者人身伤亡、疾病或财产损失，依法应由被保险人负责时，以及被保险人因此而支付的诉讼费用或事先经保险公司书面同意支付的其他费用，均可由保险公司负责；二是对每一次事故的赔偿金额以根据法律或政府有关部门裁定的应由被保险人赔偿数额为准，但不能超过保单列明的赔偿限额。

（三）除外责任

1. 建筑工程保险损失和费用的除外责任

（1）被保险人及其代表的故意行为及重大过失引起的损失、费用或责任。

（2）战争、敌对行为、武装冲突、没收、征用、罢工、暴动引致损失、费用和责任。

（3）核辐射或放射性污染引致损失、费用或责任。

（4）机器、设备及材料的自然磨损、氧化、锈蚀。

（5）罚金、延误、丧失合同及其后果损失。

（6）档案、文件、图表、账册、现金、有价证券、图表资料及包装材料的损失。

（7）盘点时发现的短亏损失。

（8）设计错误引起的损失、费用及责任。

（9）因原材料缺陷或工艺不善引起的保险财产本身的损失以及为换置、修理、矫正这些缺点错误所支付的费用。

（10）非外力引起的机械或电器设备装置损坏或建筑用机器、设备、装置失灵。

（11）全部停工或部分停工引起的损失，节假日停工及季节性停工不在此列。

（12）保单中规定的应由被保险人自行负责的免赔额。

（13）维修保养或正常检修费用。

（14）领有公共运输执照的车辆、船舶和飞机的损失，因其行驶区域不局限于工地。

（15）除非另有约定，在被保险工程开始以前已经存在或形成位于工地范围内或其周围的属于被保险人的财产的损失。

（16）除非另有约定，在保险单保险期限终止前，被保险财产中已由业主签发完工验收证书或验收合格或实际占用或使用或接收的部分。

2. 建筑工程第三者责任险除外责任

（1）明细表列明的由被保险人自行负担的免赔额。

（2）被保险人和其他承包人在现场从事与工程有关工作的职工及他们的家庭成员的人身伤害和疾病。

(3)被保险人及其他承包人或他们的职工所有的或由其照管控制的财产的损失。

(4)由于震动、移动或减弱支撑而造成的其他财产、土地、房屋的损失或由于上述原因造成的人身伤亡或财产损失。

(5)领有公共运输执照的车辆、船舶和飞机造成的事故。

(6)被保险人根据与他人的协议支付的赔偿或其他款项。

(四)赔偿限额和免赔额

1.特种风险赔偿限额和免赔额

特种风险赔偿限额是指保单中列明的地震、洪水、海啸等特种风险造成各种物质损失的赔偿限额。不论发生一次或多次事故,赔款均不能超过该限额。具体限额的确定主要是根据工地的自然地理条件、以往发生灾害的记录、工程期的长短和工程本身的抗灾能力等因素。

建筑工程险对物质损失部分规定了两类免赔额:保险项目免赔额和特种风险免赔额。建筑工程免赔额一般设置一个免赔额度,或者为保额的 0.5%～2%;建筑用的机器、装置及设备免赔额一般设置一个免赔额度,或者为保额的 5%或损失金额的 15%～20%,以高者为准;其余保险项目免赔额同样会设置一个免赔额度,或者为保额的 2%。特种风险免赔额一般会设置一个免赔额度。对场地清理费一般不规定免赔额。上述免赔额均为每次事故的绝对免赔额。

2.第三者责任险赔偿限额和免赔额

第三者责任险一般不事先明确保险金额,只确定赔偿限额。所确定的赔偿限额通常由保险双方根据工程风险情况协商确定,并在保单中列明。一般包括以下两种方法:

第一种方法是只规定每次事故赔偿限额,无分项限额,无累计限额。

第二种方法是先规定每次事故人身伤亡及财产损失的分项赔偿限额,进而规定每人的人身伤亡限额,然后将分项的人身伤亡限额加财产损失限额构成总的每次事故的赔偿限额,最后再规定一个保险期限内的累计赔偿限额。累计赔偿限额即保险人对建筑工程在整个保险期限内赔偿第三者责任的总限额。

第三者责任保险对财产损失有免赔额的规定,可按每次事故赔偿限额的 1‰～2‰计算,由被保险人和保险人协商确定。除非另有规定,对人身伤害一般不用免赔额。

(五)保险期限

建筑工程保险期限一般按工期计算。即自投保工程动工或自被保险项目物料被卸至建筑工地时发生效力,直至建筑工程完工验收完毕时终止。但最晚终止日期不超过保单中所列明的终止日期,如需延长保险期限,必须事先获得保险公司的书面同意。

案例 4-13

如何确定该建筑保险事故的免赔额

【案情简介】

某企业向太平洋财产保险公司 M 分公司投保正在建设中的工程保险,保险条款为建筑工程一切险条款,保险责任包括自然灾害和意外事故造成的保险标的损失。保险合同中明确规定:"自然灾害"造成损失的免赔额为每次事故 10000 美元,其他情况下的每次事故免赔额为 500 美元。在保险期限内,由于施工人员没有采取有效的防范措施,致使该工程安装完毕已通水的净水设备遭受冻裂,更换受损零部件和拆卸重装的费用约 9800 美元。该公司向保险公司提出索赔,经调查,保险公司认为属于保险责任范围,但对于赔付金额双方发生分歧意见。

【处理结果】

本案属于保险责任范围,但也有人为因素,双方达成协议,免赔额按三七计算,最终赔付 2650 美元。

【分析意见】

保险公司对此案进行调查,认为本案属于保险责任范围,但保险标的遭受损失是在寒流和人为因素共同作用下造成的,寒流为主要性原因,人为因素为次要性的原因。免赔额应高于 500 美元,低于 10000 美元,确定一个合理的且为双方接受的金额,双方经过协商达成一致意见,免赔额按三七计算,即:10000 美元 × 70% + 500 美元 × 30% = 7150 美元,保险公司应赔付 2650 美元(9800 美元 - 7150 美元)。

二、安装工程保险

安装工程保险,简称"安工险",主要承保机器和设备在装置过程中因自然灾害和意外事故所造成的损失,包括物质损失、费用损失及第三者损害的赔偿责任。

安装工程保险的被保险人有工程所有人、承包人、供货人、制造商、技术顾问及其他关系方。

(一)保险项目和保险金额

1.安装项目

这是安装工程保险的主要保险项目。它包括被安装的机器、设备、装置、物料、基础工程、安装费以及工程所需的各种设施,如水、电、照明、通信等,保险金额应为该项目的总金额,即承包合同价。

2.土木建筑工程项目

土木建筑工程项目是指新建、扩建厂矿必须有的土建项目,如厂房、仓库、道路、水塔、办公楼、宿舍等,保险金额应为工程项目建成的价值。

3.场地清理费

保险金额一般不超过安装项目的 2%(大工程)~5%(小工程)。

4.所有人或承包人在工地上的其他财产,指上述三项以外的财产

本项目应在保单中列明名称并附清单,保险金额由保险双方协商约定。

(二)保险责任

安装工程保险责任与建筑工程保险基本相似,承保各种自然灾害、意外事故和人为的过失造成的损失。安装工程保险的保险责任除与建筑工程保险部分相同外,一般还包括以下内容:

(1)安装工程出现的超负荷、超电压、碰线、电弧、走电、短路、大气放电及其他电气原因引起的事故。

(2)安装技术不善引起的事故。技术不善是指按照要求安装但没达到规定的技术标

准,在试车时往往出现损失。因此承保时要对安装技术人员进行评价,以保证他们的技术水平能符合被安装设备的要求。

(3)除外责任规定以外的其他不可预料的突然事故。

(三)除外责任

安装工程保险的除外责任,多数与建筑工程保险相同,不同之处有两点:

(1)因设计错误、铸造或原材料缺陷或工艺不善引起的保险财产损失以及为纠正这些缺点错误所支付的费用。建筑工程保险将设计错误造成的损失一概除外,而安装工程保险对设计错误造成本身的损失除外,而由此引起的其他保险财产的损失负责赔偿。

(2)由于超负荷、超电压、碰线、电弧、走电、短路、大气放电及其他电气原因造成电气设备或电器用具本身的损失。安装工程保险对这些电气事故造成的其他财产损失负责赔偿。

(四)赔偿限额和免赔额

1. 特种风险赔偿限额和免赔额

特种风险是指地震、海啸、洪水、风暴等造成巨大损失的风险。由于特种风险造成的损失巨大,为控制责任,保险人根据具体情况确定最高赔偿限额。赔偿限额一般确定在物质损失部分总保额的 50%～80% 范围,不论发生一次或多次事故,赔款均不能超过该限额。

特种风险的免赔额应根据风险造成安装工程损失的可能程度而定,一般为 2000～5000 美元。

2. 安装工程项目免赔额

(1)自然灾害引起的巨灾损失免赔额,一般为 3000～50000 美元。
(2)试车期免赔额一般为 10000～100000 美元。
(3)第三者责任部分财产损失的免赔额一般为 200～1000 美元。

(五)保险期限

安装工程保险期限的起讫与建筑工程保险相同。安装工程保险的保险期一般包括一个试车考核期,考核期的长短根据工程合同的规定来决定,以不超过 3 个月为限,若超过 3 个月,另行加收保费。实践证明,试车考核期的出险率最高,往往占整个工期出险的一半甚至 80% 以上,因此,对试车考核期必须格外重视。对于旧的机器设备,则一律不负责试车,试车开始,保险责任即告停止。

案例 4-14

电力公司安装工程保险赔偿案

【案情简介】

某电力集团公司向中保财产保险 N 分公司投保 3 台进口发电机组安装工程一切险,保险金额人民币 8000 万元,保险期限从 2004 年 8 月 10 日至 2005 年 8 月 9 日,缴纳保险费人民币 23036 元,保险公司签发保险单。2005 年 6 月 10 日,该发电机组在运行中发生重大事故,机组全部停机,造成重大损失,由当地公安部门调查,排除故意破坏的可能。该集团公司通知保险公司,保险人聘请专家检验,确定 3 台机组的损失金额共计人民币 3000 万元,其中设备价值部分 2200 万元,费用部分 800 万元。

【处理结果】

本案经过专家认真分析,认为制造商在机组线路设计上存在缺陷,该电力公司应向制造商索赔,操作人员由于缺乏经验,没有及时采取措施,也是造成损失的原因。由于事故发生在保险期限内,操作人员失误不是故意行为,保险公司应负责赔偿一部分损失。

【分析意见】

本案通过专家对事故原因进行分析,他们认为事故很大程度上是由于制造商在机组线路设计上存在缺陷,加上操作人员缺乏经验,没有及时采取措施所致。根据购销合同条款规定,由于这类缺陷的设计所致的损失应由制造厂商负责赔偿,而且该事故发生在卖方的合同保养期内。保险公司建议被保险人尽一切努力向制造厂商索赔,通过与制造厂商多次谈判,制造厂商同意承担大约人民币2100万元的损失,占全部损失70%,但还有30%大约人民币900万元损失没有补偿,被保险人要求保险公司赔偿,因为事故发生在保险期限内,保险公司认为电力公司操作人员缺乏操作经验及疏忽也是引起本次事故的因素之一,考虑到上述情况,保险公司同意赔付500万元,双方达成协议结案。

专栏 4-4

浙江保险业为"11·15"事故预付赔款 1000 万[①]

2008年11月15日,杭州地铁1号线湘湖站工段施工工地发生地面塌陷事故,浙江省部分保险公司承保了与事故工程相关的建筑安装工程一切险(包括第三者责任保险)和建筑施工人身意外伤害综合保险。建筑安装工程一切险由人保财险、太保产险、平安产险、大地保险、天安保险和永诚保险6家保险公司共同承保,人保财险为首席承保人。建筑施工人身意外伤害综合保险由太保产险承保。

塌陷事故发生后,以人保为首席承保人的共保体全力以赴配合政府部门和业主单位做好抢险救援和事故处理。事发当日,各家承保公司相关负责人和查勘技术人员迅速赶赴事故现场了解情况,当晚就与业主单位协商确定由罗便士保险公估(中国)有限公司作为本次事故的公估方,着手开展事故损失评估定损工作。16日,由业主单位牵头,各承保公司、保险顾问公司和公估方代表到事故现场进行查勘定损。17日,承保公司就向业主单位预付了保险赔款,其中建筑安装工程一切险由人保财险代表共保体预付800万元,建筑施工人身意外伤害综合保险由太保产险预付200万元。

随后,在事故抢险指挥部统一指挥下,共保体单位加强与业主单位沟通协调,全力投入查勘理赔,积极配合做好事故处理。

【本章小结】

财产保险作为保险业的两大支柱之一,承保了被保险人的各种物质财产和有关利益。财产损失保险的保险标的是以物质形式存在并可以用货币价值衡量的有形财产。财产损

---

① 资料来源:浙江保险,2008(6):30.

失保险的保险标的种类繁多,内容丰富。不同标的所面临的风险差异性较大,其定价技术较复杂。了解和掌握财产损失保险主要险种及其条款的具体内涵对我们从事财产损失保险理论研究和实践探索是非常必要的。

【思考与练习】

■主要概念

家庭财产保险　　　企业财产保险　　　机动车辆保险　　　货物运输保险　工程保险

■基础练习

一、单项选择题

1.财产保险的保险标的必须是可以用(　　)衡量价值的财产或利益。

A.实物　　　　　　　B.保险费　　　　　　　C.货币　　　　　　　D.保险价值

2.流动资产保险金额的确定方式是由被保险人(　　)确定。

A.按最近 12 个月的平均账面余额

B.按最近 12 个月任意月份的账面余额

C.按最近 6 个月任意月份的账面余额

D.按最近 1 个月的账面余额

3.固定资产的保险价值是按出险时的(　　)确定。

A.重置价值　　　　　B.账面余额　　　　　C.账面原值　　　　　D.保险金额

4.企业财产保险中,投保时机器设备的重置价值为 47 万元,双方约定的保险金额为 50 万元,保险有效期内机器设备因爆炸而全损,事故发生时,该项机器设备的重置价值为 48 万元,保险人最多应赔偿(　　)。

A.50 万元　　　　　　B.45 万元　　　　　　C.47 万元　　　　　　D.48 万元

5.家庭财产保险对室内财产实行(　　)。

A.第一危险赔偿方式　　　　　　　　　B.比例赔偿方式

C.限额责任赔偿方式　　　　　　　　　D.定额赔偿方式

6.第三者责任包括(　　)和人身伤害两部分。

A.名誉损害　　　　　　　　　　　　　B.财产损失

C.肖像侵权　　　　　　　　　　　　　D.诋毁

7.我国海上运输货物保险期限采用"(　　)条款"。

A.舷至舷　　　　　　　　　　　　　　B.舷至仓

C.岸到岸　　　　　　　　　　　　　　D.仓至仓

二、多项选择题

1.运输工具保险的常用险种包括(　　)。

A.一切险　　　　　　B.基本险　　　　　　C.附加险

D.平安险　　　　　　E.综合险

2.构成火灾责任必须同时具备三个条件包括(　　)。

A.有燃烧现象,即有热有光有火焰

B.偶然、意外发生的燃烧

C. 燃烧失去控制并有蔓延扩大的趋势

D. 必须有自燃现象

3. 企业财产保险基本险的除外责任包括（　　　）。

A. 罢工、暴动

B. 被保险人及其代表的故意行为或纵容所致的损失

C. 放射性污染

D. 水暖管爆裂

E. 保管不善导致的损失

4. 影响企业财产保险费率的主要因素包括（　　　）。

A. 投保险种　　　　　　　　B. 房屋的建筑结构　　　　　　C. 占用性质

D. 地理位置　　　　　　　　E. 周围环境

5. 企业财产保险合同约定的保险赔偿方式通常有（　　　）。

A. 保险代理人向被保险人支付赔偿款　　　B. 责任限额赔偿方式

C. 重置赔偿方式　　　　　　　　　　　　D. 顺序责任赔偿方式

6. 下列属于投保方义务的是（　　　）。

A. 投保人、被保险人应当履行如实告知义务

B. 投保人、被保险人应当谨慎选择承运人

C. 当获悉保险货物受损时，应及时通知保险人

D. 投保人、被保险人应积极协助保险人对保险货物进行查验防损工作

E. 投保人在保险人签发保险单时，应一次缴清应付的保险费

7. 建筑工程保险的特点有（　　　）。

A. 保险标的的特殊性　　　　B. 承保风险的综合性　　　　C. 被保险人的广泛性

D. 保险期限的确定性　　　　E. 保险事故的多发性

三、简答题

1. 家庭财产保险的责任范围包括哪些？

2. 企业财产保险的责任范围包括哪些？

3. 为什么对机动车辆第三者责任保险采取法定保险方式？

4. 运输工具保险包括哪些种类？具体责任范围包括哪些？

5. 如何理解货物运输保险的特点？影响货物运输保险费率的因素有哪些？

6. 如何确定建筑、安装工程保险的责任范围及保险期间？

■思考题

机动车辆商业"三责险"与"交强险"关系。

■单元实训

张某投保家庭财产保险及附加盗窃险，保险金额为10000元。在保险期间，失窃电视机一台2000元，录像机一台3000元。被保险人向公安部门报案，并持有效单证向保险公司索赔。保险人经过规定的等待期支付其赔款。过了一个月，经公安部门破案，追回了被保险人张某失窃的财物，并由张某领回。保险人得知情况后，要求被保险人退回赔款或将财物送交保险人，被保险人张某拒绝。该案应如何处理？为什么？

第五章　责任保险、信用保险与保证保险

学习要点

- 责任保险的保险责任。
- 责任保险与一般财产保险的关系。
- 公众责任保险所承保的主要风险。
- 产品责任保险与产品质量保证保险区别。
- 雇主责任、职业责任保险有何必要。
- 信用保险与保证保险主要区别。

第一节　责任保险

一、责任风险与法律责任

(一)责任风险的概念

1.责任风险

责任风险是指由于疏忽、过失行为所致第三人的损害,而须行为人(即加害人)对受害人负损害赔偿责任,而这种对第三人可能发生的损害赔偿责任风险,即为人们通常所称的责任风险。

责任风险从其发生的因素来看,一般可归纳为以下三种:第一,直接责任风险。主要是指企业和个人由于自身的行为或财产所有权或代别人保管财产而产生的经济索赔。第二,转嫁的责任风险。它是指非直接肇事但应为直接肇事者承担风险。第三,合同责任风险。根据书面或口头协议,同意承担另一方的责任。

2.责任风险的特征

责任风险的特征突出表现在两个方面:一是其风险具有较大的不确定性;二是责任风险愈来愈成为人们关注的重要风险。

首先,责任风险与财产风险相比具有较大的不确定性。责任风险引起的损害赔偿,不同于财产风险那样有一个较具体的赔偿金额可以定量,责任风险的损害赔偿通常是没有上限的。责任风险的损害赔偿包罗万象,涉及面极广。不仅涉及他人的财产损失及由此产生的后果损失,还涉及人身伤害及由此产生的精神伤害等。责任风险所包含的大部分损害赔

偿责任都难以用统一的标准去量化,因为它还涉及世界各国的法律对损害赔偿的规定。例如,大型客机由于技术或天气的原因坠落,其机身损失可能达数千万美元,而且可能造成的乘客及他人人身伤害和财产损失的赔偿可能更加巨大。国际上因产品事故、交通、医疗事故等引起的索赔中,责任者被法院判处巨额赔偿的情况已司空见惯,在美国著名的"石棉"产品责任案中,法院判处责任者几亿美元的赔款。

其次,责任风险的地位日益突显。从责任风险发生的总趋势和对企业以及个人带来的损失程度来看,责任风险已成为世界各个国家,尤其是经济发达国家普遍关注的重大风险之一。从我们国家的现实情况看,近年来,责任风险也越来越受到人们的重视。原因有以下三点:第一,法制建设日趋成熟,人们更关注合法权益的保护,各种法律责任风险随之产生;第二,公众法治思想树立,索赔意识不断增强,人们懂得在遭受他人侵权损害时如何借助法律手段保护自己,使责任方承担对损害的赔偿;第三,现代工业、科学技术日新月异的进步,在给人们物质生活带来巨大变化的同时,也给人们的生活带来更加巨大、潜在的风险,给新技术、新材料、新工艺的使用者、制造商带来了巨大的潜在责任风险。

(二)法律责任

法律责任是指因违反法定义务或约定义务,或者仅因法律规定而应承担的一定法律后果。法律责任一般可分为刑事责任、行政责任和民事责任。

刑事责任是指因违反刑事法律而应承担的法律责任,所受到的刑事制裁包括主刑和附加刑。主刑包括管制、拘役、有期徒刑、无期徒刑和死刑;附加刑包括罚金、没收财产和剥夺政治权利。

行政责任是指因违反行政法律规范应承担的法律后果,行政制裁的方式分为行政处分、行政处罚和劳动教养。

民事责任是指因违反法定义务或约定义务,或者侵犯他人人身或财产权益而应承担的法律后果。民事责任与刑事责任、行政责任都是法律责任,但是具有不同的特征。民事责任的主要目的不在于惩罚侵害人而在于恢复受损害人的权利,弥补权利人受到的损害。这种目的决定了民事责任的特征:财产性、补偿性、恢复原状性(民事责任具有制裁性和补救性双重性质)。

民事责任按照责任发生根据的不同,可以分为侵权责任、违约责任(合同责任)。

1.侵权责任

侵权责任属于民事责任的一种,是指因侵犯他人的财产权益与人身权益产生的法律责任。侵权行为的概念有广义与狭义之分。广义的指应对他人的财产或者人身损害承担民事责任的行为;狭义的指因为过错侵害他人的财产或者人身并应当承担民事责任的行为。广义的侵权行为包括一般侵权行为和特殊侵权行为;狭义的侵权行为仅指一般侵权行为。

(1)一般侵权,是指行为人因过错违反法定义务或者违背社会公共生活准则造成他人的伤害事实,根据法律规定须对其损害后果承担赔偿责任的行为,一般侵权适用过错责任原则。例如,违章驾驶机动车发生交通肇事,造成乘客伤亡,机动车驾驶员就应为其过失行为承担民事法律赔偿责任。

(2)特殊侵权,是指对损害事实的发生,根据法律特殊规定须对其的损害事实承担赔偿责任,特殊侵权适用无过错责任原则。在我国,产品侵权责任、高度危险作业(高空、高压、易燃)致害责任、环境污染致害责任、建筑物及其他地上物致害责任等均属特殊侵权责任。

2.违约责任(合同责任)

违约责任,又称为合同责任或违约行为,是订立合同的当事人违反合同,不履行或不按合同规定的条件履行义务的行为应承担的赔偿责任。

违约行为的民事责任有四种主要形式:支付违约金,指当事人违反合同时按照法律规定或约定向对方支付一定金额的责任形式;赔偿损失,是民事责任方式中适用最广泛的责任形式,责任保险就是基于民事赔偿责任的风险管理;继续履约,指违反合同的行为人无论是否已经承担赔偿金或违约金责任,都要根据对方的要求,并在自己能够履行的条件下,对原合同未履行的部分继续按照要求履行;采取其他补救措施,指履行合同不符合约定条件的一方依照法律规定或约定采取修理、更换、降价等各种措施,给权利人弥补或挽回损失,以防止损失的发生或扩大。

二、责任保险的主要特征

(一)责任保险的含义

责任保险,是指以被保险人依法应负的民事损害赔偿责任或经过特别约定的合同责任作为承保责任的一类保险。它属于广义财产保险范畴,适用于广义财产保险的一般经营理论,但又具有自己的独特内容和经营特点,从而是一类可以单独成为体系的保险业务。

(二)责任保险的特征

责任保险与一般财产保险相比较,其共同点是均以大数法则为数理基础;经营原则一致;经营方式相近(除部分法定险种外);均是对被保险人经济利益损失进行补偿。

1.责任保险产生与发展基础的特征

责任保险产生与发展的基础不仅是各种民事法律风险的客观存在和社会生产力达到了一定的阶段,而且是由于人类社会的进步带来了法律制度的不断完善,其中法制的健全与完善是责任保险产生与发展的最为直接的基础。

2.责任保险补偿对象的特征

尽管责任保险中承保人的赔款是支付给被保险人,但这种赔款实质上是对被保险人之外的受害方即第三者的补偿,从而是直接保障被保险人利益、间接保障受害人利益的一种双重保障机制。

3.责任保险承保标的的特征

责任保险承保的是各种民事法律风险,没有实体的标的。

4.责任保险承保方式的特征

责任保险的承保方式具有多样化的特征。在独立承保方式下,保险人签发专门的责任保险单,它与特定的物没有保险意义上的直接联系,而是完全独立操作的保险业务。在附加承保方式下,保险人签发责任保险单的前提是被保险人必须参加了一般的财产保险,即一般财产保险是主险,责任保险则是没有独立地位的附加险。在组合承保方式下,责任保险的内容既不必签订单独的责任保险合同,也无须签订附加或特约条款,只需要参加该财产保险组合,便使相应的责任风险都得到了保险保障。

5. 责任保险赔偿处理中的特征

（1）责任保险的赔案，均以被保险人对第三方的损害并依法应承担经济赔偿责任为前提条件，必然要涉及受害的第三者，而一般财产保险或人身保险赔案只是保险双方的事情。

（2）责任保险赔案的处理也以法院的判决或执法部门的裁决为依据，从而需要更全面地运用法律制度。

（3）责任保险中因是保险人代替致害人承担对受害人的赔偿责任，被保险人对各种责任事故处理的态度往往关系到保险人的利益，从而使保险人具有参与处理责任事故的权力。

（4）责任保险赔款最后并非归被保险人所有，而是实质上付给了受害方。

三、责任保险的发展

尽管在 14 世纪就存在了具有典型现代意义的保险契约，责任保险却只是 100 多年前的事。最早的责任保险保单出现在 19 世纪。1855 年，英国铁路乘客保险公司首次向铁路部门提供铁路承运人责任保险。1875 年英国出现了马车第三者责任保险，这可以看作是汽车第三者责任保险的先导。1880 年，雇主责任保险首次在英国承保。该年英国颁布的《雇主责任法》规定：雇主在经营业务中因过失致使雇员遭受伤害时，应负法律责任。但又规定，雇主若无过失则无须承担责任。英国在这一年就成立了专业的雇主责任保险公司。1885 年，保险人出立了第一张职业责任保单——药剂师过失责任保单。1894 年第一辆汽车在英国街头出现，在 1898 年成立的英国法定意外事故保险公司开始向车主签发保单。1900 年英国海上事故保险公司签发了第一张产品责任保单。此后，世界上陆续出现了一些其他责任保险，如医疗事故责任保险、会计师责任保险、个人责任保险。

现在，在发达国家的保险业务中，责任保险已经占了很大的比例。在美国，责任保险业务占整个非寿险保费收入的 50% 左右；欧洲也占到了 35% 左右。

在我国百年保险史上，责任险的发展是十分缓慢的。旧中国，仅在上海这块殖民地性的大都市里，汽车第三者责任险有较为普遍的发展。其他责任险业务如电梯责任险、旅客责任险等都是凤毛麟角。

新中国成立之初，政府较为重视财产损失保险，在一定程度上冷落了责任险。整个 20 世纪 50 年代里，责任险业务有限，发展不快。随后就进入了 20 年停办时期。

自 1980 年国内重新恢复保险业以来，责任保险的发展速度主要受制于相关法律法规建设建设的发展速度。不可否认，相比发达国家，我国责任保险发展是滞后的。针对我国责任保险发展滞后的问题，《国务院关于保险业改革发展的若干意见》指出，要"大力发展责任保险，健全安全生产保障和突发事件应急机制"，并要求采取"市场运作、政策引导、政府推动、立法强制"的原则，不断推动发展各类责任保险。2010 年 7 月，我国《侵权责任法》正式实施，成为推动责任保险发展的坚实基础。《国务院关于加快发展现代保险服务业的若干意见》指出，要"充分发挥责任保险在事前风险预防、事中风险控制、事后理赔服务等方面的功能作用"。

我国经济发展进入新常态，当前还处于各类矛盾的凸显期，医患纠纷、环境污染、食品安全、校园安全等都对传统的社会治理方式提出了挑战。而在推进政府职能转变和提高社会治理水平的过程中，责任保险可以发挥重要作用。其一，可以令受害的第三方（多为弱势一方)得到及时充分的经济补偿,保护弱势者权益;其二,可以分散被保险人的责任风险,提高被保险人的风险管理水平;其三,保险人以居中和专业的姿态来调解双方纠纷,有助于化解社会矛盾;其四,可以帮助政府从烦琐的事务性工作中解脱出来,做好宏观管理,提高工作效率。此外,责任保险被公认是继海上和火灾险、汽车险之后,非寿险业发展的第三波推动力。因此,着力发展责任保险是我国保险业在经济新常态下快速发展和结构优化的必然选择[①]。

四、责任保险的基本内容

(一)保险责任

责任保险合同的保险责任是被保险人在从事民事活动中,由于疏忽、过失或违反合同致使第三人受损,依据法律和合同约定应承担的民事损害赔偿责任。责任保险的保险责任主要包括:

(1)被保险人或其代表或其雇员在民事活动中,因侵权行为或者违反法定义务或者合同义务,依法或依合同约定承担的民事损害赔偿责任。

(2)被保险人因保险责任事故发生,为减少损害程度进行积极施救所支付的必要合理费用。

(3)因保险责任事故争议引起的有关诉讼费用,以及事先经保险人同意支付的其他费用,包括案件受理费、律师费、事故鉴定费、案件调查费等。

(二)保险责任的确定方式

保险责任与损失的发生和被保险人一方的索赔行为密切相关。在财产保险和人身保险中,这一过程相对集中,保险公司在较短的时间内,就能计算出手中保险单的损失数量;而责任保险的这一过程往往很长,如医疗责任保险中,一起医疗事故的发生到被患者发现可能长达十几年甚至几十年。由于责任保险事故的发生存在发现期的问题,为明确责任、避免不必要的争议,保险人通常采用期内发生式或者采用期内索赔式来确定保险责任。

1. 期内发生式

期内发生式以事故发生为基础,是指保险事故必须发生在保险期间内,保险人才依照保险合同承担赔偿责任。即以损害事故发生的时间为基础,计算责任事故的有效期。保险人不考虑责任事故发现时间或者提出索赔的具体时间是否在保险期内,只要责任事故发生在保险单有效期内,保险人就要承担赔偿责任。

2. 期内索赔式

期内索赔式是指以损害事故索赔提出的时间为基础,计算责任事故的有效期。保险人不考虑责任事故发生的具体时间,只要首次正式提出索赔的时间在保险单有效期内,保险人就要承担赔偿责任。以期内索赔方式承保的业务,可以在保险单中约定,承担本保险单生效以前在一定追溯期内发生事故引起的损失。

(三)保险费率

责任保险的保险费率是根据各种责任保险的风险大小及损失率高低确定的。在厘定

---

① 王向楠. 我国责任保险发展的影响因素研究[J]. 西部论坛,2015(4):55-56.

责任保险费率时,应考虑以下因素:被保险人产生民事损害责任可能性的大小;责任限额及免赔额的高低;当地法律对损害赔偿的规定;承保区域的大小;同类业务的历史损失记录情况等。

(四)责任限额与免赔额

责任保险承保的是被保险人的民事损害赔偿责任,没有确定的价值标准,因此不论何种责任保险业务,均无保险金额的规定,而是确定责任限额作为保险人承担赔偿责任的最高额度。超过责任限额的索赔,仍由被保险人自行负责。责任限额的确定,一般由保险人与被保险人协商,也可由保险人事先在保险单上列明。在责任保险业务中,通常根据三种方法来确定责任限额:方法一是仅规定每次事故的混合限额,无分项限额,无累计限额;方法二是规定每次事故中人身伤害和财产损失的分项限额,再规定保险期内的累计赔偿限额;方法三是规定每次事故的责任限额,不分项,再规定整个保险期内的累计赔偿限额。我国一般采用第二或第三种方法,如果客户要求采用第一种方法时,应适当提高保险费率。

责任保险单上除规定责任限额以外,一般还有免赔额的规定,以此达到促使被保险人防止事故发生,防止道德风险;减少小额零星赔款支付来减少成本的目的。责任保险的免赔额,通常采取绝对免赔额的方式。

案例 5-1

保险公司为何直接向责任保险的第三方支付赔偿金

【案情简介】

王某于 2008 年 4 月 5 日在某保险公司购买了三份卡单式家庭财产保险,其中附加了家庭室外第三者责任险,该卡单式保单规定对第三者的赔偿限额为 3 万元。2008 年 7 月 4 日,王某因工作需要出差 3 个月。7 月 8 日,天气骤变,王某屋外空调器因暴风刮落,正好砸到正在屋檐下玩耍的邻居家李某的孩子。当时砸中的是头部,伤势严重,急需手术治疗。王某得知后立即向保险公司报了案,保险公司也对事故的责任进行了认定,确认属于保险责任,但因王某身处外地,此案件的事后理赔处理工作也就搁置下来。因是左邻右舍,所以当时李某未急于让王某直接支付治疗费,但因治疗费的积累,李某无力承担后续的治疗费用,7 月 25 日,李某向王某提出了赔偿要求,王某遂让李某向保险公司进行索赔,而保险公司以直接向被保险人赔偿为由拒绝了李某的索赔。

【处理结果】

根据《保险法》相关规定,被保险人不在场的情况下受害的第三方可以直接向保险公司进行索赔。

【分析意见】

本案中,保险公司已经界定此事故属于保险事故,而第三者责任险保障的就是第三者的财产人身安全。《保险法》第 65 条规定:责任保险的被保险人给第三者造成损害,被保险人对第三者应负的赔偿责任确定的,根据被保险人的请求,保险人应当直接向该第三者赔偿保险金。被保险人怠于请求的,第三者有权就其应获赔偿部分直接向保险人请求赔偿保险金。而修订前的《保险法》对此无规定,因此,保险公司有理由拒绝第三者的索赔要求。因此,在本案中,若事情发生在修订后的《保险法》出台后,保险公司就无权拒绝第三者的索赔要求。修订后的《保险法》的这一规定大大地保护了第三方受害者的权益。

五、责任保险的主要险种

责任保险所包括的范围十分广泛,主要有公众责任保险、产品责任保险、雇主责任保险、职业责任保险和个人责任保险等。

(一)公众责任保险

1.公众责任保险的含义

公众责任,是指致害人在公众活动场所的过错行为致使他人的人身或财产遭受损害,依法应由致害人承担的对受害人的经济赔偿责任。公众责任的构成,以在法律上负有经济赔偿责任为前提,其法律依据是各国的民法及各种有关的单行法规制度。

公众责任保险,又称普通责任保险或综合责任保险,它以被保险人的公众责任为承保对象,是责任保险中独立的、适用范围最为广泛的保险类别。

公众责任保险与第三者责任保险承保的标的均为被保险人对公众或第三者应承担的经济赔偿责任,所涉及的受害人范围都很广,但两者的区别在于:①承保方式不同。公众责任保险作为完全独立的责任保险单独承保且签发专门的保单;第三者责任保险与财产损失保险存在一定联系且一般不签发专门的保单。②保险区域范围不同。公众责任保险一般仅限于被保险人经营管理的固定场所;第三者责任保险的保险区域范围则根据具体情况确定。

思考:你认为保险可以保的公众责任应该包括哪些?

公众责任保险的形式很多,主要有普通责任险、综合责任险、场所责任险、电梯责任险、承包人责任险等。机关、企事业单位及个人的办公楼、饭店、工厂、商场、公共娱乐场所等都可以通过投保公众责任保险来转嫁这方面风险。

2.公众责任保险的主要险种

公众责任保险是责任保险中主要业务来源之一,在公众责任保险项下,它又可以分为综合公共责任保险、场所责任保险、承包人责任保险和承运人责任保险四类,每一类又包括若干保险险种,它们共同构成了公众责任保险业务体系。

(1)综合公共责任保险,是一种综合性的责任保险,它承保被保险人在任何地点因非故意行为或活动所造成的他人人身伤害或财产损失依法应负的经济赔偿责任。从国外类似业务的经营实践来看,保险人在该种保险中,除了承担一般公众责任外,还承担着包括合同责任、产品责任、业主及工程承包人的预防责任、完工责任及个人伤害责任等风险。因此,它是一种以公众责任为主要保险风险的综合性保险。

(2)场所责任保险。场所责任保险承保固定场所因存在着结构上的缺陷或管理不善,或被保险人在被保险场所进行生产经营活动时因疏忽发生意外事故,造成他人人身伤害或财产损失且依法应由被保险人承担的经济赔偿责任。场所责任保险是公众责任保险中业务量最大的险种。场所责任保险的险种主要有宾馆责任保险、展览会责任保险、电梯责任保险、车库责任保险、机场责任保险以及各种公众体育、娱乐活动场所责任保险。

（3）承包人责任保险。承包人责任保险是承保承包人的损害赔偿责任的一种保险，它主要适用于承包各种建筑工程、安装工程、修理工程施工任务的承包人。

（4）承运人责任保险。承运人责任保险承保承担各种客、货运输任务的部门或个人在运输过程中可能发生的损害赔偿责任，主要包括旅客责任保险、货物运输责任保险等险种。与一般公众责任保险不同的是，承运人责任保险保障的责任风险实际上是处于流动状态中的责任风险，但其运行的途径是固定的，从而亦可以视为固定场所的责任保险业务。

案例 5-2

顾客在超市购物时摔伤引起的争议

【案情简介】

张某在超市购物时，从超市二楼商场走到通往一楼的自动扶梯口时，不慎将所购商品掉落在下行自动扶梯右侧的人工草坪上。张某遂用手撑在扶梯口右边的不锈钢栏杆上跃入该绿色人工草坪带。由于绿色人工草坪的下面是一层薄石膏隔板，张某踏上后直接坠落至一楼仓库地面。经法医学鉴定，张某为高位颈椎髓伤，并须终身护理。

【处理结果】

法院判超市对张某因该事故造成的经济损失承担主要责任。由于超市投保了公众场所责任保险，因此保险公司将在责任范围内承担相应的赔偿。

【分析意见】

张某的委托代理人认为，超市在自动扶梯的侧面铺设了人工草坪带，造成安全的假象，实际是毫无承重能力的薄石膏板，足以使一个正常人做出错误的判断，而超市未做出相应的足以防止危害发生的明确警示，误导了张某，致使张某跃入人工草坪带。因此，超市应对张某的坠落受伤后果负全部责任。

而超市方却认为，张某坠入的区域并不是供消费者行走的开放空间，该区域被金属栏杆隔开，足以有效阻止一个正常消费者进入该区域，而且超市已采取了张贴"自动扶梯乘梯须知"及"严禁攀爬"警示标语等措施。张某作为完全行为能力人，应对事故现场有足够的判断能力，而且运动中的自动扶梯本身是含有极大危险的，用手撑在运动中的自动扶梯上进行跳跃的行为更加重了本身的冲力，加大了受伤的严重程度。因此，张某应为自己的行为承担全部的过错责任，超市不应对张某的伤害后果承担赔偿责任。

法官认为：经营者的安全保障义务主要是一种积极的作为义务，可以表现为保证经营场所使用的建筑以及与经营服务相关的设施、设备达到有关的安全标准，对不安全因素进行充分的提示、说明和警示，在相关岗位配备人员，对有违安全规定的消费者进行劝告，对已经或正在发生的危险予以积极救助，以避免损害的扩大等。本案中，超市虽然已在自动扶梯区域设置了金属隔离栏，并贴有警示标语，但由于其在人工草坪带下铺设的是承重能力微小的石膏板，形成了可能引发危险的危险源，因此超市对该危险源负有责任，其"严禁攀爬"的警示标语尚未充分揭示潜在危险及其危险程度，未达到足以排除客观危险的程度，因而可认定其在原告损害结果发生过程中存在过错。

(二)产品责任保险

1. 产品责任保险的含义

产品责任保险,是指由保险人承保的产品制造者、销售者、维修者等,因产品缺陷致使消费者或用户或其他公众财产损失和人身伤害,且依法应负责的经济赔偿责任。

产品责任,是指产品在使用过程中因其缺陷而造成用户、消费者或公众的人身伤亡或财产损失时,依法应当由产品供给方(包括制造者、销售者、修理者等)承担的民事损害赔偿责任。如化妆品因不合格或存在着内在缺陷而造成的对人体皮肤的损害,电视机爆炸造成的财产损失或人身伤亡,汽车因缺陷而致车祸,等等,均属于产品责任事故。产品的制造者、销售者、修理者等均应依法承担起相应的产品责任。在此,产品的制造者包括产品生产者、加工者、装配者,产品修理者指被损坏产品或陈旧产品或有缺陷的产品的修理者,产品销售者包括批发商、零售商、出口商、进口商等各种商业机构,如批发站、商店、进出口公司等。

2. 产品责任保险的保险责任

产品责任保险的保险责任由两部分组成:一是产品发生事故造成消费者或其他任何人的人身伤亡及财产损失,依法应由被保险人承担的责任;二是被保险人为产品事故所支付的诉讼抗辩费用以及其他保险人事先同意支付的费用。不过保险人承担的上述责任也有一些限制性的条件,如造成产品责任事故的产品必须是供给他人使用即用于销售的商品,同时,产品责任事故的发生必须是在制造、销售该产品的场所范围之外。如果不符合这两个条件,保险人就不能承担赔偿责任。与此同时,产品责任保险仅承担产品在使用过程中因其内在缺陷而发生意外致使消费者或使用人人身伤亡和财产损失的赔偿责任,产品本身缺陷引起的产品本身损失不在保险责任范围之内。

3. 产品责任保险的保险期限及赔偿限额

产品责任保险的保险期限通常为一年,期满后可以续保。如果以"期内发生式"为基础,即使产品是在保险期限前几年生产或销售的,只要该产品在保险期限内发生事故并导致对消费者的损害,不论受害者何时提出索赔,保险人均承担赔偿责任。如果以"期内索赔式"为基础,不管保险事故发生在保险期限内还是保险期限之前,只要受害者在保险期限内提出索赔,保险人就应承担赔偿责任。一般情况下,凡保险事故发生后能够立即得知或发现的,较多采用"期内发生式",如果保险事故发生后不能立即得知或发现的,较多采用"期内索赔式"。

在产品责任保险保险单中,通常规定两项限额,即每次事故的赔偿限额和保险单累计赔偿限额。所谓的每次事故是指同一批产品,由于同样的原因,造成多人的伤害或者多人的财产损失,无论其发生的时间是否有差异,都归结为同一事故。在每项限额下还可以划分出人身伤害和财产损失两个限额,当产品责任事故发生时,人身伤害和财产损失分别在各自的限额内赔偿。

产品责任保险的免赔额一般只适用于财产损失,而不适用于人身伤害。在财产损失中,无论受害者的财产损失程度如何,免赔额以内的损失保险人都不承担保险责任,即在产品责任保险中实行的是绝对免赔额。与此同时,在诉讼费用方面也同样适用免赔额的有关规定。

（三）雇主责任保险

1. 雇主责任保险的含义

雇主责任保险是以被保险人即雇主的雇员在受雇期间从事业务时因遭受意外导致伤、残、死亡或患有与职业有关的职业性疾病，而依法或根据雇用合同应由被保险人承担的经济赔偿责任为承保风险的一种责任保险。

一般而言，雇主所承担的对雇员的责任，包括雇主自身的故意行为、过失行为乃至无过失行为所致的雇员人身伤害赔偿责任，但保险人所承担的责任风险并非与此相一致，即均将被保险人的故意行为列为除外责任，而主要承保被保险人的过失行为所致的损害赔偿，或者将无过失风险一起纳入保险责任范围。构成雇主责任的前提条件是雇主与雇员之间存在着直接的雇用合同关系，即只有雇主才有解雇该雇员的权利，雇员有义务听从雇主的管理从事业务工作，这种权利与义务关系均通过书面形式的雇用或劳动合同来进行规范。下列情况通常被视为雇主的过失或疏忽责任：雇主提供危险的工作地点、机器工具或工作程序；雇主提供的是不称职的管理人员；雇主本人直接的疏忽或过失行为，如对有害工种未提供相应的合格的劳动保护用品等。

凡属于上述情形且不存在故意意图的均属于雇主的过失责任，由此而造成的雇员人身伤害，雇主应负经济赔偿责任。此外，许多国家还规定雇主应当对雇员承担无过失责任，即只要雇员在工作中受到的伤害不是其自己故意行为所导致的，雇主就必须承担起对雇员的经济赔偿责任。因此，雇主责任相对于其他民事责任而言较为重大，雇主责任保险所承保的责任范围亦超出了过失责任的范围。

2. 雇主责任保险与其他类似险种的区别

（1）雇主责任保险与工伤保险的区别：

第一，保险对象不同。雇主责任保险的保险对象没有限制，任何性质的企业雇用的雇员，无论长期工、固定工、短期工、临时工、季节工等都可以包括在内；而工伤保险的保险对象是与企业有劳动关系的劳动者。

第二，实施方式不同。雇主责任保险属于商业保险，由雇主自愿投保；而工伤保险属于社会保险，由政府授权的社会保险管理机构强制实施，各企业必须参加。

第三，保障程度不同。雇主责任保险的赔偿额度较低，而且一般为一次性给付；而工伤保险除医药费、误工费和死亡伤残一次性补助金外，还发给其家属抚恤金等。

（2）雇主责任保险与团体意外伤害保险的区别：

第一，保险性质不同。雇主责任保险承担的是雇主的民事损害赔偿责任，属于责任保险的范畴；而团体人身意外伤害保险承保的却是自然人的身体与生命，属于普通人身保险的范畴。

第二，保险责任不同。雇主责任保险仅负责雇员在执行任务时或在工作场所内遭受到的意外伤害，即代替被保险人承担对雇员因工受伤、身故或患有职业病的经济偿付责任，保障雇主免受经济赔偿的风险；而团体人身意外伤害保险则对被保险人无论其是否在工作时间或工作场所所受到的伤害均予负责。

第三，保险金额确定的依据不同。雇主责任保险计算保险金额的依据是根据法律或雇用合同所应赔付的雇员年工资的倍数来确定；而团体人身意外伤害保险的保险金额却以保险双方事先商定或估算的价值来确定保险金额。

第四,承保的条件不同。雇主责任保险需要以民法或雇主责任法为客观依据;而团体人身意外伤害保险只要是自然人均可以自由投保。

3.雇主责任保险的保险责任

保险人对雇主承担的责任一般包括:一是雇员在受雇过程中,在保险单列明地点及保险单有效期内,从事与其职业有关的工作时遭受意外致伤、残、死亡,被保险人依法或依雇用合同应承担的经济赔偿责任;二是因患有与其工作有关的职业疾病,致使雇员伤、残、死亡的经济赔偿责任,被保险人依法应承担的雇员的医药费;三是应支出的包括抗辩费用、律师费用、取证费用等法律费用。在了解其基本责任时应注意以下四点:

(1)受雇过程是指雇员的受雇用期间。

(2)从事与其职业有关的工作是指在保险单中列明的每一个雇员所从事的工种,雇员从事的工种必须是列明的或与列明的工种有关。

(3)职业疾病是指经过医院确认的与职业有关的疾病。

(4)雇主责任保险承保的对象是雇主对其雇员应承担的赔偿责任。但是,雇主自身包括其企业董事会成员,在工作地点和工作期间的人身伤害不属于保险责任范围内。

雇主责任保险的除外责任主要包括:战争、暴动、恐怖袭击、罢工、核风险等原因引起雇员的人身伤害;被保险人的故意行为或重大过失;被保险人的合同中的除外责任;被保险人的雇员因自己的故意行为导致的伤害;被保险人的雇员由于疾病、传染病、分娩、流产,以及由此施行的手术所致的伤害等。

4.雇主责任保险的保险期限及赔偿限额

雇主责任保险的保险期限一般是一年期,可以保险双方当事人约定的时间为基础,也可以工程期为保险期间。一般情况下,多以"期内索赔式"来承保雇主责任保险,也就是以索赔提出的时间是否在保险单有效期内计算保险事故的责任期限。

雇主责任保险的赔偿限额,通常是规定若干个月的工资收入,即以每一雇员若干个月的有效工资收入作为其发生雇主责任事故时的保险赔偿额度,每一雇员只适用于自己的赔偿额度。一般情况下,死亡赔偿额度与永久完全伤残赔偿额度及部分伤残的赔偿额度是有区别的。部分伤残的赔偿金额等于该雇员的赔偿限额与适用的赔偿额度比例的乘积。需要注意的是,如果保险责任事故是由第三者造成的,保险人在赔偿上可以实施权益转让原则,即在赔偿后可以向责任方进行代位求偿。在雇主责任保险中也可以有免赔额的规定,特别是当雇主责任险附加医疗保险时,一般都规定每次事故每人的免赔额。

(四)职业责任保险

1.职业责任保险的含义

职业责任保险是指承保各种专业技术人员因在从事职业技术工作时的疏忽或过失造成合同对方或他人的人身伤害或财产损失的经济赔偿责任的责任保险。

职业责任保险所承保的职业责任风险,是从事各种专业技术工作的单位或个人因工作上的失误导致的损害赔偿责任风险,它是职业责任保险存在和发展的基础。职业责任风险的特点在于:第一,它属于技术性较强的工作导致的责任事故。第二,它不仅与人的因素有关,同时也与知识、技术水平及原材料等的欠缺有关。第三,它限于技术工作者从事本职工作中出现的责任事故,如某会计师同时又是医生,但若他的单位是会计师事务所,则其行医过程中发生的医疗职业责任事故就不是保险人可以负责的。

2.职业责任保险的主要种类

(1)医疗职业责任保险。医疗职业责任保险主要承保医务人员由于医疗责任事故而致病人死亡或伤残加剧等,受害者或其家属要求赔偿且依法应当由医疗方负责的经济赔偿责任。医疗职业责任保险以医院为投保对象,承保医生、药剂师等在履行职责时,因作为或不作为而使他人遭受伤害应当承担的赔偿责任。

(2)会计师职业责任保险。会计师职业责任保险承保会计师因履行职责时作为或不作为而使他人遭受损害,依法应承担的赔偿责任。这里的损害必须是被保险人以会计师身份为他人服务时所导致的财务损失,不包括他人的伤残、死亡以及实物财产的损毁。

(3)律师职业责任保险。律师职业责任保险承保被保险人作为一个律师在自己的能力范围内在职业服务中发生的一切疏忽行为、错误或遗漏过失行为所导致的法律赔偿责任。律师职业责任保险的承保基础以事故发生或索赔为依据,它通常采用主保险单(法律过失责任保险)和额外责任保险单(扩展限额)相结合的承保办法。

(4)建筑工程设计责任保险。建筑工程设计责任保险主要承保各种建筑工程设计的法人团体(如设计院所等),因设计工作中的疏忽或失职,导致所设计的工程发生工程质量事故,造成工程本身的物质损失及第三者的人身伤亡和财产损失,依法应由设计单位承担的经济赔偿责任。

(5)保险代理人及经纪人职业责任保险。保险代理人及经纪人职业责任保险承保保险代理人及经纪人由于业务上的错误、遗漏或其他过失行为,导致他人财物损失依法应承担的赔偿责任。此种保险单又可扩大承保代理人由于未能按照授权或指示所引起的对其保险人的赔偿责任。

3.职业责任保险的保险责任

对于从事某项业务被保险人或其从事该业务的前任或其任何雇员或从事该业务的雇员的前任,在任何时候、任何地方从事该业务时,由于疏忽行为、错误或失职而违反或被指控违反其职业责任所致的损失,均属于保险责任。一般情况下,职业责任保险的责任范围主要包括赔偿金和诉讼费用。其中,保险责任范围不仅包括专业人员由于职业上的疏忽行为、错误或失职造成的损失,而且还包括被保险人从事该业务的前任、被保险人的雇员及从事该业务的雇员的前任的职业疏忽行为造成的损失。

职业责任保险的除外责任一般包括:战争和罢工,核风险,被保险人的故意行为;被保险人的家属、雇员的人身伤害或财物损失,被保险人的契约责任,被保险人所有或由其照管、控制的财产损失等。

4.职业责任保险的保险期限及赔偿限额

职业责任保险的保险期限通常为一年。职业责任保险承保方式包括如下两种:一是以索赔为基础的承保方式,即保险人仅对在保险期内受害人向被保险人提出的有效索赔负赔偿责任,而不论导致该索赔的事故是否发生在保险有效期内。二是以事故为基础的承保方式,保险人仅对在保险有效期内发生的职业责任事故引起的索赔负责,而不论受害者是否在保险有效期内提出索赔。后者实质上是将保险责任期限延长了,为了控制无限延长,保险人通常会规定一个后延截止日期。

职业责任保险保单上不列明保险金额,而仅规定赔偿限额,即最高赔偿责任限额。职业责任保险的保单赔偿限额一般分为:累计赔偿限额和每次事故赔偿限额,前者不规定每次事故的赔偿限额;后者规定每次事故赔偿限额而不规定累计赔偿限额。诉讼费用在赔偿限额以外赔付。

(五)个人责任保险

个人责任保险,是指以个人的侵权行为或其所有物,因意外导致的法定经济赔偿责任为保险对象,并专门适用于家庭或个人的各种责任保险的总称。从宏观而论,个人责任保险可以纳入公众责任保险范围,但个人责任保险经营实践中又包括了超出公众责任保险范围的业务,如个人职业责任保险等。对于家庭或个人而言,能够导致经济赔偿责任的原因一般包括如下四个方面:一是个人的侵权行为,二是个人或家庭所有的静物责任,三是个人或家庭所有的动物责任,四是合同责任。任何个人或家庭客观上都存在着法律责任风险,这种潜在的风险使个人责任保险成为当代社会城乡居民所需要的一种风险转嫁工具。

> **想一想:**
> 机动车辆第三者责任险是否属于个人责任保险的一类险种呢?

专栏 5-1

国内环境污染责任保险试点工作

2009 年,按照国家环保总局、中国保监会《关于环境污染责任保险工作的指导意见》(环发〔2007〕189 号)精神,重庆、宁波、深圳等地保险与环保部门共同出台具体方案,正式启动环境污染责任保险试点工作,探索建立环境污染风险防范和化解机制。

一、基本原则

一是政府推动,市场运作。政府鼓励、支持企业投保环境污染责任保险。保险公司和投保企业应遵循市场经济原则,在平等协商、公平自愿基础上签订保险合同。

二是突出重点,先易后难。重点选择易发生污染事故的企业、储存运输危险化学品的企业、危险废物处置企业等开展试点工作。保险责任以造成第三方损害的直接损失为主,暂不将间接损失列入保险范围。

三是严格监管,稳健经营。环保部门加强对污染企业和项目的环境监管;保险监管部门加强对保险公司、保险中介机构的监管,对险种研发、费率厘定、风险评估、理赔流程等予以指导和监督。

二、试点范围

宁波:先期在镇海、北仑和大榭三个主要的化工区推动试点工作,以危险化学品企业、石油化工企业、危险废物处置企业和行业为主。

重庆:试点阶段在以下七类行业中各选择五个具有行业代表性的企业参加试点(共计 35 个企业):一是化工类,重点是石油、天然气、煤化工企业;二是危化品类,重点是生产、储存、储运、使用危险化学品的单位;三是危险废物运输、处置单位;四是一、

二、三类放射源使用单位；五是电镀、重金属、含铅企业；六是制药类企业；七是造纸类企业。

深圳：首批选定13家危险废物经营单位为试点单位。

三、政府引导措施

一是纳入环保监管体系。宁波市对于列入试点的重点行业企业单位,将其是否已经投保并提供污染责任保险凭证,作为污染治理资金安排、环保守法证明出具、环保评优评先等方面的先决条件。重庆市将企业是否投保环境污染责任保险作为环评审批、总量减排、清洁生产审核、环境污染事故应急的管理参考因素。

二是给予保费补贴,减轻企业负担。宁波市拟申请财政专项资金,对参保企业进行保费补贴,总补贴比例在30%至50%之间。深圳市拟利用科技保险试点保费补贴政策,进一步引导高新技术企业投保环境污染责任保险。

四、承保理赔服务

宁波市成立环境污染责任保险试点工作服务中心,由市环境科学院和保险公司人员组成,负责承保、理赔各业务环节的服务和衔接;成立专业技术小组,健全环境污染事故勘查、定损与责任认定机制和标准,明确理赔程序,建立应急机制。同时,建立信息公开机制,公开污染事故的相关信息,强化公众对企业环保工作的监督。

第二节 信用保险与保证保险

一、信用保险

(一)信用保险的含义

信用保险是权利人向保险人投保义务人信用的保险,具体地讲,是权利人投保义务人不履行义务而对其造成的损失的保险。在信用保险业务运作过程中存在着相互关联的两种责任关系:一种是义务人对权利人的履行义务的责任;另一种是保险人根据上述义务人的全部或部分责任设定的向权利人进行赔偿的责任,即当义务人不按照保险合同中关于其责任的约定作为或不作为时,保险人将负责赔偿义务人对权利人造成的损失,其之后保险人将从权利人处取得代位求偿权,可以就已向权利人赔偿的金额向义务人进行追偿。

(二)信用保险的作用

1.有利于保证企业生产经营活动的稳定发展

银行向企业发放贷款必然要考虑贷款的安全性,即能否按期收回贷款的问题。企业投保了信用保险以后,就可以通过将保单作为一种保证手段抵押给贷款银行,通过向贷款银行转让保险赔款,要求保险人向贷款银行出具担保等方式,使银行得到收回贷款的可靠保证,解除银行发放贷款的后顾之忧。可见,信用保险的介入,使企业较容易得到银行贷款,这对于缓解企业资金短缺,促进生产经营的发展均有保障作用。

2.有利于促进商品交易的健康发展

在商品交易中,当事人能否按时履行供货合同,销售货款能否按期收回,一般受到多种因素的影响。而商品的转移又与生产者、批发商、零售商及消费者有着连锁关系。一旦商品交易中的一道环节出现信用危机,不仅会造成债权人自身的损失,而且常常会引起连锁反应,使商品交易关系中断,最终阻碍商品经济的健康发展。有了信用保险,无论在何种交易中出现信用危机,均有保险人提供风险保障。因此,即使一道环节出了问题,也能及时得到弥补。

3.有利于促进出口创汇

外贸出口面向的是国际市场。风险大,竞争激烈,一旦出现信用危机,出口企业就会陷入困境,进而影响市场开拓和国际竞争力。如果企业投保了出口信用保险,在当被保险人因商业风险或政治风险不能从买方收回货款或合同无法执行时,他就可以从保险人那里得到赔偿。因此,出口信用保险有利于出口企业的经济核算和开拓国际市场,最终促使其为国家创造更多的外汇收入。

(三)信用保险的特点

信用保险与一般财产保险比较具有以下特点:

(1)一般财产保险承担的风险是由于自然灾害和意外事故造成损失的风险,保险人通常重点考察的是保险标的物的风险情况,而不过多关注投保人的资信状况;而信用保险承保的是一种信用风险,保险人一般在事先对义务人资信情况进行严格审查的基础上来决定是否承保。

(2)在厘定费率时,财产保险一般建立在投保财产历史损失发生概率的基础上;信用保险的费率厘定则主要与义务人的资信状况相关。

(3)财产保险的保障范围一般是标的物的价值或保险金额;在信用保险中,保险人只对其为义务人预先设定的责任限额内的损失负责赔偿。

(4)在财产保险中,保险人在赔付后一般不存在追偿问题;而在信用保险的实务中,一般是通过向义务人进行追偿来减少保险公司理赔的最终损失。

(5)财产保险和信用保险关系包括保险人和投保人(也是被保险人)两方,而信用保险还间接涉及对投保人存在经济责任的第三方(即义务人),但是,该第三方并非保险关系人。

(四)信用保险的种类

1.出口信用保险

出口信用保险承保的对象是出口企业的应收账款,承保的风险主要是人为原因造成的商业信用风险和政治风险。商业信用风险主要包括:买方因破产而无力支付债务、买方拖欠货款、买方因自身原因而拒绝收货及付款等。政治风险主要包括因买方所在国禁止或限制汇兑、实施进口管制、撤销进口许可证、发生战争、暴乱等,买卖双方均无法控制的情况,导致买方无法支付货款。而以上这些风险,是无法预计和难以计算发生概率的,且事故发生后需要借助国外信息渠道或代理机构解决理赔相关事项,这对商业保险而言是难以承受的。如2012年6月,陕西省某知名单晶硅生产制造企业在中国信保陕西分公司投保贸易险短期出口信用保险项下的综合险保单。2013年1月,该企业向中国信保陕西分公司提出索赔申请并委托其介入勘查,索赔金额约为人民币750万元,致损原因是买方西班牙客户拖欠货款。经渠道勘查得知,买方除对少部分货物提出质量异议(约2万美元货物),对其余债务全部确认。2013年3月,综合上述海外勘查结果和被保险人的保单履行情况,中国信保陕西分公司对被保险人已确认债权部分按照拖欠风险赔偿比例全额赔付,赔付金额为人民币500万元。

根据保险期限的不同,出口信用保险可以分为短期出口信用保险和中长期出口信用保险。短期出口信用保险一般是指保险期限不超过180天的出口信用保险,中长期出口信用保险承保的信用期限一般在180天到3年以上。

出口信用保险承保的风险有商业风险和政治风险两种:①商业风险,是指买方付款信用方面的风险,又称买方风险。它包括:买方破产或无力偿还货款;买方逾期不付款;买方违约拒收货物并拒绝付款,致使货物被运回、降价转卖或放弃的风险。②政治风险,是指与被保险人进行贸易的买方所在国或第三国发生政治、经济状况的变化而导致买卖双方都无法控制的货款回收风险,又称国家风险。它包括:买方所在国实行外汇管制,禁止或限制汇兑;买方所在国实行进口限制,禁止贸易;买方的进口许可证被撤销;买方所在国或货物经过的第三国颁布延期付款令;买方所在国发生战争、动乱、骚乱、暴动等;买方所在国或任何有关第三国发生非常事件。

2.投资保险

投资保险又称政治风险保险,是保险人承保向他国进行投资的被保险人因投资引进国的政治局势动荡或政府某项法令变动所引起的在投资合同规定范围内的投资损失的保险业务。

(1)投资保险的保险责任。保险人对被保险人的投资因下列所造成的损失负赔偿责任:一是战争、类似战争行为、叛乱、罢工及暴动;二是被政府有关部门征用或没收;三是政府有关部门限制汇兑,使被保险人不能把应汇出的款项汇出。

(2)投资保险的除外责任。保险人对被保险人投资的下列损失,不负赔偿责任:一是一切商业损失(间接损失);二是由于被保险人不履行投资合同或故意违法等行为导致政府有关部门的征用或没收;三是被保险人未按政府有关部门规定的期限汇出款项而造成的损失;四是核武器造成的损失;五是投资契约外的其他财产的征用、没收造成的损失。

> **思考:**
>
> 你是否了解国内经济主体之间信用和涉外信用保险之间所存在的主要区别?

(3)投资保险的赔款处理:一是征用、没收引起的投资损失,以损失发生满6个月后赔偿;二是战争、类似战争行为等造成投资项目的损失,以提出财产损失证明或投资项目终止进行的6个月后赔偿;三是汇兑限制造成的投资损失,自提出申请汇款3个月后赔偿;四是上述投资损失,保险人按保险金额与投资金额的比例赔付。

(五)我国出口信用保险的发展状况

出口信用保险是国家为了推动本国的出口贸易,保障出口企业的收汇安全而制定的一项由国家财政提供保险准备金的非营利政策性保险业务。目前,世界贸易额的12%～15%是在出口信用保险的支持下实现的,出口信用保险已经成为促进一个国家出口贸易发展的重要工具。

1

　　我国的出口信用保险始于1989年，中国人民保险公司接受政府的委托正式开办机电产品出口的信用保险业务，并在随后的几年里将短期出口信用保险在全国迅速推广开来，受保市场达70多个国家和地区，为提高我国的外贸出口竞争力开辟了新的途径。1994年中国进出口银行正式成立，并开展了包括出口信用保险在内的各项业务，从而形成了中国人民保险公司和中国进出口银行2家共同办理出口信用保险的局面。2001年12月18日，经国务院批准，合并以上两家机构的出口信用保险业务，成立中国出口信用保险公司，成为我国唯一的专业出口信用保险机构。公司资本金从设立之初的40亿元增加到2012年的271.61亿元。2013年度合并财务报表显示，公司资产总额708.23亿元，负债401.31亿元，所有者权益306.92亿元；当年实现营业收入100.51亿元，净利润15.45亿元。

　　我国出口信用保险经过20余年来的发展，已积累了从短期出口信用保险到中长期出口信用保险和海外投资保险；从保单条款及单证制定到业务人员的上岗培训；从国家风险、买家风险评价研究到承保诸环节如信息调查、限额审批、赔款处理和欠款追讨等方面的实际经验。我国加入世贸组织后，出口信用保险业务取得了迅猛的增长，市场覆盖面不断扩大，渗透率指标大幅度提高，中国人保财险等一些国内商业性保险公司已将其业务拓展到了出口信用保险这领域。出口信用保险是对国内出口商提供海外应收账款的保险服务，这个险种有很强的政策性，与国家的外交政策和宏观经济政策有关联。目前，中国出口信用保险公司在该市场占有主导地位，2001年12月成立至今，覆盖我国的出口已经由不到1%提高至20%左右。中国人保财险在2013年1月8日获得了出口信用保险的经营许可，这也是我国国内首家获得该险种经营许可的商业保险公司。开展出口信用保险业务通常要具备一定的财务知识、国际贸易知识和法律知识，相对其他险种而言，对保险技术的要求相对较高。

　　对企业而言，出口信用保险不只是一种单纯的保险，其与出口退税、出口信贷并列，是国家支持外贸出口的三大政策安排。尤其是对众多中小外贸企业来说，在和国外采购商的谈判中，往往显得势单力薄，如果投保了信用险，得到的不仅是风险补偿，而是全面的风险管理服务。因为在投保的过程中，保险公司不仅可以帮助企业筛选买家、追收账款，还会帮企业完善合同、建立内部风控体系，从而有效帮助出口企业走出"有单不敢接"的困境。

　　实际中也不乏这样的案例。一美国买家向绍兴某出口企业采购了3.99万美元货物，收货后买家借口质量瑕疵拒绝支付全部货款，并不再与出口企业联系。该企业不得已于2015年7月向中国人保财险报案。人保财险经查询得知该买家还与我省其他多家投保信用险的企业有采购业务，于是向买家发函，告知其拒付货款的行为将影响其他供应商的供货。美国买家意识到这将严重影响其声誉，影响他在中国的采购，于是在五天后支付了货款。绍兴某出口企业利用保险的信息和风控优势，顺利化解了自己的"收款"风险。

专栏5-2

中国人保财险签发第一单短期出口信用保险业务

　　2013年4月23日，中国人民财产保险股份有限公司（简称"中国人保财险"）短期出口信用险全国第一单在浙江省舟山市分公司成功签发，为浙江远大电子开发有限公司提供年度300万美元的出口信用风险保障，这也标志着国内商业财产险公司正式开展短期出口信用险业务。

据悉,自 2013 年 1 月 8 日财政部批准中国人保财险试点短期出口信用保险业务以来,中国人保财险有序完成了产品开发、人员架构、IT 系统、运营模式、业务培训、风险管控、市场摸底等大量基础工作,紧紧围绕扩大短期出口信用险覆盖面和服务外向型中小企业两个重点开发相关产品。本次投保人是一家中小民营科技企业,第一次投保短期出口信用险。第一单的签发,意味着国内商业财产险公司能够更好地服务于国家外向型经济的发展,保险业参与社会管理的能力将进一步提升。

二、保证保险

(一)保证保险的含义

保证保险是保险人为被保证人(或投保人或义务人)向权利人提供担保,如果由于被保证人的作为或不作为致使权利人遭受经济损失,保险人负赔偿责任的保险。保证保险的被保证人可以是法人或自然人。

(二)信用保险与保证保险的区别

信用保险和保证保险都是保险人对义务人的作为或不作为致使权利人遭受损失负赔偿责任的保险,但前者是权利人向保险人投保义务人的信用,后者大多是义务人向保险人投保自己的信用。两者在法律性质和形式上存在一定的差异,具体表现在以下五个方面:

(1)与一般财产保险一样,信用保险关系人包括保险人和被保险人;而保证保险涉及三方,即被保证人(义务人或委托人或投保人)、投保人(或权利人)和保证人(或保险人),甚至包括反担保人。

(2)信用保险是被保险人将风险转移至保险人的保险业务;在理论上保证保险属于"零风险"业务,即保险人在签发保证书(或保函)之前已经排除了可以预见的风险,一般不存在风险转移的问题。与此相联系,信用保险的保险费是被保险人向保险人转移风险的价格;在保证保险中,被保证人向保证人支付的款项并非真正严格意义上的保险费,而是保险人凭借其信誉、财力和专业技术服务获得的服务费用。

(3)信用保险中的第三方(即义务人)和保险人无任何合同关系,如果保险人发生赔付,只能通过追偿来减少损失;保证保险中的义务人是保险合同中的投保人,如果保险人发生赔付,首先运用反担保条件来弥补损失,不足时,义务人必须无条件补偿差额部分。

(4)信用保险合同与被保险人和第三方所签合同无直接联系,保险合同必须全面详尽地对保险关系双方权利义务做出明确规定;保证保险合同是依附于被保证人和权利人之间主合同的从合同,保证人承担责任的范围和条件均以主合同为准,主合同是保证保险合同的依据和重要组成部分。

(5)在实务操作中,信用保险是以保险单形式来承保的,其保险单同一般财产保险保险单无太大的差别,同样规定责任范围、除外责任、保险金额(或信用限额)、保险费、损失赔偿和被保险人权利义务等内容;严格的保证保险通过出具保证书(或保函)来承保,该保证书只是一个内容简单的文字凭证,只规定担保事宜,具体分为一般保证和连带责任保证,具体承保条件、费率以及其他保险事项一般在保险人和被保证人签署的补充协议书中进行约定。

(三)保证保险的种类

1.确实保证保险

确实保证保险是被保证人不履行义务而使权利人遭受损失时,由保险人承担赔偿责任的保证保险。其保险标的是被保证人的违约责任。确实保证保险的投保人是被保证人自己,它承保的风险是被保证人履行一定义务的能力或意愿。确实保证保险的种类繁多,大致包括合同保证保险、司法保证保险、许可证保证保险、公务员保证保险等。

2.产品质量保证保险

产品质量保证保险承保的是产品责任保险中不承保的,被保险人因制造或销售有缺陷的产品而产生的赔偿责任。

产品责任保险与产品质量保证保险的区别主要有:

(1)性质不同。产品责任保险是责任保险的一种,而产品质量保证保险则属于保证保险。

(2)赔偿范围不同。产品责任保险只赔偿产品引起的损害责任,而不赔偿产品本身的损失。产品质量保证保险正好相反,只赔偿产品由于质量问题导致的产品本身的损失,而不负责因为产品缺陷导致第三者的损害。

(3)承担责任的条件不同。产品责任保险赔偿的前提是因产品的缺陷而导致的侵权行为,而产品质量保证保险不以消费者或使用者的损害为要件,只要产品的质量不符合合同的规定要求,即可提出索赔。

(4)涉及的当事人不同。产品责任保险的被保险人除制造商、销售商之外,还可以是产品承运人、保管人、修理人,受害的第三者可以选择其一提出索赔,也可以同时向各方提出索赔。而产品质量保证保险的被保险人只是提供产品(制造商或销售商)的一方,消费者直接向被保险人提出索赔或通过被保险人向保险公司提出索赔。

3.贷款保证保险

贷款保证保险是保险人为借款企业或团体提供信用保证的一种保险业务。包括个人消费贷款保证保险、机动车辆消费贷款保证保险、个人购房抵押贷款保证保险、企业贷款保证保险等。

4.雇员忠诚保险

雇员忠诚保险又称诚实保险,是雇主向保险人投保雇员信用的保险,即被保险人(即雇主)因雇员的不诚实行为,如盗窃、贪污、侵占、非法挪用、伪造、欺骗等遭受损失时,由保险人承担经济赔偿责任的一种信用保险。在保险关系中,雇主为权利人,雇员为义务人,保险人以雇员对雇主的诚实信用为保险标的。

专栏 5-3

小额贷款保证保险缓解小企业和农户融资难题

宁波民营经济发达,小企业众多。但长期以来,由于缺乏有效的抵押担保,普遍存在融资难题。在当前国际金融危机环境下,新创企业、个体创业者及农村种养业主流动资金短缺问题尤为突出。宁波保险业积极发挥保险功能,探索开展城乡小额贷款保证保险试点,帮助小企业和农民解决融资难题。

一、宁波开展小额贷款保证保险的环境

（1）金融环境。对小企业和农村种养户的无抵押、无担保贷款开展保证保险，潜在风险较大。宁波商业诚信文化基础较好，银行贷款坏账率较低，2008 年末不良贷款率 1.48%，不良资产率为 0.08%，远好于全国平均水平；以发放小额贷款为主的浙江泰隆商业银行等中小银行发展较快，其小额贷款坏账率不到 1%；全市的村镇银行、小额贷款担保公司也呈现良好的发展态势，具备开展小额贷款保证保险的基础条件。

（2）政策环境。宁波市政府要求金融业充分发挥在"保增长、惠民生、促和谐"方面的重要作用，针对宁波经济特点，推出适合市场需求的金融产品，帮助企业应对国际金融经济危机影响，拉动民间资本投资，为稳增长、扩内需服务。宁波市人大代表、政协委员也多次提案，建议政府引导金融企业创新，解决小企业融资难问题。2009 年 7 月 27 日，宁波市政府出台《关于开展城乡小额贷款保证保险试点工作的实施意见》，明确小额贷款保证保险的指导思想、基本原则和主要内容，并建立了由市金融办牵头，保监、银监、人行、财政、税务、工商、司法机关、宣传部门以及试点金融机构各司其职、协同配合的联合工作机制。

二、试点主要做法

小额贷款保证保险的主要做法是，银行放贷前由保险机构为借款人提供保证保险，承担其非故意原因不能偿还贷款的风险，使得那些有真实生产资金需求、有良好信用记录与发展前景、有可靠还款来源的小额贷款借款人，即使在无抵押、无担保的情况下也能够从银行获得贷款，从而有效解决融资难问题。

（1）主要支持三类对象：①农业种养大户（包括农村经济合作社）；②初创期小企业；③城乡创业者（含个体工商户）。贷款所获资金只能用于生产性用途，不得用于消费及其他用途。

（2）选定部分金融机构试点。选定了基层网点较多，具有开展车贷险和政策性保险业务经验的人保财险、太保财险宁波分公司 2 家保险机构组成共保体，分别与宁波银行、中行、工行和农行宁波分行签署合作协议，开展试点工作。试点期间，使用统一的条款费率、统一的承保政策、统一的审贷标准和流程。

（3）保持较低的融资成本。借款人融资成本由银行贷款利率、保证保险费率及附加性保险费率三部分组成，贷款利率最高不超过同期基准利率上浮 30%，保证保险费率和借款人意外伤害险费率合计不超过贷款本金的 3%。目前，年化成本为本金的 9% 左右，明显低于当地民间融资成本和银行无抵押无担保贷款利率。

（4）合理控制贷款额度和期限。试点期间，对农业种植养殖大户单户发放金额不超过 30 万元，小企业单户发放金额不超过 100 万元，城乡创业者单户发放金额不超过 10 万元。小额贷款采取分期付息、到期一次性偿还本金的方式，贷款期限一般在半年以内，最高不超过 1 年。

（5）明确保险合同及理赔标准。小额贷款保证保险合同作为小额贷款合同的附属合同，借款人为投保人，银行为被保险人。保险机构对借款人欠息累计或连续达 3 个月以上，或贷款到期后 1 个月内未偿还本金的，向贷款银行进行理赔，并获得对欠款人的代位追偿权。

三、建立六道防线,严格防控风险

小额贷款保证保险试点初期主要依靠政府引导、政策推动,科学合理的制度安排和有效的风险防范机制是基础,有效发挥参与各方的积极作用、形成共同制约机制是关键。试点期间,政府出台配套扶持政策,积极防控风险,主要措施有:

一是控制贷款额度和规模。单户贷款金额根据借款人风险水平分为 10 万元、30 万元和 100 万元三档,全市小额贷款总规模初步定为 8 亿元。

二是建立风险共担机制和政府超赔基金。银行与保险机构按 3∶7 的比例分摊贷款风险,同时宁波市政府将小额贷款保证保险纳入小企业贷款风险补偿资金的补贴范畴,对保险机构赔付率超过一定比例后的部分进行补偿。

三是严控资金专款专用。银行对贷款实施全过程风险管控,重点管控信息的真实性及资金用途的合理性,防止贷款资金被挪用于生产以外的投机、消费等。

四是核保决定权和贷款风险叫停机制。保险机构负责审贷最后一关,对借款人进行风险审核,拥有放贷的一票否决权,并在贷款逾期率达到 10% 或赔付率超过 150% 时,停办此项业务。

五是借款人失信惩戒机制。欠款信息和欠款人名单将进入人民银行征信系统,并予以媒体曝光;不允许欠款人三年内注册新公司,并取消报考公务员资格;取消政府给予欠款企业的各类优惠政策、财政补助和各项荣誉等。

六是欠款追讨机制。司法机关开辟"绿色通道",加大打击力度;公安部门及时立案、侦办借款人恶意骗贷行为,依法追究刑事责任。

专栏 5-4

农村"三权"保证保险贷款浙江签出全国第一单

2015 年 9 月 30 日,桐乡市举行农村"三权"保证保险贷款启动仪式,贷款试点第一批农户与农业银行、人保财险、太平保险签订"三权"保证保险贷款合同和保单。农村"三权"保证保险贷款全国第一单在浙江桐乡诞生。

农村"三权"保证保险贷款是指农户用农村土地承包经营权、集体经济股权、房屋所有权等"三权"向保险公司投保,由保险公司作为保证方,向银行申请贷款。

农村"三权"保证保险贷款试点主要是为了解决农民贷款缺少抵押物,难找担保人,纯信用贷款额度低、利率高等问题,其相比一般农村金融产品具有额度高、利率低、贷款手续简便、还款方式灵活等特点。

试点初期贷款最高额度设定为 50 万元,贷款期限最长为一年,贷款利率和保费费率都在政策允许范围内执行最优惠标准,在还款方式上可按照需求采取分期付息、到期一次性偿还本金等方式,方便贷款农户。

开展农村"三权"保证保险贷款的重要意义:

1. 助推农民创业创新

随着"互联网+"模式兴起,电子商务方兴未艾,越来越多的农村青年加入到创业队伍中去,农村创业资金需求日益扩大。"三权"保证保险贷款的推出将有效破解农村融资难题。

2.盘活农村存量资产

经过改革开放以来多年发展,农村和农民积累了相当的存量资产,但由于农村产权制度改革滞后,农民财产性收益较少。试点将倒逼推进农村产权制度改革,盘活农村存量资产,激发农村改革红利。

3.探索构建"政银保"新机制

这次农村"三权"保证保险贷款,由桐乡市政府、农业银行浙江省分行、人保财险浙江公司和太平保险浙江公司四家建立了"政银保"合作机制,探索出政府与各类市场主体进行深度合作的机制,发挥政府财政资金的引导作用,发挥政策性、商业性、合作性金融支持农业及农村经济发展的作用。

【本章小结】

在西方国家,责任保险被称为现代保险业发展的最高阶段,责任保险的产生基础是法制的健全。由于社会的进步、科学技术的发展和人们法制观念的强化,责任风险成为现代社会关注的重点,责任保险作为化解责任风险的有效手段已越来越受到社会的重视。随着我国法制建设的进一步完善,责任保险在我国具有广阔的发展空间。信用保险是以经济活动中人或机构的信用为标的的保险;保证保险承保被保证人的履约责任。信用保险和保证保险均属于广义的财产保险范畴。

【思考与练习】

■主要概念

责任保险 公众责任保险 雇主责任保险 产品责任保险 出口信用保险 雇员忠诚保险 保证保险

■基础练习

一、单项选择题

1.责任风险的损害赔偿通常是( )。

A.没有上限的 B.有上限的

C.有一个具体的赔偿金额 D.采用非货币形式补偿

2.责任保险属于( )。

A.人身保险 B.第三者责任保险

C.狭义的财产保险 D.广义的财产保险

3.责任保险已有( )的历史了。

A.300多年 B.200多年

C.100多年 D.近百年

4.信用保险是保障( )。

A.投保人信用 B.被保险人的信用

C.投保人的权利 D.被保险人的权利

5.保证保险的保证的是( )。

A.履行投保人义务 B.维护投保人的权利

C.履行被保险人的义务 D.维护被保险人的权利

二、多项选择题

1.责任保险同一般保险相比较,其共同点是( )。

A.均是以大数法则为基础 B.经营原则一致

C.经营方式相近 D.均是对被保险人经济利益损失进行补偿

2.产品责任保险的被保险人可以是( )。

A.产品的制造者 B.产品的销售者

C.产品的维修者 D.产品的消费者

3.信用保险中( )和保险人无任何合同关系。

A.第三方 B.进出口合约中的义务人

C.保险代理人 D.保险经纪人

4.( )均可以开办贷款保证保险。

A.个人消费贷款 B.机动车辆消费贷款

C.个人购房抵押贷款 D.企业贷款

5.投资保险的保险责任一般包括( )。

A.商业损失 B.战争

C.罢工 D.政府征用

三、简答题

1.如何理解责任保险的定义?

2.责任保险的一般特征是什么?

3.什么是公众责任保险?

4.雇主责任保险与人身意外伤害保险有何不同?

5.什么是产品责任保险? 其索赔方式如何?

6.简述信用保险及其种类。

7.简述保证保险及其种类。

8.信用保险与保证保险有何不同?

■思考题

1.简述我国开展产品责任保险的必要性和可行性。

2.信用保险对推动企业外贸出口有何作用?

3.简述海外投资风险及开展投资保险的意义。

4.简述职业责任风险及其作用。

■单元实训

实地调查不同经济单位(企业、商场、学校等)存在哪些责任风险,完成一份责任风险调查报告。

第六章　农业保险

学习要点

- 农业保险的特点。
- 农业保险的主要作用。
- 国际典型农业保险发展模式对我国农业保险发展有何启示。
- 关于种植业和养殖业的主要险种是什么。

第一节　农业保险概述

一、农业保险的概念

农业保险通常有狭义和广义之分。狭义的农业保险仅指种植业和养殖业保险,是指为农业生产者在从事种植业和养殖业生产和初加工过程中,遭受自然灾害或意外事故所造成的损失提供经济补偿的保险,亦被称为两业保险。广义的农业保险指所有面向农村开办的各类保险业务,即和农村保险的含义相同。我国学术界和实务界目前一般采用狭义农业保险的概念,本章的内容也限于狭义农业保险。

二、农业保险的特点

与一般财产保险相比,农业保险有以下特征。

（一）保险标的具有生命性

农业保险的保险标的大多是有生命的植物或动物,受生物学特性的强烈制约,具有以下不同于一般财产保险的非生命标的的特点:一是农业保险的利益是一种预期利益。农业保险标的价值始终处于变化中,只有当它成熟或收获时才能最终确定,在此之前,保险标的只能说是处于价值的孕育阶段,而不具备独立的价值形态,因此,农业保险金额的确定、定损时间和办法都与财产保险不同。变动保额以及收获时二次定损等技术都为农业保险所特有。二是农业保险标的的生命周期、生长（时间）规律对农业保险业务的开展划定了时间前提。农业保险承保、理赔工作的开展必须适应这些规律,而不能违背。三是农产品的鲜活性特点使农业保险受损现场易灭失,对农业保险查勘时机和索赔时效产生约束。如果被保险人在出险后不及时报案,则会失去查勘定损的机会,农业保险合同如果对时效不专门加以约定,势必会增加保险人的经营风险。四是农业保险标的种类繁多,生命规律各异,抵御自然灾害和意外事故的能力也各不相同,难以制定统一的赔偿标准。五是受标的自然再生产过程的约束,农业对市场信号反应滞后,市场风险较高,使农业保险易受道德风险的影响。所以,保险人必须在保险合同中设立防范道德风险的条款。

(二)农业保险的经营风险大

农业产业是受自然灾害影响较为严重的产业,农业保险承保的风险不仅发生频率大,而且损失集中、覆盖面广,其赔付率要远远高于一般的财产保险。以许多国家的经验,农业保险经营组织的综合赔付率(即赔偿与收入保费之比)一般都很高。到目前为止,还没有哪个国家农业保险的保费收入能够完全覆盖灾害赔偿和管理费用。另外农业风险由于其时间和空间的高度相关性,一旦发生,可能会在短时间内使大面积范围内的保险对象同时发生灾害事故,遭受巨灾损失,导致保险公司难以承担起赔付额以致亏损严重。

(三)农业保险的经营费用高

由于农业生产面广量大、区域分散,保险的展业宣传、承保签约、查勘定损、理赔兑现等工作强度大,使保险人承办此项业务的经营费用高于其他财产保险业务。

(四)农业保险具有正外部性

正外部性就是某个主体的活动使另外的主体受益而又无法向后者收费的现象。农业保险的正外部性体现在农民对农业保险消费(或需求)和保险公司对农业保险生产(或供给)两个方面,具有供给和需求双重的正外部性。

农业保险消费的正外部性,表现为农民购买农业保险的边际私人收益小于边际社会收益,而边际私人成本大于边际社会成本。农民购买农业保险,在灾害事故发生时,不仅可以保证自己收入稳定,而且可以使农业再生产迅速恢复,从而使整个社会享受农业生产稳定、农产品价格低廉的好处,因而边际社会收益大于边际私人收益。同时,如果农业保险是纯粹的商业性经营,代表社会利益的政府几乎不用支付任何成本(即没有提供补贴),由农民承担农业保险消费的全部成本——农业保险费,而由全社会享受农业稳定的好处,则会使农业保险消费的边际私人成本大于边际社会成本。农业保险消费的私人成本收益和社会成本收益出现了差异,从而导致正外部性产生。

农业保险生产的正外部性,表现为农业保险机构提供农业保险的边际私人成本大于边际社会成本,而边际私人收益小于边际社会收益。由于系统性风险、信息不对称以及展业、承保、定损、理赔的高难度,使农业保险的经营成本较高,再加上高赔付率,农业保险机构亏损严重,边际私人收益很小。而代表社会利益的政府却不用付出代价,就可获得农业保险带来的好处,边际社会收益较大。可见,农业保险机构生产农业保险时,承担了本应由社会承担的成本,边际私人成本高于边际社会成本,但边际私人收益却小于边际社会收益,正外部性由此产生。

(五)农业保险难以商品化

保险商品交易是由供求双方决定的,但农业保险在市场上却难以自发达成交易。因为农业保险风险大,一般保险项目都入不敷出,而商业保险公司是以追求利润最大化为目标。因而,保险人不愿意承保,即使承保,也要求提高费率,缩小保障范围,或对险种、规模严格控制。而这些又致使本来就保险意识不强、支付水平有限的农民更加不愿意购买。因而,农业保险既缺乏有效需求又缺乏有效供给,它的商品化、市场化缺乏经济学基础,必须通过政府的扶持和参与来连接供求双方,甚至强制实施,弥补供求缺口。

(六)农业保险的发展需要政府支持

农业保险所具有的正外部性以及农业保险难以商品化,使得农业保险的发展要求政府的积极干预和管理,这已为国外农业保险发展的实践所证明。世界上农业保险发展较好的国家都普遍对农业保险给予财政支持。如20世纪80年代,美国农业部以各种形式对农业灾害的补偿资金约为250亿美元,其中用于农作物保险的资金为60.4亿美元,占总支出的24.2%。2000年美国总统签署了《农业风险保障法》,进一步提高政府对农作物保险保费的补贴比率,在75%的保障水平下,保费的补贴比率达到55%。2004年,美国从事农业保险的保险企业共收到保费为41.9亿美元,承保面积2.21亿英亩,赔偿责任金额446.2亿美元,其中,政府对农业保险的补贴达到24.8亿美元,占美国农业增加值的1%以上。

三、农业保险的分类

农业保险从不同的角度有不同的分类。

(一)按承保对象划分

根据承保对象划分,农业保险可分为种植业保险和养殖业保险两大类别。

种植业保险是以各种农作物、林木等为保险标的的保险。种植业保险又可分为粮食作物保险、豆类作物保险、油类作物保险、林木保险等。

养殖业保险是以各种牲畜、家禽、养殖的水产品等为保险标的的保险。养殖业保险又可分为家畜保险、家禽保险、水产养殖保险、特种养殖保险等。

(二)按保险责任划分

根据保险责任划分,农业保险可分为单一风险保险、多风险保险和一切险保险。

单一风险保险,即只承保一种责任的保险,如小麦雹灾保险、林木火灾保险等。

多风险保险,即承保一种以上可列明责任的保险,如水果保险可以承保风灾、冻害等。

一切险保险,即除了不保的风险以外,其他风险都予以承保的保险。例如,美国等国开办的农作物一切险保险,就承保了几乎农作物所有灾害事故损失责任。

(三)按承保方式划分

根据承保方式划分,农业保险可分为成本保险、产量或产值保险。

成本保险,即以生产投入作为确定保障程度的基础,根据生产成本确定保险金额的保险。农业生产成本是随生长期而渐进投入的,因此成本保险一般采用变动保额、按生育期定额保险的方式进行。

产量保险或产值保险,即以生产产出作为确定保障程度的基础,根据产品产出量确定保险金额的保险。以实物量计,称为产量保险;以价值量计,称为产值保险。由于农产品产量是生产过程结束时最终形成的,因此产量或产值保险一般采用定额保险的方式进行,即按正常产量的一定成数承保。不足额承保的目的,主要是控制道德风险。

(四)按性质划分

根据性质划分,农业保险可分为政策性农业保险和商业性农业保险。

政策性农业保险就是为了实现政府的农业和农村经济发展的政策目标而实施的农业保险。这种农业保险至少有如下几个主要特征:第一,商业性公司在正常市场环境下难以或不会进入该领域。第二,政府不仅参与宏观决策,而且一般要介入微观经营管理活动。第三,政府要给这类业务经营补贴和其他财政优惠措施以及行政便利措施,这种制度才有可持续性,因而这类业务具有部分的财政再分配性和部分社会公平性。第四,非营利性。

商业性农业保险即是由保险机构完全按照商业化的运作方式,以盈利为目的而经营的农业保险。

政策性农业保险和商业性农业保险的区别如下:

(1)经营目标不同。政策性农业保险制度是依据政策目标(或服务特定的政策规划)建立的;商业性农业保险制度是根据市场目标建立的。政策性农业保险的经营不能盈利;而商业性农业保险的经营则可以盈利。

(2)经营主体不同。商业性农业保险的举办主体一般是商业保险公司,它可以是国有独资保险公司,也可以是股份制保险公司。而政策性农业保险一般都承保的是风险大、利润薄甚至亏损的项目,这类项目商业保险公司一般都不愿意承保,但这些项目又关系到农村经济的发展,国家非扶持不可。所以,政策性农业保险通常由专门成立的农业保险公司承保,或者委托商业保险公司承保,同时国家给予优惠的政策。例如,加拿大政府对农业保险实行 50% 的保费补贴,巴拿马政府实行农业保险免税经营。

(3)经营机制不同。商业性农业保险的品种多,可由投保人自由选择,同时在可保利益的范围内由投保人自己决定投保金额,甚至保险费率(保险价格)也可以谈判。政策性农业保险就不同,它有特定的险种,单一费率,保险人为了防止逆选择,还要求投保人将政策性保险项目的所有对象都必须投保,且要求投保人不足额投保,即不能将保险标的的所有风险都转嫁给政策性保险公司,投保人自己也必须承担部分风险,以遏制投保人的道德风险和心理风险的发生。

(4)经营范围不同。只有那些关乎国计民生和对农业和农村经济社会发展有重要意义,而商业性保险公司又不可能或不愿意从事经营的农业保险项目,才有可能纳入政策性保险经营。首先是多风险农作物保险,其次是主要家畜家禽死亡保险。而某些单风险农作物保险,范围较小价值较高的设施农业、精细农业的单风险保险或某些综合风险保险,一些特殊饲养动物的疾病和死亡保险(特种养殖保险)等可开展商业性农业保险。

(5)政府所发挥的作用不同。首先,政策性农业保险产品要部分由政府买单,商业性农业保险产品则完全由投保人自己买单。其次,政策性农业保险通常包含着只有通过政府行为才能协调开展的工作,如政策性农业保险与农户信贷资金发放、农产品出口价格补贴、农业救济、农业生产调整等农业保护措施紧紧地联系在一起;而商业性农业保险通常通过市场机制就能较好地运作。

当然,政策性农业保险和商业性农业保险的范围不是一成不变的,它们之间的范围界定是一个动态的过程。当国家的财力有一定提升时,可以将一部分商业性农业保险转化为政策性保险,不断扩大政策性农业保险的范围,使其更好地发挥农业保险应有的福利功效。

四、农业保险的作用

(一)有利于保障农村经济的持续发展

由于农业保险的推行,可以在发生农业灾害时及时有效地补偿损失,迅速恢复农业生产,保证农业再生产不至于萎缩和中断,进而稳定农产品价格不至于大起大落,保证农业生产资料的稳定供给,进而保证农村经济持续、稳定、健康地发展。

(二)有利于促进农业资源的合理配置

农业保险作为国家的一项农业保护政策,可以起到经济杠杆的作用。通过开展农业保险,各地方可根据当地经济社会发展的总体目标和要求,对符合现代农业发展趋势的重点项目进行财政保费补贴,降低农户和龙头企业的风险管理成本,实现有针对性的支持和引导,促进农业资源的合理配置和农业产业结构升级,推动农业生产现代化。

(三)有利于农业科技成果的推广利用

有农业保险撑腰壮胆,将大大降低农民对农业新技术应用风险的心理压力,有利于增强农民采用新技术、引进新品种和新生产方式的信心,有利于促进农业新技术的应用和农业向现代化转变。

(四)有利于减轻灾后政府筹措资金的压力

近年来,虽然我国的经济发展速度和财政收入增长较快,但当出现大面积、全国性的自然灾害和农业灾害时,政府救灾资金仍显不足,特别是在大灾之年,需要救济者多,政府救济资金虽然总额不小,但平均下来对每个农民来说就只是杯水车薪。由于农业保险的相当一部分资金还是来源于农民缴纳的保费,虽然单个农户缴的保费并不多,但几百万、几千万农民多年所缴保费积聚起来数量相当可观,可以在大灾之年大大缓解政府救灾支出压力,而且政府每年都为农业保险基金提供一定的财政补贴,而在大灾之年由于有农业保险资金先行赔付,从而可以较有效地避免政府农业救灾资金支出的大起大落,对稳定政府财政支出十分有效。

(五)有利于改善农民的信贷地位和经济地位

农村金融是现代农村经济的核心,国家出台多项措施,千方百计引导更多信贷资金和社会资金投向农村。但由于农村有效担保物范围狭窄,农民急需的小额信贷缺乏必要的风险保障,影响了涉农金融机构对农业的支持力度。通过农业保险这一机制,可以优化农村信贷环境,改善农民信贷地位和经济地位,激活农村金融服务链,形成农民敢贷、银行愿贷、资金安全有保障的局面,促进更多信贷资金支持农业发展。

(六)有利于农村社会生活的稳定

据国家统计局公布的数据显示,2014年末,中国大陆总人口为13.7亿人,其中乡村常住人口约6.2亿人。特别是对占农民大多数的中西部农村地区的农民来说,他们中的大多数仍然以农业作为其主要职业和生活来源,农业不稳则农村不稳。我国要逐步建立农村社会保障体系,而作为其重要组成部分的农业风险保障体系无疑是其重要的一环,但频繁发生的农业灾害风险则会对该体系的建立和稳定带来极大的冲击。当发生大范围的粮食绝收或牲畜大批死亡造成农民生活无着时,农村社会将很难保持稳定。而一旦实施农业保险,其补偿功能能够有效地解决农民的生活来源问题,有助于农民生活稳定。

五、农业保险的发展模式

在农业保险的发展历史上,由于各国的社会和经济背景的差异,形成了多种各具特色的农业保险发展模式。其中又以美国和日本的农业保险模式最为典型,以下简要介绍之。

(一)美国模式

美国现行农业保险是政府宏观管理和商业保险公司微观经营相结合的双轨制模式。其具体做法是:

1.健全的法律体系

20世纪30年代,由于遭受严重旱灾损失,大量农民破产,美国政府于1938年通过了《美国联邦农作物保险法》,开始在全国范围内开展农作物保险。从《美国联邦农作物保险法》的颁布到1994年通过的《美国联邦农作物保险改革法》,以及2000年美国总统签署的《农业风险保障法》都对开展农作物保险的目的、农作物保险的性质、开展办法、经办机构等做了规定,为联邦政府农作物保险业务的开展提供了法律依据。农业保险法律总的发展方向是减少国家对于农业保险市场的直接干预,通过市场化的手段提高农业保险的效率。

2.形成了三个层次的农业保险组织架构

第一层为联邦农作物保险公司(FCIC),即农业风险管理局,负责全国农作物保险的政策制定、经营和管理以及组织各项计划的实施。第二层为有经营农险资格的私营保险公司,它们与农业风险管理局签有协议,并承诺执行风险管理局的各项规定。私营公司承担了全部农业保险的直接业务,通过开展农业保险的经营活动(销售、签单及其他服务),具体实施政府农作物保险的计划。第三层为农险代理人和农险查勘核损人。美国农作物保险主要是通过代理人进行销售的。其中,大部分为独立代理人,可为多家保险公司代理业务,其余为私营保险公司自设代理人,只为一家代理业务。农险查勘核损工作由农险专业核损人来进行。查勘核损人需经过农业风险管理局两年的培训,通过考核取得资格后才能从业。这些人员可以是某一私营保险公司的职员,也可以是独立的查勘核损人。

3.自愿保险、强制保险与利益诱导相结合

美国对农作物巨灾风险保险实行强制保险制度,农场主必须购买巨灾保险,政府对巨灾保险补贴全部保费,其他都是自愿选择。投保的农民当年农作物收成因灾害减产25%以上时,可以取得联邦农作物保险公司的最高赔偿金额。并且规定,只要参加了其他保险同时可获得巨灾保险保障。但1994年通过的《美国联邦农作物保险改革法》规定,不参加政府规定的农作物保险的农民不能得到政府其他福利计划,如农户贷款计划、农产品价格支持计划和保护计划的支持等。该项政策使农业保险的覆盖面迅速扩大。1995年农作物承保面积达0.22亿公顷,占当年可保面积的82%,达到历史最好纪录。

4.给予一定的财政税收支持

目前美国政府对农作物保险的经济支持大致包括以下几个方面:①保费补贴,各险种的补贴比例不同,2000年补贴额平均约为纯保费的53%(保费补贴额平均每公顷16.31美元)。其中,巨灾保险补贴全部保费,多种风险农作物保险、收入保险等保费补贴率约为

40%。②业务费用补贴,向承办政府农作物保险的私营保险公司提供 20%～25%业务费用(包括定损费)补贴。③政府还承担农业部联邦农作物保险公司的各种费用以及农作物保险推广和教育费用。此外,联邦农作物保险法明确规定联邦政府、州政府及其他地方政府对农作物保险免征一切税赋。

5.政府提供再保险支持

政府通过联邦农作物保险公司(FCIC),向私营保险公司提供一定比例的再保险和超额损失再保险保障。依据 1980 年修订的《农作物保险法》,私人保险公司既可以参与 FCIC 的农作物保险和再保险并独立承担风险损失责任,也可以只做享受 FCIC 佣金的农业保险代理人而不直接承担农业保险的风险责任。此后,为提高农业保险的效率,增强农业保险业务的竞争性,联邦政府采用财政税收优惠政策,鼓励私人保险公司直接承保农作物保险。时至 2001 年,FCIC 就基本退出直接的农业保险业务,而只行使政府职能专注经营再保险,其可从政府获取费用补贴及税收与金融等优惠条件。

(二)日本模式

日本农业保险是民间非营利团体经营、政府补贴和再保险相扶持的模式,也称政府支持下的相互会社模式。其具体做法是:

1.重视农业保险立法

日本从 1927 年开始研究农业保险,于 1929 年、1938 年分别颁布了《家畜保险法》和《农业保险法》,其后又多次对这两个法案进行合并、修订和补充,并于 1947 年制定了《农业灾害补偿法》。该法对农业保险的组织机构、政府职责、强制与自愿保险范围以及费率制定、赔款、再保险等都做了明确具体的规定。经过多次调整修订,日本的农业保险制度渐趋统一和完善。

2.具有层次分明、功能明确的组织体系

农业保险的基层组织为市、町、村的农业共济组合,是农民自愿参加的民间保险相互会社,直接承办农业保险业务;县级机构(都、道、府、县)成立农业共济组合联合会,承担共济组合的分保;以政府为领导的农业保险机关承担共济组合份额以外的全部再保险额。这样就形成了政府领导与农民共济组合相结合的自上而下的农业保险组织体系。一般情况下,上述组织各自承担保险责任的比例为:共济组合 10%～20%,联合会 20%～30%,政府 50%～70%。遇有特大灾害,政府承担 80%～100%的保险赔款。由此可见,日本的农业保险经营模式是:共济组合经营原保险,共济组合联合会提供一级再保险,政府提供二级再保险。

讨论一下:
政府为什么要对农业保险给予补贴?

3.强制保险和自愿保险相结合

1947 年的《农业灾害补偿法》规定凡对国计民生有重要意义的粮食作物、牲畜等列为法定保险范围,进行强制性保险。实行强制保险的有水稻、旱稻、麦类、桑蚕;牛、马、种猪、肉猪及牛仔等家畜类;橘子、苹果、葡萄、柿子、栗子、樱桃等果树类,还有大豆、小豆、甜菜、甘蔗、荞麦、日本茶、园艺设施及设施内的蔬菜等。对果树、园艺作物、旱田作物、家禽等,实行

自愿保险。除此之外,出于防范农业金融风险的目的,日本还将农业保险和农业信贷结合起来,凡有农业生产借贷的农业保险标的,即使是自愿保险项目也应依法强制投保。

4.农业保险经营受国家大力支持

无论是强制保险还是自愿保险,都享受政府的补贴,对农业保险实行分保,对投保人实行保险费率补贴,除此之外政府还承担各分保机构的部分办公费用。以日本政府对投保人提供保费补贴为例,平均的补贴比例,水稻为费率的58%,小麦为费率的68%,春蚕茧为费率的57%,牛、马为费率的50%,猪为费率的40%;补贴依费率的高低有所不同,费率越高补贴比例越高。以水稻为例,当费率为1%以下时,政府补贴其保费的50%;当费率为1%~2%时,补贴55%;当费率为2%~3%时,补贴60%;当费率为3%~4%时,补贴65%;当费率为4%以上时,补贴70%。办公费用补贴,县以上农业联合会的全部经费和基层农业共济组合部分费用由政府负担。

第二节　农业保险的主要险种

一、种植业保险

(一)概念和分类

种植业保险是指保险人对被保险人在从事种植业生产过程中,由于其所种植的各种作物、林木等遭受自然灾害或意外事故所造成的损失,给予经济补偿的一种保险。

种植业保险主要有两种分类方法。

1.按保险对象不同进行分类

按照保险对象不同,种植业保险可分为粮食作物保险、豆类作物保险、油类作物保险、林木保险等。

2.按农作物所处生长时期不同进行分类

按农作物所处生长时期划分,种植业保险可分为:[①]

(1)生长期农作物保险。即以各种正处在生长阶段的作物为保险标的的保险。这种保险是种植业保险的主要业务。

(2)收获期农作物保险。即指农作物从开始收割(采摘)时起到完成初级加工进入仓库之前这一阶段的保险。这种保险介于农业保险与家庭财产保险之间,是一种短期风险保险。例如收获期农作物火灾保险。

(二)生长期农作物保险

1.保险标的

生长期农作物保险的保险标的,是处于生长期的各种农作物,包括粮食作物、经济作

---

① 这种分类方式不适用于林木保险。

物、其他作物等。其中,粮食作物有水稻、小麦、大麦、玉米、高粱、大豆、蚕豆、豌豆、小豆、绿豆、菜豆、红薯、马铃薯、山药、芋头等,经济作物有棉花、芝麻、亚麻、油菜、花生、蓖麻、向日葵、甜菜、甘蔗、烟草、茶叶、咖啡等,其他作物有各种蔬菜、绿肥及饲料作物等。

2.责任范围

(1)保险责任。生长期农作物面临的主要灾害有两类:一是由自然气候原因引起的自然灾害,包括干旱、水灾、涝灾、冰雹、干热风、霜冻、暴风、暴雨、台风、龙卷风、寒潮等;二是由病虫草的危害引起的自然灾害。从理论上讲,上述两类灾害都可作为保险责任来承保,但是由于农作物灾害的成因复杂,而且遇灾的概率大、范围广、灾情重,在保险责任选择上应从低水平做起,选择一种或两三种风险予以承保。

承保农作物单一风险责任的保险,称作农作物单一险,就是保险人只承保一种风险责任的保险,例如小麦雹灾保险、棉花雹灾保险,保险人只对冰雹灾害引起的生长期小麦和棉花产量损失负责赔偿。保险人承担两种和两种以上风险责任的农作物保险称为农作物综合险。保险人承保农作物一切风险责任的农作物保险称为农作物一切险。我国目前开设的险种主要是农作物单一险和农作物综合险,尚未试办农作物一切险。

(2)除外责任。生长期农作物保险的除外责任,大体包括以下几项:一是,被保险人的故意行为、欺骗行为所致的损失;二是,间作、套种的非保险标的和毁种复播的农作物损失;三是,因盗窃、他人毁坏或畜、兽、禽啃食所致的损失;四是,未尽力防范和抢救所致的损失;五是,保险责任以外的灾害所致的损失。

3.保险期限

保险期限是根据农作物的生长期来确定的。保险期限一般定为从作物出土定苗到成熟收割这段时间的全部或某一部分或该段时间的延伸部分。不同种类的农作物具有不同的生长期,因此保险期限也不相同。主要农作物的保险期限如下:

(1)水稻保险:从插秧成活开始至收割时止。

(2)棉花保险:从棉花出土定苗后开始至采摘收获完毕时止。

(3)小麦保险:从小麦返青或拔节开始至收割时为止。

(4)烤烟保险:移栽后长出第一片新叶时至工艺成熟期终止。

(5)油菜保险:从齐苗或抽薹开始至角果2/3成熟时止。

4.保险金额

生长期农作物保险金额以亩为单位计算,有保产量和保成本两种确定方法:

(1)按亩平均收获量的成数确定。一般以同一风险区同类标的正常年份3~5年亩平均收获量的40%~60%承保,最高不超过80%。计算公式是:

　　　亩保险金额＝国家收购价格×正常年份下前3年或5年平均亩产量×承保成数

(2)按投入的生产成本确定。保险金额为投入的生产成本,包括种子(或种苗)、肥料等材料耗用费、人力作业费、机械或畜力作业费等直接费用。

5.赔偿处理

(1)全部损失。生长期农作物受灾后80%以上的植株死亡,已没有实现该作物预期收获量的可能,或改种其他作物的季节已过,这种情况下视为全部损失,按保险金额赔偿。

保额按保产量方式确定的情况下,计算公式为:

亩赔款＝单价×亩平均保险产量

保额按保成本方式确定的情况下,计算公式为:

亩赔款＝亩保险成本－还未投入的成本

(2)部分损失。发生部分损失时,一般都在收获前测算出每亩实际收益数额,其赔款数额为亩保险金额减去亩平均收入数额。

保额按保产量方式确定的情况下,计算公式为:

亩赔款＝单价×(亩保险产量－实收亩平均产量)

保额按保成本方式确定的情况下,计算公式为:

亩赔款＝亩保险成本－亩平均收入

从上述公式可看出,只有亩赔款数值为正数时,保险人才支付赔款。

(三)收获期农作物保险

1.保险标的

收获期农作物保险主要涉及粮食作物和经济作物。凡成熟后进入收割、脱粒、晾晒、碾打、烘烤等初加工的夏、秋粮食作物和经济作物均可作为保险标的。例如,收割的水稻、小麦在脱粒、晾晒、碾打过程中,可作为收获期水稻、小麦火灾保险的保险标的。采摘下来的烟叶可作为烤烟保险的保险标的。

2.责任范围

保险责任的确定有两种类型:

(1)单一责任。即承保一项责任,如只承保火灾一项责任,并负责发生火灾时的施救费用及灾后整理费用。

(2)综合责任。即保险责任除火灾一项外,还包括其他几项责任如洪涝、暴风雨、阴雨、霉烂、雷电等。

除外责任一般包括:战争、军事行动或暴乱;被保险人及家庭成员的故意行为;被保险人违反法律、法规,在公路、街道等场所晾晒、碾打农作物发生火灾造成的损失;其他不属于保险责任的原因。

3.保险期限

收获期农作物保险是生长期农作物保险的后续保险。其承保期限一般是从农作物收割(采摘)后进入晾晒场起至完成初级加工进入仓库之前这一段期间。

4.保险金额

每亩保险金额参照当年或上年国家对与保险标的同类的农产品的收购价格和被保险人所在县(市)同类标的作物前3年平均亩产量的60%~80%确定。

5.赔偿处理

(1)全部损失。当保险面积等于或小于实际种植面积时,按保险金额赔偿;当保险面积大于实际种植面积时,按实际种植面积和每亩保险金额计算赔偿金额。

(2)部分损失。部分损失,按损失程度赔偿。当保险面积小于实际种植面积时,按保险面积与实际种植面积的比例计算赔偿金额。当保险面积等于或大于实际种植面积时,按实际种植面积、每亩保险金额和损失程度计算赔偿金额。

二、养殖业保险

(一)概念和种类

养殖业保险,是指保险人对被保险人在从事养殖生产过程中,因遭受自然灾害或意外事故致使养殖的动物造成损失,给予经济补偿的一种保险。

养殖业保险通常被分为以下四类。

1.家畜保险

家畜保险以各种家畜为保险标的。家畜有大牲畜(马、牛、驴、骡等)和中小家畜(猪、羊、兔等)之分,所以该类业务也分为大牲畜保险和中小家畜保险。

2.家禽保险

家禽保险就是以家禽(鸡、鸭、鹅等)为保险标的的一种养殖保险。

3.水产养殖保险

水产养殖保险就是对水产养殖过程中因自然灾害和意外事故造成经济损失(死亡或流失)提供补偿的一种养殖保险。具体还分为淡水养殖保险和海水养殖保险。

4.特种养殖保险

特种养殖是近一些年在市场经济发展中兴起的经济动物饲养业。特种养殖的动物很多,如鹿、水貂、肉狗、果子狸、肉鸽、鸵鸟、蛇、鳖、牛蛙等。以这些特种养殖的动物作为保险标的的保险就是特种养殖保险。

(二)大牲畜保险

1.保险标的

保险标的以役用、肉用、乳用和种用的牛、马、骡、驴、骆驼为主,观赏用的大牲畜必须特约承保。

2.责任范围

大牲畜保险的保险范围比较广泛,属于综合性保险。具体而言包括自然灾害中的火灾、洪水、暴风雪、地震、地陷、雷击、台风等;疾病中的传染病、瘟疫等;意外事故中的淹溺、摔跌、互斗、野兽侵袭、建筑物倒塌、中毒、触电、窒息等,以及为防止传染病流行,政府下令捕杀掩埋。由以上原因造成的大牲畜死伤和丧失劳动能力的损失,保险人负责赔偿。但是,如果投保牲畜是由于被保险人及其他利害关系人的故意行为所致死伤或由于被保险人疏于照管所致的走失、被盗、冻饿、劳累致死及其他不属保险责任范围内的原因造成损失的,保险公司不负责赔偿。

3.保险期限

保险期限一年,期满一年,如果续保,则需另办手续。另外,规定从保险单生效起15日内为疾病观察期。保险期满,续保合格大牲畜,免除观察期。

4.保险金额

大牲畜保险的最高保险金额的确定有不同的方法。一般情况下,属于单位所有的牲畜可以按投保时的账面价值的成数承保,属于个人所有的牲畜可以按保险人与投保人共同评定的价值的成数承保,保险人也可以依据一定标准把投保牲畜分成不同档次分别确定保险金额。无论按哪种方式确定保险金额,都要遵循低额承保的原则,一般不能超过牲畜总价值的 7 成。

5. 赔偿处理

保险大牲畜发生保险事故死亡后,保险人应对受损大牲畜核损,按保险金额或保险金额定额扣除残值后赔付,不可变价的尸体,不扣残值;可变价的尸体,定额扣除残值。保险大牲畜中的役畜因保险事故而永久性丧失使役能力后,保险人依照保险金额扣除一定比例的残值后,差额赔付。

若发生保险事故时,被保险人符合承保条件的大牲畜数量大于投保数量,保险人按大牲畜投保数量与出险时的可保数量的比例赔付。若保险大牲畜每头(匹)保险金额高于出险时的市场实际价格时,则保险大牲畜每头(匹)最高赔偿金额不超过出险时的市场实际价格。

(三)中小家畜保险

1. 保险标的

保险标的是国营、集体和个人饲养的猪、羊、兔等中小家畜。

2. 责任范围

中小家畜保险责任范围与大牲畜保险类似,此处不再重复。

3. 保险期限

中小家畜的保险期限主要分为两种:一是育肥中小家畜的保险期限一般是从断奶到出栏。比如猪的育肥期为 6 个月,其保险期限就可以确定为 6 个月;二是育种用中小家畜的保险期限一般是 1 年,到期可以续保,但需要重新审定其是否仍具有保险价值。

4. 保险金额

确定中小家畜保险的保险金额可以采取估价承保和定额承保两种方式。估价承保是根据相同种类、畜龄的家畜的市场价格来确定被保险中小家畜的价值,其中的 50%～70% 由保险人承保,其余由被保险人自负的保险金额确定方法。定额承保是由保险人根据不同类别、不同畜龄、不同用途的中小家畜的不同价值分成不同档次的保险金额,由投保人根据自身饲养的家畜的实际情况选择某个档次的保险金额确定方法。另外,有些中小家畜投保时并不确定保险金额,而是按头(只)收取保险费。

5. 赔偿处理

(1)按家畜的估定价值承保的,扣除残值后赔付。

(2)定额承保的家畜,按条款中规定的保险金额档次赔付,不扣残值。如有的规定:羊每只死亡赔偿 100 元;公母种猪每头死亡赔偿 200 元。

在理赔时,如果发现被保险人的家畜数量多于投保的数量,则按投保数量占出险当天家畜存栏总数量的比例赔付。

(四)家禽保险

1. 保险标的

保险标的为鸡、鸭、鹅、鸽子等各类家禽,其用途一般为肉用禽、蛋用禽、种用禽。投保的家禽必须饲养条件良好,具有一定防疫能力、无疾病、无伤残。

2.责任范围

家禽保险的责任范围包括自然灾害、意外事故和疾病。家禽由于雷击、暴风雨、洪水、龙卷风等自然灾害造成的损失,由于火灾、饲料中毒、建筑物倒塌、爆炸等意外事故造成的损失,因各种疾病造成的死亡以及政府下令捕杀造成的损失都可以通过投保家禽保险获得补偿。但是保险家禽零星死亡、被盗、走失、鼠咬的损失,被保险人及其家庭成员故意造成的损失以及自然淘汰等不属于保险责任范围。

3.保险期限

家禽保险的保险期限根据家禽的类别、生长期和用途的不同而不同。一般情况下,饲养期在 1 年以内的,饲养期就可以确定为保险期限,饲养期在 1 年以上的,保险期可以确定为 1 年,期满再行续保。具体而言,肉用禽的保险期限是从承保时开始到出售完毕时止,蛋用禽的保险期限从开始产蛋到产蛋期结束为止,育成期家禽的保险期限自育雏期过后开始至开始产蛋时止,种用禽的保险期限为 1 年。

4.保险金额

家禽保险的保险金额确定,可以分为定额承保和不定额承保两类。定额承保以投保时家禽市价的 50%~70% 作为保险金额,不定额承保则根据家禽生长规律和饲养成本投入的具体情况不断变动保险金额。

5.赔偿处理

家禽保险的赔偿处理根据保险条款规定处理,如有的是按不同日龄的家禽以只为单位计赔。保险家禽发生保险责任范围内的死亡,如果实际饲养只数超过保险只数时,按保险只数占实际饲养只数的比例计算赔付。计算赔偿额时,应当扣除一定比例的免赔额及其残值。

(五)水产养殖保险

1.保险标的

保险标的是利用淡水或海水水域进行人工养殖的虾、贝、藻、鱼、蟹、蚌等。

2.责任范围

保险责任分为两类,一为死亡责任,二为流失责任。

死亡责任所承保的责任限于非正常缺氧死亡(在高温低气压的恶劣气候条件下,淡水中所含的氧成分下降,不足以满足水生动物维持生命所需而引起的死亡);他人投毒、爆炸死亡(他人故意向池塘水域中投放有毒物质或爆炸物引起的养殖对象的死亡);疾病死亡(保险标的因疾病、瘟疫等经治疗无效所致的死亡)等。

流失责任所承保的范围是因自然灾害或非人为的原因所造成的保险标的流失并不可追回的损失,比如台风、暴风雨、龙卷风、洪水所造成的堤坝溃决引起的流失。

保险标的在养殖过程中的自然死亡、损失,遭敌害侵袭造成的损失,养殖技术失误导致的损失以及被保险人及其家庭成员的故意行为造成的损失被排除在保险责任范围之外。

3.保险期限

水产养殖保险的责任期限,一般根据保险标的的一个养殖周期来确定;养殖周期长于一年的按一年期承保,到期续保,另行签单。

4.保险金额

保险金额按照从开始养殖到收获时所投入总成本的全部或部分确定。当然,对于某些已养殖成熟待售的水产品保险和一次性投入成本较大的水产品保险,也可以采取按产量的全部或部分确定保险金额的办法。

5.赔偿处理

按照成本逐渐投入、标的价值逐渐增加的规律,根据保险期内不同时期凝聚的不同成本量进行损失补偿,避免发生致死图赔的事件。水产养殖保险一旦出险往往损失较大,出险后责任不易分清,损失程度也难以准确测定,绝对免赔要比其他养殖保险定得高一些,通过理赔中较高的绝对免赔规定来剔除不属保险责任范围的损失,在一定程度上降低人为的道德风险。

(六)特种养殖保险

1.保险标的

保险标的是具有较高经济价值的特种毛皮动物、药用动物,比如水貂、鹿、麝、狐等。

2.责任范围

保险责任范围同家畜保险类似,包括各类自然灾害、意外事故、疾病以及政府命令捕杀所造成的损失。同样,因被保险人经营管理不善或故意行为、利用不当而导致的动物死亡以及自然淘汰,保险公司不负责赔偿。

3.保险期限

确定特种养殖保险的保险期限要具体考虑各种动物的使用年限、生理特点和用途,比如种貂的使用年限一般为 3 年,则可以把种貂的保险期限自其可以投入使用时起确定为 1 年,期满续保,直至使用期满自然淘汰。

4.保险金额

保险金额一般为饲养成本的 50%~70%,同样遵循不足额承保的原则,并且随着保险标的使用价值的下降,保险金额也随之下降。

5.赔偿处理

保险标的发生保险责任范围内死亡时,扣除残值后进行赔付。

保险标的的只数如低于当天存养总数且不能区分时,保险人按比例赔付。

专栏 6-1

我国《农业保险条例》的特点与贡献[①]

　　《农业保险条例》(以下简称《条例》)于 2013 年 3 月 1 日起施行。作为中央政府颁布的我国第一部关于农业保险的法规,虽然只有短短33条,它却是数十年农业保险实

---

　　① 此部分内容来自:庹国柱.我国农业保险发展的里程碑——论《农业保险条例》的特点与贡献[J].中国保险,2013(2).略有删改。

践和研究的一个小结,也是有关各部门合作与协调的重要成果。如果说,2007 年中央财政将农业保险费补贴作为财政预算科目列入预算,是我国政策性农业保险试验的正式起点,《条例》的颁布就成为我国农业保险特别是政策性农业保险发展历史上的里程碑。

一、跨越两类农险的法律架构

《条例》不拘泥于其他国家关于农业保险的法律法规的指导思想和规范,创造性地设计了一个将商业性农险和政策性农险放在一起的一般性农业保险法律架构。

《条例》整体上是规范农业保险,而政策性农业保险只是其中的部分内容。《条例》第 1 条给出了农业保险的一般性定义,该定义的内涵基本上是沿袭了我国传统的对农业保险的实践和概念界定,即"农、林、牧、渔业生产风险的保险"。同时,《条例》第 3 条进一步表明第一条定义的农业保险,包括"多种形式的农业保险",笔者理解主要是商业性农业保险和政策性农业保险,但特别强调要"健全政策性农业保险制度",简单的几个字与 2004 年以来大部分中央"一号文件"和中央其他政策文件精神完全吻合和衔接。

另外,《条例》对农业保险的概念外延做了扩展,那就是"包括农房、农机具、渔船等财产保险,涉及农民的生命和身体等方面的短期意外伤害保险",这些内容被定义为"涉农保险"。这种外延的扩展完全区别于其他国家对于农业保险的界定,但充分尊重了目前我国的丰富实践。这样,《条例》就是一个以一般性农业保险的定义作为基础,将商业性农业保险和政策性农业保险,农业保险和涉农保险共同来规范的法律文件。

美国、加拿大、日本、菲律宾等国的农业保险法律,都是只规范政策性农业保险(或者叫有政府补贴的农业保险),不涉及由商业保险法规范的商业性农业保险。我国的《条例》充分吸收了保险学界、保险业界和农经学界半个多世纪的研究成果,这就是,无论是商业性农业保险还是政策性农业保险,都有一些不同于一般性商业性财产保险的共同特征,也就产生了一些特殊的业务规则。将各类农业保险共同的和有区别的特点放在一个法规中来规范,有利于我国农业保险更加广泛地开展。

同时,这种架构安排也和上位法《保险法》和《农业法》顺畅地衔接。如前所述,《保险法》提出对农业保险另行规范,并没有区分商业性农业保险和政策性农业保险,而《农业法》就明确区分了商业性农业保险和政策性农业保险。

二、明确阐述政策性农险要素

农业保险制度(主要是政策性农险制度)是一种特殊的财产保险制度,从世界其他国家的经验和我国几十年实践来看,这种制度的设计和建立离不开若干重要的制度要素,这些要素是顶层设计的重要组成部分。

《条例》吸收国内外经验,肯定和提出了以下一些要素:

(一)选择和确立符合本地实际的经营模式和操作

国家层面的大政方针和宏观政策有了,在我国对政策性农业保险制度采取分散决策的条件下,省、自治区、直辖市一级通过一定程序建立一个合理和完备的制度架构,选择自己的经营模式是必要的和重要的。此前,有不少省、自治区、直辖市设计制定了本地政策性农业保险制度和操作方案,并在实际过程中根据积累的经验和教训不断进行修订和完善,对这些省(市、区)政策性农业保险的持续和健康发展起到重要作用。

但也有些省并没有意识到做政策性农业保险还需要自己制定一套规则,需要选择适当的经营模式。以为有财政的补贴就可以了,其实不然,有没有符合本地实际的农业保险规划和政策性农业保险的制度方案,对本地政策性农业保险的近期和长期发展的影响是大不一样的。当然,不做方案也是一种方案,所谓"无为而治",但是,已有的实践证明,有方案和无方案,其实践效果是不一样的。所以,《条例》第 2 条原则上提出了这个重要的要素。

(二)有一定力度的政府财政和税收支持

公共财政给予农业保险补贴是政策性农业保险制度成立的最主要的特征之一,也是这种制度最重要的要素之一。如果说从 2007 年开始的政府财政对农业保险费补贴的政策和文件还只是部门规章的话,《条例》则以法规的方式肯定了这些政策,并明确规定了中央财政和地方财政支持政策性农业保险的责任和权利。

《条例》对中央和地方支持政策性农业保险的责任和权利是不同的,《条例》第 5 条第 1 款规定,由财政部会同国务院农业、林业主管部门和保险监督管理机构制定政策性农业保险的补贴范围和补贴办法。在该条第 2 款,只是"鼓励地方人民政府采取由地方财政给予保险费补贴等措施,支持发展农业保险"。并不要求地方政府必须给予政策性农业保险补贴。

对于税收优惠,《条例》没有直接规定,而是在第 9 条第 1 款从保险经营的角度做出了规定,明确表达了税收政策应当对政策性农业保险的倾斜。

其实,政府财政和税收对政策性农业保险必不可少的支持,是成功举办政策性农业保险的国家一直坚持的政策。

(三)市场上的保险经营组织及其结构

经营组织及其结构也是政策性农业保险制度的重要组成部分,目前世界上大体有四类农业保险的组织方式和结构:第一类是像加拿大那样,只有省政府所属的农业保险公司独家经营政策性农业保险直保业务;第二类是美国那种由政府所属的政策性农业保险公司主办,直保业务主要由经过选择的商业保险公司经办;第三类是日本那种由农业保险合作社经营直保业务;第四类是像法国那样,商业性保险公司和合作保险组织都经营有政府补贴的农业保险直保业务。不同的市场组织形式和结构都有其产生和发展的历史轨迹,而且都是由其相关政策性农业保险法律法规规定的。

我国《条例》在充分调查和反复论证的基础上,从本国实际出发,确定商业性保险公司和其他合作互助保险组织都有参与经营政策性农业保险直保业务的权利(见《条例》第 1 条第 1 款和第 2 款)。在《条例》制定过程中,对于要不要让合作保险组织名正言顺地成为政策性农业保险的经营主体,一直有不同的意见,主要的问题是怕这些不那么规范的合作组织参与进来,比较难以监督管理,可能存在所谓"监管风险"。《条例》最终还是给了合作互助保险组织平等合法的身份,自然也就给了合作互助保险组织发挥他们特点和为农业保险制度建设做贡献的机会,也必然赋予保险监管部门更多更大的责任。

尽管允许众多商业性保险公司和不同的合作保险组织作为供给主体,但各个省在确定自己的方案时,实际上还是可以在这个规定的范围内做出选择。实际上,不同省的政策性农业保险市场上,供给主体及其结构还是有区别的。保监会也会根据《条例》

规定的条件并从市场实际出发,来调控市场供给主体,保证政策性农业保险的市场效率。

(四)各级政府部门的准确角色定位

对于政策性农业保险的经济关系来说,实际上有三方当事人,即保险人、投保农户和政府。而政府这一方又涉及中央政府、省级政府和地、县级政府不同层级,甚至乡村一级。政府在这个经济关系中扮演着非常特殊和复杂的角色,既要为投保农民分担大部分保险费,同时还要宣传、组织和引导农民参与,并且协助保险人做定损、理赔等工作,推动政策性农业保险业务的拓展和顺畅运行。除此之外,政府也必须要当好裁判员,负责规范这个特殊的市场。而一般商业性保险除了接受政府监管之外,不会有政府参与保险合同的订立和执行的任何活动。在政策性农业保险这种特殊情况下,需要对政府及其部门的权利和责任边界做出明确界定,否则政策性农业保险很难顺畅运作。因此,《条例》对政府部门的角色做出了准确定位:

对于中央政府各部门的角色,《条例》主要是这样界定的:

财政和税收部门制定相关保险费补贴和税收优惠政策,并加以实施和管理;保监会负责保险业务的监督管理;财政、税务和农业、林业等其他有关部门负责宣传、组织、推进和管理,以及共同建立信息共享机制。对中央各部门的具体职责,在《征求意见稿》中规定得比较具体,但在《条例》中没有一一罗列。

对于地方政府的角色,《条例》是这样定位的:

省级政府选择本省的农业保险经营模式;省、地、县政府负责引导、宣传和组织。从上述定位的规定可以看出,中央政府部门也好,地方政府部门也好,在《条例》规定的责任和权利之外,不可以干预农业保险的直接和再保险业务经营。否则政策性农业保险市场就会发生扭曲,甚至导致严重后果,这种教训在我国已经不止一次发生过。在我们几年的试验中,有的地方政府要求保险公司支付超过保险损失的赔款,也有在发生较大灾害损失时允许保险公司不按照保险合同足额赔付被保险农户的损失,还有的地方政府阻止保险公司购买再保险,这些缺乏规范和约束的政府行为,给政策性农业保险甚至更多方面造成不小的负面影响。

(五)巨灾风险管理的制度安排

专门建立巨灾风险管理制度是政策性农业保险的另外一个特点,也是建立政策性农业制度不可缺少的要素。商业保险经营虽然也有巨灾风险,但是相对概率较小,所以《保险法》没有专门规定要专门对大灾风险进行管理,也没有特别提出建立大灾风险分散机制的问题。保险公司在微观管理中,是通过建立任意准备金或总准备金来应对可能发生的大灾风险。

在我们试验政策性农业保险的过程中,有的专业农业保险公司建立了"大灾准备基金",却不被税务部门认可,说这是"逃避所得税",因为《保险法》中只有责任准备金等规定,而没有什么"大灾准备金"。有的省在设计本省的政策性农业保险制度时,没有考虑大灾风险分散制度的问题,这表明,从法律法规方面来确定这个制度是十分必要的。

对于政策性农业保险的经营,其他国家的农业保险法律法规,对发生大灾损失后责任准备金不足支付赔款的情况,都有具体的筹资安排。例如美国《农作物保险法》就规定在发生这种情况时,可以由农作物保险公司发行债券。加拿大的《农作物保险法》则规定,在这种情况下可以向省政府和联邦政府借款来支付投保农户的赔款。所以,我国《条例》第8条专门对建立大灾风险分散机制做出了原则性的规定。当然,在发生大灾保险基金不足支付赔款情况下,到底由谁具体设计和建立风险分散制度,这种制度要选择何种融资机制、通过何种途径融资、融资规模如何等,都有待"有关部门"制定具体的方案。

(六)健全的法律法规

健全的法律法规毫无疑问是政策性农业保险制度的要素,《条例》本身就是这种制度的法律依据。《条例》实际上包括了农业保险业法和农业保险合同法需要规范的主要的和特殊的内容。同时,《条例》也为各有关方面留出了制定相关部门规章的接口,比如,财政补贴范围、强度、补贴结构和补贴实施方式方面,需要财政部门依据《条例》在现有规章基础上加以完善,税务部门也需要根据《条例》和实践的发展完善对政策性农业保险的优惠政策,保险监管部门也需要制定包括互助合作保险组织的管理规定以及其他农业保险服务体系建设和经营制度建设所需要的规章等。《条例》和相应配套规章制度,将共同构成完整的符合政策性农业保险推行和持续发展所需要的法律法规体系。只有到那时,政策性农业保险制度才是比较完善的。

三、尊重和肯定业务特点

农业保险有一些特殊的经营规则,这是从实践中提出来的,也是发展的依据。

《条例》根据国内外实践的经验和教训,将比较成熟的和广泛达成一致意见的,在"农业保险合同"和"经营规则"两个章节中,用16个条款(占整个《条例》条款数的一半)做出规定,充分尊重和肯定了农业保险业务的特点。

在"农业保险合同"一章中,针对农村土地广袤、农户高度分散和农村人口大量流动的特点,允许"由农业生产经营组织、村民委员会等单位组织农民投保"。当然,也为了避免一些弊病,同时规定投保和理赔的结果都要公示,而且"理赔清单应当由被保险人签字确认"。考虑到农村的上述特点,也从农业保险的保险期限较短的实际出发,为了保持农业保险合同的稳定性,同时维护投保人的利益,《条例》特别规定:"在农业保险合同有效期内,合同当事人不得因保险标的的危险程度发生变化增加保险费或者解除农业保险合同。"对于一般财产保险来说,当保险人赔偿了保险标的的损失之后,受损标的的残值一般归保险人所有,而考虑到我国农业保险中,出于对保费的控制和道德风险的控制,一般都是不足额投保,而且大部分采用的是所谓"物质成本保险",保险金额只有保险价值的30%~40%。因此,《条例》规定:"保险机构不得主张对受损的保险标的的残余价值的权利,农业保险合同另有约定的除外。"

在"保险经营"一章,首先设立了农业保险经营机构的"门槛",并强调"未经依法批准,任何单位和个人不得经营农业保险业务"。为了防止保险经营机构错误地理解农业保险特别是政策性农业保险,《条例》提示:"保险机构经营农业保险业务,实行自主经营、自负盈亏。"就是说,在各省选择指定的农业保险或者政策性农业保险方案规定的范围内,政府只承担他们承诺的责任,而不会为保险经营机构自己的超赔损失买单。保险经营机构万一失去偿付能力,那就只能按照《公司法》和其他相关法律,走破产程序。对于农业保险经营特别是政策性农业保险经营,考虑到政府公共资源的投入及其合理性、效果性评价，以及科学合理的费率订定经验数据积累的需要，规定"保险机构经营农业保险业务，应当与其他保险业务分开管理，单独核算损益"。同时还规定，"保险机构应当公平、合理地拟订农业保险条款和保险费率。属于财政给予保险费补贴的险种的保险条款和保险费率，保险机构应当在充分听取省、自治区、直辖市人民政府财政、农业、林业部门和农民代表意见的基础上拟订"。这一条与《征求意见稿》的规定差异较大，在《征求意见稿》里，曾规定"任何单位和个人不得非法干预农业保险条款和保险费率的制定"。但是，经过反复讨论和斟酌，政府有关部门对于政策性农业保险的费率规章有了一定的发言权。

四、严惩违法违规行为

在政策性农业保险5年多的试验中，违法违规问题不时发生，成为可持续发展的桎梏。《条例》在"法律责任"一章对各有关行为提出警示并做出具体惩罚规定。

保险经营机构的违法行为，大体上分为三类：第一类是没有依法取得经营农业保险资格情况下的惩罚。第二类是对违反《条例》规定的经营规则、监管规则的处罚，例如，"编制或者提供虚假的报告、报表、文件、资料；拒绝或者妨碍依法监督检查；未按照规定使用经批准或者备案的农业保险条款、保险费率。""未按照规定将农业保险业务与其他保险业务分开管理，单独核算损益；利用开展农业保险业务为其他机构或者个人牟取不正当利益；未按照规定申请批准农业保险条款、保险费率"等。第三类是对骗取保险费补贴、挪用和截留保险金等违法行为的处罚。以笔者的理解，这第三类问题不只是针对保险人，也针对被保险人及与其有关的部门和单位。

【本章小结】

农业保险是指为农业生产者在从事种植业和养殖业生产和初加工过程中，遭受自然灾害或意外事故所造成的损失提供经济补偿的保险。与一般财产保险相比，农业保险有以下特征：保险标的具有生命性，经营风险大，经营费用高，具有正外部性，难以商品化，其发展需要政府支持。

农业保险从不同的角度有不同的分类。根据承保对象，可分为种植业保险和养殖业保险两大类别。根据保险责任划分，可分为单一风险保险、多风险保险和一切险保险。根据承保方式划分，可分为成本保险、产量或产值保险。按性质划分，可分为政策性农业保险和商业性农业保险。

种植业保险是指保险人对被保险人在从事种植业生产过程中，由于其所种植的各种作物、林木等遭受自然灾害或意外事故所造成的损失，给予经济补偿的一种保险。按农作物所处生长时期划分，种植业保险可分为生长期农作物保险和收获期农作物保险，两者的操作实务存在很大的不同。

养殖业保险，是指保险人对被保险人在从事养殖生产过程中，因遭受自然灾害或意外事故致使养殖的动物造成损失，给予经济补偿的一种保险。养殖业保险通常被分为以下四类：家畜保险、家禽保险、水产养殖保险和特种养殖保险。养殖业保险的操作实务因保险标的不同而存在区别。

【思考与练习】

■主要概念

农业保险　农村保险　种植业保险　养殖业保险　成本保险　产量保险　产值保险
政策性农业保险　商业性农业保险　生长期农作物保险　收获期农作物保险　家畜保险
大牲畜保险　中小家畜保险　家禽保险　水产养殖保险　特种养殖保险

■基础练习

一、单项选择题

1.按性质划分,农业保险可以分为(　　　)。

A.种植业保险和养殖业保险

B.单一风险保险、多风险保险和一切险保险

C.成本保险、产量或产值保险

D.政策性农业保险和商业性农业保险

2.收获期农作物保险的亩保险金额一般是(　　　)。

A.正常年景下前3年平均亩产量的30%～50%价值

B.正常年景下前3年平均亩产量的60%～80%价值

C.投保当时的市场价格

D.投入的生产成本

3.生长期农作物保险的承保期限一般是(　　　)。

A.1年

B.根据农作物的生长期确定

C.从农作物出土定苗到进入仓库的这段时间

D.从农作物收割(采摘)后进入晾晒场起至完成初级加工进入仓库之前这一段时间

二、多项选择题

1.属于狭义农业保险的保险标的包括(　　　)。

A.生长中的水稻　　　　　　　　　　B.奶牛

C.农民的身体和生命　　　　　　　　D.农民的房屋

E.运输中的农产品

2.下列关于农业保险和农村保险关系的描述,正确的有(　　　)。

A.农业保险是农村保险中一种独立的保险类别

B.农业保险的范围大于农村保险

C.农村保险按保险标的的不同,可以是人身保险,也可以是财产保险;但农业保险都是
财产保险

D.农业保险和农村保险都包含了种植业保险和养殖业保险

E.农业保险和农村保险的保险范围、保险责任、责任免除、保险金额、保险费率以及保
险理赔方式都大致相同

三、简答题

1.农业保险的概念是什么? 如何区分农业保险和农村保险?

2.农业保险的特点是什么？

3.农业保险有哪些分类方法？

4.简述种植业保险的分类。

5.简述养殖业保险的种类。

6.为什么农业保险一般都会遵循不足额保险的原则？

7.简述农业保险保险金额的确定方法。

四、论述题

1.为什么农业保险的发展一般需要政府支持？

2.如何区分政策性农业保险和商业性农业保险？

第七章 人寿保险

学习要点

- 人寿保险的特征。
- 死亡保险、生存保险、两全保险的基本内容。
- 人寿保险的常用条款。
- 投资连结保险的特点。
- 分红保险收益的主要来源。

第一节 人寿保险概述

一、人寿保险的含义

人寿保险是以被保险人的生命为保险标的,以被保险人的死亡或生存作为给付保险金条件的人身保险业务。人寿保险是人身保险的主要组成部分,其基本内容是:投保人向保险人缴纳一定数量的保险费,当被保险人在保险期限内死亡或生存到保险合同约定的年龄、期限时,保险人按照合同约定向被保险人或其受益人给付死亡保险金或期满生存保险金。人寿保险是人身保险中最基本、最主要的种类。无论在我国还是在国外,人寿保险的业务量均占人身保险的绝大部分。

二、人寿保险的特征

(一)人寿保险的不可估价性

人寿保险的保险标的是人的寿命,不具有商品的性质,不能用货币来衡量其含金量,即人寿保险标的是无价的。从另一个角度讲,人的寿命所反映的两个层面,死亡或生存,都是无法与货币进行等价交换。

(二)人寿保险金的定额给付性

人寿保险的保险标的是被保险人的寿命,但所保险的对象并非是寿命,而是与寿命相关的经济利益,它具体体现在被保险人死亡丧葬费、其亲人的赡养费、抚育费等;被保险人生存期间的吃、穿、住、行等生活保障费用,这些费用事先均无法由货币进行准确的量化。人寿保险的保险金额只能由保险人与投保人在投保时协商约定。约定该保险金额的依据,一方面是被保险人对人寿保险需要的程度,另一方面是投保人缴纳保险费的能力。因此,当保险风险发生时,保险人对其损失的处理,并不意味着对其进行经济补偿,而只能按照合同约定的保险金额进行定额给付。正是基于这方面的原因,人寿保险不适用于补偿原则及其由其派生出来的比例分摊原则和代位求偿原则。

(三)生命风险的特殊性

人寿保险的保险风险具有双重性,即风险的稳定性和风险的变动性。

1.风险的稳定性

人寿保险承保的风险是人的死亡或生存。人寿保险保费收缴的主要依据是被保险人在一定时期内死亡或生存的概率。在实际操作中,保险人依据生命表提供的死亡率或生存率作为计算保险费的重要依据。保险人使用的生命表,是根据专业统计部门运用科学的统计手段和完整、有效的生命资料编制的,其结果可以有效排除各种偶然因素,揭示生命运动的规律,符合大数法则的要求,呈现相当大的稳定性。

2.风险的变动性

在财产保险中,每一保险标的因自然灾害或意外事故遭受损失的概率,在不同时期虽然可能不完全相同,但也不存在逐年增大或减少的规律性。而在人寿保险中,每个人一生中,在不同年龄阶段死亡概率或生存概率是不同的。统计资料表明,死亡的概率是随着年龄的增长而逐年增大,这种规律非常明显。

(四)保险期限的长期性

人寿保险相对于其他种类的保险而言,保险期限较长,五年期以下的人寿保险都很少见,一般都长达十几年,几十年甚至一个人的一生。人寿保险,通过采用均衡保险费,可以避免随着被保险人的年龄增长、风险增大保险费率增高而无力承受高额保险费的压力。这也正是人寿保险期限较长的根源所在。但保险期限的长期性也使得人寿保险的经营受到利率变动、通货膨胀、对未来预测偏差等外界因素的影响。

(五)寿险保单的储蓄性

储蓄的主要特征是返还性和收益性。人寿保险的返还性在于,投保人缴纳保险费以后,保险人几乎必然要给付保险金。人寿保险中,除定期死亡保险和生存保险外,保险人有不给付保险金的可能性,而对终身死亡保险来说,必然存在保险金的给付行为,只是在给付的时间和金额方面存在不同而已。保险人通过开办人寿保险,将建立规模较大、期限较长和较稳定的人寿保险基金,通过对这笔资金的有效运用,可使其不断增值,并使保险人的保障能力不断增强,同时,被保险人或其受益人也会从这部分收益中获得益处。

> **讨论一下:**
> 人寿保险与储蓄有何相同与不同之处?
>

(六)人身保险事件未必是风险事故

在传统保险业务中,保险服务的项目主要是针对纯粹风险提供的风险保障服务,也正是以此为基础提出了"无风险则无保险"的基本观点,并在风险构成要素中强调风险事故和风险损失均为是风险的要素之一。但我们不能忽略保险的金融属性,或者说,在现代保

中,人们可以从保险公司那里获得包括风险保障服务在内的多功能的保险服务。其中,比较重要的一项就是理财服务,而且理财服务在寿险中的表现较为突出。因此,寿险保单持有人可以依据事先约定给付保险金的保险事件或保险事故请求给付保险金。这里的保险事件可以是有关理财方面的相关事宜,或者是达到领取养老金的时间点,或升学、金婚纪念日、银婚纪念日、祝寿日等人寿保险金给付日所对应的保险事件。显然,若将上述保险事件视为人寿保险事故是不合情理的。

第二节　人寿保险的分类

一、死亡保险、生存保险、两全保险

依据保险责任的不同,人寿保险可以分为死亡保险、生存保险和两全保险三种。

(一)死亡保险

死亡保险是指以被保险人的死亡为保险事故,在事故发生时,由保险人给付一定保险金额的人寿保险。死亡保险是人寿保险中最基本的一类保险,其目的是避免由于被保险人死亡而使其家属或依赖其收入生活的人陷于困境。

依据保险期限的不同,死亡保险又可分为定期死亡保险和终身死亡保险。

1.定期死亡保险

定期死亡保险,习惯上被称为定期寿险,是指在保险合同约定的期间内,被保险人如发生死亡事故,保险人依照保险合同的规定给付保险金。如果被保险人在保险期限届满时仍然生存,保险合同即行终止,保险人无给付义务,也不退还已交的保险费。定期死亡保险的保限期间可长可短,长者可几年或几十年,短者几个月甚至几天。

2.终身死亡保险

终身死亡保险,简称为终身寿险,是一种不定期的死亡保险。即终身死亡保险的保险期间自保险合同生效时起至被保险人死亡时止。由于被保险人何时死亡是不确定的,而该险种不论被保险人何时死亡,保险人均依照保险合同的规定给付死亡保险金。

终身死亡保险按照缴费方式又可分为普通终身寿险、限期缴费终身寿险和趸缴终身寿险。

(1)普通终身寿险。普通终身寿险也称终身缴费终身寿险。投保人按照合同规定,定期缴纳保险费(通常按年缴纳,也可按每半年或每季、每月缴纳),直至被保险人身故。普通终身寿险,每年的保费相对较低,保单现金价值几乎按固定比例增长,直至在被保险人达到最高年龄时,现金价值达到保险金额。

(2)限期缴费终身寿险。限期缴费终身寿险是指投保人按照保险合同约定的缴费期间缴纳保险费的一种终身死亡保险。一般有两种情形:一是限定缴费时间段,如10年、15年或20年的缴费年限,由投保人自行选择;二是缴费期限到被保险人的一定年龄为止,如年满60岁或65岁时止。在同样保险金额下,缴费期越长,投保人每次缴纳的保险费越少,反之

亦然。在终身死亡保险中,选择限期缴费终身寿险的人居多。

(3)趸缴终身寿险。趸缴终身寿险是指投保人在投保时一次性交清全部保费。趸缴终身寿险可以避免采用分期缴费因停交保费而致保单失效的情况发生。但由于保费需一次交清,因此,一次性支付的金额相对较大,有可能会影响到投保人常态化的生活,同时,也可能面临未来通货膨胀、利率及保险市场变化等方面的风险。

(二)生存保险

生存保险是指被保险人如果在保险期间届满时仍然生存,保险人依照保险合同的约定给付保险金的一种人寿保险。生存保险是以被保险人在合同约定期间届满时的生存为给付条件,如果被保险人在保险期内死亡,保险人不承担保险责任,并且不退回投保人所缴纳的保险费。保险人依照保险合同规定给付生存者的保险金中,不仅包括其投保人所交的保险费及保费所产生的利息,而且包括保险期内死者所缴纳的保险费及其所产生的利息。

生存保险依据给付方式不同,又可以将其分为一次性给付生存保险和年金保险。

1.一次性给付生存保险

所谓一次性给付生存保险,就是指被保险人生存到约定的年限后,保险人一次性给付满期生存保险金,保险合同即告终止的生存保险。目前通常的做法是将它与其他保险责任相结合。例如,它与定期死亡保险相结合组成一种保险,被保险人生存到保险满期或在保险期限内死亡都可以按保险合同得到相应的保险金。

2.年金保险

年金保险是指被保险人生存到一定的年限后,保险人按合同约定,定期向被保险人或其受益人给付生存保险金,直到被保险人死亡或约定的期限结束才停止给付的人寿保险。定期给付的保险金通常称为年金,故称之为年金保险。

年金保险按照年金是否固定和年金给付期间的确定等标准,可以细分为许多种类,并且该险种适应性较广,社会影响力较大,所以,往往把年金保险视为人寿保险中的一个重要分支。

专栏 7-1

企业年金和商业年金寿险产品的区别[①]

企业年金和商业保险是既有联系又相互区别。企业年金与商业保险的寿险产品有某些相似之处,但绝不是商业年金寿险产品。其区别主要表现在以下几个方面:

1.二者所属的范畴不同

商业年金寿险产品是商业寿险公司以营利为目的而卖出的产品,属于消费商品范畴。而根据劳动和社会保障部公布的《企业年金试行办法》第2条对企业年金的定义:"企业年金,是指企业及其职工在依法参加基本养老保险的基础上,自愿建立的补充养老保险制度。"它与基本养老保险和个人储蓄共同构成我国社会养老保险制度三大支柱。从定义上来看,企业年金是一项制度,一项旨在保证职工自退休之后依然能获得一部分养老金的制度,其发起和建立都不以营利为目的,是属于企业的保障计划和企

---

① 何磊.析企业年金与年金寿险产品的区别[J].保险研究,2006(4).

业的福利制度范畴。这也是企业年金和商业年金寿险产品的本质区别。

2.二者所享受的税惠政策不同

为了鼓励企业年金的发展,使其能真正起到我国养老保障体系的第二支柱的作用,国务院于2000年发布了《关于印发完善城镇社会养老保障体系试点方案的通知》(以下简称《通知》),该《通知》中明确规定:"有条件的企业可为职工建立企业年金,并实行市场化运营和管理。企业年金实行基金完全积累,采用个人账户方式进行管理,费用由企业和职工个人缴纳,企业缴费在工资总额4%以内的部分,可从成本中列支。"即企业所缴纳的年金可以部分免税。而对于商业保险,财政部财企2003—61号文件曾明确规定:"职工向商业保险公司购买财产保险、人身保险等商业保险,属于个人投资行为,其所需资金一律由职工个人负担,不得由企业报销。"即购买商业年金寿险产品则一般没有税收上的优惠。

3.参加企业年金当事人之间的关系和商业年金寿险产品的当事人之间的关系不同,所依据的法律也不同

企业年金管理所涉及的当事人多,关系较为复杂,而商业年金寿险产品所涉及的关系人少,关系相对比较简单。就企业年金而言,根据《企业年金试行办法》的规定,参加企业年金的职工为企业年金基金的受益人。同时,"建立企业年金的企业,应当确定企业年金受托人,受托管理企业年金";"受托人可以委托具有资格的企业年金账户管理机构作为账户管理人,负责管理企业年金账户;可以委托具有资格的投资运营机构作为投资管理人,负责企业年金基金的投资运营。受托人应当选择具有资格的商业银行或专业托管机构作为托管人,负责托管企业年金基金";"企业年金基金必须与受托人、账户管理人、投资管理人和托管人的自有资产或其他资产分开管理,不得挪作其他用途"。可见,企业年金的参与者包括职工、企业、托管人、受托人、投资管理人、账户管理人等多个当事人。其中,企业及企业职工和企业年金基金受托人(以下简称受托人)之间是信托关系,受《信托法》的约束。受托人和账户管理人、投资管理人以及托管人之间是委托代理关系,受《合同法》的约束,同时,其运营管理同时受银监会、证监会等多方机构的监管,监管比较严厉。而商业年金寿险产品的当事人是保险人、被保险人和投保人,保险人和投保人之间是保险合同关系,受《保险法》的约束,其运营管理主要受保监会的监督和管理。

4.账户管理不同

我国企业年金制度规定企业年金采取个人账户管理方式,企业年金基金实现的基金积累完全归入个人账户,个人账户归个人所有,不得调剂。年金待遇的高低完全由历年缴费的高低和个人账户基金投资收益的高低决定。当职工工作变动时,个人账户可以随同转移。职工或者退休人员死亡后,其企业年金个人账户余额由其指定的受益人或法定继承人一次性领取。而商业年金寿险产品是以大数法则为经营基础,是集合众多单位和个人的经济互助关系,以足够数量的单位和个人缴纳的保险费来分摊少数单位和个人的经济损失,具有账户的调剂性。且账户一般不具有转移性,当职工变动工作离职时,一般视为自动退保。此外,商业年金寿险产品根据所订立的合同不同,在最后领取的金额、领取年限以及账户余额的处理上具有较大的灵活性。一般有个收益率承诺,以待遇确定型为主。

5. 承担的投资风险不同

根据《企业年金基金管理试行办法》，按照基金方式管理的企业年金，基金的受益人有权参与基金的投资决策，其投资收益应当归入基金财产，属于基金受益人。但同时，投资风险也由基金的受益人承担。而购买商业年金寿险产品，寿险公司全权对保险资金的投资进行决策，购买者无权参与资金的投资决策。同样，保险资金的投资运用所获得的收益都归寿险公司所有，寿险公司一并承担相应的投资风险。

6. 能否提前支取的规定不同

根据《企业年金试行办法》规定，除出境定居或死亡外，职工的个人账户资金在本人尚未达到国家规定的退休年龄时，不得提前支取。若职工离开本企业，不能转入新企业年金计划的，其原账户管理人须将其转入保留账户并进行单独管理，职工个人不得提前支取。而购买商业年金寿险产品的职工可以与寿险公司协调随时提前退保，并在退保后取得个人账户余额。

(三)两全保险

两全保险，又称生死合险，是指被保险人在保险合同约定的保险期间内死亡，或在保险期间届满仍生存时，保险人按照保险合同均承担给付保险金责任的人寿保险。它是由定期死亡保险和定期生存保险相结合的一种人寿保险。两全保险的死亡保险金和生存保险金可以不同，前者的给付金额甚至多倍于后者的给付金额。另外，当被保险人在保险期间内死亡时，保险人按合同规定将死亡保险金给付给受益人，保险合同终止；若被保险人生存到保险期间届满，保险人将生存保险金给付给被保险人。

两全保险种类繁多，概括起来，主要有以下四种类型：

1. 普通两全保险

普通两全保险，是指未附有任何附加条件的或特别约定内容的两全保险。即无论被保险人在保险有效期死亡或生存到保险期满，保险人都将按合同约定给付保险金。由此可见，普通两全保险正是通常意义的两全保险。

2. 双倍两全保险

双倍两全保险是指被保险人如果在保险期间届满时生存，保险人给付一倍的保险金，若被保险人在保险有效期内死亡，保险人给付两倍的保险金。

3. 养老附加定期保险

养老附加定期保险是指被保险人如果在保险期间届满时生存，保险人给付一倍保险金额的保险金；如果被保险人在保险期间内死亡，保险人按照生存保险金的若干倍给付保险金。显然，双倍两全保险是养老附加定期保险的一种特殊情况。有些书籍中，将两全保险译为养老保险。那么，所谓养老附加定期保险，可理解为在两全保险的基础上再附加定期死亡保险而形成的一种新的险种。

4. 联合两全保险

联合两全保险是指由两人或两人以上联合投保的两全保险。在保险期内，联合被保险人中的任何一人死亡时，保险人给付全部保险金，保单即终止；如果在保险期限内，联合被保险人中无一人死亡，保险期限届满时保险人也给付保险金，保险金由全体被保险人共同受领。

显而易见,无论是双倍两全保险、养老附加定期保险,还是联合两全保险,均是在普通两全保险的基础上附加一些特殊的条件或约定一些特定的内容所形成的。保险人可以根据保险市场的需求和本身的承保能力来调整相应的条件或内容,形成各种各样的两全保险。

两全保险由于其保险责任较大,适应性广,因而成为人寿保险中业务量最大的险种。

二、普通人寿保险和特种人寿保险

依据保险性质不同,人寿保险可分为普通人寿保险和特种人寿保险。

(一)普通人寿保险

普通人寿保险是保险人为适应社会任何阶层或任何个人开办的一类人寿保险。它包括定期保险、终身寿险、两全保险和它们之间相互组合的一般形式。一般地,若普通人寿保险约定的死亡保险金额较高,保险人在承保时,需要对被保险人进行较严格的体检。

(二)特种人寿保险

特种人寿保险是指保险人依据其事业的拓展,保险技术的进步,适应社会特定阶层或特定群体开办的,具有一定特殊性质的一类人寿保险。其主要类型除年金保险外,还包括简易人寿保险、团体人寿保险、次标准体保险和全能人寿保险等类型。

1.简易人寿保险

简易人寿保险,是一种保险金额低,不要求被保险人进行体检的两全保险。该险种通常由保险代理人每周或每月上门收取保险费。为了使低收入阶层也能获得人寿保险保障,美国谨慎保险公司在19世纪中叶首先推出了简易人寿保险。目前,我国各家人寿保险公司普遍开设这种业务。

2.团体人寿保险

团体人寿保险,是保险人以特定企业或团体中多数人为被保险人的一类人寿保险。所谓团体,并非为达到参加保险的目的而组成的,而是在投保前就已现实存在的组织。参加团体保险的被保险人,对保险金额不能任意选择,须依预定计划办理,或者所有成员的保险金额相同,或者按照薪金收入、工作职位或服务年限划分不同等级。在同一等级的被保险人,保险金额必须一致。当被保险人所属等级变动时,保险金额可随之调整。

团体人寿保险的保险费通常由被保险人与雇主按一定比例分担,也有全部由雇主负担的。该险种的保险费率相对较低,其主要原因是无须对被保险人进行体检,也就省了体检和其相关费用,并且保险人对该业务的招揽费用也相对较低。由于团体本身具有新陈代谢的功能,因此,同一团体在每年保单更新续保时,原则上保险费率并不增加。

3.次标准体保险

次标准体保险又称弱体保险,是指被保险人因体能条件、家族病史、生活习惯或职业性质等各方面的风险因素,必须按低于正常标准予以承保的保险。该险种无论在技术与经营方面,均不能依照普通人寿保险处理。其保险费率的计算,要充分考虑到各种不利因素和保险人搜集有关的统计资料,以确认与之相适宜的保险费率标准。

4.全能人寿保险

全能人寿保险又称万能人寿保险,它是代替终身人寿保险的一种新型保险。该险种的核心内容是将终身保险的经济保障与一定的储蓄计划相合并。全能人寿保险的保单持有人可随时变动死亡给付金额及保险费缴付次数与金额,以适应投保方的保险需求。

三、分红保险与不分红保险

依照是否对保险单分配红利,人寿保险可以分为分红保险和不分红保险。

(一)分红保险

分红保险是指在人寿保险合同中事先明确保险人在经营中出现盈利时,被保险人享有红利的分配权。

一般说来,分红保险的红利来源主要包括三个差益,即死差益、利差益和费差益。死差益是指因人寿保险实际死亡率低于预定死亡率,保险营业年度内收入的保费总额大于当年实际给付的保险金额的结余部分;利差益是指因保险基金的投资收益率大于预定收益率所形成的额外收益;费差益是指因附加保费超过实际经营管理费用与异常风险损失保险金给付金额之和所形成的结余部分。

> 想一想：
> 人寿保险的分红功能真的那么重要吗？为什么？

(二)不分红保险

不分红保险是与分红保险正好相反,即不参与保险经营收益的红利分配的一类人寿保险。不分红保险的预定利率一般要略高于分红保险。或者说,同样的保险保障,不分红保险的保险费要低于分红保险的保险费。

第三节　人寿保险的常用条款

人寿保险是人身保险的一种,人寿保险的发展已有几百年历史。在漫长的发展过程中,为了保障投保人与保险人的利益,逐步产生出许多业内共同认可的常用条款。本节将对寿险常用条款做简要介绍。

一、不可争条款

不可争条款又称不可抗辩条款,是指自人寿保险合同订立时起,超过法定时限后,保险人将不得以投保人在投保时违反如实告知义务,误告、漏告、隐瞒某些事实为理由,而主张合同无效或拒绝给付保险金。

如投保人申报被保险人年龄不真实,并且真实年龄不符合合同约定的年龄限制的,保险人可以解除合同,并在扣除手续费后,向投保人退还保险费,但在合同成立之日起逾2年的除外。由此看出,有关被保险人的年龄问题,在允许保险人对投保人是否履行如实告知义务提出异议并解除合同的同时,对保险人的这一权利的行使做了时间上的限制,期限为2年。就是自签订合同开始2年以内,保险人有权主张合同解除并在扣除手续费后,向投保人退还保险费,这称为可抗辩期;超过2年以后,保险人则失去这一权利,被称为不可抗辩。国际上对被保险人的健康方面也适用这一规定,而我国这一条只适用于年龄方面。

二、年龄误告条款

年龄误告条款又称误报年龄条款,是指由于投保人在投保时误告了被保险人年龄,造成年龄不真实的情况。年龄误告条款主要是针对投保人申报的被保险人年龄不真实,而真实年龄又符合合同约定限制的情况下而设立的。

在投保人投保时,可能会产生投保人无意或有意报错被保险人年龄的情况,而在人寿保险中,被保险人的年龄直接影响到保费的多少、保险合同承保及履行。为了保护保险公司及广大被保险人的利益,于是产生了年龄误告条款。

年龄误告的保险费或保险金的调整有以下两种情况:一是合同约定的保险事件尚未发生或期限尚未到达时发现投保人申报被保险人年龄不真实。这时,保险人应及时进行调整,发现投保人支付保险费少于应付保险费的,尽早通知投保人补交过去少交的保险费或按原交纳的保险费数额,调整保险金给付额;发现投保人支付保险费多于应交保险费的,应予以及时清算,退还投保人或根据投保人的意见,按原交纳的保险费数额,调整保险金给付额。二是合同约定的保险事件发生或期限到达时,发现投保人申报被保险人年龄不真实。在这种情况下,如果投保人支付的保险费少于应付的保险费的,保险人在投保人自愿的情况下,可以要求投保人补交保险费,在补交保险费后,保险人可按合同的约定给付保险金;如果投保人不愿补交保险费,保险人可以在给付保险金时按照实付保险费与应付保险费比例支付;如果投保人实付的保险费多于应付的保险费,保险人应该将多收的保险费退还投保人;如果由于投保人申报被保险人年龄不真实,导致保险人多支付保险金,被保险人或受益人或领取保险金的人应将多领的保险金退还保险人。

三、自杀条款

在人寿保险合同中,一般都将自杀作为责任免除条款来规定,主要是为了避免蓄意自杀者通过保险方式谋取保险金,防止道德危险的发生,但自杀毕竟是死亡的一种,有时被保险人遇意外事件的打击或心态失常亦会做出结束自己生命的行为,并非是在有意图谋保险金。为了更好地保障投保人、被保险人、受益人的合法权益,保险人也出于维护自己的利益,在很多人寿保险合同中,都将自杀列入保险责任条款,但规定在保险合同生效较长的期限后被保险人自杀行为,保险人才承担给付保险金责任,通常是2年,以防止被保险人预谋保险金而签订保险合同。自杀条款是保险合同中关于对自杀死亡是否承担保险责任的规定。被保险人在合同生效或复效2年内自杀身亡,保险人不负保险责任,按退保处理;但在2年后自杀身亡,保险人按合同给付死亡保险金。

根据有关调查和科学分析,一个人不大可能在2年以前就开始预谋自杀计划,或某一自杀意图能够持续2年。因为即使在投保时有自杀意图,也极有可能随着时光的推移而改变初衷。因此,这样规定既可避免道德危险的产生,也可最大限度地保障被保险人、受益人的利益。

四、宽限期条款

宽限期条款的主要内容是:在人寿保险合同中,如果保险合同约定分期支付保险费,当投保人支付首期保险费后未按时缴纳第二期及以后各期保险费时,在合同约定期限内,即使未交纳保险费,保险合同依然有效。

宽限期条款一方面保证了投保人、被保险人的利益,延长了保险合同的效力。另一方面延长了保险缴费日期,避免合同失效,有利于投保人缴纳保费,也保证了保险公司的利益。我国寿险合同条款一般采用60天宽限期,自投保人应缴保险费之日起计算,宽限期满后次日起为复效期。

五、复效条款

保险合同效力中止是指保险合同在有效期内,由于缺乏某些必要条件而使合同暂时失去效力,称为合同中止;一旦在法定或约定的时间内所需条件得到满足,合同可以恢复原来的效力,称为合同复效。

复效条款指当保险合同失效后,投保人可在失效2年内提出复效申请并经保险人同意后,缴纳所欠保费及利息,保险合同效力即行恢复的规定。经保险人与投保人协商并达成协议,在投保人补交保险费后,合同效力恢复。但是,自合同效力中止之日起2年内双方未达成协议的,保险人有权解除合同。如果投保人已交足2年以上保险费,保险人应按照合同约定退还保险单的现金价值;投保人未交足2年保险费的,保险人应当在扣除手续费后,退还保险费。

寿险合同是长期性合同,投保人可能由于经济上的原因或疏忽,未能按合同约定时间缴纳保费,以致保单失效,但投保人还有继续投保的意愿,在此情况下,复效条款不但保证了投保人意愿的实现,也使保险公司的利益得到了保证。

案例 7-1

体检不合格合同复效请求被拒绝

【案情简介】

汪女士因工作忙碌一时疏忽已有两个月没有把月缴的保费存到指定账户,因此收到保险公司寄来的"保险公司效力中止单",汪女士马上联系该保险代理人林某,并和林某一起到保险公司办理"保单复效"手续。但保险公司以她身体状况不符合保险合同复效规定为由,拒绝她的复效申请。

【处理结果】

汪女士体检结果不符合保险合同复效规定,复效申请被拒绝。

【分析意见】

汪女士没有按照合同规定按期缴费,并超过了宽限期。根据保险法规定,保单已经失效,保险合同效力中止。虽然,中止保单一般有两年内可以申请复效的规定。但通常来说,保险公司对办理保单复效设定一些条件。如果要求复效保单的被保险人健康情况没有达到相应的复效条件,保险公司有权拒绝投保人的复效请求。客观地讲,保险进入复效的核保过程与办理一份新保险的核保要求基本雷同。所以按期缴纳保费很重要,尽可能地避免持有多年的寿险保单失效。

案例 7-2

保险合同的复效是原合同效力的继续

【案情简介】

2009 年 11 月 2 日,王某之父 A 在 B 公司购买终身保险一份,并签订了保险合同。合同签订后,A 向 B 公司缴纳保险费 4 次,其间,A 一次逾期缴纳保险费,申请 A 公司复效,复效时间为 2013 年 5 月 7 日。复效时,B 公司未提出异议。2015 年 9 月 15 日,A 因患胃癌医治无效死亡。事后,保险受益人王某多次要求 B 公司理赔,B 公司以 A 在合同复效时隐瞒病史为由拒绝赔付。王某提起诉讼,请求 B 公司根据保险合同赔偿身故保险金。

【处理结果】

法院判决 B 保险公司根据保险合同赔偿身故保险金。

【分析意见】

B 保险公司辩称 A 在 2013 年 5 月 7 日复效时,故意隐瞒病史,合同效力终止,B 公司有权行使解除合同的权利。而王某认为,《保险法》明确规定,合同解除权自保险人知道有解除事由之日起超过 30 日不行使而消失,自合同成立之日起超过两年的,保险人不能解除合同。从 2013 年 5 月 7 日,A 最后一次复效到其死亡已超过两年,B 公司在此期间未提出解除合同,不再享有解除合同的权利。

实际上,根据《保险法》第 16 条"订立保险合同,保险人就保险标的或者被保险人的有关情况提出询问的,投保人应当如实告知。投保人故意或者因重大过失未履行前款规定的如实告知义务,足以影响保险人决定是否同意承保或者提高保险费率的,保险人有权解除合同"的规定,投保人必须履行告知义务的时间是订立保险合同时,即本案的 2009 年 11 月 2 日。保险合同的复效,本质上属于原合同效力的继续,并未形成新的保单,不是订立新合同,人身保险投保人不必随时履行告知义务;同时,从订立保险合同的目的看,投保人的目的在于对投保以后所发生的意外由保险人予以赔偿,投保以后发生的意外是保险人的赔偿事由。鉴于国内保险采用询问告知方式,在投保人申请合同复效过程中,保险公司未询问的事项并非是投保人必须告知的内容。A 在保险合同成立生效时并未患病,但在保险合同期间患有胃癌,病故属 A 投保后发生的意外,为 B 公司的赔偿事由;且合同的期限为终身,在 A 已缴纳了长期保险费的情况下,要求投保方随时履行如实告知义务,有失公平。A 按约缴纳了保险费,履行了投保人的义务,B 公司收取了保险费,A 于保险合同生效 5 年后因患胃癌病故,B 公司应按约承担赔偿保险金、返还保险费的民事责任。

六、保单贷款条款

长期性人身保险合同,在积累一定的保险费产生现金价值后,投保人可以在保险单的现金价值金额内,以具有现金价值的保险单作为质押,向其投保的保险人或第三者申请贷款。习惯上称为保单贷款或保单质押贷款。

在实务中,保单贷款条款只适用于人寿保险中的两全保险和终身保险,定期死亡保险不适用此条款。保单贷款条款指人寿保险合同生效满二年后,投保人可以以保单为抵押向保险人申请贷款。贷款金额一般以退保金额为限,投保人应按期偿还贷款和利息,若到期不能偿还,当贷款本息累计达到退保金额时,保险合同终止。若在贷款期内发生保险事故,保险人将从保险金中扣除贷款本息。

保单贷款条款充分体现了人寿保险的储蓄性,它使投保人可以最大限度地利用所缴的保险费,从而保证了投保人的利益,也强化了保险的融资功能。

七、自动垫缴保费条款

投保人在缴纳保费时,由于经济原因或其他因素不能按期支付保费,但又想保证保险合同效力,保险人也想尽量增加保单持续率,在这种情况下,自动垫缴保费条款产生了。自动垫缴保费条款必须是在投保人与保险人事先约定并在保单上注明的前提下方可有效,否则将不发生作用。

自动垫缴保费条款是指在人寿保险合同生效两年后,如果投保人没有按期支付保险费,保险人则自动用保单积累的责任准备金垫缴保费,以维持合同的效力。投保人若再缴纳保费,应补交此项费用及利息。当垫缴保费及利息数额达到责任准备金数额时,保险合同终止,此时退保金所剩无几。垫缴期间如发生保险事故,保险人将从给付的保险金中扣除已垫缴的保险费和利息。

自动垫缴保费条款一方面满足了投保人保证保单效力的愿望,另一方面也提高了保险公司的保单持续率,对稳定保险公司的长期发展起了重要作用。但由于自动垫缴保险费后,保单现金价值会逐年减少,采用这一做法应向客户做详尽的说明,以免事后发生争议。

八、不丧失价值任选条款

人寿保险合同生效且投保人缴纳二年保险费后,保单积存的责任准备金,不会因为保险效力的变化而丧失现金价值,称为不丧失价值。此现金价值有三种使用方法:一是投保人提出退保时,这部分现金价值可以作为退保金返还给保单持有人;二是投保人也可以将此现金价值作为趸缴保费,购买"减额交清保险",其保险责任、期限不变,但本保险的保险金额降低。三是还可以将此现金价值作为趸缴保费,购买保险金额不变,但保险期限短于或相同于原保险责任期的死亡保险,即"展期定期保险"。如有剩余,可作为满期生存保险的趸缴保费或以现金返还投保人。

> **思考:**
>
> 在学习和了解了人寿保险的常用条款后,你发现许多人在购买保险之后是否了解了这些重要的条款呢?原因是什么?

不丧失价值任选条款是在投保人变更缴费方式、保险金额、保险期限、保险责任等要求日益增多的情况下出现的。它的出现,一方面使投保人在保险选择上有了更大的余地;另一方面,也在很大程度上保护了投保人的利益。

第四节　人寿保险的主要险种

由于不同的寿险品种能满足人们对寿险保障不同层次的需求,所以各国保险市场中寿险商品均形形色色、种类繁多,尤其是在较发达的保险市场中,寿险经营者不断推出适应寿险市场需求变化的新型寿险品种,促使其寿险的业务收入已远远超过了财产保险。

一、传统的人寿保险

(一)年金保险

年金保险是指被保险人生存期间,保险人按照合同约定的金额、方式、期限,有规则并且定期向被保险人给付保险金的生存保险。

1. 年金保险的特征

(1)年金保险属于生存保险的一种特殊形态,是生存保险的变形。年金保险同一般意义的生存保险相比较,其特殊之处在于采取了年金的形式给付保险金。虽然年金保险因其在保险的给付上采用每年定期支付的形式而得名,然而,支付周期不一定以年为单位,也可以是季、月等。

(2)保险单具有现金价值。随着年金保险保单持有年度增加,其现金价值也随之提高。与普通生存保险所不同的,如果被保险人在缴费期内身故,保险人通常将保单项下的保费累积额支付给受益人。甚至有的年金保险,在合同约定期间无论被保险人是否生存,都将支付年金。

(3)年金保险包括缴费期和给付期。年金保险在缴费期,一般都不给付保险金,只有缴费期结束之后,保险人才依据合同约定时间支付年金。年金的缴费方式有多种形式,既可趸缴,即一次性缴纳,也可分期缴纳。但无论何种缴纳方式,都必须在缴清保险费后,才能进入年金的领取期。

另外,参加年金保险的被保险人,通常是身体健康、预期寿命长的人。因此,无论团体投保,还是个人投保,一般不需要进行体检。在我国,凡年龄在 65 周岁以下的居民,均可作为年金保险的被保险人。

2. 几种常见的年金保险

目前较为常见的年金保险,主要有限期缴费终身年金保险、最低保证年金保险和变额年金保险。

(1)限期缴费终身年金保险。限期缴费终身年金保险是指投保人在限期内缴纳保险费,被保险人生存至一定时期后,按照保险合同约定,按期领取年金,直到身故为止。退休养老金保险基本都属于限期缴费终身年金保险。该险种大多是为解决劳动者在年老或丧失劳动能力之后获得经济生活保障而开办的。

(2)最低保证年金保险。最低保证年金保险是为适应某些年金购买者担心过早死亡而损失本金的心理所推出的一种年金保险。最低保证年金分为两种:一种是确定给付年金,即规定一个最低保证给付年数,在规定期间内,无论被保险人生存与否,均可得到年金给付。换言之,若被保险人领取年金的年数未满规定的年数而不幸身故,剩余期间的年金可由其受益人继续领取;若被保险人在领取固定年金后仍生存,可继续领取年金直至身故。另一种为退还年金,即当年金受领人死亡而其年金领取总额低于年金购买价格时,保险人以现金方式一次或分期退还差额。

(3)变额年金保险。变额年金保险是近年来产生的一种新型的年金保险,也是一种投资连结保险。传统年金保险的支付额一般是固定不变的。由于年金给付时间长,受通货膨胀的影响较大,为保证若干年后的年金实际购买力不低于投保时的购买力,人们在年老时获得较充分的经济保障,能够依靠保险人提供的年金安度晚年,故采取变额年金的办法。在变额年金保险中,保险人支付的年金数额与保险人的资金运用状况紧密联系,同时,它还需要较完善的金融市场和政府的相关政策支持作保障。

案例 7-3

保险金被人性化处分

【案情简介】

1958 年 3 月 8 日,28 岁的道格拉斯在某保险公司为其新婚妻子 23 岁的凯琳和自己分别投保两份变额年金保险,四份保险共趸缴保费 4788 美元。合同约定道格拉斯和凯琳分别在 55 岁和 50 岁时,即 1985 年 3 月 8 日,道格拉斯和凯琳双双进入保险金给付期,保险公司将每年向每份保单的持有人给付保险金 8000 美元,一直到被保险人死亡为止;当被保险人领取保险金后,每 10 周年在合同的约定年给付保险金的基础上增加 10%。四份合同的指定受益人均为凯琳。

一年后道格拉斯与凯琳因感情不和离婚。两年后,道格拉斯与玛丽结婚,不久玛丽为其生一女儿瑞莲。1984 年狂欢之夜,道格拉斯因车祸成了植物人,1988 年 4 月病逝。其女儿瑞莲在整理道格拉斯的遗物时,发现了这四份保险合同,并向保险公司要求给付保险金。保险公司以瑞莲并非该保险受益人为由拒绝给付。凯琳得知这事后,以这四份保险合同受益人的身份向保险公司提出给付保险金的请求。

【处理结果】

保险公司经过核查后,凯琳以合同受益人的身份请求保险金完全符合法律程序和法律规定。保险公司依合同的约定向凯琳给付 1985 年到 1988 年未申请领取的保险金 128000 美元,对利息部分的请求不予支持。被保险人道格拉斯的保险合同因给付完毕而终止;被保险人凯琳的保险合同仍然有效,并按合同的约定继续向凯琳给付未来年金,直到其身故为止。

凯琳将保险公司给付的 128000 美元一分为二,即从中拿出 64000 美元交付给瑞莲。

【分析意见】

从本案情况看,有四点值得注意:一是瑞莲的保险金请求权的问题;二是保险金请求权的时效问题;三是未按期从保险公司提取年金,保险公司是否应支付利息问题;四是凯琳向瑞莲交付保险金的行为是否属法律行为问题。

根据本保险合同签订时的情况看,投保人道格拉斯对凯琳具有保险利益,为其投保符合保险法律规范,同时指定凯琳为所签订合同的受益人也无可非议。虽然道格拉斯投保后与凯琳离婚,但这并不能影响所签订合同的效力。所以保险公司认定道格拉斯的女儿无权行使受益人的保险金请求权是正确的。保险金的请求权依法应由凯琳行使是合乎合同约定的。

一般来说,人寿保险保险金请求权的时效比较长,据保险惯例,人寿保险的被保险人或者受益人对保险人请求给付保险金的权利自其知道事故发生之日起可持续 5 年之久。鉴于本案情况,1988 年 4 月向保险公司要求给付 1985 年 3 月 8 日至 1988 年 3 月 8 日各年的年金请求权利处于有效期内,其请求权并未失效,在保险金请求时效内,保险公司责任准备金已经包含了本案所请求保险金,从理论上讲,这笔资金并未被运用或实现增值,因此,保险人对其请求保险金相应的利息不予支持是正确的。

凯琳将索求的 128000 美元与瑞莲平分并非保险法律行为,或者说这种平分行为不受保险法律法规约束,而是凯琳的一种自然行为。如果说凯琳坚持独自享受本保险所有保险金,虽说有不道德嫌疑,但并不违反保险合同约定,并且是受保险法律法规保护的。

(二)简易人寿保险

简易人寿保险是一种保险费用低廉,保险金额相对较低的两全保险。因其承保手续简单,因此称为简易人寿保险,习惯上又称简易险。简易人寿保险作为一种较低需求层次的寿险保障,具有以下几方面的特点:

(1)标准化、固定化。一般地,保险人对简易人寿保险的保险金额、保险费、保险期限及被保险人的年龄组予以标准化、规范化,且保单格式予以固定化。其意义在于便于投保与承保,确保该险种展业简捷易行。

(2)不必经过体检。凡加入简易人寿保险的被保险人,不必经过体格检查。但为防止发生逆选择,一般都采用所谓等待期间或减削期间的规定。即被保险人加入保险后,必须经过一定时间,保单始能生效。如在一定期间内死亡者,保险人不负给付责任,或适当减少其给付金额。

(3)经营成本较高。简易人寿保险的经营成本一般要比普通人寿保险稍高,其原因:一是由于未经过体格检查,其死亡率较高;二是因业务琐屑,如缴费次数频繁,须安排专人收取等,管理费用增加;三是因保险费负担甚轻。如我国简易人寿的保险,有的每份月缴保费仅 1 元。初期购买保险后,不愿继续参加,对投保方而言,损失甚微,故保单失效的比率较大,因而招揽费用及保单做成费用等支出,无法自后期所缴的保险费中获得弥补。

(4)保险费与保险金均较低。简易人寿保险,主要是满足低收入群体生死两全的保险需求,因此保险费的高低必须与该群体的需求能力相适应。故相对于其他寿险而言,简易人寿保险的保险费相对较低。

一份保费,一份责任。从保险的商品性而言,保费的高低与保险金额的高低,通常的情况下,应呈正相关。即保险费低、保险金额就低;保险费高,保险金额就高。既然简易寿险的保险费较低,其保险金额自然也就较低了。再者,因简易寿险的经营成本较高,如果其保险金额同其他寿险基本相近的话,那么保险人的经营就可能得不偿失了。

案例 7-4

简易保险也须诚信

【案情简介】

年轻女工林红,24 岁,1998 年 8 月投保 10 年期简易人寿保险 5 份,保险金额为 880 元,指定受益人为其新婚丈夫高亮,自 1999 年 5 月起她停止缴纳保险费。2001 年 3 月 5 日,经医院检查,确诊林红为再生障碍性贫血(白血病),2001 年 7 月林红向保险公司申请复效。在填写复效申请书时,林红在"被保险人健康状况"一栏填写"健康"。经补交失效期间的保险费和利息后,保险单恢复效力。2002 年 2 月,林红死亡,死因再生障碍性贫血。其后,林红的丈夫高亮到保险公司申请领取保险金。

【处理结果】

保险公司经过调查证实,林红在 2001 年 3 月就经医院确诊为白血病,且在复效时,林红向保险公司隐瞒了这一事实,保险公司以其为理由,拒绝给付保险金。

【分析意见】

据我国《保险法》的规定,投保人支付首期保险费后,除合同另有规定外,投保人超过规定的期限 60 日未支付当期保险费的,合同效力中止,对效力中止的保险合同,经保险人与投保人协商并达成协议,在投保人补交保险费后,合同效力恢复。自合同效力中止之日起二年内双方未达成协议的,保险人有权解除合同。

林红在 1998 年 8 月投保简易人寿保险时,虽然感觉身体虚弱,医院未检查出病因,况且,当时林红尚能正常工作和正常劳动,即符合投保条件,如果林红在保险期间内并没中断缴纳保费,保险公司对其死亡承担保险责任将不会产生争议。虽然,在合同效力中止 2 年内,投保人可以提出复效的要求,但是能否达到合同复效的目的,还需同保险人协商。简易人寿保险相对于其他险种而言,其投保手续和复效手续比较简便,无须保险人对被保人进行体检,但是,这并非意味订立其合同或复效其合同就不需遵守保险合同的基本原则了。所以,问题就是林红在办理合同复效手续过程中,明知本人已被确诊为白血病,却在"被保人健康状况"一栏填写"健康",显然是违反了最大诚信原则。所以保险公司拒绝承担死亡给付责任的理由是充分的。

案例 7-5

投保人的知情权

【案情简介】

1997 年 4 月,潘先生向某保险公司重庆万州区营业部购买了 50 份简易人寿保险,每月缴纳 50 元保险费,保险期限为 30 年,总保险金额 48500 元。投保近两年后,1999 年 3 月,潘先生偶尔从一位保险代理人那里看到了自己所投保的简易人寿保险的保险条款,根据条款规定,每一被保险人可以投保一份或者多份简易人寿保险,但是无论多少或者先后投保,总保险金额以 5000 元人民币为限。这一发现让潘先生大吃一惊,因为他投保简易人寿保险的总金额高达 48500 元,远远超过了 5000 元保险金额的限制。如果按照条款规定,多出的保险金额无效的话,自己对保险的指望岂不白费了? 潘先生急忙到保险公司询问,保险公司解释说,潘先生投保的简易人寿保险的条款是 1997 年 3 月修订,经上级公司指示,可以不受 5000 元保险金额的限制,保险合同仍然有效。潘先生要求保险公司提供有关文件规定或者对此做出书面承诺,但是保险公司迟迟未提供。为此,潘先生告到法院,要求保险公司公开道歉,提供所投保险种的保险条款,赔偿其误工费、咨询费和精神损失费 500 元。

【处理结果】

经法院审理后,一审判决:保险公司因误导原告签订保险合同,应登报公开道歉,并赔偿原告误工损失 24 元。

【分析意见】

该案起因是保险公司超额承保而投保人并不知情引发的知情权纠纷,所涉及的一个重要问题就是投保人的知情权问题。

《消费者权益保护法》规定,消费者购买商品或者接受服务时,享有知悉所购买的商品的性能、质量的权利。保险作为一种商品,投保人在购买保险时,有了解保险条款的内容,知悉影响其权利义务的有关规定的权利,保险人应向投保人说明保险合同的条款内容。但是,在目前保险实务中,普遍存在忽视投保人知情权的问题,比如保险公司对退保手续费不明码标价。发达国家的保险立法规定公示制度,要求与人寿保险有关的所有广告咨询、客户须知、保险情况声明等必须通知客户,并提请客户注意。这一规定可资借鉴。

二、新型的人寿保险

(一)投资连结保险

1. 投资连结保险的特点

投资连结保险是一种寿险与投资基金相结合的产品。它最早于 20 世纪 50 年代产生于欧洲,与传统寿险的根本区别是,该产品将投资选择权和投资风险同时转移给客户。推出该险种的主要动机,是适应金融市场未来的变化,满足客户预期的保险保障及其投资获益的需要和确保保险人的稳健经营目标的实现。随着金融市场的不断完善和发展,欧美国家开始大力推选投资连结保险,使之迅速成为欧美保险市场的主要产品。该产品也是当今我国保险市场中十分流行的一种新型险种。投资连结保险之所以在国内外保险市场中比较畅销,是因为它具有以下特点:

(1)功能的双重性。投资连结保险是一种具备保险保障功能与投资功能高度统一为特点的金融产品。投保人在购买保险保障的同时,可以获得其保险基金的投资选择权,享受期望的投资回报。

(2)"一费,二户"。所谓"一费",即指保险费,"二户"即指"普通账户"和"独立账户"。在投资连结保险中,客户缴纳的保费按照一定的规则分配,分别进入"普通账户"和"独立账户"。在普通账户内的资金按传统寿险运作,用于保证对客户的最低保险责任。独立账户下设有若干投资组合,每个投资组合都分若干等价值的基金单位,客户有权决定保费在投资组合之间的分配比例,并可中途转换。

(3)投资风险的转移性。该险种不仅将投资选择权交给了客户,同时也将投资风险转移给客户。这是因为进入独立账户的保费全部注入客户选定的投资组合,用于现金价值积累,其投资损益直接导致现金价值的增减,最终决定对客户的给付金额。

(4)产品的透明度高。投资连结保险的投保人在任何时候都可以通过电脑终端查询其保险单的保险成本、费用支出以及独立账户的资产价值,使客户明明白白地保险消费,确保了客户的利益。

(5)产品的随意性强。由于该产品弱化了精算技能的要求而更强调电脑系统的支持,因而该产品的投保人可以随意选择或中途变更其投资组合。另外,为向客户提供更大的方便,客户可以通过购买一张投资连结保险保单,获得其所需要的所有保障。

2.投资连结保险与分红保险的比较

投资连结保险和分红保险都是在传统寿险基础上发展的保险险种,不仅具有保险保障功能,而且还具有投资功能。投资连结保险和分红保险都对死亡、半残与高残承担不同程度的责任,而且可以不同程度地分享保险公司投资利益,这是它们的相同之处。它们的区别主要表现在:

(1)归属类别不同。分红保险比传统寿险增加了分红的功能,使投保人可以分享保险人的投资收益和经营的效益,但保费只是提供保障,不分成两部分。而投资连结保险较传统险种具有更强的投资功能,它将保单的保险利益水平与独立投资账户的投资业绩直接联系起来,缴付的保费除少部分用于购买保险保障外,其余部分通过购买由保险公司设立的独立账户中的投资单位而进入投资账户。投资账户的资金由保险公司的投资专家进行投资,投资收益将全部分摊到投资账户内,归客户所有,同时,投资的风险也由客户承担。

(2)收益的来源不同。分红保险的收益来源于三个方面:一是费差异,即公司实际的费用率低于预计的费用率,产生的费用盈余;二是死差异,即因公司实际承保的风险低于预计的风险发生程度而产生的盈余;三是利差益,即保险公司的实际投资收益率高于保单的预定利率,产生的利润。投资连结保险的收益主要来源于投资账户的收益。投资账户中的资金由保险公司的投资专家进行投资管理,投资所得的收益将全部分摊到投资账户内,归客户所有。

(3)可能的投资收益率水平不同。分红保险由于是保值,满足保险给付为主要目的,因此投资策略较为保守,可能的收益率水平相对较低。投资连结保险是以资产的保值增值、为客户获取最大收益为目的,一般可能的投资收益率水平相对较高。

(4)收益的分配不同。保险公司每年派发给分红保险客户红利的多少,取决于保险公司上一会计年度该种业务的实际经营成果,因此,红利的多少无法事先确定,它是随着保险公司实际经营绩效而波动的。投资连结保险投资账户的投资回报,保险公司除每月提取投资运作资金的1‰作为管理费外,剩余的投资利润完全由客户所有。

(5)承担的风险不同。由于分红保险的收益由保险公司和客户共同分享,则投资的风险也由保险公司和客户共同分担。而投资连结保险的收益由客户完全享有,客户也相应承担投资过程的风险。

(6)透明度不同。分红保险的保费只是提供保险保障,不分成投资和保障两部分,资金的运作不向客户说明,保险公司只是在每个保险合同的周年日以书面的形式告知保单持有人该保单的红利金额,透明度较低。

投资连结保险的保费分为投资和保障两部分。投资部分运作上保持透明,各项费用的收取比例分项列明,保费的结构、用途、价格均一一列出,每月至少一次向客户公布投资单位价格,客户每年还会收到年度报告,说明保单的各个项目、分立账户的投资收益、现金价值以及账户的财务状况、投资组合等状况。

案例 7-6

投保量力而行,退保三思而行

【案情简介】

2000 年 5 月,罗女士听说某保险公司新推出投资连结保险,既有保障功能,又兼有理财功能,心里十分认可,正好自己的邻居高某在保险公司做保险代理人,于是,罗女士找到高某,为自己投保了该险种,每年需缴纳保费近万元。不久,罗女士所在企业经营困难,其收入降低了许多,保费负担难以承受。因此罗女士想退保,到保险公司办理退保手续时,罗女士发现退保所得到的退保费不足所缴纳保险费的一半。罗女士不解,自己的钱存银行后支取的还有利息,投在保险公司后退保时不仅不给利息,反倒要扣除一多半的保费?为此,罗女士起诉至法院,以保险代理人有欺诈行为以及投保的保费超出了自己的经济承受能力为由,要求退还全部保险费。

【处理结果】

法院经审理认为,双方签订的保险合同合法有效,双方当事人均应按合同规定认真履行,投保人要求解除保险合同时不足两年,按照合同规定,保险公司应扣除手续费后退还保险费。故驳回了罗女士的诉讼请求。

【分析意见】

本案涉及投保人要求解除合同的问题。《保险法》第 15 条规定:"除本法另有规定或者保险合同另有约定外,保险合同成立后,投保人可以解除合同。"按寿险业的惯例,只有当投保人在犹豫期内,即收到保单后 10 日内提出退保时,保险公司才无条件退还投保人所缴纳的全部保险费。除此之外,按照保险法和保险合同的约定,投保人要求解除合同往往得以保险费的损失为代价。

投保人解除合同,未交足两年保费的,保险公司按照合同约定在扣除手续费后,退还保险费。根据目前寿险业的统一定义,手续费包括该保单承担的保险公司的营业费用、佣金和因保险公司对该保险单承担保险责任所收取的费用。上述三项费用之和一般为所缴保费的 70%~90%。作为新型的投资连结保险,不仅涉及保险业务部门,还涉及投资机构。因此,其退保手续费必然包括相关部门和机构的营业费用、佣金及其他费用。所以该险种的退保代价相对较高是正常的。

如果投保人解除合同,已交足两年以上保险费,退保时,保险公司应依法返还保单的现金价值。保单的现金价值是在保单价值准备金的基础上计算形成,而保单价值准备金是由投保人历年所缴纳的保险费按预定利率累积滚存形成。保险公司一般都将保单的现金价值打印在正本保单上告知投保人。而投资连结保险保单的动态状况是随时可以通过电脑查询到的。

像本案这种情况,由于罗女士要求解除保险合同超过了犹豫期,因此保险公司不可能将全部保费退还罗女士,法院判决驳回罗女士诉讼请求是正确的。对投保人来说,虽然可以随时解除保险合同,但解除合同肯定有损失。因此除非万不得已,建议不要轻易解约。如果只是一时经济困难,可以将保单暂时失效。两年内,如果经济状况好转想继续投保,可以到保险公司补交续期保费及利息后办理复效手续。总之,再好的险种,投保选择时要量力而行,退保时要三思而行。

案例 7-7

投资连结保险金额的确认

【案情简介】

被保险人谢某在 2000 年 7 月 31 日投保 10 份平安世纪理财投资连结保险,每年交保费 12060 元,缴费期 25 年,保险期限为 25 年,总保额为 34 万元。同年 11 月 1 日,谢某在过马路时不幸被车撞倒,1 个月后医治无效不幸死亡。平安世纪理财保险条款中规定:第一年的保费全部用于被保险人的生命保障,一年后如果被保险人发生意外死亡事件或全残,将在本人保险金额和投资账户价值总额中取金额较大者进行理赔。据此被保险人的女儿即被保险人谢某指定的受益人向保险公司提出 51.6 万元(含医药费)的保险金给付索赔请求。

【处理结果】

保险公司对被保险人谢某担保后不满一年意外死亡,据本案情保险公司按合同约定累计的最大给付限额 34 万元进行理赔,超过此限额的支出保险公司不予承担无可非议。保险公司按理赔程序迅速将 34 万的保险金交付给谢某的女儿。

【分析意见】

保险公司的给付行为是符合本保险合同的约定的,不过可以借此对投资连结保险的投资性进行进一步的分析。

近几年,投资连结保险在国外,特别是在欧美十分畅销,已构成主流型的险种。该险种自 1999 年 10 月 23 日在我国上海保险市场投放以来,很快传遍了我国的大江南北,经过一年多的市场培育和经营实践,投资连结保险的综合金融服务功能优势得到越来越多客户的认同和接受,截至 2001 年 6 月止全国累计销售投资连结保险 66.4 亿元。2001 年 7 月 10 日,一宗保额高达 3000 万元年交保费 240 多万元的投资连结保单在深圳签发。为什么会形成如此热销的局面,关键还是该险种所具有的投资增值性。

在本案的给付中,虽然只体现了该险种的保险保障性,其投资性并未体现出来,倘若本案的保险事故发生较迟,或保险期满,那么其投资性将必然会充分反映出来。

仍以本案为例,若谢某在保险期限内并未发生保险责任事故,那么谢某满期时保费累计 301500 元,其中投资账户累计分配保费 245280 元。假设缴费期间投资账户平均净投资收益中分别为 3%、5%、8%,那么期满保险金额分别为 339966 元、443765 元、674212 元。显而易见,该险种的投资保障性在此得以充分体现出来。

(二)变额人寿保险

变额人寿保险最早出现在西欧,美国人寿保险公司从 1976 年开始推出这种新品种。变额人寿保险的死亡给付金额是可以变动的,这有别于传统的定额终身寿险。保险公司为保险单所有人设立单独账户,把资金主要用于股权投资,死亡给付金额很大程度上取决于投资收益水平。

1. 变额人寿保险的理论依据

变额人寿保险的理论依据与变额年金相同。由于股票价格与消费品价格趋于上升,并且股票投资者能取得股息,变额人寿保险不仅能保值,而且能比储蓄积累更多的资金。因此,变额人寿保险可以用来对付通货膨胀。然而,在短期内股票价格不会像通货膨胀率那样上升。例如,美国股市在1970—1974年间猛跌,但通货膨胀率仍继续上升。近年内,保险公司采用了更稳妥的投资组合方法,把股票、债券和不动产投资组合在一起,并且保险单所有人拥有投资的选择权。

2. 变额人寿保险的资金运用和死亡保险金给付

变额人寿保险的资金是放入单独的账户,即同其他寿险品种的保险基金分开投资,一般只对公开交易的证券进行投资,因为这些证券的市价容易确定,从而能确定保险单的现金价值和给付金额。投资总的目标是增强对通货膨胀的防卫能力和保持本金的适度安全性。投资总收益来自证券市价的升值、股息、利息。但是变额人寿保险把所有投资风险都转嫁给保险单所有人,对投资收益率一般不做任何保证,保险公司只承担死亡率和费用变动风险。

购买变额人寿保险的基本目的是希望受益人能得到金额较大的死亡保险金给付,而不是积累可用于退保和保险单质押贷款目的的现金价值。根据美国全国保险监督官协会制定的《变额人寿保险示范法律》,变额人寿保险基本上是一种普通终身寿险,提供可变的死亡保险金给付。如果保险单所有人缴付均衡保险费,给付金额的增加要靠出色的投资业绩。保险单规定了一个最低的死亡给付金额,并设定了一个能够提供最低给付金额和保持必要现金价值水平的投资收益率,如4%。如果实际投资收益率超过这个假设的收益率,则可以用来增加保险单的现金价值,这些增加的现金价值可以用来增加死亡给付金额。如果实际投资收益率低于这个假设的收益率,则会减少现金价值,从而减少死亡给付金额,但绝不会低于最低死亡给付金。

变额人寿保险最初只提供一种普通股投资账户,现在则提供多种投资账户,如货币市场投资、债券和股票的组合、风险小的普通股、风险大的普通股或其他投资标的供保险单所有人选择,保险单所有人可以把所有净保险费(扣除了费用和死亡率后的保险费)投入到每一种账户,也可以分散到数种账户。但有些保单可能会限定保险单所有人每年改变账户的次数。

(三)万能人寿保险

万能人寿保险是美国人寿保险的创新品种之一,出现于1979年。万能人寿保险具有灵活性和投资性特征。保险公司开展万能人寿保险不仅可以满足保险消费者风险保障和投资的需求,同时也不可避免地要同投资公司、银行和其他金融机构提供的货币共同市场基金、存款单等业务展开竞争。万能人寿保险的最大特点是具有灵活性,保险单所有人能定期改变保险费金额,可以暂时停止缴付保险费,还可以改变保险金额。这种保险适合于需要长期保障和投资相对安全的人购买。

1. 现金价值

在万能人寿保险单中,保险人会根据目前的经验数据,向保单所有人举例说明今后保证的现金价值变动的情况。例如,说明今后30年的保证现金价值的变动情况。保险单所有人可以期望积累更大金额的现金价值,因为实际的投资收益率可能会超过保险单中保证支付的利率,保险公司对提供死亡给付保障的费用也可以按低于保险单中规定的最高收费标准来收取。而在传统的普通终身寿险中,保险公司能向保险单所有人提供精确的今后现金价值的变动情况。

2.保险金额改变

保险单所有人可以根据需要来改变保险金额。增加保险金额,需要提供可保性证据。减少金额无须提供可保性证据,但保险单规定了一个最低保险金额。而在传统的普通终身寿险中,要增加保险金额非得要购买一种新的保险单,以此补充原有保险单的保险金额不足。如要减少保险金额,只有退保,再另外购买一种保险单。经营万能人寿保险的保险公司则会以简便手续批准保险单所有人增减保险金额的申请。

想一想:
　在目前的国内寿险市场上已经出现了很多的投资连结保险和万能人寿保险,保险消费者是如何看待它们的? 你认为正确吗?

3.保险费缴付

大多数万能人寿保险单规定了起初 1 年应缴的最低和最高保险费支付金额,在今后每年缴付多少保险费则由保险单所有人自己决定,但有些保险公司对各期缴费均规定了最低和最高金额。规定最高保险费金额的目的是使该种保单保持其保险产品的性质。例如,在第 1 年 1000 元,第 2、3 年分别减为 500 元、250 元。假如第 3 年后保险单所有人停止缴付保险费,若使用某种保证的死亡率和利率的假设,保险公司在第 10 年就会停止履行死亡保险金给付的责任。在终止保险之前,保险公司会寄一份保险费催缴单,提醒保险单所有人,除非再缴付保险费,否则将会终止保险。此时,保险单所有人可以在最低和最高保险费金额之间选择任何金额再缴付保险费。当然,保险公司希望保险单所有人连续缴付保险费,积累金额可观的现金价值。保险公司使用几种措施来促使保险单所有人来定期缴付保险费。首先,规定一个目标保险费,如每年 750 元,定期缴付保险费能积累高额现金价值,使保险单在终身期有效;其次,按时寄送缴付目标保险费的催单,也可以要求保险单所有人签发一张银行汇票,授权保险公司从他的银行支票存款账户中定期收取目标保险费。

三、团体人寿保险

(一)团体人寿保险的特点

团体人寿保险是以团体的所有成员或者大部分成员为被保险人的人寿保险,其主要特点为:

1.人数的限制性

团体人寿保险对人数的限制包括两个方面:一是对团体中人物的限制;二是对团体中被保险人数的限制。团体的人数限制有下限而无上限。以美国为例,至少有 10 人以上的团体才可作为投保团体寿险的对象。团体中被保险人数的限制,须依据是如何负担保险费而定。如果保险费全部由雇主或团体负担,则必须全体参加;如果被保险人负担全部或部分保险费,则参加者至少必须占其总人数的 75%,借以防止保险逆选择行为的发生。

2. 被保险人的变更性

一般的人寿保险,被保险人是不能变更的,而团体寿险,因在保险期间内人员的流动,团体中的人员存在调进和调出的可能性。人员的变动,只需调整被保险人的名单,并不影响团体寿险合同的效力。

3. 无须经过体格检查

团体保险的承保对象通常是企业或者社会团体的法人组织,其成员基本上是能够正常工作或劳动的,同时又要求其全部或大部分人参加该团体保险,所以,保险人一般不对其参加保险的人员进行体格检查。

4. 保险期间合同的有效性

无论是定期的或是终身的团体人寿保险,不会因个别被保险人的死亡影响总保险单的效力,对团体寿险中的其他被保险人,在保险整个合同约定的期间内,合同将始终有效。

5. 续保保险费的固定性

团体人寿保险的保险期间通常为一年。期满续保时,因团体本身具有新陈代谢功能,所以,团体寿险的续保的保险费同前期的保险费比较,原则上是保持一致的。

案例 7-8

核保不严所造成的保险责任

【案情简介】

丁力为某市商场职工。2001 年 4 月,丁力感到右腹疼痛,经医院检查,确诊为肝癌,遂病休治疗。

2001 年 7 月,该市某保险公司的展业人员,到这家商场宣传保险,商场领导决定为本商场全体职工投保团体人寿保险,每人保险金额 3000 元,保险期限自 2001 年 7 月 17 日 0 时至 2002 年 7 月 16 日 24 时。

单位为其职工投保团体人寿保险时,应填写投保单及被保险人名单。在被保险人名单上,应写明被保险人的姓名、性别、年龄及身体健康状况等。该商场在填写的投保单和被保险人名单时,在被保险人身体健康状况一栏注明:丁力因肝癌已病休两个月。

保险公司的核保部门收到该商场填写的投保单和被保险人名单后,未进行严格审核,即办理了可承保手续,签发了保险单,并按每名被保险人 15 元收取保险费。

2001 年 10 月 20 日,丁力因肝癌死亡。丁力生前未指定受益人,作为丁力的法定继承人,丁力的妻子持丁力的死亡证明及商场的证明向保险公司申请给付 3000 元保险金,其理由是丁力在保险期限内因疾病死亡,属保险公司所承担给付死亡保险金的责任。

【处理结果】

保险公司接到报案后,对丁力的死因进行了调查,经调查核实,丁力在投保前即已因肝癌病休 2 个月。依据团体人寿保险合同中关于只有身体健康、能正常工作和正常劳动的在职人员才能参加团体人寿保险的约定,认为丁力不符合合同约定的投保条件,其合同对丁力无效。保险公司提议,对丁力的死亡不负保险责任,仅退还 15 元保险费。

【分析意见】

据案情介绍,商场在投保时已经如实申报了丁力的身体健康状况,并未违反最大诚信原则。如果商场在投保时,隐瞒了丁力的身体状况,即违反了最大诚信原则,那么保险公司主张保险合同对丁力无效,这点是不容置疑的。但是,商场在投保时尽了投保人应尽的一切义务,保险公司既然对其承保,在保险事故发生后,单方面认为合同对丁力无效有失公平。对于被保险人必须具备什么条件,投保方并不一定很清楚,而保险方应该是清楚的。某一被保险人是否符合条件、是否予以承保,保险方是有选择权的。保险公司承保了不符合条件的丁力,是由保险公司核保部门审核工作的疏忽造成的,投保方并无过错。保险公司的职能机构或具体的展业人员在从事本公司保险业务过程所造成的过错责任,相对投保人来说,应由保险公司承担,所以商场与保险公司所签订的团体人寿保险合同对丁力是有效的,既然丁力在保险期限内死亡,保险人就应该履行给付保险金的义务。总之,保险公司拒绝承担责任的理由是不能成立的。

案例 7-9

团体寿险退保保障了谁?

【案情简介】

1999 年 12 月 23 日冯某单位为单位职工投保缴费期五年的松柏养老保险(此险不是以死亡为给付保险金条件的合同)。当时冯某只是交了身份证。后来冯某收到了几期由保险公司寄来的收款凭证,上面注明投保人、被保险人都是冯某。这期间冯某未收到过保险公司要求冯某本人签字的任何通知。2003 年,这张保单的保费已经全部缴清。2004 年 4 月,保险公司根据冯某原单位申请(此时冯某已从该单位离职)将冯某的保单做了退保处理,并将退保金退给冯某的原工作单位。冯某十分疑惑,认为退保不合法,要求恢复其保单效力。

【处理结果】

保险公司认为冯某原单位退保行为和保险公司行为具有法律依据,没有什么不妥,并建议冯某与其原单位协商处理。

【分析意见】

冯某原单位为单位职工办理的是团体养老保险,具体事项通过一份总的保单反映,冯某拿到的实际上是一份保险凭证。实际投保人是冯某原单位,单位履行保费支付义务意味着该单位享有保单的解约权,而且根据保监会规定:团体保险业务的退保金,一律通过银行转账方式支付给原投保人,保险公司不得向投保人支付现金,更不得直接向个人支付现金或银行储蓄存单,同时还规定,个人人身保险只能由个人投保,保险公司不得接受机关、社会团体、企事业单位作为投保人,用个人保险条款为个人投保。因此,冯某原单位与保险公司的行为依据合法有效。

【本章小结】

我国作为人口大国,人寿保险市场具有巨大的发展空间。在市场经济建设中,政府通过社会保障制度,以实现城乡居民基本生活水平的保障要求。社会成员对其生活水平的要求已呈现多元化,即存在不同层面的保障需求,这为国内人寿保险的经营提供了良好的发展机遇。人寿保险是以被保险人的死亡或生存为保险事故的人身保险业务,具有保险标的不可估价性、保险金的定额给付性和保险风险的特殊性等特征。人寿保险的常用条款是经过长期经营人寿保险的经验总结。

【思考与练习】

■主要概念

人寿保险 死亡保险 定期寿险 终身寿险 生存保险 年金保险 两全保险 分红保险 投资连结保险 变额人寿保险 万能人寿保险 团体人寿保险

■基础练习

一、单项选择题

1.人身保险是以( )为保险标的的保险。

A.人的生存　　　　B.人的死亡　　　　C.人的生死　　　　D.人的生命和身体

2.人身保险合同保险金额的确定依据是( )。

A.标的价值

B.投保人对被保险人的保险利益额度

C.投保人的意愿

D.投保人的交费能力和被保险人的保险需求

3.由于人的生命和身体的价值不能用金钱来衡量,因此人身保险合同属于( )。

A.不定额保险合同　　　　　　　　B.定值保险合同

C.不定值保险合同　　　　　　　　D.定额保险合同

4.人身保险合同的被保险人因第三者的行为而发生死亡、伤残或者疾病等保险事故的,保险人向被保险人或受益人给付保险金后( )。

A.享有向第三者追偿的权利

B.不得享有向第三者追偿的权利

C.可以以被保险人的名义进行代位追偿

D.可以联合被保险人进行代位追偿

5.人身保险中的( ),既可以采用约定的给付方式,也可以采用补偿方式。

A.生存保险　　　　B.死亡保险　　　　C.医疗保险　　　　D.意外伤害保险

6.下列不需要指定受益人的人身保险合同是( )。

A.生死两全保险合同　　　　　　　B.定期生存保险合同

C.终身死亡保险合同　　　　　　　D.意外伤害保险合同

7.不可抗辩条款的可抗辩期通常规定为( )。

A.30 天　　　　B.60 天　　　　C.1 年　　　　D.2 年

8.分期支付保费的人身保险合同在其效力中止超过两年时,保险人( )。

A.仍承担中止期间的保险责任　　　B.可以解除合同

C.不得解除合同　　　　　　　　　D.补交手续费后,承担保险

9.人寿保险的中止期限届满后,保险人有权解除合同。如投保人缴费满两年以上的,

保险人应(　　　)。

　　A. 退还保单现金价值　　　　　　　　　　B. 扣除手续费,退还保险费

　　C. 退还所有已交保险费　　　　　　　　　D. 要求投保人补交保险费本息

　　10. 在人寿保险合同的宽限期内,保险合同效力(　　　)。

　　A. 暂时停止　　　　B. 失效　　　　C. 部分无效　　　　D. 正常

二、多项选择题

　　1. 人身保险合同是定额给付性合同,因此在人身保险中(除医疗费用险)不存在(　　　)。

　　A. 重复保险　　　　B. 定额保险　　　　C. 超额保险　　　　D. 不足额保险

　　2. 人寿保险的投保人不按期缴纳保险费时,可能产生的法律后果有(　　　)。

　　A. 保险人以诉讼方式请求投保人交付　　　B. 保险合同效力自宽限期后中止

　　C. 按约定减少保险金额　　　　　　　　　D. 保险人可解除合同

　　3. 投保人享有的保单现金价值不因保单的效力变化而丧失,投保人处理保单现金价值的方式包括(　　　)。

　　A. 申请退保　　　　B. 缴清保险　　　　C. 质押贷款　　　　D. 展期保险

　　4. 影响人寿保险定价假设的因素主要有(　　　)。

　　A. 经济环境　　　　　　　　B. 社会环境　　　　　　　　C. 公司特点

　　D. 市场特点　　　　　　　　E. 产品特点

　　5. 一般寿险公司的费用可分为(　　　)。

　　A. 合同初始费　　　　　　　B. 保单维修费　　　　　　　C. 保单终止费

　　D. 代理人酬金　　　　　　　E. 代理人佣金

　　6. 人寿保险费计算的三要素是(　　　)。

　　A. 预定死亡率　　　　　　　B. 预定解约率　　　　　　　C. 预定利率

　　D. 预定业务费用率　　　　　E. 平均保额

三、简答题

　　1. 人寿保险及主要特征有哪些?

　　2. 人寿保险划分的方法及内容如何?

　　3. 人寿保险有哪些常用条款?

　　4. 如何正确理解人寿保险的不可抗辩条款和宽限期条款?

　　5. 简易人寿保险的主要特点是什么?

　　6. 团体人寿保险的主要特点是什么?

■思考题

　　借助资料,谈谈你对年金保险与企业年金差异性的理解与认识。

■单元实训

　　1. 35 岁的严某在一次事故中不幸失去右腿,之后他借助摆摊修鞋以维持生活。某日,经保险代理人动员投保人寿保险,缴款期 20 年,年缴保费 800 元。合同约定,从严某 60 岁起,保险公司每年向严某给付保险金 10000 元,给付年限以严某死亡为止。投保半月后,严某考虑到自己的情况特殊,该险种对自己不太适宜,托人要求保险公司为其办理退保,你认

为保险公司应如何处理？本案对我们有什么启示？

2.李先生在他同事江先生女儿生日那天,送来一份婴儿乐人寿保险单作为江先生女儿的生日贺礼。李先生投保时,在投保人姓名一栏中,填写的是江先生的名字,合同约定被保险人18周岁时保险公司给付婚嫁金3000元,55周岁时一次性给付保险金50000元,若在保险期间内身故给付保险金10000元。试问被保险人或其受益人能否顺利地从保险公司索取相应的保险金？你的建议是什么？

第八章　意外伤害保险与健康保险

学习要点

- 意外伤害应符合的条件。
- 意外伤害保险的保险责任。
- 意外伤害保险与财产保险、人寿保险的主要区别。
- 健康保险的保险责任。
- 健康保险的特点。

第一节　意外伤害保险

一、意外伤害的符合条件

意外就被保险人的主观状态而言,它是指伤害的发生是被保险人事先没有预见到的,或伤害的发生违背了被保险人的主观意愿;伤害是指外来的致害物以一定的方式破坏性地接触致使身体受到伤害的客观事实。

意外伤害保险是人身意外伤害保险的简称。它是指保险人对被保险人因意外伤害事故导致死亡或残疾,按照合同约定给付全部或部分保险金的一种人身保险。

意外伤害应符合三个条件:

(1)客观上必须有意外事故发生,事故原因为意外的、偶然的、不可预见的。

(2)被保险人必须有因客观事故造成人身死亡或残疾的结果。

(3)意外事故的发生和被保险人遭受人身伤亡的结果之间存在着内在的、必然的联系,即意外事故的发生是被保险人遭受伤害的原因,而被保险人遭受伤害是意外事故的后果。

被保险人突然死亡并且原因不明,或未经医学鉴定证实其死亡为意外伤害所致的,不能构成意外伤害保险的保险金给付责任。

二、意外伤害保险的特点和种类

(一)意外伤害保险的特点

1.意外伤害保险具有季节性

从意外伤害保险的业务数量来看,春秋季节是旅游者意外伤害保险的旺季;炎夏季节,游泳者平安保险相对集中。从出险的概率来看，寒冬季节，常常冰雪铺路，跌滑致伤的事故较多；台风季节，舟船事故相对较多。

2. 保险期限短

人寿保险保险期限一般是 10 年、20 年、30 年甚至是被保险人终身，健康保险可以是短期的，也可以是长期的。而意外伤害保险的保险期限较短，一般不超过 1 年，有的甚至只有几天或几个小时。如公路旅客意外伤害保险只承保旅客从上车到下车这一段时间，游泳者平安保险的保险期限更短，只有一个场次。

3. 纯保险费率是根据意外事故发生的概率来厘定的

由于被保险人遭受意外伤害的概率与他的职业有关，与被保险人的年龄关系不大，因此意外伤害保险的纯保险费率取决于被保险人的职业、工种和从事活动的危险程度。由于疾病在意外伤害保险中属于除外责任，因此，保险公司在承保意外伤害保险时，不要求被保险人进行体检。

4. 年末未到期责任准备金计提的方法有年平均法、月比例法和逐日计算法

在我国一般按年平均法计算责任准备金，即按当年有效保费的 50% 计提未到期责任准备金。

5. 可以不出具专门的保险单

无论人寿保险、年金保险，还是医疗保险、疾病保险，保险人必须向投保人出具专门的保险单，作为保险合同的法定文件。而在意外伤害保险中，保险人可以出具专门的保险单，但在某些情况下，保险人也可以不出具专门的保险单，如索道游客意外伤害保险，就以索道票作为保险凭证，保险人不另外签发保险单。

（二）意外伤害保险的种类

1. 按承保的风险性质分类

意外伤害保险可以分为普通意外伤害保险和特种意外伤害保险。普通意外伤害保险是以意外事故造成被保险人死亡或者残疾为保险责任，但不具体规定事故发生的原因和地点。在保险期内，凡因意外事故导致被保险人死亡或者残疾，均可按合同规定领取保险金。普通人身意外伤害保险的保险期限一般为 1 年。特种意外伤害保险的保险责任仅限于在特定时间、特定地点遭受的意外伤害或者由于特定原因造成的意外伤害。例如，游泳者平安保险的保险责任仅限于被保险人在游泳池（场）内发生的溺水死亡；滑雪者意外伤害保险的保险责任仅限于被保险人在滑雪时遭受的意外伤害等等。属于特种人身意外伤害保险的险种还有航空旅客人身意外伤害保险、公路旅客意外伤害保险、索道游客意外伤害保险、登山运动员意外伤害保险等。特种人身意外伤害保险的保险期限一般十分短。

2. 按保险责任分类

意外伤害保险可以分为意外伤害死亡残废保险、意外伤害医疗保险和意外伤害收入损失保险。意外伤害死亡残废保险是以被保险人因遭受意外伤害，造成死亡或残废为给付保险金条件的人身保险业务。意外伤害死亡残废保险是意外伤害保险的最基本的险种。意外伤害医疗保险是以被保险人因遭受意外伤害需要治疗时支出的医疗费用为给付保险金条件的人身保险业务。意外伤害医疗保险的赔付方式有两种：一是补偿式，即在保额的限度内根据实际支出的医疗费用进行补偿。累计补偿金额不能超过保额；二是定额给付式，即在一定时期内，不问被保险人实际支出的医疗费用，而是按约定的保险金额给付医疗保险金。意外伤害医疗保险通常是作为人身意外伤害保险的附加险投保。意外伤害收入损失保险是以被保险人因遭受意外伤害而暂时丧失劳动能力，不能工作期间的收入损失作为给付保险金条件的人身保险业务。意外伤害收入损失保险通常也是作为人身意外伤害保险的附加险投保，目的在于补偿被保险人因意外伤害暂时不能工作使劳动收入减少对本人及其家庭生活造成的影响。

3. 按投保方式分类

意外伤害保险可分为个人人身意外伤害保险和团体人身意外伤害保险。个人人身意外伤害保险是指一份意外伤害保险保单只为个人的死亡或残废提供保险保障的人身保险业务。团体人身意外伤害保险是以团体方式投保，一张意外伤害保险保单可以为团体的所有成员提供死亡或残废保障的人身保险业务。

4. 按保险期限分类

意外伤害保险可分为一年期的人身意外伤害保险和极短期的意外伤害保险。一年期的人身意外伤害保险是指保险期限为1年的人身意外伤害保险。我国目前开办的个人人身意外伤害保险、附加意外伤害保险等均属于一年期人身意外伤害保险，如学生团体平安保险、个人综合意外伤害保险等。极短期的意外伤害保险是指保险期限不足1年的人身意外伤害保险。有些险种的保险期限甚至只有几天、几小时或分钟。如我国目前开办的公路旅客意外伤害保险、索道游客意外伤害保险、航空旅客人身意外伤害保险等都属于极短期意外伤害保险。

三、意外伤害保险合同的重要事项

(一)意外伤害保险的保险责任构成条件

意外伤害保险的保险责任是被保险人因遭受意外伤害而导致死亡、残废时，由保险人承担给付保险金的责任。构成人身意外伤害保险的保险责任必须具备三个条件，这三个条件缺一不可。

1. 被保险人在保险期限内遭受了意外伤害

被保险人在保险期限内遭受意外伤害是构成人身意外伤害保险的保险责任的前提条件。一方面被保险人遭受意外伤害必须是客观发生的事实，而不是主观臆造或者推测的；另一方面，被保险人遭受意外伤害的客观事实必须发生在保险期限内。如果被保险人在保险期限开始之前遭受意外伤害而在保险期限内死亡或者残废，都不构成保险人的保险责任。

2. 被保险人在责任期限内死亡或残废

被保险人在责任期限内死亡或残废是构成人身意外伤害保险的保险责任的必要条件。法律意义上的"死亡"包括两种情况：一是生理死亡，即心跳和呼吸永久停止，机体被证实的死亡；二是宣告死亡，即按照法律程序推定的死亡。《中华人民共和国民法通则》第23条规定："公民有下列情形之一的，利害关系人可以向人民法院申请宣告死亡：下落不明满4年；

或因意外事故下落不明,从事故发生之日起满 2 年的。"

残废是指人体组织的永久残缺或人体器官正常机能的永久丧失。如果被保险人遭受意外伤害,但是经过治疗或自身康复,并在责任期限内未遗留组织器官功能障碍或缺损,则不属于残废。

3.被保险人所受的意外伤害是其死亡或残疾的直接原因或近因

当意外伤害与死亡残废之间存在因果关系,即意外伤害是造成死亡、残废的直接原因或者近因时,才属于人身意外伤害保险的保险责任范围。例如被保险人因车祸失去双腿;被保险人乘坐飞机坠毁造成被保险人死亡等,均属于保险责任。保险人必须按保险合同规定给付死亡保险金或者残废保险金。

(二)意外伤害保险的承保内容

1.一般承保的意外伤害

满足意外伤害保险构成要件的一般可保风险,包括:爆炸,倒塌,烫灼,碰撞,雷击,触电,扭折,冻伤,中暑,淹溺,窒息,坠跌,急性中毒,被野兽袭击,车、船和飞机失事,以及劳动操作、使用机器时发生的工伤事故等引起的伤害。

2.特约承保的意外伤害

特约承保的意外伤害是指在一般保险条款中被列为是除外责任的,经过投保人与保险人特别约定并且加收保险费之后才予以承保的意外伤害。特约承保的意外伤害包括:

(1)战争造成的意外伤害。战争使被保险人遭受意外伤害的风险过于集中,保险公司一般没有能力承保。此外,战争是否爆发、何时爆发以及造成多大范围的人身伤害都是不确定的,保险公司难以准确地厘定保险费率,因此,保险公司对战争风险一般不予承保。只有经过特别约定并加收保费后才能承保。

(2)被保险人在从事登山、跳伞、滑雪、江河漂流、赛车、拳击、摔跤等剧烈的体育活动中遭受的意外伤害。被保险人在从事这些运动和比赛时,其可能遭受的意外伤害的概率大大增加了,因此,保险公司通常不予承保,只有经过特别约定并加收保费后才能承保。

(3)医疗事故(如医生误诊、药剂师发错药品、动手术切错部位等)造成的意外伤害。由于意外伤害的保险费率是根据大多数被保险人的平均损失概率确定的,而因医疗事故导致的意外伤害风险仅是少数患疾病的被保险人才会面临的。为了保证保险费负担的公平原理,对医疗事故造成的意外伤害,被列为除外责任。如果经过双方特别约定,由保险公司在保险单上签注特别约定或出具批单,将医疗事故造成的意外伤害从除外责任中剔除。

(4)核辐射造成的意外伤害。核辐射造成的人身伤害的后果,在短期内不能确定。如果发生大规模的核爆炸现象,往往会造成大范围的人身伤亡,因此,从承保技术和承保能力考虑,保险公司对核辐射造成的意外伤害不予承保。除非经过双方特别约定并加收保费后,保险人才会承保。

3.意外伤害保险除外责任

被保险人的自杀、故意自残行为导致的伤害;被保险人在犯罪过程中导致的伤害;被保险人在寻衅斗殴过程中遭受的伤害;被保险人在酒醉、吸食或注射毒品后发生的意外伤害等,也被列为意外伤害保险的除外责任。

（三）意外伤害保险的责任期限

责任期限是人身意外伤害保险与健康保险中特有的概念，而在人寿保险中，没有责任期限的规定。因为在人寿保险中，只有被保险人在保险期限内死亡，保险人才承担给付保险金的责任。而在人身意外伤害保险中，对于在保险期限内发生意外伤害，却在保险期限结束之后死亡或被确定为残废的情况，保险公司在保单中规定了责任期限。人身意外伤害保险中责任期限条款规定，只要被保险人遭受意外伤害是在保险期间，从意外伤害事故发生之日起算的 90 天或 180 天内，被保险人因该意外伤害事故死亡或者残废，即使死亡或者残废的结果发生在保险期限结束之后，保险人仍然承担保险责任。

责任期限对于意外伤害中造成残废的情况，实质上是一个确定残废程度的期限。被保险人遭受意外伤害后往往需要一段时间进行治疗，才能确定是否造成残废以及残废程度如何。如果治疗结束后被确定为残废时，责任期限尚未结束，保险人可以根据残废程度给付残废保险金。但是如果当责任期限结束时仍在治疗，还不能确定最终是否造成残废以及残废程度，那么就应该推定责任期限结束这一时点上，被保险人的组织残缺和器官正常机能的丧失是永久性的，并且以这一时点上被保险人的身体状况来确定残废程度，按照这一残废程度给付残废保险金，保险责任终止。如果被保险人经过治疗痊愈或残废程度减轻，保险人也不能追回全部或部分残废保险金；相反，如果被保险人病情恶化，残废程度加重甚至死亡，保险人也不追加保险金给付。

值得注意的是，被保险人因意外事故下落不明，从事故发生之日起满 2 年，法院宣告被保险人死亡后，责任期限已过，那么保险人是否承担保险责任呢？为了处理这一情况，人身意外伤害保险条款中订有失踪条款，条款规定被保险人因意外伤害下落不明超过一定期限时（如 3 个月、6 个月等），视同被保险人因意外事故而导致死亡，保险人给付死亡保险金。但是日后被保险人生还，死亡保险金的受领人必须把保险金返还给保险人。

四、意外伤害保险与财产保险、人寿保险的比较

（一）意外伤害保险与财产保险的比较

1. 意外伤害保险与财产保险的相似点

（1）从保险期限看，意外伤害保险与财产保险都属于短期性的险种，保险期限一般不超过一年。

（2）从保险事故发生看，在意外伤害保险中，一旦发生意外伤害，必然造成被保险人的伤残或死亡。而在财产保险中，一旦发生责任范围内的保险事故，必然造成保险标的物的损失。

（3）从纯费率的厘定看，无论是意外伤害保险还是财产保险，都是根据灾害事故发生的概率来厘定纯费率。意外伤害保险的纯费率取决于意外事故发生的概率，其与被保险人的职业关系最为密切；而财产保险的纯费率取决于自然灾害和各种意外事故发生的概率。

（4）从未到期责任准备金的计提看，无论是意外伤害保险还是财产保险，未到期责任准备金均采用年平均法、月比例法

思考：

　　你是如何理解意外伤害保险中的意外和伤害的？

或逐日计算法计提。年平均法,就是根据当年有效保费的50%计提未到期责任准备金。月比例法,是以每月实际保费收入为基数,将1年分为24个半月计算汇总未到期责任准备金。逐日计算法,是根据有效保单的天数与有效保单的保费来计提未到期责任准备金。

2. 意外伤害保险与财产保险的不同点

(1)从保险标的看,意外伤害保险的保险标的是被保险人的生命和身体,具有不可估价性;而财产保险的保险标的是有形的财产及相关的利益。

(2)从保额的确定方式看,意外伤害保险的保险金额是由投保人与保险人双方约定的,投保人根据自己的保险需求和保费的缴付能力确定;而财产保险的保险金额是根据保险标的的实际价值来确定的。

(3)从保险金的赔付看,意外伤害保险属于定额给付性业务,死亡保险金按保险金额给付,残废保险金按保险金额与残废程度对应的给付比例给付。如果包括医疗费用,则在保额的限度内补偿实际支出的医疗费用。而财产保险是补偿性的业务,在保险金赔付时必须严格遵循保险的补偿原则、代位追偿原则和重复保险的分摊原则,使被保险人获得的赔偿仅限于他的实际损失,且最高不超过保额。

(4)从保险主体看,在意外伤害保险中,投保人和被保险人可以是同一个主体,也可以是两个分离的主体。投保人可以是自然人,也可以是法人。但被保险人只能是自然人,而且必须指定受益人。而在财产保险中,投保人与被保险人是同一个主体,可以是自然人,也可以是法人。

案例 8-1

游客被猴咬后的保险呵护

【案情简介】

2015年7月27日,张先生随团旅游来到了张家界国家深林公园,地接导游一番介绍后,游客开始自由活动。张先生一行人在通往观景点的路口时正好同一群猴子相遇,当走在前面的一路人过去时,大多数猴子也随之散去,唯独一只较壮实的猴子堵在了路口并两眼紧盯着张先生。张先生想通过与猴子握手的方式向堵路的猴子示好,结果刚一伸手,猴子就以迅雷不及掩耳之势一口咬破了张先生的右手食指。张先生对被猴子咬破手的事并没有太在意,继续前行观光。地接导游闻知此事后,立刻将随团旅游的其他所有游客托付给带队导游,并以没有商量余地的口气要求张先生和她驱车前往当地医院。地接导游展示了她丰富的就医经验引导张先生就医。医生根据张先生的伤情,打了破伤风针和狂犬疫苗,同时用保温瓶装了7天、14天、21天后需要注射的三支狂犬疫苗,并叮嘱张先生回家后要按时到所在地疾控中心或有相关资质的医疗机构就诊。所有与此次相关的就医费用均来自旅游意外伤害医疗保险项下的保险理赔支出。相对遗憾的是,由于保温瓶保温效果受自身保温功效和张先生旅游过程条件的制约,张先生回到家后,三支狂犬疫苗没有被接诊医生同意使用,而是用新就诊医院的疫苗进行了注射。

【分析意见】

本案凸显了购买旅游保险的重要性,也反映了旅游保险相关利益主体在这一事件中的权利与责任。虽然旅游线路上有"严禁游客逗引猴子"的提示牌,但这不会影响张先生被猴子意外咬伤的客观事实。虽然张先生的行为既不构成"逗",也不构成"引",但在园区内游客和猴子的关系,只要游客不是故意伤害动物、故意导致事故伤害事件发生或故意犯罪的行为,所发生园区动物撕咬游客的事故都应该属于保险事故。而园区的提示牌只是体现该单位应尽的提示义务,并不能作为完全排除其应承担法律责任的依据。当地医院在整个就医过程中对伤者的服务无可挑剔,但并不排除其存在过度医疗的倾向,让人感觉开出的后三支狂犬疫苗和保温瓶是否能够正常使用已经不是他们的事了。对他们而言,相应的医疗收入没流外人田;而对张先生而言,虽然旅游意外伤害医疗保险服务已经到位,但事实上张先生还得自掏腰包满足野兽撕咬常规的 7 天、14 天、21 天后的狂犬疫苗等相关的就医费用。承保旅游保险的保险公司在这一事件中履行了其保险合约所应承担的义务,但就理赔服务流程的优化上仍有改进的空间。一是在制度上适当限制合作医院过度医疗的行为,二是便利投保方或被保险人在整个治疗过程中结算支出的理赔服务。旅行社将游客旅行过程中发生意外所应承担的责任转嫁给了保险公司,导游的行为是保险合同和旅行社赋予她的责任和使命,这一点是值得肯定的。

(二)意外伤害保险与人寿保险比较

1.意外伤害保险与人寿保险的相似点

(1)从保险标的看,意外伤害保险的保险标的是人的身体和生命;而人寿保险的保险标的仅是人的生命。它们都具有不可估价性。

(2)从保额的确定看,意外伤害保险和人寿保险的保额都是由投保人与保险人双方约定,投保人根据自己的保险需求和保费缴付能力来确定。

(3)从保险主体看,意外伤害保险和人寿保险的投保人和被保险人都可以是同一个主体,也可以是分离的主体。投保人可以是自然人,也可以是法人,被保险人只能是自然人。

(4)从受益人的指定看,意外伤害保险和人寿保险都需要由被保险人指定受益人。当被保险人死亡时,由受益人领取保险金。

2.意外伤害保险与人寿保险的不同点

(1)从保险期限看,意外伤害保险是短期性险种,保险期限不超过一年。因此费率厘定时一般不考虑利率因素,保费采用趸缴方式。人寿保险是长期性险种,保险期限可以是 10 年、20 年甚至到被保险人终身。因此,费率厘定时要考虑利率因素,保费大多采用限期缴付方式。

(2)从保险事故发生看,意外伤害保险中,一旦发生意外伤害事故,必然造成被保险人死亡或残废,保险人按保险合同约定给付保险金;而在人寿保险中,被保险人死亡或生存到约定年龄、期限都属于保险事故发生,保险人均按保险合同约定给付保险金。

(3)从纯费率厘定看,意外伤害保险的纯费率是根据意外事故发生的概率厘定的,这个概率主要取决于被保险人的职业或被保险人从事的活动;而人寿保险的纯费率是根据死亡率和利息率来厘定的,其中,死亡率主要取决于被保险人的年龄与身体健康状况等因素。

(4)从未到期责任准备金的计提看,意外伤害保险的未到期责任准备金计提,采用年平均法、月比例法和逐日计算法;而人寿保险未到期责任准备金是根据有效保单的全部净值来计提,主要考虑保险金额、死亡率、利息率、年龄以及已保年期等因素,采用过去法、未来法计提理论责任准备金,并用一年定期修正法加以调整。

案例 8-2

疾病与意外伤害的界限认定案

【案情简介】

2005 年 4 月 10 日,赵某为其母钱某投保了福寿安康保险 20 份,交保险费 2000 元,保险金额为疾病身故 8600 元,意外伤害身故 17200 元。钱某于 2008 年 8 月 15 日突发脑溢血死亡,投保人(受益人)及时向保险公司提供有关材料,并要求索赔。保险公司经过调查核实,与投保人赵某达成一致,向赵某给付了 8600 元死亡保障金,赵某于 2009 年 9 月 28 日领取了此笔保险金。

2009 年 12 月,赵某又以其母(钱某)是上厕所时摔倒致死为由,要求保险公司给付 17200 元意外伤害身故保险金,被拒绝后,起诉至法院。

保险公司对投保人提供材料进行进一步的证明审核,确认了钱某是疾病死亡这一事实。但保险公司在调查中还发现,被保险人(钱某)患有齿根癌,并已长期卧床不起,生活不能自理。于是,保险公司将赵某所提供的资料交给县公安局法医孙某,委托其对被保险人钱某的死亡情况进行法医鉴定。孙法医的鉴定结论为"钱某不论是排便诱发的脑溢血,还是跌倒诱发的脑溢血,其死亡性质均属正常死亡范围"。因此保险公司只能给付 8600 元的疾病身故保险金。

赵某又委托县法院法医李某重新鉴定,李法医为了使自己的鉴定站住脚,请求原鉴定人孙法医与自己共同鉴定,并得出结论为"钱某死于损伤性脑出血"。根据此结论主张保险公司应给付意外伤害身故保险金。

【处理结果】

2010 年 3 月 20 日,一审法院认为:被保险人钱某因跌伤导致脑出血而死亡,被告(保险公司)按疾病死亡标准给付受益人保险金,明显不当。原告(赵某)要求按意外伤害致死标准给付死亡保险金的诉讼请求成立。判由保险公司补付原告赵某保险金 8600 元。

【分析意见】

首先,我们来看"意外伤害"的释义。所谓"意外伤害",是指在被保险人没有预见到或与意愿相违的情况下,突然发生的外来侵害对被保险人的身体明显地、剧烈地造成损伤的客观事实。例如爆炸、倒塌、烫灼、碰撞、扭折、雷击、触电、中暑、冻伤、淹溺、窒息、急性中毒、坠跌、被人兽袭击、车船飞机失事及劳动操作使用机器时发生的工伤事故等。作为一个身患齿根癌,而后又死于脑溢血的人,又没有明显的上述列举的事故,意外伤害的说法难以自圆其说。其次,要弄清公安、法院两家的法医鉴定所称"损伤性脑出血"一说。高血压和动脉硬化是脑出血的最常见的原因,脑出血是本身疾患发展到一定阶段的表现及结果。再次,县公安局孙法医的单独鉴定已明确指出"不论是排便诱发的脑溢血,还是跌倒诱发的脑溢血,其死亡性质均属正常死亡范围"。这些都说明本案不论从事实上,还是从理论上讲,都属于疾病死亡。也就是说钱某死亡的主要原因是疾病诱发,并非意外伤害。

案例 8-3

飞机晚点乘客机场外意外死亡，航意险赔不赔？①

【案情简介】

2009 年 7 月 31 日，30 多岁的孙芳（化名）在如皋市航空售票点购买了两张飞往北京的机票，并花 20 块钱购买了公共交通意外伤害保险。8 月 2 日下午，孙芳带着 15 岁的儿子阳阳（化名）来到南通市某机场并通过了安检。按照预定时间，他们乘坐的航班应在傍晚 6 点 10 分起飞。但由于天气原因，飞机迟迟未能抵达。孙芳母子在焦灼中一直等到次日半夜一点多，都没等来飞机。看着滞留机场的乘客们情绪越来越烦躁，机场将乘客们安排到附近的宾馆住下，准备等天亮再安排起飞事宜，孙芳也带着儿子住进了宾馆。到宾馆后，阳阳简单洗了澡就睡下了。当天一早，阳阳起床后却发现一贯起床很早的母亲还在睡觉。他上前推了两下，发现孙芳一动不动，再一摸，孙芳身上冰凉的，已经没有了呼吸。阳阳连忙拨打了 120。匆匆赶来的急救医生表示，孙芳已死亡多时，从尸体的状态上看，应该是到了宾馆不久便死亡的。后经南通市公安局法医鉴定，孙芳为意外死亡。事后，孙芳的丈夫、父母和为其提供保险的某保险公司南通营销服务部的工作人员赶到了现场。孙芳的家人认为，根据保单，保险期限为 8 月 2 日零时起到之后的 7 天，而孙芳的死亡时间正好在此时间段。因此，保险公司应该按照保单的约定，支付民航飞机意外伤害事故保险金 40 万元。但保险公司却认为，孙芳购买的险种是公共交通意外伤害保险，保险范围是从乘客通过安检直到飞机降落，乘客走出飞机舱门为止，而孙芳的死亡地点是在机场之外的宾馆，所以不应得到理赔。经多次协商，双方始终没有达成一致，孙芳的丈夫、儿子和父母将具备法人资格的某保险公司江苏分公司告到南京白下法院，索赔 40 万元。

【争议焦点】

乘客"航程中离场"，保险责任是否有效？庭审中，双方争议的焦点集中在两个方面：一是孙芳死亡是否属于保险责任的范畴；二是孙芳的死亡是否属于意外伤害致死。围绕这两个焦点，双方展开了激烈争论。对于第一个焦点，保险公司认为，孙芳死亡不属于保险条款第二条约定的保险期限内的保险责任，该条约定规定，"自持有效机票到达机场通过安全检查时起，至被保险人抵达目的地走出航空班机的舱门的期间"，孙芳是离开机场后在宾馆住宿时死亡的，不是在规定的情形内；航空意外伤害保险责任是由于"被保险人每次以乘客乘坐合法运营的航空班机"发生的意外事故，即航空意外事故，而孙芳的死亡未发生在机场内，也未发生在乘坐飞机途中，因此不属于保险条款第二条约定的保险责任。原告拿出公安局尸检报告，证明死者是意外死亡。被告保险公司认为，警方出具的鉴定明确排除了外力的因素，证明了这不是意外伤害致死。而且警方对孙芳的儿子阳阳进行询问时，阳阳回答孙芳有病史。而对于孙芳死亡的真正原因，因孙芳家属明确拒绝尸体解剖检验，所以无法明确，原告方应承担举证不能的后果。

---

① 资料来源：http://finance.people.com.cn/caac/GB/114104/11538866.html。

【分析意见】

法律界人士认为,并非主动离开机场,航空公司难以免责。孙芳家人提出,被告保险公司在航意险条款中有一条免责条款,即被保险人在机场之外的地方发生意外伤害,保险公司可不承担赔偿责任,这一免责条款是无效的。原告方律师认为:"保险合同在有效期间内,仅仅是因为死亡的地点不同就不赔,这是不成立而且是不诚信的。保单上没有说明什么是意外伤害,从保险法来看,应该从不利于保险公司的角度来解释。作为非专业保险人,只要在旅行中遭遇了不幸,保险公司都要承担保险责任。"对此,保险公司认为免责条款是与保险条款结合起来的,要求理赔的依据就是保险条款第二条,不存在没有明确告知。法院在征求双方意见后决定对双方调解。法律界有关人士认为,孙芳通过了安检又离开了机场,并不是她自己主动要离开的,而是航空公司应对天气变化不力,无法及时满足旅客的旅行需求,主动要求她离开的。孙芳还没有到达目的地,也没有自己进行单独活动,是受航空公司约束的,因此航空公司其实是应当承担一定责任的。

案例 8-4

意外伤害身故与意外身故——两字之差,赔偿有别

【案情简介】

秦先生 2012 年 2 月曾向某保险公司购买了 30 份红福宝两全保险(分红型),基本保险金额 3.2 万余元。缴了 2 期保费后,2013 年 11 月 4 日,秦先生在上班路上意外死亡,具体死因不明。次日,秦先生的家人向保险公司报案,随后向保险公司理赔。1 个多月后,秦先生的家人拿到了理赔款 6 万余元及红利。但秦先生家人认为,理赔款应该不止这么些。

因为根据保险合同约定,如被保险人遭受意外伤害,并自该意外伤害发生之日起 180 日内以此意外伤害为直接原因导致身故,则双方合同终止,保险公司应支付意外身故保险金。意外身故保险金=2×基本保险金额×已缴保险费期数。按此计算,赔款应该为 12 万余元。

可保险公司认为,合同中还约定,意外伤害是指遭受外来的、突发的、非本意的、非疾病的客观事件直接致使身体受到的伤害。而秦先生的情况不属于意外伤害死亡,只能套用非意外伤害死亡的其他原因,即"如保险人猝死,或在合同生效之日起 2 年后自杀身故,或在自意外伤害发生之日起 180 日后以该次意外伤害为直接原因导致身故的",在保险金给付上均视同为意外伤害以外的原因导致的身故,身故保险金=基本保险金额×已缴保险费期数。照此计算,赔款则为 6 万余元。

秦先生家人不服,将保险公司告上了法庭,要求赔偿 12 万余元。

【处理结果】

家属放弃尸检,死因成谜,法院支持保险公司。秦先生的家人撤诉。

【分析意见】

要明确死因,做个尸检或许就可以。可秦先生的家人当时放弃了尸检,以致死因不明。他们认为,保险公司本该及时提醒他们,应该承担相应责任。同时,保险公司提供的保险条款系格式合同,没有尽到说明义务,被保险人根本分不清意外伤害身故与

意外身故的区别。

保险公司则表示，根据合同约定及保险行业的常规，只有双方对被保险人的死亡原因产生争议时，才能提出尸检，否则，考虑到死者家属的情绪，保险公司一般不会单方提出尸检要求。至于合同相应条款，他们已经对其加粗加黑，并尽到了告知义务。

法院依法审理后认为，原告无法提供证据证明被保险人的死因属于意外伤害导致，而当时公安和医疗机构均告知过"要明确死亡原因必须进行尸检"，可他们主动放弃尸检，因此应承担举证不能的不利后果。

另外，根据保险公司提供的投保单及保险条款，有秦先生本人"已阅读保险条款"的签名，且保险条例在说明意外身故保险金时对"意外伤害"以黑体加粗的形式标注，并对意外伤害、猝死等条款进行了详细说明。因此，法官认为保险公司已履行告知及说明义务，被保险人已知晓保险条款。

专栏 8-1

国内老人旅游意外险的困境与出路

2015 年 6 月 1 日，重庆东方轮船公司所属旅游客轮"东方之星"在由南京驶往重庆途中由于暴雨大风导致邮轮翻沉。事发客船共有 458 人，其中旅客 406 人，全船人员除船长和一名水手以及部分乘客获救，其余人员全部遇难。乘客大部分来自上海协和旅行社组织的"夕阳红"老年团，年纪多在 50 岁到 80 岁之间。事故引发了对老年人旅游意外险的关注。

现实中，国内各旅行社出售的旅游险中，鲜有为 70 岁以上老人制订的旅游意外险。意外险一般都是短期险，保费不高，保额却不低。因一些保险公司以老年人摔伤、骨折等突发概率高于其他人群为由，有个不成文的规定，对于 65 岁以上的老年人，同样保费，保额却要减半。也就是说，普通人花 10 元购买的意外险，最高保额为 20 万元；而 65 岁以上的老年人购买同款产品，保费同样是 10 元，却只能享受最高保额 10 万元的待遇。甚至国内一些保险公司的旅游意外险都拒绝接受 60 岁或者 70 岁以上的老人参保。不少高龄老人感叹，难道 70 岁以上的老人出门旅行只能"裸游"？旅游意外险发挥不了作用？

专家建议，政府部门可以采取购买服务的方式，资助老年旅游产品的开发，或者对相关旅行社进行经济补助、税收减免，通过补贴的形式有效加强管理，鼓励旅行社开辟适合老年人的慢游线路。

关于老年人的出游情况，中外存在很大差异。比如，在美国老年人是一个强势群体，很多高端旅游和奢侈品都是老年人在买，他们有很高的退休金，所以没有太多后顾之忧。在美国市场，老年人要不就进行跨洲的旅行，到欧洲、亚洲和非洲旅行，而不跨洲的国内观光的那种大众游则越来越式微，很多老年人开始订车旅游，包括很多七八十岁的老年人都以这种方式出游。

国外的老年旅游市场分得很细，有的团都是教师，有的都是对饮食感兴趣的老人，有的都是糖尿病人……旅游团成员的文化水平、身体健康程度及年龄相近。他们更注重文化底蕴，都愿意参观博物馆以及一般团队没有安排的深度游，比如到后海人家看包饺子，参观中国的养老院，他们的旅游经验和旅游意识都比较强。

日本 50%～60% 的旅游者是老年人,他们有企业年金,也有充足的社会养老保险,老年旅游呈现中高端和家庭游的特点。日本老年人旅游都非常认真,喜欢文化特色,比如博物馆,认真听讲解,餐饮也会选择吃当地的特色餐饮。老年人喜欢跟团游,一般一个团二十几个人,旅行社对老人的照顾非常细致,领队经验丰富,根据老年人的身体状况调整行程,一些特殊线路会带医护人员。

第二节 健康保险

一、健康保险的特点与种类

(一)健康保险的概念

健康保险是以人的身体为对象,以被保险人在保险期限内因患病、生育所致医疗费用支出和工作能力丧失、收入减少及因疾病、生育致残或死亡为保险事故的人身保险。健康保险是人身保险的一种,其保险责任是被保险人的医疗费支出,护理费支出,收入损失和因疾病、生育造成的死亡或残疾等。健康保险内容广泛而复杂,一般来讲,凡不属于人寿保险和意外伤害保险的人身保险,都可以归为健康保险。有时又因其主要针对疾病或医疗费用支出提供保障,又称为医疗保险或疾病保险。

健康保险所指的疾病应符合以下条件。

1. 由于非明显的外来原因所致

健康保险所承保的疾病应当是由于人体内在生理原因所致。对于明显是外来原因所致的被保险人的人身伤害,属于人身意外伤害保险范畴。但因病菌病毒传染、气候变化、误食有毒食物等外来因素所致的疾病,需要经过人体内部的反应才能产生,因此,也属于内在的生理原因引起的疾病范围。

2. 由于非先天性的原因所致

疾病是指身体由健康状态转变为不健康状态,这种转变须发生在保险责任期间,才属于保险人应承担的责任。对于保险合同订立前即已先天存在的疾病或器官性能上的残缺不全或畸形均不属于健康保险范围。但是,对于遗传性疾病,其长期潜伏在人体内,在保险有效期内可能转为病态,也可能不转化,因此,此类疾病在保险有效期内转化为病态的,仍属于疾病范围。

3. 由于非自然的生理现象所致

人的生命周期都要经历由盛到衰的过程,在趋于衰老期间的一些病态是必然的生理现象,这些生理现象属于自然现象。如人的衰老表现出的视觉减退、记忆力下降等病态是必然的生理现象,不属于健康保险所承保的疾病范围,但因衰老所诱发的其他疾病因具有偶然性,仍属于疾病范围。

（二）健康保险特点

1.综合性

健康保险内容广泛而复杂，凡不属于人寿保险、人身意外伤害保险的人身保险都可归入健康保险。疾病、生育、意外事故等原因造成的残废、死亡、医疗费用支出、收入损失都属于健康保险的责任范围，因此健康保险具有综合保险的性质。

2.补偿性

健康保险以人的身体健康状况作为保险标的，以疾病、生育、意外事故所致的残疾、死亡、医疗费用支出、收入损失为保险事故，保险金的赔付既有补偿性，又有定额给付性，但是大多数健康保险合同属于补偿性合同。

3.保险人代位追偿权

健康保险的保险金支付具有补偿性质，适用于补偿原则。在健康保险中，被保险人的医疗费用支出后，如果已经从第三方得到全部或部分补偿，保险人就可以不补偿或仅补偿第三方补偿后的差额部分；若事故责任应由第三方承担，而保险人已赔偿被保险人时，则保险人拥有代位追偿权。

4.复杂性

健康保险中的疾病保险和医疗保险涉及医学专业技术，风险具有可变性和难预测性，尤其是随着人类疾病种类越来越多，医疗技术日益提高，医疗器械和药品不断更新，使得健康保险风险的识别和度量、费率的厘定变得十分复杂。另外，医疗费用支出中还存在不少人为因素，使得健康保险的理赔难以准确把握，健康保险严重的信息不对称也使得健康保险的经营更加复杂化。

（三）健康保险的分类

1.按照保障范围分类

根据保障范围的不同，健康保险可分为医疗费用保险和伤残收入损失保险。医疗费用保险简称医疗保险，主要补偿被保险人因疾病或意外事故所导致的医疗费用支出，包括医生的门诊费用、药费、住院费用、护理费用、医院杂费、手术费用和各种检查费用等。伤残收入保险又称失能收入保险，主要补偿被保险人因疾病或意外伤害事故所导致的收入损失。收入补偿的给付通常采用按月支付固定津贴的方式，津贴额的高低与被保险人伤残前的收入水平直接相关。

2.按照承保对象分类

根据承保对象的不同，健康保险可以分为个人健康保险和团体健康保险两种。个人健康保险是以单个自然人为被保险人的健康保险，承保时要求每一个被保险人都必须通过核保，同时在保单销售时需要借助大量的个人业务代理人。团体健康保险是以团体法人为投保人、以团体成员作为被保险人的健康保险。对于较大的团体，在核保时并不要求其所有的被保险人都符合可保标准。由于团体健康保险在销售和管理方面都较个人健康保险简

> **思考：**
> 如何认识商业医疗保险是社会医疗保险的补充保险？
>
>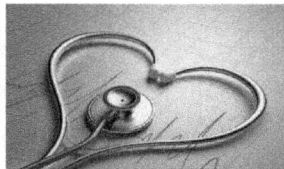

单,因此在同样的保障内容下,团体健康保险的管理成本要比个人健康保险低。

3. 按实施形式分类

根据实施形式的不同,健康保险可以分为自愿投保的健康保险和强制实施的健康保险。自愿投保的健康保险是根据自愿原则实施的健康保险,这类健康保险可由保险公司(包括专营的健康保险公司、意外伤害保险公司和人寿保险公司)和各类民间服务性组织(如美国的蓝十字、蓝盾协会、健康维护组织等)经营。强制性健康保险是根据一定的政策法规强制实施的健康保险,这类健康保险一般由政府或政府资助的有关组织开办,但也可以委托商业保险公司进行具体的管理。

4. 按照给付方式分类

根据给付方式的不同,健康保险可以分为定额给付型健康保险、津贴给付型健康保险和费用补偿型健康保险。定额给付型和津贴给付型健康保险是指在合同中规定疾病种类或治疗方式,当被保险人患上合同中规定的疾病,或者采用合同规定的治疗方式时,保险公司向被保险人一次或分期支付定额补偿。这种保险方式一般不需要提供医疗费用单据,经营风险相对容易控制。费用补偿型健康保险是指被保险人的医疗费用开支可在健康保险合同规定的限额以内由保险公司予以报销补偿,这种保险方式在业务管理和经营风险控制方面都要复杂一些。

二、健康保险合同的重要事项

健康保险的特点使得健康保险市场存在严重的逆向选择风险和道德风险,为了防范风险,在订立健康保险合同时,保险人对所承担的保险金给付责任往往制订了许多特别规定事项,主要包括:

(一)免赔额条款

在健康保险合同中,一般对医疗费用赔偿采用免赔额的规定,即在一定金额下的费用支出由被保险人自理,保险人不予赔付。这样做,一方面可以促使被保险人加强自我保护、自我控制意识,减少因疏忽等原因导致的保险事故的发生和损失的扩大,避免不必要的费用支出,减少道德风险;另一方面,由被保险人承担可以承担的较低的医疗费用支出,可以减少保险人大量的理赔工作,从而减少成本,对保险人和被保险人都有利。

(二)观望期条款

观望期又称为等待期,是指健康保险合同生效后,到保险人可以开始履行保险金给付责任的一段时期。在健康保险合同生效后,保险人需经过一段时间的观望或等待,才会对被保险人因疾病发生的医疗费用履行给付责任。在观望期结束之前发生的保险事故,保险人并不承担给付责任。该条款的规定是为了防止可能出现的逆选择。

(三)比例给付条款

比例给付是保险人对超出免赔额以上部分的医疗费用,采用与被保险人按一定比例共同分摊的方法进行保险赔付的方式。此种情形下,相当于保险人与被保险人的共同保险。在健康保险中,是以人的身体为标的,不存在是否足额投保的问题。但由于其承保的危险不易控制,因此,在大多数健康保险合同中,保险人对医疗保险金的支出有比例给付的规定。当然,通常是保险人承担其中的大部分费用。这样,既有利于被保险人对医疗费用的控制,也有利于保障保险人的经济利益,达到保险保障的目的。

（四）给付限额条款

在补偿性质的健康保险合同中,保险人给付的医疗保险金有最高限额规定。健康保险的被保险人的个体差异很大,其医疗费用支出的高低差异也很大,为保障保险人和大多数被保险人的利益,规定医疗保险金的最高给付限额,可以控制总的支出水平。而对于具有定额保险性质的健康保险,如大病保险等,通常没有赔偿限额,而是依约定的保险金额进行定额赔偿。

案例 8-5

免责期患"重大疾病"死亡拒付案

【案情简介】

2008 年 4 月,被保险人赵某投保重大疾病终身险,基本保险金额 1 万元。2008 年 12 月,被保险人赵某因癌症身故。2009 年 1 月,其受益人向保险公司提交索赔申请书,要求按保险条款给付身故保险金。

经调查,保险公司发现被保险人赵某在 2008 年 7 月就已被诊断为癌症并住院治疗。据此保险公司以被保险人在保单生效后 180 天内被确诊为癌症为由,根据重大疾病终身保险条款规定,做出了拒赔决定,受益人遂提起诉讼。

一审法院认为:双方签订的保险合同合法有效,应受法律保护;保险条款第 4 条"保险责任"和第 5 条"责任免除",按照合同条款的陈述以及通常的理解,内容应该是相互独立的,两者矛盾之处应做出有利于被保险人的解释,据此法院判保险公司败诉并给付保险金 3 万元。

保险公司不服一审判决,遂提起上诉。

【处理结果】

二审法院认为:原审法院对保险条款第 4 条和第 5 条之间法律关系的认定是错误的,第 5 条实质上是对第 4 条的补充,由被保险人在投保单上签字后,应视为被保险人对保险合同的全部条款包括免责条款是明知的,被保险人在合同生效后 180 天内身患重大疾病,符合条款第 5 条约定的终止合同的条件,合同自然终止。二审法院判决撤销原审判决,驳回一审原告的诉讼请求。

【分析意见】

本案的焦点在于如何界定保险合同中保险责任条款和责任免除条款之间的法律关系。

1. 保险责任是附条件的合同义务

保险责任条款是保险公司对客户的一种承诺,即在合同有效期内,客户发生保险事故,保险公司承担相应的义务。但这种义务并非绝对义务,而是一种相对和附条件的义务。由于保险合同是承担风险的合同,所以对很多可预见的或当事人一方主观意志可以控制的风险,保险公司不应该也不可能承担相应责任,只有满足一定条件的保险事故,保险公司才可以承担相应的保险责任。这不仅符合保险经营理论,也符合社会经济活动的一般原理。

附条件的义务分为两种：一种是条件成就则履行义务，另一种是条件成就则免除义务，亦称除外条件。合同中责任免除条款中所列事项就属于后一种义务中的条件，是保险公司对承担保险责任所附加的除外条件；如果是这些除外条件导致保险事故的发生，则保险公司无须履行保险责任条款中的义务，并且按照条款约定，当这些除外条件成就时，保险合同也自然终止而无须投保人或第三方予以认可。

2.责任免除条款是保险责任条款的补充条款

责任免除条款是保险责任条款的补充条款，从保险条款的结构上分析，前者是后者的"但书条款"（但书是一种法律术语，是指用"但是"或者"但"来表示一种补充的、说明性的或者是例外的术语），是部分与整体之间的关系。对任何一个合同有效期内发生的保险事故进行评估，都应该同时适用保险责任条款和责任免除条款，否则就会损害一方当事人的合法权益。

综上所述，本案中原审法院由于对保险合同没有进行全面研究，才会曲解合同本意，得出自相矛盾的错误结论。免责条款与保险责任条款没有矛盾，而是后者的"但书条款"。责任免除条款规定被保险人在合同生效（或复效）之日起180天内患重大疾病或因重大疾病身故或高残时，保险合同终止，保险公司不承担任何保险责任。因此，保险公司不承担给付保险金责任。

虽然被保险人身故属于保险责任范围，符合保险条款第4条的规定，但在其身故之前，被保险人赵某在投保后第105天就已被确诊为癌症，符合责任免除条款的规定，成就了保险合同终止的条件。该合同的终止，是包括重大疾病、身故和身体高度残疾三个保险责任在内的整个保险合同的终止，而不是重大疾病保险责任的部分合同的效力的终止，保险公司不再向被保险人承担任何保险责任。

案例 8-6

以免责期为由拒赔男童在幼儿园猝死的保险争议

【案情简介】

乐乐（化名）今年5岁，跟着父母来到温州平阳，他们一家都是甘肃人，在温州经营一家饭馆。乐乐还有个哥哥，在上小学。乐乐妈妈说，因为吃饭习惯不同，每天中午都给兄弟俩送午饭，日子过得平淡，也很开心。然天有不测风云，2014年3月6日，乐乐在幼儿园意外猝死离世。悲痛之余，孩子的父母记起，之前在幼儿园的时候给投保了重大疾病险，保费54元，保险期限从2014年3月1日起至2014年8月31日止，可以拿到最高额4万元的保险理赔。按要求，孩子的父母上交了医院死亡证明等全部所需材料，保险公司却迟迟不肯支付保险金，最后称在免责期内发生意外，不能赔付保险金。

【处理结果】

法院认为，保险公司并未就有关免责条款向乐乐父母做出明确解释，经调解，保险公司支付乐乐父母3万元保险金。

【分析意见】

保险公司认为,因为保单后面写明,自投保之日起90天内为保险公司的免责期,乐乐父母不能获得保险金。也就是说,投保的孩子在幼儿园开学初的3至5月这90天内,有任何病痛引起的保险责任,对于保险公司都是免责的。

乐乐爸爸无法接受,保单上的保险期限是从2014年3月1日起至2014年8月31日,免责期限占了保险期限一半,那保单上写保险期限六个月有必要吗?并且,他们签字时也不清楚背后有这条款。

《保险法》第17条明确规定,免责条款生效的前提条件是必须在订立合同时就在投保单、保险单等保险凭证上作出足以引起投保人注意的提示,并对该条款的内容向投保人作出明确说明。法庭上,保险公司承认,只和幼儿园的老师提过相关条款,并未直接与乐乐父母接触。而保险单上的免责条款在保险单背面,并无加粗或特别列明,字也非常小。该案中,保险公司非但没有对免责部分内容予以提示,而且投保时也没有与孩子父母直接接触,因此,本次保险合同生效,但其中的免责条款不能成立,保险公司不能拒绝履行保险赔付义务。

专栏 8-2

泰康重大疾病定期保险条款[①]

产品名称:泰康重大疾病定期保险

险种类别:医疗健康

投保范围:16周岁至55周岁

第一条　【保险合同构成】

本保险合同(以下简称本合同)由保险单及其所载条款、声明、批注,以及和本合同有关的投保单、效力恢复申请书、体检报告书及其他约定书共同构成。

第二条　【投保条件】

凡十六周岁以上五十五周岁(含五十五周岁)以下且身体健康的人,可作为被保险人参加本保险。被保险人或对被保险人具有保险利益的人,可作为投保人向本公司投保本保险。

第三条　【保险责任】

在本合同有效期内,本公司负下列保险责任:自本合同生效或复效起一百八十天后,被保险人被确诊初次患本合同所指的重大疾病(无论一种或多种),本公司按保险单所列明保险金额给付重大疾病保险金,本合同终止。若被保险人为女性,除上述责任外,本公司还负以下保险责任:

一、自本合同生效日或复效日起一百八十天后,被保险人被本公司指定或认可的医疗机构诊断首次患有本合同所指一种或多种"原位癌"的,本公司按保险单所列明保险金额的20%给付女性疾病保险金。本项保险金的给付以一次为限。

二、自本合同生效日或复效日起一百八十天后,被保险人被本公司指定或认可的医疗机构诊断首次患有本合同所指"系统性红斑狼疮"的,本公司按保险单所列明保险

---

① 资料来源:http://www.docin.com/p-4045753.html.

金额的 20％给付女性疾病保险金。本项保险金的给付以一次为限。

第四条 【责任免除】

对任何在下列期间发生的或由下列任一情事造成被保险人患本合同所指的重大疾病或女性疾病，本公司不负给付保险金责任：

一、投保人或受益人对被保险人的故意杀害、伤害；

二、被保险人故意犯罪或拒捕、故意自伤或酒醉行为；

三、被保险人服用、吸食或注射毒品；

四、被保险人酒后驾驶、无照驾驶及驾驶无有效行驶证的机动交通工具；

五、被保险人患艾滋病(AIDS)或感染艾滋病病毒(HIV 呈阳性)期间；

六、被保险人在本合同生效或复效之日起一百八十日之内患本合同所指的重大疾病或女性疾病；

七、战争、军事行动、暴乱或武装叛乱；

八、核爆炸、核辐射或核污染。

九、被保险人被行政执法、司法机关拘禁或被劳动教养或被判刑入狱期间。

第五条 【保险责任开始和保险期间】

本公司对本合同所负责任，自本公司同意承保并签发保险单的次日零时开始，至本合同约定终止时止。保险责任开始日期为生效日。生效日每年的对应日为生效对应日。本合同的保险期间由投保人和本公司约定并于保险单上载明。

第六条 【保险金额和保险费】

本合同的保险金额和保险费由投保人和本公司约定并于保险单上载明。

第七条 【告知义务】

订立本合同时，本公司应当向投保人明确说明本合同的条款内容，特别是责任免除条款，并就投保人、被保险人的有关情况提出书面询问，投保人、被保险人应当如实告知。

投保人故意隐瞒事实，不履行如实告知义务的，或因过失未履行如实告知义务，足以影响本公司决定是否同意承保或者提高保险费率的，本公司有权解除本合同。

投保人故意不履行如实告知义务的，本公司对于本合同解除前发生的保险事故，不承担给付保险金的责任，并不退还保险费。

投保人因过失未履行如实告知义务，对保险事故的发生有严重影响的，本公司对于本合同解除前发生的保险事故，不承担给付保险金的责任，但在扣除手续费后退还保险费。

第八条 【合同撤销权】

自投保人收到保险单的次日起十日内未发生保险金给付，投保人可向本公司退回保险单并书面要求撤销本合同。自投保人本人书面要求撤销本合同起，本合同效力终止。投保人向本公司退回保险单，本公司无息退还投保人所交保险费。

第九条 【第二期及以后各期保险费的交付、交付保险费宽限期间和合同效力中止】

保险费交费方式分为一次交、年交、半年交、月交。本合同保险费交费方式选择分期交付时，第二期及以后各期保险费应按保险单所列明保险费交费期间、保险费交费方式和保险费交费日期交付。本公司派员收取保险费时，收取人员应向投保人交付收取保险费的凭证。

自保险单载明保险费交费日期的次日起六十日为交付保险费宽限期间。交付保险费宽限期间内发生保险事故，本公司仍负保险责任，但应从给付的保险金中扣除欠交的保险费和利息。交付保险费宽限期间结束时，投保人仍未交付保险费，自交付保险费宽限期间结束的次日零时起本合同效力中止。

第十条　【保险费的自动垫交】

在交付保险费宽限期间结束时，投保人仍未交付保险费，若投保人在投保单上同意保险费自动垫交，本公司将以交付保险费宽限期间结束时本合同的现金价值自动垫交其应付保险费和利息，使本合同继续有效。如发生保险事故，本公司应从给付的保险金中扣除本公司自动垫交的保险费和利息。本合同的现金价值不足以垫交其应付保险费和利息时，本合同效力中止。

第十一条　【合同效力恢复】

自本合同效力中止之日起二年内，投保人填写复效申请书，并提供被保险人的健康声明书或本公司指定或认可的医疗机构出具的体检报告书，申请恢复本合同效力，经本公司审核同意，双方达成复效协议，自投保人补交所欠的保险费和利息后的次日零时起，本合同效力恢复。

第十二条　【合同终止】

投保人不愿继续保险，可申请终止本合同；自本合同效力中止之日起二年内，本公司与投保人未达成协议的，本公司有权终止本合同。投保人凭保险单、身份证件和最近一次保险费交费收据办理终止本合同手续。投保人未交足二年保险费的，本公司在扣除手续费后，向投保人退还保险费；投保人已交足二年以上保险费的，本公司向投保人退还本合同约定现金价值。合同终止给付时，本公司扣除自动垫交的保险费和利息。

第十三条　【保险事故通知】

投保人、被保险人或受益人应于知道或应当知道保险事故发生之日起十日内通知本公司。否则，投保人、被保险人或受益人应承担由于通知迟延致使本公司增加的勘查、检验等项费用。但因不可抗力导致的迟延除外。

第十四条　【保险金的申请】

受益人申请领取重大疾病或女性疾病保险金时，应出具保险单、受益人身份证件、最近一次保险费交费收据和附有本公司指定或认可的医疗机构出具的病理显微镜检查、血液检查及其他科学方法检验报告的疾病诊断证明书。本公司如认为必要，可以对被保险人的身体进行检验，其费用由本公司负担。

第十五条　【受益人的指定与变更】

本合同保险金的受益人为被保险人本人，本公司不受理其他指定或变更。

第十六条　【年龄计算和错误处理】

被保险人的年龄以周岁计算。投保人申报的被保险人年龄不真实，并且其真实年龄不符合本合同约定的年龄限制的，本公司自本合同生效之日起二年内可以解除本合同，但是自合同生效之日起逾两年的除外。解除本合同时，本公司在扣除手续费后，向投保人退还保险费。投保人申报的被保险人年龄不真实，致使投保人支付的保险费少于应付保险费的，本公司有权更正并要求投保人补交保险费及利息；如已发生保险事故，本公司在给付保险金时按照实付保险费与应付保险费的比例支付。投保人申报的被保险人年龄不真实，致使投保人实付的保险费多于应付保险费的，本公司将多收的保险费无息退还投保人。

第十七条　【通信地址变更】

投保人、被保险人通信地址变更时，应及时以书面通知本公司。投保人未以书面通知本公司时，本公司按最后通信地址发送的通知，视为已送达投保人。

第十八条　【索赔时效】

本合同的被保险人或者受益人对本公司请求给付保险金的权利，自其知道或应当知道保险事故发生或能够行使索赔权之日起五年内不行使而消灭。

第十九条　【批注】

本合同内容的变更或记载事项的增删，非经投保人书面申请及本公司在保险单上批注，不生效力。

第二十条　【争议处理】

合同争议解决方式由当事人从下列两种方式中选择一种并在合同中约定：（一）因履行本合同发生的争议，由当事人协商解决，协商不成的，提交仲裁委员会仲裁；（二）因履行本合同发生的争议，由当事人协商解决，协商不成的，依法向保险单签发地人民法院起诉。

注：重大疾病：急性心肌梗死、恶性肿瘤、瘫痪、慢性肾衰竭、中风、严重烧伤、爆发性肝炎、帕金森氏病、重大器官移植手术、冠状动脉绕道手术、主动脉手术、心脏瓣膜置换手术、再生障碍性贫血、阿耳茨海默氏病、严重脑损伤、昏迷、脑部良性肿瘤、多发性硬化、原发性肺动脉高压、慢性肝病、失明、听力丧失、丧失语言能力、终末期肺病、脑炎、颅脑手术、断肢、女性原位癌、系统性红斑狼疮。

专栏 8-3

国外健康管理介绍

健康管理作为一门学科及行业是20世纪70年代首先在美国兴起的。其兴起的原因主要有三点：一是科技发展使新兴的、昂贵的医疗技术在20世纪中后期大量出现，导致医疗卫生费用的迅速上涨；二是人口老龄化也推动了医疗卫生费用的上涨；三是慢性病的发生率大幅度增长更是导致医疗卫生费用上升的重要因素。为寻求控制医疗费用并保证个人健康的利益，1973年，美国政府颁布了《健康维护组织法》，鼓励社会各界积极参与健康维护工作。之后，各州相继成立了健康维护组织，并与健康保险相结合，从而推动了健康管理产业的发展。

（一）健康管理及其特点

健康管理是指采用一、二、三级预防并举的措施，对个人及群体的健康危险因素进行全面管理的过程。其目的是要调动其自觉性和主动性，有效地利用有限的资源来达到最大的健康改善效果，保护和促进人类的健康，真正达到防治疾病的发生，提高生命质量，降低医疗费用的目的。

健康管理具有三个特点:

1.以控制健康危险因素为核心

健康管理与疾病治疗不同。疾病治疗往往注重对疾病症状的治疗,如血压高了降血压,血糖高了降血糖。而健康管理则注重对影响人的健康危险因素进行干预与控制。例如,同样面对一个糖尿病人,从健康管理的角度看,一方面要看到,多吃少动、营养过剩是导致糖尿病的主要危险因素;同时,糖尿病又是导致心血管病、肾功能衰竭等疾病的重要危险因素。因此,不仅需要采取措施降其血糖,更重要的还需对其主要危险因素进行有效控制,从根本上降低与减少其并发症的发生率。

2.一、二、三级预防并举

一级预防是指通过健康教育、健康促进手段,达到对一般人群的心理、行为、社会、生物可控制的危险因素的综合一级预防目标,来改善健康状况,降低疾病的发生率;二级预防是指通过危险因素的预测,有针对性地进行干预,达到早发现、早诊断、早治疗,规范化管理的二级预防目标;三级预防是指通过健康管理,提高现患人群的自身化管理技能,减少疾病的危害,达到预防各种并发症的发生,有效降低病人残疾和死亡率的三级预防目标。

3.预防医学与临床医学相结合

形成一种真正以人为中心,以健康为中心的新的医学模式,即从单纯的生物医学模式向生物、心理、社会医学模式的转变;并且,从手段与措施上,将群体健康教育与个体指导相结合,不仅需告知影响其健康的危险因素是什么,使其明白应如何采取有效措施,积极予以防治;同时,还需针对其健康危险因素进行分析,提出有利于控制其健康危险因素、提高其身心健康水平的干预方案。

(二)健康管理基本内容

健康管理由三部分组成:第一部分为收集健康信息,进行健康监测。通过收集个人的健康及生活方式相关的信息,发现健康问题,为评价和干预管理提供基础数据;第二部分为健康危险因素评价。通过对个人的健康现状及发展趋势做出预测,以达到健康警示的作用,提高人们的健康意识,为干预管理和干预效果的评价提供依据;第三部分为健康危险因素干预管理与健康促进。通过个人健康改善的行动计划及指南,对不同危险因素实施个性化的健康指导,这是解决健康问题最实质性、最重要的一个环节。

健康信息收集、监测与危险因素评价有助于我们对客户的健康状况及其发生疾病的危险性进行较为充分的了解与掌握,有利于我们实现保前和保中的风险控制。健康危险因素干预管理与健康促进,有助于从源头上控制疾病发生率不断增长的风险,这势必将大幅度减少医疗费用的支出。因此,这是实现保中与出险后的风险控制的有效措施。

健康管理三个环节中,最为关键和核心的是第三部分——行为干预。当今行为干预的核心是饮食和运动问题。《中国居民营养与健康现状》的调查报告指出:膳食结构不合理和缺乏适量的运动是慢性病的根本原因。世界卫生大会的健康战略已从1992年的"人类健康四大基石"发展到《饮食、身体活动与健康全球战略》(以下简称《战略》)。《战略》中明确提出,要研究饮食、体力活动的监测评价问题。这里包含两个问题:一是如何科学倡导合理饮食、适量运动;二是如何有效监测、分析与评价合理饮食、适量运动。

(三)国外健康管理(管理型医疗保健)的运作模式

1.健康维护组织

健康维护组织(HMO)是与管理型医疗保健同时诞生和发展的。特别是自1973年美国颁布了《健康维护组织法》以后,各州都建立了大量的健康维护组织。到1995年,全国的健康维护组织已达到590多个,参保的人数达5300万。HMO将医疗服务提供者组织起来,为本地区的自愿参保者提供成套的综合医疗服务,并按人头或根据保障计划从HMO报销费用。根据保险机构、医疗服务提供者和参保人三者之间的关系不同,HMO运作模式主要有团体模式、雇员模式和网络模式。团体模式是参保人根据保险合同向HMO缴纳保费,HMO与医师团体(如医师协会)商议,确定医疗服务价格,并按一定比例将保费拨给医师团体。参保人生病时,从与HMO有协议的医师那里得到医疗服务。雇员模式是医师作为HMO自己的雇员,从HMO领取工资。参保人向HMO缴保费,生病时从HMO的医师那里得到医疗服务,省却了理赔环节。网络模式与团体模式相似,区别在于HMO与多个医师团体签订协议,向不同的参保人群提供医疗保障。

2.优先选择提供者组织

优先选择提供者组织(PPO),产生于20世纪80年代,也同HMO一样,PPO通过多种措施引导病人去那些费用控制得好的医师处求医,从而达到节省费用的目的。但它比HMO更为灵活,给参保者更大的自由来选择医疗服务提供者。因而PPO一经出现,就得到迅速发展。到1994年,全美已有超过1680个PPO机构。PPO结合了传统的按服务项目付费补偿的特点和HMO的做法。一般是由保险公司组织、管理,但也有的是由医疗服务提供者自己来组织、管理。PPO与医疗服务提供者网络或团体签订合同,医疗服务提供者根据商定的价格为参保人提供医疗服务,参保人可以到指定以外的医师处看病,但费用大部分需自理。PPO一般根据费用及效率情况来挑选医生,系统自己能监测运作情况。

3.专有提供者组织

专有提供者组织(EPO),是PPO的极端形式。EPO的参保人只能找指定的医师看病,否则费用全部自担。指定医生按服务项目价格收费,但收费可打折。

4.定点服务计划

定点服务计划,结合了HMO与PPO的特点,它使用医疗服务提供者网络,或自己挑选医疗服务提供者,参保人从中选择一名初级保健医生为自己治疗,并由其负责转诊。到自己选定的医生处看病时几乎不用再掏钱,也不用提出理赔。到别的医生处看病时需先交钱,然后找保险人申请赔付,而且自付比例较高。

除上述四种采用管理型医疗保健的机构外,还有许多种。但就医疗费用的结算方式而言不外乎以下三种:

(1)按人头收费。指保险人按照参保人的数量,将一定比例保费预付给医疗服务提供者。之后保险人和投保人不再向医疗服务者支付费用。这种结算方法主要是针对初级保健医生,其最大的优点是能充分发挥医疗服务提供者控制费用的主动性,有效降低医疗费用。缺点是医生可能会因为注重节省费用而造成医疗服务提供不足的现象。但一般而言,由于投保人每年有重新选择指定医生的权利,所以为了稳定病人数量,医生在节省费用的同时,也得考虑病人的需求和满意度。

(2)按项目收费。保险人与医疗服务提供者协商,对每一具体的医疗服务项目都制定出明确的价格,并确定折扣价。参保人看病后,根据账单,找保险人申请赔付,或由医疗服务提供者与保险人结账。这种结算方法主要针对专科医生。其优点在于理赔时明码实价,参保人心理感受好。但对于一项服务是否必要、合理,往往难以判定。

(3)按日给付。主要针对医院的住院和门诊治疗。参保人到医院住院和门诊治疗时,保险人按住院天数和门诊次数定额给付,超出部分由参保人自付。

【本章小结】

意外伤害保险是人身意外伤害保险的简称,它是指保险人对被保险人因意外伤害事故导致死亡或残疾,按照合同约定给付全部或部分保险金的一种人身保险。意外伤害应符合三个条件:一是,客观上必须有意外事故发生,事故原因为意外的、偶然的、不可预见的。二是,被保险人必须有因客观事故造成人身死亡或残疾的结果。三是,意外事故的发生和被保险人遭受人身伤亡的结果之间存在着内在的、必然的联系,即意外事故的发生是被保险人遭受伤害的原因,而被保险人遭受伤害是意外事故的后果。

健康保险是以人的身体为对象,以被保险人在保险期限内因患病、生育所致医疗费用支出和工作能力丧失、收入减少及因疾病、生育致残或死亡为保险事故的人身保险。健康保险分为个人健康保险和团体健康保险,结合个人或团体成员风险特征及保险需求,保险人可设计不同的险种及其展业活动。

意外伤害保险和健康保险相对于人寿保险而言属于非寿险业务,是人身保险的重要组成部分,通常保险期限在一年以内,其业务开展或通过发挥其特有的保险功能或通过设置不同类别的险种设置多功能的综合保险买足投保方结构化保险产品服务的需求。意外伤害保险和健康保险同人寿保险相结合,往往是以附加险的形式来满足保户的相应需求。

【思考与练习】

■主要概念

意外伤害保险　意外伤害　特约意外伤害保险　疾病　健康保险　团体健康保险
个人健康保险

■基础练习

一、单项选择题

1.下列属于意外事故的是(　　　　)。

A.铅中毒　　　　　　　　　　　　B.雷电击伤

C.自杀　　　　　　　　　　　　　D.心脏病猝死

2.公路旅客意外伤害保险的保险期限通常是(　　　　)。

A.一年　　　　　　　　　　　　　B.一年以内

C.出行期间　　　　　　　　　　　D.上车到下车的旅行期间

3.意外伤害医疗保险通常作为(　　　)的附加保险。

A.意外伤害保险　　　　　　　　　　B.健康保险

C.人寿保险　　　　　　　　　　　　D.人身保险

4.(　　　)属于符合健康保险疾病的条件。

A.明显的外来原因所致　　　　　　　B.先天性原因所致

C.非自然的生理现象所致　　　　　　D.无民事行为能力的被保险人的自杀行为

5.按照保障范围可以将健康保险分为(　　　)。

A.个人健康保险和团体健康保险

B.自愿保险和强制保险

C.定额给付型健康保险、津贴给付型健康保险和费用补偿型健康保险

D.医疗费用保险和伤残收入损失保险

二、多项选择题

1.(　　　)通常属于意外伤害保险的可保风险。

A.触电　　　　　　　　　　　　　　B.急性中毒

C.斗殴　　　　　　　　　　　　　　D.被野兽袭击

2.意外伤害保险的纯费率是根据意外事故发生的概率厘定的,这个概率主要取决于(　　　)。

A.被保险人的职业　　　　　　　　　B.被保险人所从事的活动

C.被保险人的身体状况　　　　　　　D.死亡率

3.意外伤害保险的保障事项主要包括(　　　)。

A.死亡　　　　　　　　　　　　　　B.财产损失

C.伤残　　　　　　　　　　　　　　D.医疗支出

4.(　　　)的人身保险应当属于健康保险。

A.生育保险　　　　　　　　　　　　B.医疗保险

C.护理保险　　　　　　　　　　　　D.伤残收入保险

5.按给付方式不同,健康保险可分为(　　　)。

A.定额给付型保险　　　　　　　　　B.津贴给付型保险

C.费用补偿型保险　　　　　　　　　D.精神伤害补偿性保险

三、简答题

1.意外伤害的构成要素有哪些?

2.什么是意外伤害保险?其特点是什么?

3.意外伤害保险的保险责任构成条件是什么?

4.简答意外伤害保险的保险内容。

5.什么是健康保险?健康保险的特点有哪些?

6.健康保险合同的重要事项有哪些?

7.健康保险有哪些种类?

■思考题

1.简述意外伤害保险与财产保险和人寿保险的异同。

2.简述我国意外伤害保险有哪些主要险种。

3.简述国外健康保险市场发展的最新动态。

4.简述我国健康管理及健康保险的发展空间。

■单元实训

实地调查健康保险公司开展的主要业务,完成一份健康保险市场调查报告。

第九章 再保险

学习要点

- 再保险的必要性。
- 合同再保险、临时再保险、预约再保险的基本含义。
- 危险单位和自留额在再保险中的作用、决定自留额大小的影响因素。
- 比例再保险和非比例再保险的比较特征。
- 分入再保险和分出再保险业务的一般流程。

第一节 再保险概述

一、再保险的基本概念

再保险是相对于原保险而言的。原保险是指投保人或被保险人与保险人（保险公司）之间的保险活动。再保险则是指原保险中的保险人（保险公司）将自己所承保的部分或全部保险责任向其他保险人进行分保的一种保险交易。在这一个保险交易中，投保人是原保险人，而保险人是原保险人以外的其他保险人。这里所指的其他保险人我们称之为再保险人，这第二次的保险交易我们称之为再保险。在再保险交易中，我们将原保险人的投保行为称之为分出保险业务，再保险人的承保行为我们称之为分入保险业务。所以，再保险通常也称为分保。

由于再保险转移的是原保险人所需要承担的原保险合同责任，因此再保险是一种责任保险。在这一责任保险中，保险事故是原保险人依据原保险合同承担了的赔付责任，即是原保险人因原保险中约定的保险事故发生所要承担的部分或全部的保险赔偿责任。需要说明的是，尽管再保险的赔偿是以原保险人对直接被保险人的赔偿为基础的，但原保险合同和再保险合同是互相独立的。也就是说，再保险人没有义务直接对原保险中的被保险人进行赔付。

二、再保险的需求与供给

(一)再保险的需求

正如我们在直接保险中要说明企业和个人为什么选择保险一样，在再保险中，我们也要回答原保险人为什么要选择再保险,进而说明什么样的原保险人更需要再保险。

我们知道,保险是一种风险管理工具,借助于这一工具,投保人只要支付一个确定的成本,就可以将被保险人作为个体单独承担的不确定性风险转移出去。而保险人在这一过程中,进行了风险的集中和分散,即我们通常所说的承保业务,而在这过程中,保险公司自身也累积了大量风险,但保险公司也很好地利用了大数原理,将自身所集中的风险进行分散。所以我们可以从几个不同的角度来认识保险公司进行分保的必要性。

第一,保险标的数量少,面临的风险巨大。承保的标的个数少,面临的风险巨大,但该项保险业务保险金额巨大,保险人的保费收入可观。如卫星发射、航天器、巨型轮船。很显然,这样的业务无法在时间维度上满足大数定理的条件,从而使得保险的数理基础在时间维度上失效,也使得原保险人需要将承保风险进行转移。

第二,保险业务的地域特征所导致的风险积累。保险业务的地域性特征所导致的风险积累,对于规模小、在特定区域内经营的原保险人,自身无法分散转移这类风险。如一些区域性自然灾害,就使得限定在该区域内经营的保险人自身无法分散这类风险。如中国某一省份的水灾,可能就使得该省份的所有保险标的均面临损失,从而使得限定在该省份经营的原保险人面临巨额赔付。

第三,保险产品单一所引致的风险累积。原保险人可能只经营相对单一的保险产品,如专业的车险保险人,那么,车险业务如面临意外的巨额赔付,就会使得该保险人陷入偿付危机,影响保险人的持续经营。

第四,保险业务量在时间上不均衡分布所引致的风险累积。原保险人在一特定时间段内保险量突然增大,保险责任突然增加,就使得原保险人在特定时点上风险集中,一旦将来在相应的时段保险事故发生,原保险人赔付困难的可能性就会增加。

这样,我们可以看到,原保险人在直接保险业务中,在为直接被保险人进行风险的集中和分散过程中,也需要通过一定的风险管理工具来满足自身的风险管理需求,也就决定了原保险人对于再保险这一风险管理工具的需求。通过再保险,原保险人所承保的风险在空间上和时间上进行了再次分散,使得原保险人的承保风险得以控制。

同时,从金融的视角来看,人们还发现再保险的需求还受到原保险人其他因素的影响,主要包括以下六个方面:

一是,原保险人股权结构。因为再保险在本质上是风险的再分散,分散的所有权在本质上也是用来分散风险的。所以,对于股权分散的保险公司,其对再保险的需求就小。而保险人所有权结构越是集中,为了分散其承保带来的风险累积,其就越倾向于选择再保险。

二是,降低收益的波动性。追求更为平稳的收益的保险人,更倾向通过再保险获得更具可预测性的现金流量。特别是针对巨灾风险。

三是,保险监管的要求。保险的监管机构为了防止保险人的承保风险引致保险人的破产倒闭,都会根据保险人的资本量来限制其承保规模。而通过再保险的分出业务,原保险人就可以在满足监管要求的前提下,扩大其承保金额。因为分出业务本身可以为原保险人带来佣金收入,所以再保险在实质上,提高了原保险人的资本杠杆能力,更有利于原保险人的成本分摊,创造规模收益。

四是,原保险人增信的需要。由于原保险人通过再保险使得承保风险得以控制,从而就提升了原保险人的信用,原保险人信用的提升对吸收外部股东的投资、降低原保险人的财务费用等都是有利的。

五是,可以获得再保险人承保和理赔的技术支持。由于再保险人通常是在世界范围内进行风险的分散。一方面,再保险人所承保风险范围更广,另一方面,它对小概率事件的发生更具实践经验。再保险人可以凭借其在专业技术方面的优势,向其分出人提供费率厘定、查勘定损方面的帮助。特别是,当原保险人进入一个新的地理市场或者一个新的保险产品市场时,由于原保险人缺乏经验数据的支持,而不能预测赔偿责任,对再保险的需求就会增加。另外,在国际保险领域里,再保险人还会通过承担原保险人的遗留赔偿责任的方式,帮助原保险人退出一个市场。

六是,税收因素。不同的国家和地区对保险人的保险收入会实行不同的征收规则,这对于希望通过利用税收规则的不同而收益的保险人来说,再保险提供了一种财务转移的工具。比较常见的是在保险集团内通过再保险将保费收入从高税率的地区转移到低税率的地区。

(二)再保险的供给

有了再保险的需求,自然就会有再保险的供给。再保险人即为分入业务的接受者。再保险人为直接保险人或者其他的再保险人提供再保险服务,即为保险人保险。

再保险人基本上可以分为四类:即专业再保险人、原保险人的再保险部门、再保险集团或承保辛迪加(Syndicate)、伦敦劳合社承保人等。

专业再保险人是专营再保险业务,不做直接保险业务。世界上著名的再保险人都是专业再保险人,如慕尼黑再保险、瑞士再保险、汉诺威再保险等。

原保险人的再保险部门经营原保险人承保的同类风险责任。如现在的中国再保险集团的前身就是中国人民保险公司的再保险部。当时的中国人民保险公司再保险部承保的就是中国人民保险公司各业务部(分公司)的分出业务。规模大的原保险人常常设立内部的再保险部门(或再保险子公司),一方面进行风险的再次分散,另一方面也使得用于支付再保险保费的原保费收入留在公司(集团)内部。

再保险集团或承保辛迪加形成了一个分散的集团成员间风险分散的机制,其优点在于可以将损失风险分散到许多保险人之间,从而增加了整个集团的承保能力。再保险集团可以由原保险人或再保险人组成。显然,再保险集团是提供解决单个的再保险人承保能力不足问题的有效途径。

伦敦劳合社是世界上最大的,也是最负盛名的再保险组织。劳合社通过由个人和公司成员组成的承保辛迪加来承担风险责任。作为一个由上百家专业承保辛迪加组成的大市场,劳合社可以办理全球的直接保险和再保险业务,还可以办理集团间的再保险业务。(关于伦敦劳合社的进一步介绍见专栏9-1)

再保险业务的达成可以通过再保险中介,也可以由再保险人直接同原保险人签单的方式形成。从世界范围来看,再保险中介在促成再保险交易中发挥了重要作用。对分出公司来说,再保险中介通常对如何进行再保险规划比较有经验,并且熟悉再保险市场,可以为分出公司赢得更为有利的交易条件;再保险中介还可以进入到世界上许多再保险市场,从而帮助分出公司进入一个更大的再保险市场。在这种情况下,分出公司对于再保险的选择,很大程度上依赖于再保险中介的判断能力。

一般说来,再保险人的资本能力、经验和技术是决定再保险人能否获得再保险业务的关键。但在发展中国家,政府的保险监管机构会通过管制来决定本国的再保险业务在国际市场中的配置安排,通常会强制本国的原保险人向本国的国有再保险人分出保险。其目的一方面是扶植本国的再保险机构,另一方面是想减少本国保费收入的流出,增加一国保险业的整体承保额。这就是所谓的强制再保险。对许多发展中国家的再保险人来说,强制再保险是其再保险业务的主要来源。有些国家的强制再保险还规定必须给地区性的再保险人分出保险业务,如非洲再保险公司要求各成员国的保险人必须将5%的业务交给非洲再保险公司办理再保险;亚洲再保险公司要求成员国的保险人必须将5%的海外业务交给亚洲再保险公司办理。但是强制再保险既不符合自由贸易的原则,同时在有限的地域内实行强制再保险以获取再保险业务也不利于风险的分散。所以世界上有很多国家都通过制度改革取消了强制再保险的要求,以努力减少对强制再保险的依赖,如韩国、阿根廷、秘鲁、智利、哥伦比亚等。

1995年之前,我国再保险业务由中国人民保险公司专营。1995年《中华人民共和国保险法》正式颁布,其中第101条规定:除人寿保险业务外,保险公司应将其承保的每笔保险业务的20%按照国家有关规定办理再保险。并且授权中国再保险公司(时称中保再保险有限公司)具体经营强制再保险业务。中国入世谈判中,再保险市场率先开放。自2003年起,法定再保险业务逐年减少,外资再保险公司开始进入中国。目前,我国再保险市场上的供给主体主要有三类:一类是中资专业再保险公司,国内目前唯一一家中资法人专业再保险公司是中再集团,下属中再产险和中再寿险;一类是外资再保险机构,主要有慕尼黑再保险、瑞士再保险、劳合社再保险等外资再保险机构等以分公司或子公司的形态经营再保险业务;还有一类是其他经营直接保险业务的保险公司。目前,国内财产险保险公司普遍具有开办再保险分入业务的资质。

第二节　再保险的基本分类

再保险按不同的标准可以有不同的分类:按分保的安排方式可以分为合同再保险、临时再保险和预约再保险;按分保的对象可以分为财产风险的再保险、责任风险的再保险、运输风险的再保险、人身风险的再保险和巨灾风险的再保险;按分保责任的确定方式可以分为比例再保险和非比例再保险。

一、按分保的安排方式分类

(一)合同再保险

合同再保险也称固定再保险,是由原保险人和再保险人事先签订再保险合同,约定分保业务范围、条件、额度、费用等。在合同期内,对于约定的业务,原保险人必须按约定的条件分出,再保险人也必须按约定的条件接受,双方无须逐笔洽谈,也不能对分保业务进行选择,合同约定的分保业务在原保险人与再保险人之间自动分出与分入。合同再保险是一种长期性的再保险,但订约双方都有终止合同的权利,通常是要求终止合同的一方于当年年底前三个月以书面形式通知对方,在年底终止合同。

（二）临时再保险

临时再保险是最早采用的再保险方式，是指在保险人有分保需要时，临时与再保险人协商，订立再保险合同，合同的有关条件也都是临时议定的。

（三）预约再保险

预约再保险，也称临时固定再保险，是一种介于临时再保险和合同再保险之间的再保险。它规定对于约定的业务，原保险人可以自由决定是否分出，而原保险人一经决定分出，再保险人就必须接受，不能拒绝。也就是说，对于合同约定的业务，原保险人有选择是否分出的权利，而再保险人则没有选择的权利。

二、按分保的对象分类

（一）财产风险的再保险

财产风险的再保险，是指对分出公司承保的坐落于某一地点或存放在某一场所的企业或居民家庭等主体的财产的火险保险责任提供保障的再保险。

（二）责任风险的再保险

责任风险的再保险，是指对分出公司承保的责任保险的赔偿责任提供保障的再保险。当分出公司承保的责任保险业务的赔偿责任已经发生时，由分入公司按比例承担赔偿责任；或分出公司的赔偿责任超过其自负责任时，由分入公司对超过的部分承担赔偿责任。

（三）运输风险的再保险

运输风险的再保险，是指对分出公司承保的运输货物保险和运输工具保险的赔偿责任提供保障的再保险。当分出公司承保的运输货物或运输工具保险业务的赔偿责任已经发生时，由分入公司按比例承担赔偿责任；或分出公司的赔偿责任超过其自负责任时，由分入公司对超过的部分承担赔偿责任。

（四）人身风险的再保险

人身风险的再保险，是指对分出公司承保的人身保险的给付责任提供保障的再保险。当分出公司承保的人身保险业务的给付责任已经发生时，由分入公司按比例承担给付责任；或分出公司的给付责任超过其自负责任时，由分入公司对超过的部分承担给付责任。

（五）巨灾风险的再保险

巨灾风险的再保险，是指对分出公司承保的巨灾保险的赔偿责任提供保障的再保险。当分出公司承保的地震、洪水等巨灾保险业务的赔偿责任已经发生时，由分入公司按比例承担赔偿责任；或分出公司的赔偿责任超过其自负责任时，由分入公司对超过的部分承担赔偿责任。

三、按分保责任的确定方式分类

（一）比例再保险

比例再保险是按保险金额的一定比例确定原保险人的自留额和再保险人的分保额，同时也按该比例分配保费和分摊赔款的再保险。

比例再保险包括成数再保险、溢额再保险和成数溢额混合再保险。

（二）非比例再保险

非比例再保险，是以赔款金额为基础，当原保险人的赔款超过一定额度或标准时，由再保险人承担超过部分的赔款的再保险。

非比例再保险有超额赔款再保险和赔付率超赔再保险之分，而前者又分为险位超赔再保险和事故超赔再保险。

由于分保责任的确定是再保险合同的最为核心的内容，所以，关于比例再保险和非比例再保险我们将在下两节给予更为详细的介绍。这里我们先就比例再保险和非比例再保险中要用到的两个基本术语（危险单位、自留额）给予说明。

四、再保险划分的重要依据：危险单位与自留额

（一）危险单位

1. 危险单位的概念

"危险单位"是一次保险事故可能造成的最大损失范围。保险事故概率有着很大的不确定性，同时，不同概率情景之下的最大可能损失有着很大的差别。保险公司一般将概率情景分为两类：普通保险事故和极端概率事故。普通保险事故与极端概率事故的区别主要在于两方面：一是发生概率，极端概率事故的发生概率要大大低于普通保险事故；二是损失范围，普通保险事故的损失范围通常限定在单一地点，极端概率事故（如高烈度地震、飓风、海啸等）则往往波及广大地域。我们通常所言的危险单位划分主要指普通保险事故情景下的最大损失范围划分，极端概率事故则主要通过累积风险控制进行管理。

2. 危险单位划分的原则及意义

危险单位的划分应该本着科学、谨慎和合理的原则进行。"存疑不分"是危险单位划分的重要原则，即在存有疑惑和不确定的情况下，应该不做一个危险单位以上的进一步划分。危险单位划分的标准是坐落于同一地点的两（多）项保险财产彼此安全区隔，发生于其中一项财产的保险事故不会同时影响另一项保险财产。同一保单下的保险财产如果符合上述危险单位划分的标准，该保单可以进行危险单位划分。同一地点不同保单下的保险财产如果可能受到同一保险事故的影响，上述保单下保险财产应合并视为一个危险单位。

危险单位划分是评估最大可能损失的基础。通过危险单位划分确定最大损失范围后，保险公司对该范围内保险财产遭遇保险事故可能损失的程度进行进一步的估测，便可得出最大可能损失的金额。以此为据，保险公司可以确定自身在特定项目上的自留风险比例，并安排所需的各项再保险保障。

最大损失范围应以最大可能损失为判断基础。最大可能损失是指在所有保护系统失灵，相关应急处理人员以及公共救灾机构无法提供任何有效救助的情况下，单一设施可能遭受的财产损失以及营业中断损失的合计最大金额。对于火灾风险而言，这意味着"完全焚毁"的状态。在这一情景下，只有充分的区隔距离以及完整无隙的防火墙（即防火墙上不能开有通口，即使这些通口有防火门一类设施遮蔽）才能有效阻止火势蔓延。简单说，最大可能损失是主动保护系统无效情景下的可能最大损失。

3.危险单位划分的方法

第一,对于建筑安装工程险来说,同一地点一个工程不管涉及多少个被保险人或保单都应视为一个危险单位,其中除建筑安装工程险以外,也包括预期利润损失、延误开工和后果损失。同时应明确记录在案工程项目属于新建、扩建还是内部改造。

第二,如果保险公司承保的附加风险受不同地点的风险影响时,包括但不限于由于物质损失引起的供应商、客户以及相互关联的风险,无论它是在标的物所在地或其他地点,每个地点可被看作一个独立的危险单位,但利润损失风险不能划分。

第三,当标的包含已知和列明的位于其他地点的相关延伸风险,包括由于物质损失引起的但不限于供应商、客户以及相互关联的风险,而且保险公司在承保时记录在案时,每个地点可被看作一个独立的危险单位,但利润损失风险不能划分。

第四,未知、未列明或不能被确认的附加风险将按地点被看作是不同的危险单位。

第五,保险公司应当在承保风险时就确认危险单位划分并记录在案。

第六,如果两个或两个以上的危险单位存在同一地址,保险人应在其承保时就要在记录中明确标明这些建筑物、建筑物内物品以及利润损失或营业中断险、后果损失如何构成一个或多个危险单位。如果没有做这些确认,在该同一地址上的建筑物及建筑物内物品及其相关利润损失等将被认为是构成一个危险单位。在这里"建筑物"是指包括外墙的建筑物,外墙是指建在地址周边的墙,与地基上面额外的墙和房顶数无关。"地点"是指相连的、没有间断的开阔地,由公路、铁路、河流或其他自然物隔开。"工程"是指一个全面规划好的工程,具有完整的工程进度表,包括起期日、工程进度及完工日期。(注:大多数国家再保险监管机构都对危险单位划分制定指引。)

(二)自留额及其影响因素

自留额,也称自留责任额度。主要包含比例再保险中的自留额、非比例再保险中的自负责任额和自留责任比率。自留责任额度的确定,取决于多方面的因素,如政府对再保险的有关规定、市场情况以及分出公司的经营方针、财务和业务状况等,我们可以将这些因素分为非技术性因素与技术性因素两类。

1.非技术性因素

对分出公司确定自留责任额度起影响作用的非技术性因素,主要是指国家有关法律和法规的有关限制性规定。这些规定主要包括以下两个方面:

第一,对总自留责任额度的规定。分出公司的自留责任的确定必须符合保险法的要求,而不能突破保险法规定的界限。而分出公司当年总自留责任额度的确定是否符合保险法的要求,其判断标准是与这一自留责任额度相对应的当年自留保险费是否控制在其实有资本金加公积金总和的四倍以内。

第二,国家法律对具体业务自留责任额度的规定。《保险法》103条规定:"保险公司对每一危险单位,即对一次保险事故可能造成的最大损失范围所承担的责任,不得超过其实有资本金加公积金总和的10%;超过的部分应当办理再保险。"在实务中,这条规定通常适用于保额巨大而且是需要办理临时分保的业务,如大型水电站、炼油厂等为标的的保险业务。分出公司对每一危险单位的自留责任额只有在不超过保险法规定界限的前提下确定和调整。

2.技术性因素

对分出公司确定自留责任额度起影响作用的技术性因素,是指反映分出公司自身实际经营状况的各种变量以及其他不属于政府法律规定的相关因素。这些因素主要包括以下几个方面:

第一,资本规模。资本规模既是国家对保险企业经营规模进行限制时所要考虑的主要因素,也是分出公司确定自留责任额度时首先要考虑的因素。资本的占有状况反映保险企业的经济实力。保险企业占有资本的数量越多,其经济实力就越强,对保险风险的承受能力就越强。

第二,保费收入量。保费收入量一方面反映分出公司承保的业务规模,从而反映分出公司的风险累积状况,即分出公司的保费收入量越大,意味着分出公司承保的业务规模越大,风险累积得越多;另一方面则反映分出公司的偿付能力,即保费收入越多,其偿付能力越强。就前一个方面而言,保费收入量并非越多越好,而是要受其资本规模的制约;就后一方面而言,由于保费收入越多,其偿付能力越强,因而自留责任额度与保费收入量呈同方向变化。如何处理这种矛盾的关系,在不违反国家法律规定的前提下,将自留责任确定在一个合适的规模和水平上,是分出公司必须认真对待的重要问题。对此,分出公司有必要对保费收入增加的原因进行具体的分析,并根据分析的结果确定和调整自留责任。

第三,赔款和费用。保险公司是通过收取保费建立保险基金,并以此对遭受损失的保户进行补偿。因此,保费收入应当能抵补赔款和业务费用。当保费收入不足以抵付赔款和业务费用时,就要动用资本。所以在确定自留责任额度时,除了考虑资本和保费外,还要考虑赔款和费用因素。自留责任额的水平与赔款和费用占保费收入的比率成反方向变化,即赔款和费用占保费收入的比率越高,分出公司的自留责任额度应该越低;反之,赔款和费用占保费收入的比率越低,分出公司的自留责任额度应该越高。

第四,风险结构。风险结构有两种含义,一是从宏观上看,它指的是保险公司整体业务中各个险种的比例,如果赔付率低、效益好的险种,险费占较大的份额,则该公司的风险结构为好,反之为差。二是从微观上看,主要指的是具体险种的业务。如果保险公司某一险种从不同的保额区间来看,赔付率低、效益好的区间业务保险费占较大的比例,则该险种的风险结构为好,反之为差。

第五,经济周期。由于经济领域中存在着一定的经济周期,而这些周期的出现和存在对经济生活的各方面都会产生一定的影响,当然保险业也不例外。不同阶段的经济周期对保险业和分保业务的自留责任额度都会有一定的影响。每一经济周期分为高峰阶段、衰退阶段、萧条阶段和恢复阶段。

总的来说,自留责任额度的确定是一项复杂的工作,由于没有固定的公式来计算自留责任额,所以自留责任额的制定者须具有较高的分析水平,并借助全面和准确的业务数据,加上科学的方法,才有可能确定较为准确的自留责任额度。

第三节　比例再保险

比例再保险是以保险金额为基础来确定原保险人的自负责任和再保险人的分保责任的再保险方式。我们首先介绍比例再保险的三种形式,最后介绍比例再保险的主要合同条款。

一、成数再保险

成数再保险是指原保险人与再保险人在合同中约定保险金额的分割比率,将每一危险单位的保险金额,按照约定的比率在分出公司与分入公司之间进行分割的再保险方式。在成数再保险合同已经成立的前提下,不论原保险人承保的每一危险单位的保险金额大小,只要该保险金额在合同规定的限额之内,都要按合同规定的比率来分割保险金额,每一危险单位的保险费和所发生的赔款,也按这一比率进行分配和分摊。

（一）成数再保险的特点

与溢额再保险相比,成数再保险的优点是手续简便,且合同双方利益一致;缺点是缺乏弹性,同时难以达成风险责任均衡化。具体来说,成数再保险有如下特点:

一是,手续简便,节省人力和费用;二是,合同双方的利益一致;三是,缺乏弹性;四是,不能均衡风险责任。

（二）成数再保险的适用范围

成数再保险多运用于新的公司、险种和特种业务。具体来说大致有下述六种情况。

1. 新公司、小公司

保险公司因刚组建或规模小,由于缺乏经验,对合同自留额等的把握难免存在不妥之处,采用成数再保险,可得到再保险人在风险分析、承保审定、赔款处理等技术方面更多的帮助。

2. 新业务、新险种

由于缺乏统计资料和实际经验,对未来的风险状况一般难以准确地预测和估计,为了稳妥起见,采用成数再保险方式易得到各分保接受人的理解和支持。

3. 某些赔案发生频繁的险种

一般来说,汽车险和航空险等,危险性较高,赔案发生频繁,成数再保险可发挥其手续简单、双方共命运的优势。

4. 转分保的业务

各类转分保业务,由于手续烦琐,采用其他的分保方式比较困难,一般都采用易于计算的成数再保险。

5. 公司内部分保

属于同一资本系统的子公司和母公司之间,以及集团内部分保,为简化分保手续,一般也采用成数方式进行分保。

6.交换业务

由于成数再保险条件优惠,分出公司对于保险金额和业务质量比较平均的业务,在国际分保交往中可以组织安排成数再保险,以此作为交换取得"回头"业务。

二、溢额再保险

(一)溢额再保险概念

溢额再保险,是指原保险人与再保险人在合同中约定自留额和最高分入限额,将每一危险单位的保险金额超过自留额的部分分给分入公司,并按实际形成的自留额与分出额的比率分配保险费和分摊赔款的再保险方式。

(二)溢额再保险的特点

与成数再保险不同,在溢额再保险合同项下分出公司是否分出业务,取决于实际业务的保险金额是否超过分出公司的自留额。只有实际业务的保险金额超过分出公司的自留额,超过的部分才分给分入公司。但分入公司分入的保险金额,并非无限制,而且以自留额的一定倍数为限。这种自留额的一定倍数,称为线数。自留额与线数的乘积为分入公司的最高分入限额。超过这个限额的部分,由分出公司自己负责或自行安排。合同规定的自留额的大小,决定分出公司承担责任的大小。同样,在自留额一定的条件下,线数的多少,决定着分入公司可能承担的责任的大小。自留额与分保额之和叫作合同容量或合同限额。其基本的特点是:

1.溢额再保险首先要确定分出公司的自留额

在溢额再保险合同项下,自留额既是分出公司的责任限额,又是分入公司分入责任的起分点。因此,在溢额再保险合同中首先要确定分出公司的自留额。

2.溢额再保险以自留额的一定倍数作为分入公司分入业务的最高限额

在溢额再保险中,自留额是确定分入公司分入业务最高限额和合同限额的基本单位,在溢额再保险中称为"线"。

3.自留比例和分保比例随着保险金额大小变化而变动

在溢额再保险合同中,原保险人的自留额和再保险人的责任额与总保险金额之间存在一定的比例关系,这是溢额再保险归属于比例再保险的原因所在。

4.溢额再保险可以分层设计

分出公司通常要根据其承保的业务量和年保险费收入等因素来确定自留额,确定通过溢额再保险合同向外分出的线数,并根据确定的线数和各分入公司承受能力和意愿决定设立多少个层次的溢额再保险合同。如果需要分出的业务的保险金额不大,而分入公司的承受能力又比较强,安排一个层次的再保险合同可能就足够了。

(三)溢额再保险的优缺点

溢额保险的优点主要体现在以下两点:

一是,承保具有灵活性。在溢额再保险中,分出公司可以根据不同业务种类、质量和性质以及自身承担风险的能力,确定最佳自留额,凡是在自留额以内的业务则不必分出。因此,不论是在业务选择还是在保险费支出方面,溢额再保险均具有相当的灵活性,比较符合合理分散风险的再保险原则。同时,对保险金额较大的业务,当原溢额再保险合同不能满足分出公司的需要时,可以在此基础上组织第二溢额、第三溢额分保合同,由此可见,溢额再保险对巨额业务的风险分散具有较大的弹性。

二是,可以均衡风险责任。与成数再保险不同,由于溢额再保险可以灵活地确定自留额。对于业务质量不齐、保险金额不均匀的业务,采用溢额再保险可以均衡风险责任。换句话讲,原保险合同保险金额高低不齐的问题,在溢额分保后可以解决,使风险责任均衡化。

同时,溢额保险也有以下不足之处,主要体现在:

一是,比较烦琐费时。溢额再保险的业务账单是按逐笔保险单计算其自留比例和分保比例,并按各自比例计算保险费和赔款的分配。因此,在编制账单时比较复杂、费时费力,所以,办理溢额再保险需要严格的管理和必要的人力来进行,因而可能增加管理费用。以货运险为例,办理溢额再保险时,要根据业务单证按船舶、按每一航次进行登卡和管理限额,并计算出不同的分保比例,以及按这一比例逐笔计算分保费和摊回赔款,在编制分保账单和统计分析方面也较麻烦。

二是,不能完全体现合同双方利益的一致性。溢额再保险虽然属于比例再保险,但原保险人和再保险人的经营成果往往不一,有时甚至差距很大。如果赔款都集中在自留额以内的小额业务的损失,分出公司的累积赔款额就会较高。不过,因为分出公司组织安排分保合同前,一般要参考以往多年的记录而制订出合理的最有利于本公司自留额,应该说,以上情况较少出现。相反,假如巨额赔款较多,接受公司的经营结果必然要出现严重亏损。另外,原保险人若凭借溢额再保险的支持而忽略严格挑选保险标的,也将损害接受公司的利益。

对分出公司和接受公司来说,溢额再保险虽然有不足之处,但这种再保险方式明显利大于弊,尤其是它能更合理地分散风险的优点较为突出。一般来说,对于危险性小、利益较优且风险本身较分散的业务,原保险人多采用溢额再保险方式,以保留充足的保险费收入;对于业务质量不齐、保险金额不均匀的业务,往往采用溢额再保险来均衡保险责任;对于巨额保险业务,溢额再保险则可发挥其分层机能,来分散与消化危险。所以溢额再保险是实际中应用最广泛的再保险方式。

在海上保险方面,包括船体保险和运输保险,均可以用溢额再保险来分散风险。特别是现在船舶的价值越来越大,一艘大型油轮的保险金额高达几亿甚至几十亿美元。溢额再保险则可通过合同的分层设计,来分散与消化此类危险。

对于火灾保险而言,溢额再保险是基本的再保险安排方式。在国际分保交易中,溢额分保也是大家均乐于接受并经常使用的方式之一。

三、成数和溢额混合再保险

成数和溢额混合再保险属于比例再保险,是将成数再保险和溢额再保险组织在一个合同里,它既有成数再保险的优点,又包括溢额再保险的长处,从而弥补了成数和溢额各自安排方式的不足。

(一) 成数合同之上的溢额合同

这种混合方式的再保险,是由分出公司先安排一个成数再保险合同,规定其合同限额,然后再以成数合同的合同限额为"自留额",安排一个溢额再保险合同,规定分入公司分入的线数。如果一笔实际业务的保险金额不超过成数合同的合同限额,全部保险金额在成数合同的分出公司与分入公司之间进行分割。如果一笔实际业务的保险金额超过成数合同的合同限额,则与该限额相等的保险金额仍然在分出公司与分入公司之间进行分割,而超过成数合同限额的保险金额则分给溢额合同的分入公司,直至合同规定的其最高分入限额(溢额合同的自留额与线数的乘积)。

(二) 溢额合同之内的成数合同

这种混合方式的再保险是分出公司先安排一个溢额分保合同,但对其自留额部分按另订的成数合同处理。

成数溢额混合分保合同并无一定的形式,可视分出公司的需要和业务品质而定。这种混合合同通常只适用于转分保业务和海上保险业务,多于特殊情况下采用。这种成数和溢额混合分保可以弥补成数和溢额两种方式单独运用中的不足,取长补短,既解决成数分保付出的分保费过多的弊端,又达到溢额分保项下保费和责任的相对平衡,对于缔约双方都有利。

> **思考:**
> 再保险对保险经营的风险总量和结构恰到好处的作用可以通过哪些方面来实现?

四、比例再保险合同的主要条款

(一) 共同条款

在再保险合同中,有些条款为再保险各方所共知,不用事先约定,只需在再保险合同中列明,这些条款称为再保险合同的共同条款(在非比例再保险合同条款部分就不再重复介绍),主要包括以下三项内容。

1. 共命运条款

共命运条款通常表述为:"兹特约定凡属于本合同约定之任何事宜,再保险人在其利害关系范围内,与原保险人同一命运。"根据该条款再保险人与原保险人在利益与义务方面共命运。

2. 错误与遗漏条款

再保险合同中普遍订有错误与遗漏条款,规定原保险人和再保险人缔约双方不能因为另一方在工作中发生了错误、遗漏或延迟而推卸其对另一方原应承担的责任。

3. 保护再保险人利益条款

保护再保险人利益条款规定:"一切有关本合同的账册、登记本、记录单证和文件,在任何时候均可由接受公司所授权的代表进行检查。"该条款的目的在于保护再保险人的利益。在接受公司对合同的经营发生怀疑或产生争执需要进行查账时,接受公司应先通知分出公司,并承担查账的所有费用。除非在接受公司和分出公司之间因存在分歧,发生争执而提交仲裁,接受公司仅可指派非公司雇用人员作为代表进行查账。

(二)非共同条款

1.业务范围的规定

成数或溢额再保险合同的业务一般是限于同一险种的保险业务。在再保险合同中,业务范围必须明确,除了列明一般的业务范围外,还要明确规定除外责任范围,以免发生损失时,由于责任范围不明确而互相推诿。原则上,除外责任与原保险单的规定相同,比较特别的主要是指战争风险和原子能风险。

2.再保险对象

再保险合同一般规定分保对象为直接承保的业务和通过再保险吸收的业务。将再保险业务纳入分保合同,实质上属于转分保。这个规定对双方而言均是有益的。因为对原保险人而言,通过转分保可避免危险的过度累积;对再保险人而言,则可以增加保险业务的来源,扩大其保险业务的规模。

3.责任的划分

就承担的风险而言,原则上再保险与原保险单承担的风险相同。具体划分的责任大小,与所设定的比例直接相关。

4.再保险业务费率

比例再保险业务的费率,一般都是按原保单上规定的费率办理,所用货币也与原保单一致。

5.分保佣金

分保佣金,也称为再保险手续费,是成数和溢额分保实务中的重点内容之一,它是接受公司根据分保费支付给分出公司的一定费用,用以分担分出公司为招揽业务及业务经营管理等所产生的费用开支。

6.盈余佣金

盈余佣金是在合同有盈余时,接受公司按其年度利润的一定比率支付给分出公司的佣金,也称为利润手续费或纯益手续费。盈余佣金的给付是为了鼓励分出公司谨慎地选择所承保的业务。因此,在采用固定分保手续费的合同中,通常有纯益手续费条款。但如果采用浮动分保手续费,由于已包含了纯益手续费的因素,所以一般不再运用纯益手续费条款。

第四节　非比例再保险

非比例再保险,是以赔款为基础来确定再保险当事人双方的责任的分保方式。当赔款超过一定额度或标准时,再保险人对超过部分的责任负责。与比例再保险不同,在这种再保险方式中,分出公司和分入公司的保险责任和有关权益与保险金额之间没有固定的比例关系,因此称其为非比例再保险。

一、比例再保险与非比例再保险的区别

比例再保险与非比例再保险都是转移和分散原保险人责任的方式。但二者存在着明显的区别。

(一)自负责任与分保责任的确定基础不同

比例再保险是以保险金额为基础来确定自负责任和分保责任的,接受公司的责任额要受原保险金额大小的影响;而非比例再保险是以赔款为基础来确定自负责任和分保责任的,接受公司的责任额不受原保险金额大小的影响,而与赔款总额相关联。

(二)分保费计算的方式不同

比例再保险的分保费完全按原保险费率计算,是投保人支付的原保险费的一部分,且按照分出业务的同一比例支付;非比例再保险是采取单独的费率制度,再保险费以业务年度的净保险费为基础,由订约双方协议而定,另行计算,与原保险费没有比例关系。非比例再保险与比例再保险比较,保险费的量要少得多,通常采取年初预付、年终调整的付费方式。

(三)分保手续费是否支付不同

在比例再保险中,分出公司一般要求接受公司支付一定比例的分保手续费;而在非比例再保险中,分出公司通常不规定接受公司支付分保手续费。

(四)保险费准备金是否扣留不同

比例再保险往往规定扣留保险费准备金,以便应付未了责任和其他意外;非比例再保险的接受公司通常不对个别风险负责,仅在赔款超过起赔点时才予负责,因此,一般不扣存保险费准备金。

(五)赔款的偿付方式不同

比例再保险的赔款偿付,除个别巨灾赔款分出公司要求接受公司以现金赔偿外,通常都通过账户处理,按期结算,比如通过季度账单或半年账单进行结算;而非比例再保险的赔款多以现金偿付,接受公司于收到分出公司的损失清单后短期内如数偿付。

二、非比例再保险的优势

和比例再保险相比,非比例再保险虽然起步较晚,但近年来发展较快,因为它有明显的优势。

(一)非比例再保险有利于控制风险

非比例再保险使分出公司能将风险控制在一定的限度之内,有利于其业务经营的稳定。

(二)非比例再保险有利于资金的周转和运用

非比例再保险起赔点以内的大量小额赔款由分出公司承担,因此分出公司付出的保险费较少,虽然多采用年初预付保险费的方法,但由于保险费占总保险费收入的比例一般不高,因此预付的最低保险费数额也很有限,这样分出公司可以保留大部分保险费,有利于资金的周转和运用。

（三）有利于节省费用

非比例再保险无须分出公司编制业务报表，且账务计算比较简单，通常是年初预付保险费，年终予以结算，比较节省经营费用。

（四）有利于被再保险人接受

在非比例再保险中，接受公司可以较早得到保险费，而且既不需要提存保险费或赔款准备金，也不需要支付保险手续费，可以充分地运用资金。所以再保险人乐于接受这种再保险方式。

三、非比例再保险的劣势

（一）没有分保佣金的规定

在非比例再保险中，一般没有分保佣金的规定，即再保险接受人不分摊分出公司承揽及管理业务的费用，显然，这对分出公司较为不利。

（二）没有提存准备金的要求

非比例再保险通常不要求再保险人提存准备金，这样使分出公司得不到接受公司履行义务的保证，使分出公司承担着一定的信用风险。

（三）费用依赖主观性较大

非比例再保险保险费率不像原保险那样有客观的标准，很大程度上依赖于分出公司的主观意志，给较为合理地制订再保险费率带来一定的困难。

（四）容易诱发道德风险

在非比例再保险中，分出公司自负责任额的确定与保险金额及风险大小无直接关系。且分出公司支付较少的保险费，便可能得到巨额赔款的保障，这样有时难免诱发个别承保人不认真招揽业务的道德风险，或掩盖经营管理中的问题，这样对再保险接受人是不利的。

四、非比例再保险的发展演变历程

（一）单一危险的超过损失再保险

每一保单或某一危险单位所导致的损失，超过自负赔款额度时，超过部分由再保险人负责。这是最原始的方式，在汽车第三者责任险中以及一般责任险中应用较多。

（二）集体危险的超过损失再保险

一个事故涉及许多标的同时发生损失，其赔款总额超过自负赔款额度时，超过部分由再保险人负责。因为是以每一事故、集体危险所导致的总赔款为基础，在异常灾害或巨额赔款的再保险方面应用较多。船舶险、航空险以及汽车修配厂的火灾险也多采用这一再保险方式。

（三）累积危险的超过损失再保险

在某一特定期间（通常为一年）内，对于某些特定的危险（或对危险种类不加限制），所发生的全部损失超过自负赔款额时，其超过部分由再保险人负责。这种方式的再保险通常按赔付率计算，故称为超过赔付率再保险（又称赔付率超赔再保险），又因赔付率的计算期间通常为一年,故也称年度超过赔付率再保险。

五、超额赔款再保险

超额赔款再保险简称超赔再保险,是指原保险人在一次事故中对各个险位的个别赔款或多个险位的总赔款,在超过再保险合同中约定的自负责任额时,再保险人就超过部分负责至约定的最高责任限额的再保险方式。它可以进一步细分为:

(一)险位超赔再保险

险位超赔再保险,以一次事故中每一危险单位所发生的赔款金额为基础来确定分出公司的自负责任额和分入公司最高责任限额的再保险方式。假若总赔款金额不超过自负责任额,全部损失由分出公司赔付;反之,赔款金额超过自负责任额,则超过部分由接受公司赔付,但不超过合同中规定的最高责任限额。

(二)事故超赔再保险

事故超赔再保险是以一次事故发生的赔款总额为基础来确定分出公司自负责任额与分入公司最高责任限额的再保险方式。对于分出公司而言,该再保险方式主要用于巨灾事故的保障,避免一次事故造成过大的责任累积,因此,它又称为巨灾超赔保障再保险。其实际操作中的要点在于:

1.事故次数的划分

地震、洪水、风暴和森林大火等灾害事故有时持续的时间较长,甚至可持续数日。在这种情况下,按一次事故来计算分出公司的自负赔款和分入公司的分摊赔款,与按几次事故来计算分出公司的自负赔款和分入公司的分摊赔款,结果可能截然不同。

2.赔款分摊金额的计算

险位超赔再保险合同项下的赔款要不要在分出公司与分入公司之间进行分摊,要通过将一次事故中单个危险单位发生的赔款与合同中规定的自负责任额进行比较来确定。与险位超赔再保险合同不同,事故超赔再保险合同项下的赔款要不要在分出公司与分入公司之间进行分摊,要通过将一次事故中多个危险单位发生的总赔款与合同中规定的自负责任额进行比较来确定。

3.事故超赔再保险合同的分层设计

由于一次事故的责任较大,事故超额赔款再保险合同可以分"层"设计,即将整个超赔保障数额分割为几层,便于不同的分入公司接受。

超额赔款再保险在火灾保险、海上保险、意外保险、意外伤害保险等方面都有广泛的运用。

六、赔付率超赔再保险

赔付率超赔再保险也称损失中止再保险,是按年度赔款与保费的比率来确定自负责任和再保险责任的一种再保险方式。在约定的年度内,当赔付率超过分出公司自负责任比率时,超过的部分由分入公司负责。

在赔付率超赔再保险条件下,如果实际赔付率已经超过或预计超过分出公司的自负责任比率,分出公司在客观上存在着放松理赔,从而损害分入公司利益的可能性。为了避免分出公司损害分入公司利益行为的出现,有必要使分入公司的赔偿责任的一部分由分出公司承担。因此,在赔付率超赔再保险合同中,常见与下面的条款相类似的条款:"再保险人对于原保险人的赔付率超过 70% 至 120% 的部分,再保险人只负责赔偿其 90%,或 600000元的 90%,以两者之中较少者为准。"有了这样的条款,即使是实际赔付率超过合同中约定的分出公司自负责任比率,对于超过的部分分出公司还要负责其中的一部分。因此,这样的条款有利于促使分出公司为了自身的利益而严格承保与理赔。

由于对超过分出公司自负责任比率以上的赔款责任,分出公司与分入公司仍有一定程度上的利害一致的关系,故这种做法称为共同再保险。

赔付率再保险保障的是赔付率,因此如何计算赔付率至关重要。传统的赔付率计算方法为已发生赔款与满期保费之比。

赔付率超赔再保险主要适用在农作物的雹灾保险。在伦敦、欧洲、美国等保险市场上,雹灾保险的经营者采用赔付率超赔再保险十分普遍,其原因是雹灾一旦发生,不仅损失金额巨大,而且难以划定一次事故的界限。但一次事故的范围,又直接关系再保险人和原保险人的责任。对于小额损失集中、发生损失的频率高的业务,采用赔付率超赔再保险的居多,尤其是这种情况已延续数年且短期内难以改善时,更是要采用这种保险。因为小额损失多,若采用一般的超赔再保险,则起赔点要定得相当低,这势必要支付大量的再保险费,不符合经济原则。但为保证经营稳定,必须取得再保险保障。若能使这些小额损失的业务,在一年内的赔款总额不超过同期内的保费收入,或者即使超过一定比率,业务经营无利可图,但不至于遭受严重亏损,则最简便的方法,是安排赔付率超赔再保险。

七、非比例再保险合同的主要条款

比例再保险合同的一般性条款,如业务范围和地区范围、除外责任、错误或遗漏等条款,对于非比例再保险也是适用的,这里不再重复。为了适应业务上的特殊需要,现实中的非比例再保险合同的条款差异较大,但也有一些基本条款是共同的。这里主要介绍非比例再保险合同所特有的一些共同条款。

(一)最后净损失条款

非比例再保险是以赔款金额为基础的再保险方式。最后净损失条款的设立是为了明确原保险标的损失发生后,作为非比例再保险合同项下分出公司与分入公司分摊责任对象的赔款,应该是分出公司在此合同项下分摊赔款前承担的最后净损失,即最后净赔款。它是分出公司在此合同项下分摊赔款前的其他赔案的理赔工作已经全部结束时,分出公司对于本非比例再保险合同项下的损失事故所应承担的赔款和相关费用的总额。只有分出公司所承担的最后净赔款超过合同规定的分出公司的自负责任额时,分入公司才对超过的部分承担赔偿责任。

(二)净自留成分条款

超赔分保合同的责任包括分出公司的自负责任和分入公司的分保责任两个部分。在超赔分保合同项下由分入公司所承担的赔款,必须是超赔分保合同实际启动前(利用超赔分保合同条件划分分出公司和分入公司的实际赔款责任前)分出公司所承担的净赔款(最后净赔款)超过分出公司自负责任额的部分。分出公司自负责任额是划分分出公司与分入公司赔款责任的界限。问题是分出公司所承保的业务在超赔分保合同实际启动前可能没有分出,也可能已经分出甚至是数次分出。净自留成分条款就是用来规定分出公司的最后净赔款究竟是哪一个层次合同的净赔款的。它的含义是:分出公司的最后净赔款应是其净自留成分内的净赔款。净自留成分是超赔分保合同实际启动前分出公司的自负责任。

(三)合同期限条款

非比例再保险的合同期限一般为一年,但也有不定期的。实务上一般采取以一年度为合同期限的做法,因为非比例再保险有其专门的费率制度,要根据实际赔款,年年调整。所以每年要结算再保险费并洽商下一年度的费率。

(四)赔款处理条款

该条款是有关赔款的通知以及赔款账单的编送和摊回的规定。一般在合同中应订明,如有赔款发生并可能涉及接受公司的责任时,分出公司应及时通知。接受公司在接到赔款账单后,应在规定的期限内向分出公司摊付赔款。

(五)指数条款

由于通货膨胀的影响,非比例再保险合同常发生使再保险人责任增大的不公平现象。由于超赔分保接受人的责任是以赔款超过规定的数额为基础,这样,通货膨胀使实际赔款额增大时,增大的后果将主要由再保险人承担(如果增大后的赔款仍在自留责任内,则再保险人不受影响)。

(六)汇率变动条款

如分保合同项下所遭受的损失不是合同所表示的货币,而是其他货币时,由于兑换率的变动,可能会有货币兑换方面的风险。为了使合同责任限额保持较为稳定的水平,合同往往要规定,如有其他货币的损失时,有关分出人的自负额和接受人的责任额按合同起始日或商定日期的兑换率折算成其他货币来计算,而不受兑换率变动的影响,以减少货币兑换的风险。

第五节　再保险业务流程简介

再保险分入分出业务流程,从程序上讲是可以类比的。但二者也存在一些区别,分出业务首先是从自身的承保能力考虑入手的;而分入业务则是从自身需要获得业务考虑入手的。故本节将分两个方面概述。

再保险分出业务的交易方式取决于分出公司是否愿意自己直接与再保险公司谈判、签合同等。直接与再保险公司签合同的交易方式叫直接再保险或叫直接分保。反之,即是间接再保险或间接分保,这是通过再保险经纪人完成的再保险交易方式。

伦敦再保险市场和劳合社再保险交易基本上是通过再保险经纪人来完成再保险交易的,欧洲大陆市场、北美市场则二者兼有。我国的再保险公司则以直接交易为主、间接交易为辅,目的在于直接参与风险的评估,借以对风险增强控制力。

随着通信业的日益发达,很多交易文件由过去的信函、电传、电报改由传真来完成,因而可以同样的费用实现高速、大容量传递风险标的情况。随着互联网的发展,逐渐出现了电子交易,分出分入双方通过互联网就可以快速完成一笔再保险交易,从而大大减少了许多面对面的直接或间接再保险交易。

再保险交易一般程序包括:准备有关业务的分保资料;分出公司直接向再保险公司发出分保邀约,或者约见再保险经纪人将有关分保业务资料传递给再保险经纪人,再保险经纪人向再保险人发出分保邀约;经过多轮谈判、协商(面谈、信函、传真、电子邮件等形式),最终形成对双方都构成约束力的再保险书面文件。

再保险也是风险转移的一种形式,有些业务或责任可能需要在若干年后才履行,从而分出公司面临分入公司的信用风险。因此,无论是分出人,还是分保接受人,其资信考核有利于确保再保险交易的质量、赔款控制等。分出公司应本着最大诚信的原则,实事求是地向接受人描述风险情况以供判断。

对拟分保的业务,一般先要估计每次事故最大可能损失,然后确定可以自留的限额和需要分出的再保险限额。

一、分入再保险及其业务流程

(一)分入再保险概述

保前对分入业务质量的审核是再保险经营的重要环节,因为它是接受分入业务的依据,是分保成交的决定性工作。分入业务质量审核的项目有:分入业务来源的国家或地区的政治、经济和有关法律环境状况;业务所在地区的市场行情和趋势;保险费率和佣金等情况;分出公司提供的有关该业务过去的经营资料。审核上述内容的目的在于控制风险因素大、风险较集中和潜在损失巨大的业务分入。

分入业务承保后,要加强对业务成绩的考核,严格检验接受业务的质量,核对和审查合同文本,做好摘要表,审好账单和结算情况,做好登记和业务统计,赔款处理和记录未决赔款和未了责任记录,并将有关资料输进电脑。如果是通过经纪人办理结算,要注意必须与经纪公司核对账务和办理结算,特别是注意账单寄送是否及时、有无截留保费和准备金等情况。对开出的信用证要加强管理。要注意分析再保险合同货币的使用、货币兑换损益预测,密切注意通货膨胀对分入业务赔款计算的影响。

(二)再保险承保限额的确定

再保险承保限额,简称承保限额,是接受公司对分出公司转让的危险或责任所能接受或承担的最大赔款限额。

对于比例合同,如财产险承保限额的确定,应从两个方面考虑:一是合同的分保限额;二是业务量,即保费和所估计的赔款额。具体步骤是,先按规定的承保限额分别计算出这两者的百分率,从而选择其中较低的百分率对再保险限额加以计算,将所得的金额作为实际承保限额。

根据不同超赔方式,非比例合同的承保限额,其确定方式略有差别。财产险、水险、航空险和各种意外险的险位超赔,其合同责任限额虽然是按每个危险单位或每次损失确定的,但所接受的承保限额的确定也应从两个方面考虑:一是分保责任限额;二是年度最大可能损失额与分保费之差。

事故超赔一般是分层次安排分保,接受公司为了承保目的,可将事故超赔分为三个层次,即低层、中层和高层,分别考虑和确定有关再保险承保限额。再保险层次划分的一般原则是:低层,是指预计有损失发生,且可能每年有一次赔付的层次;中层,仅在有较大的巨灾事故时才会有再保险赔款,预计10~39年的时间间隔发生一次;高层,只在发生严重巨灾事故时才会有再保险赔款,预计40年或40年以上的时间间隔发生一次。

(三)分入业务程序

当分入公司接到分出公司或经纪公司函电提出的分保建议,经审核,如同意接受,应电告接受成分,并进行登记和填制摘要表。如不同意,应以电复拒绝。

对于分出公司或经纪公司寄来的分保条、合同文本,接受公司要认真核对,签署后,一份归卷存档,其余退还。当接到有关修改合同条文和承保条件等的函电,经审核后,应电复证实,并对摘要表有关栏目进行更改和登录。对寄来的附约,经审核后,自留一份,并与合同一起归卷备查,其余归还。接受公司收到业务账单,经审核无误后,要在统计表上登录,然后送会计部门记账、结算。

接受公司为了争取主动,在合同到期前,在规定的期限内,向对方发出临时注销通知,如经洽商同意续转,可将临时注销通知撤回。如不同意续转,可将临时注销通知作为正式通知,宣告合同终止。

二、分出再保险及其业务流程

(一)分出再保险概述

分出再保险活动中的一个重要环节是正确识别承保业务的风险,客观评估累积责任,特别要防止巨灾事故的累积责任,避免因一次重大事故的出现而不利于保险人的财务稳定。

负责分出业务的人员首先必须对其所要安排分出的业务有充分的了解,例如直接业务的承保条件、费率的水平、风险的分布状况等。其次,应了解同类业务在国际市场上的费率、承保条件以及分保情况。只有这样,才能根据业务的具体情况、市场的行情以及本公司的经营方针和自身的承保能力,安排好业务的分出。再次,根据掌握的市场情况和业务情况等,确定自留额和制定分保规划,并在此基础上,根据自留额、分保额、保费收入、赔款状况、分保费支出、分保手续费、利息及其他收益和费用开支等,对业务的经营结果进行测算,由此最终确定再保险方式。最后,与接受公司签订再保险合同,完成分出业务手续。

分保安排完成之后,就应将合同摘要表、分保成分表以及账务的结算事项通知账务部门。合同条件如有变动,亦应通知账务部门。

(二)分出业务流程

1.提出分保建议

当分出合同的条件确定,拟订了分保接受人的人选后,分出人应立即以最迅速、最准确的方式将分保条件发送给选定的接受公司或经纪公司。分保建议一般应将接受人需要了解的事实详细列明。例如,非水险合同分出安排的建议应提供的资料是:分保条件、统计数据、大赔款一览表和业务构成的详细资料、合同的承保范围及地区范围等。分出人提供的信息越详尽,资料的质量越高,越有利于接受人做出决定,从而可以大大缩短分保安排的时间。

2.办理分保手续

在合同续转和分出谈判结束后,分出人与接受人双方应尽快完备缔约手续。一般情况下,续转结束后的第一季度之内,分出人应将合同文本及摘要表或者修改条件的附件发送给接受人。每次发送的需签字的文件应一式二份或三份。合同文本及其组成部分是分出人和接受人所签订的正式的、具有法律效力的文件。一旦合同文本签订之后,双方的权利和义务就具有了法律依据。

3.分保赔款的处理

当分出人接到直接承保部门的出险通知或赔款通知时,第一步计算分保合同项下的接受人应承担的责任比例和金额,然后向接受人发送出险通知。分出人的出险通知应包括以下内容:合同名称及业务年度;保险标的名称及坐落点;保单金额及分出比例;估计赔款金额及合同项下估计摊赔金额;赔款发生日期、地点;损失原因及是否委托检验人以及可能产生的费用。

此外,分出分保账单的编制是分出分保管理程序中很关键的一环,也是分保实务中最繁重的一项工作,是履行分保协定和条款的凭据。分出分保账单有季度账单、半年账单和全年账单三种。

(三)分出业务手续

分出业务手续依分保安排方法不同可分为临时分保手续、固定再保险合同分保手续及预约分保手续。

1.临时分保手续

当某笔业务需要进行临时分保时,根据已有的接受人的资料信息库,结合分出业务的性质,选择合适的接受人,发出分保建议。实务中,并不是所有的分保接受人都能在接到分保条件后立即明确表示接受与否,往往会有一个"讨价还价"的接洽过程。当分出的业务按分保建议能够分出时,则不必改变条件。如果由于种种原因,按原条件分保有难度,分出部门也不必坚持分保条件不可变。在分保接受人表示承诺,双方达成分保协议后,分保双方都应有书面凭证,双方的权利和义务便开始生效。为完备手续,在临时分保安排完毕之后,分出人应向分保接受人发送正式分保条一式二份或三份,分别由双方签字后,各执一份或二份为凭。

在分保账单方面,临时分保业务是由分出公司按照不同的项目逐项编制和发送的。根据各个项目事先规定的付费方式编制账单。临时分保账单的项目较少,但其时间性强。临时分保账单的编制一般不迟于业务起讫后的两周。按照原保单,临时分保的许多业务都是12个月为一期。

2.固定再保险合同分保手续

固定再保险合同分保手续与临时分保大致相同。首先应确定好潜在的接受人、分出规模和经纪人(有时需要通过经纪人来完成一项分保合同的安排),用电传、电报或信件将分保建议及有关的资料通知或送给接受人,由他们考虑是否接受。然后接受人和分出人双方用函、电书面承诺和确认所接受的成分,并达成分保协议。

3.预约分保手续

预约分保主要适用于火险和水险的比例分保业务。在固定再保险合同限额不足的情况下,运用预约分保方式作为固定再保险合同的一种自动补充,对分出公司而言,其主要作用是增加承保能力。在实务中,分出人常常会遇到大额业务,并且超过合同限额,有了预约分保,就可以很快解决分保问题,而不必与接受人再临时洽商,逐笔安排。鉴于预约分保对于分出人具有临时分保性质,因此,分出人对于放入预约合同的业务,每月或每季须向接受人提供业务清单,列明每笔业务的保户、保额和保险费项目,以及赔款清单,以便接受人了解所承担的责任和对赔款的审核处理。

专栏 9-1

劳合社简介

劳合社是英国最大的保险组织。劳合社本身是个社团,更确切地说是一个保险市场,与纽约证券交易所相似,但只向其成员提供交易场所和有关的服务,本身并不承保业务。劳合社由其社员选举产生的一个理事会来管理,下设理赔、出版、签单、会计、法律等部,并在100多个国家设有办事处。该社为其所属承保人制订保险单、保险证书等标准格式,此外还出版有关海上运输、商船动态、保险海事等方面的期刊和杂志,向世界各地发行。

一、劳合社的发展历史

劳合社是一个名叫 Edward Lloyd 的英国商人于1688年在泰晤士河畔塔街所开设的咖啡馆演变发展而来的。17世纪的资产阶级革命为英国资本主义的发展扫清了道路,英国的航运业得到了迅速发展。当时,英国伦敦的商人经常聚集在咖啡馆里,边喝咖啡边交换有关航运和贸易的消息。由于劳埃德咖啡馆临近一些与航海有关的机构,如海关、海军部和港务局,因此这家咖啡馆就成为经营航运的船东、商人、经纪人、船长及银行高利贷者经常会晤交换信息的地方。保险商也常聚集于此,与投保人接洽保险业务。后来这些商人们联合起来,当某船出海时,投保人就在一张纸即承保条上注明投保的船舶或货物,以及投保金额,每个承保人都在承保条上注明自己承保的份额,并签上自己的名字,直至该承保条的金额被100%承保。

由于当时通信十分落后,准确可靠的消息对于商人们来说是无价之宝。店主劳埃德先生为了招揽更多的客人到其咖啡馆来,于1696年出版了一张小报《劳埃德新闻》,每周出版三次,共发行了76期,使其成了航运消息的传播中心。约在1734年,劳埃德的女婿出版了《劳合社动态》,后易名《劳合社日报》,至今该报仍在伦敦出版。后来,咖啡馆的79名商人每人出资100英镑,于1774年租赁皇家交易所的房屋,在劳埃德咖啡馆原业务的基础上成立了劳合社。英国议会于1871年专门通过了一个法案,批准劳合社成为一个保险社团组织,劳合社通过向政府注册取得了法人资格,但劳合社的成员只能限于经营海上保险业务。直至1911年,英国议会取消了这个限制,批准劳合社成员可以经营包括水险在内的一切保险业务。

二、劳合社的承保人

劳合社的承保人，又称名人或真正承保人。劳合社就其组织的性质而言，它不是一个保险公司，而是一个社团组织，它不直接接受保险业务或出具保险单，所有的保险业务都通过劳合社的会员，即劳合社承保人单独进行交易。劳合社只是为其成员提供交易场所，并根据劳合社法案和劳合社委员会的严格规定对他们进行管理和控制，包括监督他们的财务状况，为他们处理赔案，签署保单，收集共同海损退还金等，并出版报刊，进行信息搜集、统计和研究工作。劳合社承保人以个人名义对劳合社保险单项下的承保责任单独负责，其责任绝对无限，会员之间没有相互牵连的关系。劳合社从成员中选出委员会，劳合社委员会在接受新会员入会之前，除了必须由劳合社会员推荐之外，还要对他们的身份及财务偿付能力进行严格审查。如劳合社要求每一会员具有一定的资产实力，并将其经营保费的一部分(一般为25%)提供给该社作为保证金，会员还须将其全部财产作为其履行承保责任的担保金。另外，每一承保人还将其每年的承保账册交呈劳合社特别审计机构，以证实其担保资金是否足以应付他所承担的风险责任。根据劳合社委托书，承保人所收取的保险费由劳合社代管。

在1994年以前，劳合社的承保人都是自然人，或称个人会员。1994年以后，劳合社允许公司资本进入该市场，出现了公司会员。从此以后，个人会员的数量连年递减，而公司会员的数量逐年递增。据1997年年底至1999年年底三年的统计数字，劳合社个人会员的数目分别为6825、4503和3317名，而公司会员的数目为435、660和885名。

劳合社的承保人按承保险种组成不同规模的组合，即承保辛迪加。组合人数不限，少则几十人，多则上千人。每个组合中都设有积极承保人，又称承保代理人。承保代理人代表一个组合来接受业务，确定费率。这种组合并非合股关系，每个承保人各自承担的风险责任互不影响，没有连带关系。

三、劳合社保险市场的承保业务及其改革现状

劳合社早在劳埃德咖啡馆时代就以经营海上保险业而出名。1871年，英国议会通过法案正式承认劳合社为法人组织，限制其成员专营海上保险业务。到1911年，英国议会取消了对劳合社经营范围的限制。目前，劳合社成员的承保业务大体分为四大类，即水险、非水险、航空和汽车保险。

1. 水险

劳合社的水险业务约占劳合社总业务的21%。世界上约有13%的海上保险业务是由劳合社承保的，劳合社承保的水上风险范围很广，从游艇到超级油轮及其货物，从海岸供给船到大型石油钻井机，世界上几乎所有的远洋船舶的责任风险都在劳合社办理了再保险。

2. 非水险

非水险业务在劳合社业务中所占的比例约为51%。劳合社承保的非水险风险包罗万象，从火灾到暴风雨，从地震到盗窃抢劫，从产品责任到职业过失，从影星的眼睛、钢琴家的手指到可怕的疾病。只要市场上对某种风险产生了保障需求，富有创新进取精神的劳合社承保人很快就会设计出相应险种。劳合社的非水险市场也承保短期寿险业务。劳合社不承保的风险种类只有长期寿险和信用风险两种。

3. 航空保险

航空保险业务约占劳合社业务的 11%。目前，劳合社的航空保险业务约占世界该类业务量的 25%。劳合社的航空承保人被认为是承保航空器实体损害风险和责任风险方面的杰出专家。世界十大航空公司中有 9 家以及前 9 名最大的航空器制造商都在劳合社购买了保险。

4. 汽车保险

汽车保险在劳合社业务中约占 17%。许多其他的汽车保险上都要求投保的汽车要标准化，但劳合社的汽车承保人则乐意承保非标准化的高价值的汽车，甚至为电动自行车这样小的保险标的也办理保险，劳合社因此在汽车保险领域名声大噪，世界上最大的 7 家汽车制造商都在劳合社购买了保险。

进入 20 世纪 90 年代以来，由于世界保险市场竞争加剧，加上劳合社本身经营方式的影响，劳合社的经营也陷入了困境。1992 年营业出现巨额亏损。从 1993 年开始，劳合社大力进行改革，实施了"重建更新计划"。改革的一个令人瞩目的措施便是向劳合社引入了公司会员，允许公司资本进入劳合社，打破了劳合社会员只允许是自然人的传统惯例。劳合社的公司会员承担有限责任，自 1994 年 1 月 1 日被准入劳合社以来，公司会员的数目及其承保能力连年增长。到 1999 年底，已有 885 个公司会员，其承保能力达 130 亿美元，占劳合社承保能力 163 亿美元的 80%。公司会员要将其经营保费的 50% 或更多上缴劳合社，作为担保金最低不少于 80 万美元，这个比例比对个人会员所要求的 25% 和 30% 的比例要高得多。劳合社目前还在酝酿更多的改革计划，包括打破只接受劳合社经纪人招揽业务的传统做法，尝试从世界上其他保险经纪人处直接获得业务。

1997 年，世界著名的评估机构标准普尔公司推出的"世界最大商业保险公司"排行统计表中，包括了劳合社，因为他们认为劳合社在许多项目上是一个全球经营者，首次披露的市场评级为"A+"。按非寿险保费净收入排行，劳合社列世界第二，非寿险保费净收入 108.66 亿美元，仅次于日本东京海上与火灾保险有限公司。但在过去 30 年里，由于来自石棉和污染责任的巨额索赔，使得劳合社的经营陷入了困境，虽然"重建更新计划"改革措施取得了一些成绩，但仍不尽人意。这个保险业巨子正面临着巨大的内外压力。

四、劳合社承保和理赔

经过兼并、变动，目前的劳合社有 71 个保险承保辛迪加，以及大量的保险经纪人、保险代理人提供保险服务。原则上，投保人和原保险公司可以找到各种各样的保险公司，满足自己的保障要求。

对于保险理赔要求，劳合社有充足的资金和良好的体制保证偿付。劳合社设计了四个环节体现这样的保障，第一个环节是成员的保费信托基金，第二个环节是成员的附加资本金，第三个环节是其他资产，第四个环节是劳合社中心基金。

2000 年 11 月 28 日，劳合社北京代表处开幕典礼举行。这是劳合社第一次在没有自己营业机构的国家设立代表处，表明了劳合社对正在逐渐成为世界重要的保险和再保险中心的中国保险市场的重视。

2006 年 4 月 16 日，劳合社在上海设立的子公司开业。劳合社中国子公司的经营重点是它的优势业务：船舶、卫星、火灾、航空等再保业务以及顾问业务。事实上此前20年，国内较多卫星、航空等领域的保单基本都通过劳合社分保到国际市场上去。

2011年12月12日，中国再保险（集团）股份有限公司通过其在英国设立的中再英国有限责任公司（以下简称中再UK），获得了劳合社成员公司资格，并由中再UK公司在劳合社设立了中再辛迪加（名称为China Re Syndicate，代码2088）。按照劳合社的组织架构要求，中再UK公司聘请凯林集团（Catlin）旗下的Catlin Underwriting Agencies Limited公司为中再辛迪加2088的管理代理公司。

2014年11月，中国再保险（集团）股份有限公司设立常规辛迪加的申请获得劳合社正式批准。这意味着在拥有325年古老历史的保险市场中，中再集团将以独立的经营席位承保业务。中再集团按预定计划在2014年完成了辛迪加2088转型工作，2015年正式开始承接劳合社业务。

专栏 9-2

民资涉足再保险市场　5家上市公司跨界进入[①]

随着近期泛海系宣布介入再保险市场，涉足再保险市场的非保险上市公司已达5家。这些非保险上市公司的进入，不仅改变国内再保险市场的格局，也为民资进入再保险市场开了先例。平安证券非银金融首席分析师缴文超表示，我国再保险市场发展较晚，按照目前再保险与直接保费的比例计算，根据保险业"新国十条"的保费目标，2020年我国再保险市场规模可达3300亿元以上。

上市公司频涉再保险

2014年8月《国务院关于加快发展现代保险服务业的若干意见》（保险业"新国十条"）的发布，为民间资本投资再保险提供了"准入证"。

近日，民营资本泛海系的控制人卢志强表示，泛海拟投资再保险行业，公司组建已进入实际操作层面，"最快3个月内把申请提交至保监会"。卢志强表示，泛海系还将联合其他民营企业共同组建，届时，新公司将采取社会公开招聘方式，补齐专业人员短板。

在此之前的2月13日，七匹狼、爱仕达、腾邦国际三家上市公司同时发布公告，拟参与发起设立前海再保险公司。公告显示，前海再保险由主发起人深圳前海金融控股公司联合公司、深圳远致投资、中国邮政集团等多家法人机构共同以现金出资方式成立。业务范围是各类财产及意外和健康再保险业务，人寿再保险业务，中国保监会批准的资金运用业务，以及中国保监会批准的与保险有关的其他业务，注册资本30亿元。此次参与设立的深圳前海金控、中国邮政集团、深圳远致投资分别认购6亿股，持股比例分别为20％；爱仕达认购4.35亿股，持股比例为14.5％；七匹狼认购3.15亿，持股比例为10.5％；腾邦国际认购3亿股，持股比例为10％；启天控股认购1.5亿股，占比5％。

另外，2014年11月，海虹控股宣布与德国通用再保险股份公司、中再寿险公司合作，建设第三方保险服务网络。这一举动也被市场解读为非保险机构跨界进入再保险

---

① 资料来源：http://finance.huanqiu.com/roll/2015-03/6017770.html.

领域。

民资进入再保险市场

事实上，此前并无民营资本介入再保险市场，上述 5 家上市公司涉足再保险市场，或开民营资本进入再保险市场先河。

根据中国保监会披露的数据，目前我国市场共有 8 家再保险机构。具体包括中再寿险、中再财险、太平再保险；另外 5 家为外资再保险机构在华的分公司，非完全独立的法人机构。

长期以来，中国再保险市场被中再集团旗下的中再寿险、中再财险占据市场主导地位，市场份额遥遥领先。2013 年中再集团再保险业务实现保费收入 475.3 亿元，占整个再保险市场近 40% 的份额。中再集团的股东为财政部和汇金公司，两者合计持有其 100% 股权，而中再集团又持有中再寿险、中再财险各 100% 的股权。太平再保险是太平集团旗下资产，同样是国资系公司。国内再保险市场并无民营投资主体。

对于今年以来民营投资主体的进入，有业内人士分析称，再保险牌照稀缺但是再保险业务具有开放性，直保公司均可开展，其中财务再保险或是快速盈利渠道；但值得注意的是，新设再保险公司缺乏运作经验，巨灾对再保险业务有较大影响。

七匹狼也表示，由于再保险公司的批准设立和收入实现需要一定周期，产生盈利所需的时间可能较长，预计本项投资短期内可能不能获得投资收益；但如果本项目获得保监会批准设立后，能够实现规模化收入并实现预期盈利，则会给公司带来长期的投资收益。

国内再保险市场巨大

根据中国保监会发布的《保险统计数据报告》显示，作为保险产业链的重要组成部分，我国再保险行业起步较晚，市场主体较少，2013 年我国专业再保险机构再保费收入 1238 亿元，占全球再保险市场的 2% 左右，发展潜力巨大。

缴文超也表示，按照目前再保险与直接保费的比例计算，根据保险业"新国十条"的保费目标，2020 年我国再保险市场规模可达 3300 亿元以上。

值得一提的，尽管国内再保险市场发展潜力巨大，但各类机构的进入也引起了保监会的注意。3 月 19 日，中国保监会正式发布了《中国保监会关于实施再保险登记管理有关事项的通知》，强化了再保险市场主体的信息披露要求，规定了登记信息的更新频率和重大事项的及时披露要求，以便我国保险公司及时掌握交易对手信息。

另外，保监会将采取有效清单和黑名单管理模式。经再保险登记系统审核后，符合资质标准的机构将自动进入有效清单，供我国保险公司在开展再保险业务时选择；对于故意隐瞒信息或者故意发布虚假信息的机构，将从有效清单中剔除，并列入黑名单，不得参与中国市场再保险业务，以此加强再保险市场的诚信建设。

【本章小结】

再保险是直接保险人管理风险的重要工具，被称之为"保险的保险"。再保险人在发挥风险的再分散职能，特别是分散巨灾风险的同时，凭借其先进的承保和理赔技术为整个保险业务的提升做出贡献。再保险可以根据不同的标准进行分类，最为重要的分类是从再保险责任确认的角度把再保险分为：比例再保险和非比例再保险。比例再保险和非比例再保险有着各自的优势和劣势,进而有着各自的适用范围。再保险交易是国际保险的主要部分,再保险业也是世界经济中的一个极为重要的部门。

【思考与练习】

■ **主要概念**

危险单位 比例再保险 非比例再保险 超额赔款再保险 险位超赔 事故超赔 赔付率超赔

■ **基础练习**

一、单项选择题

1. 在比例再保险合同条款中,通常有关于保险人的过失或疏忽所造成损失时再保险接受人仍应负责赔偿的规定,该规定被称为(   )。

A. 共命运条款 　　　　　　　　　　　B. 任何一次事故条款

C. 责任恢复条款 　　　　　　　　　　D. 过失或疏忽条款

2. 在赔付率超赔再保险合同中,若规定再保险人对超过赔付率以上部分的赔款只负责90%,另10%的赔款仍由分出公司负责,这样的合同可称(   )。

A. 比例再保险 　　　B. 共同再保险 　　　C. 超额再保险 　　　D. 异常灾害再保险

3. 再保险合同是以原保险合同为基础,再保险合同的标的是(   )。

A. 原保险合同的保险利益 　　　　　　B. 原保险合同的标的

C. 原保险人的承保能力 　　　　　　　D. 原保险人的保险责任

4. 有一险位超赔再保险合同,分出公司自赔额为 2000 万元,分入公司的分入责任为 4000 万元,现有一危险单位发生赔款 5000 万元。则分入公司应承担的赔款金额是(   )。

A. 2000 万元 　　　B. 3000 万元 　　　C. 4000 万元 　　　D. 5000 万元

5. 某超赔再保险合同发生赔款 1200 万元,标的损余价值为 200 万元,向第三者追回款项是 180 万元,发生一笔向某再保险人接受摊回赔款 220 万元,则该次事故的最后净损失是(   )。

A. 600 万元 　　　B. 820 万元 　　　C. 1040 万元 　　　D. 1200 万元

二、多项选择题

1. 按分保的安排方式的不同,再保险可分为(   )。

A. 协商再保险 　　　B. 临时再保险 　　　C. 合同再保险 　　　D. 预约再保险

2. 影响自留额的因素有(   )。

A. 保费收入 　　　B. 资本规模 　　　C. 总自留额的规定 　　　D. 风险结构

3. 比例再保险包括(   )。

A. 成数再保险 　　　　　　　　　　　B. 溢额再保险

C. 超额赔款再保险 　　　　　　　　　D. 成数和溢额混合再保险

4. 非比例再保险合同主要条款包括(   )。

A. 最后损失条款 　　　　　　　　　　B. 共命运条款

C. 保护再保险人利益条款 　　　　　　D. 合同期限条款

三、简答题

1. 影响自留额的因素有哪些？

2. 评价比例再保险和非比例再保险。

3. 巨灾再保险是如何划分危险单位的？

4. 如何看待法定再保险的作用？

5. 临时分保、合同分保及预约分保各有什么特点？

6. 再保险人的种类有哪些？

■ **思考题**

直接保险人为什么选择再保险？

■ **单元实训**

扩展阅读：搜集资料了解世界主要的再保险市场以及中国的再保险业的发展历程。

第十章 保险费率与保险责任准备金

学习要点

- 大数定律的保险意义。
- 保险费率厘定原则和方法。
- 寿险与非寿险纯保费和毛保费的计算。
- 保险责任准备金的含义及种类。
- 寿险与非寿险责任准备金的计提。

第一节 保险费率

一、大数定律及其在保险中的应用

(一)大数定律

我们知道事件发生的频率具有稳定性,即随着试验次数的增加,事件发生的频率逐渐趋于某个常数。大数定律所要揭示的就是这类稳定性。

大数定律是用来说明大量的随机现象由于偶然性相互抵消所呈现的必然数量规律的一系列定理的统称,是保险经营的重要数理基础。下面我们简要加以介绍:

1.切比雪夫大数定律

设 $X_1, X_2, \cdots, X_n$ 是相互独立的随机变量序列,且具有相同的数学期望和方差:

$$EX_n = \mu VarX = \sigma^2 \quad (n = 1, 2, \cdots)$$

则对于任意的小正数 $\varepsilon > 0$ 都有

$$\lim_{n \to +\infty} P\left\{ \left| \frac{1}{n} \sum_{k=1}^{n} X_k - \mu \right| < \varepsilon \right\} = 1$$

将这一法则运用于保险经营,可说明其含义。

假设有 n 个被保险人,他们同时投保了 n 个相互独立的标的(比如汽车),每个标的发生损失额的大小是一个随机变量,且所有损失额 $X_1, X_2, \cdots, X_n$ 期望值相等,即有

$$EX_1 = EX_2 = \cdots = EX_n = \mu$$

如果我们按照保险标的可能发生的损失的期望值计算纯保费,而把每个 X_n 视为实际损失,显然,每个被保险人的实际损失 X_n 与其损失期望值 μ 一般都不会相等,然而根据大数定

律,只要承保标的数量足够大,投保人所缴纳的纯保费 μ 与每人平均所发生的损失 $\frac{1}{n}\sum_{k=1}^{n} X_k$ 几乎相等。这个结论反过来则说明保险人该如何收取纯保费,也即只有当一个投保人所缴的纯保费等于他的损失期望值时,才能保证保险人在整体上的收支平衡。

2. 贝努利大数定律

设事件 A 在一次试验中以概率 p 发生。以 n_A 表示在 n 次独立重复试验中事件 A 出现的次数,则对于任意的小正数 $\varepsilon > 0$,有

$$\lim_{n \to +\infty} P\left\{ \left| \frac{n_A}{n} - p \right| < \varepsilon \right\} = 1$$

其中 $\frac{n_A}{n}$ 表示事件 A 在 n 次独立重复试验中发生的频率。以上等式说明,当独立重复试验的次数无限多时,事件 A 发生的频率接近概率 p 几乎是一个必然事件。或者说,事件 A 发生的频率与概率 p 之间有较大偏差的可能性几乎没有。

贝努利大数定律是切比雪夫大数定律的特例。在切比雪夫大数定律中,设每个 X_n 是服从 $0 \sim 1$ 分布的随机变量,

即　　　　$P(X_n = 1) = p$

而　　　　$P(X_n = 0) = 1 - p$

这时　　　$EX_n = 1 \times p + 0 \times (1 - p) = p$

令 $n_A = X_1 + X_2 + \cdots + X_n$,则可由切比雪夫大数定律推出贝努利大数定律。

贝努利大数定律表明事件发生的频率具有稳定性,也即当试验次数很大时,事件发生的频率与其概率有较大偏差的可能性很小。这一定律是用频率解释概率的数理基础,这对于利用统计资料来估计损失概率是极其重要的。在非寿险精算中,可以假设某一保险标的具有相同的损失概率,这样就可以通过以往的有关统计数据,求出这类保险标的发生损失的频率,这个计算出来的频率即为损失概率。但通过这种方法计算出来的损失概率是对实际概率的估计,与实际概率之间有一个偏差。根据大数定律,在观察次数很多或观察周期很长的情况下,计算出来的这一频率将与实际损失概率很接近。也就是说,随着保险标的数量的增加,根据概率的频率解释计算出来的理论损失概率与实际损失概率之间的误差会逐渐减少,估计出来的损失概率的稳定性和真实性越高。所以,保险人承保的保险标的的数量越大,保险人根据大数定律厘定的保费越准确,财务稳定性越强,经营危险越小。

3. 泊松大数定律

假设某一随机事件 A 在第一次试验中出现的概率为 p_1;在第二次试验中出现的概率为 p_2;…… 在第 n 次试验中出现的概率为 p_n,同样用 n_A 来表示此事件在 n 次试验中发生的次数,则根据泊松大数定律对于任意的小正数 $\varepsilon > 0$,有

$$\lim_{n \to +\infty} P\left\{ \left| \frac{n_A}{n} - \frac{1}{n}\sum_{k=1}^{n} p_k \right| < \varepsilon \right\} = 1$$

泊松大数定律的意思是说:当试验次数无限增加时,其平均概率与观察结果所得的频率将无限接近几乎是必然的。

泊松大数定律运用于保险经营上,可以说,尽管各个相互独立的危险单位的损失概率可能各不相同,但只要有足够多的标的,仍可在平均意义上求出相同的损失概率。为了

有足够多的标的,便于运用大数定律,可以把性质相近的标的集中在一起,求出一个整体的费率。

大数定律应用于保险得出最有意义的结论是:当保险标的的数量足够大时,通过以往统计数据计算出来的估计损失概率与实际概率的误差将很小。保险经营利用大数定律把不确定数量关系向确定数量关系转化,即某一危险事件是否发生对某一个保险标的来说是不确定的,可能发生也可能不发生。但当保险标的的数量很大时,我们可以很有把握地确定其中遭受危险事故的保险标的的数量是多少。这样,根据大数定律,我们把对单个保险标的来说是否发生事故的不确定的数量关系转化为对保险标的的集合来说是确定的数量关系。

思考:

大数法则对保险风险总量控制的意义何在?

最后,可以通过一个简单的例子来说明大数定律对保险经营的重要意义。例如,在抛掷硬币的随机试验中,知道正面朝上的概率为 0.5。但 0.5 只是理论上的概率,在实际的随机试验中实际发生的频率不会恰好为 0.5,而会有一些误差。在 10 次抛掷硬币的随机试验中,实际出现正面的次数可能为 3 次,另 7 次为反面。这时,正面朝上的实际发生频率为 0.3,与理论概率 0.5 有 0.2 的误差。在 1000 次抛掷硬币的随机试验中,实际出现正面的次数可能为 470 次,另 530 次为反面。这时,正面朝上的实际发生频率为 0.47,与理论概率 0.5 有 0.03 的误差。在 100000 次抛掷硬币的随机试验中,实际出现正面的次数可能为 49700 次,另 50300 次为反面。这时,正面朝上的实际发生频率为 0.497,与理论概率 0.5 只有 0.003 的误差。从上面的分析可以看出,随着试验次数的增加,正面朝上的概率为 0.5 的可信性也随着增大,换句话说,正面朝上的实际发生频率的稳定性会增加。所以,相对于单个损失危险单位,包含多个损失危险单位集体更加能做出准确的估计。保险标的数量越多,实际发生损失频率与预期损失概率越接近,通过以往统计数据得出的预期损失概率的确定性就越高,正如抛掷 100000 次硬币出现正面朝上的次数会比抛掷 10 次硬币出现正面朝上的次数更接近其半数一样。

(二)保险运行的数理解释

人们在日常生活中会面临各种危险,这些危险往往给人们带来巨大的财产损失和经济困难,如火灾与风灾的财产损失、失业与死亡的个人损失。尽管人们无法预测或完全预防这些危险的发生,但他们能够为这些损失对其财务造成的影响做准备。保险正是提供了这样一种帮助人们分散危险、分摊损失的机制,这就是保险的本质——损失分担,其方法是以确定的小损失(缴纳的保费)取代不确定的大损失。在此,可以下面简单的例子来说明保险中的损失分摊机制。

假设有 1000 栋房屋都分别面临着失火的风险,且在一年中每栋房屋失火的概率为 0.2%,每栋房屋一旦失火的损失均为 10000 元。虽然房屋失火的可能性很小,但是万一失火,对房主来说,损失巨大。如果保险公司把所有面对同样危险的房主组织起来,约定对每人先收取一定的费用(比如说 P 元,就是我们常说的纯保费),以换取保险人对房屋失火的危险的承担,也即一旦房屋在一年内发生失火事件,保险人将赔付房屋失火所造成的损失 10000 元。那么根据统计资料,在这一年内预计失火的房屋是 2 栋,由此引发的单个房屋赔款期望值为 20 元(0.002×10000+0.998×0=20),总额期望值为 20 元×1000=20000 元,很显然保险人对每位房主应收取的费用 P 为 20 元,即每人缴纳 20 元,可获得一旦危险发生时的 10000 元的补偿。

在上述分析中,值得注意的是保险公司在一年内实际的赔款总额是一个随机变量,而这里 20000 元却是保险公司根据以往统计数据预测的赔款总额的期望值。很显然实际的赔款发生额会与预测期望值 20000 元有偏差。

一般而言,随着保险标的数额的增加,这种偏差会减小,比如有 10000 栋甚至更多房屋参加了这个保险计划,则根据大数定律,发生较大偏差的可能性就很小了;反之,如果该保险计划只有少数保险标的,则保险公司是很难准确估计期望损失的。如果保险标的少到只有一个,即只为一栋房屋投保,则无异于一次赌博。

显然,大数定律在这种损失分摊的机制中起着重要的作用。保险就像是一个蓄水池,每人贡献一点保费,这些资金被保险公司集中起来以弥补少数不幸者所遭受的损失。当参与这种蓄水机制的单位数越多时,蓄水池的功能越能正常稳定地发挥。

（三）大数定律与风险分散

在上面例子中我们看到房主只需缴纳 20 元的纯保费,即可获得在危险发生时保险公司对损失的赔偿——10000 元。保险公司收取了保费,也就承担了被保险人转移给它的危险,那么保险公司是如何管理危险的呢?

事实上,保险公司并不能更好地预测单个被保险人面临风险的可能性的大小,也不可能降低危险发生的可能性。在预测危险方面,保险人与被保险人的根本区别在于被保险人只能预测自己面临的危险,而保险人预测的是所有被保险人面临的整体危险。虽然保险人不能准确预测具体某个被保险人是否发生损失,但是保险人可以对承担的整体危险做出比较准确可信的估计。下面就从随机变量的方差与变异系数上加以具体分析。

设保险人承保了 n 个危险相同、相互独立的危险单位,用随机变量 $X_1, X_2, \cdots, X_n$ 表示每个保险单位的损失量,则 $X_1, X_2, \cdots, X_n$ 是相互独立并且与随机变量 X 具有相同的分布。对单个被保险人而言,他自己面临的危险是实际损失 X 与期望损失 EX 的偏差,可用 X 的标准差 σ_X 表示这种偏差,如果将 n 个被保险人看成一个整体,那么平均每个被保险人的实际损失为

$$\overline{X} = \frac{X_1 + X_2 + \cdots + X_n}{n}$$

由相互独立、同分布的随机变量的性质可知:

$$\overline{EX} = EX, \overline{VarX} = \frac{VarX}{n}$$

由以上公式可以看出,当 n 充分大时,平均损失 $\overline{X}$ 就越稳定。

又根据切比雪夫大数定律,当承保单位数 n 充分大时,$\overline{X}$ 与 EX 发生较大偏差的可能性很小。

这说明如果将 n 个被保险人看成一个整体,那么每个被保险人面临的平均危险随着保险人数的增加而减少。

如果考察保险人所面对危险总额的变异系数:

$$\frac{\sqrt{n \times VarX}}{n \times EX} = \frac{\sigma_X}{\sqrt{n} \times EX}$$

可以看出,承保单位数 n 越大,保险人对危险的估计就越准确。

(四)大数定律在保险中应用的双重性

保险公司必须根据以往的统计资料预先给出每栋房屋失火的概率并由此计算出纯保费。因此准确估计出险概率对保险公司至关重要。

根据大数定律,以往经验数据越多,对事件发生的概率估计就越准确。这种估计的准确性是能否准确预测未来危险的前提条件。但是另一方面,即使我们能准确估计出事件发生的概率,如果未来危险单位数较少时,也很难准确预测未来危险。为使预期结果能很好地接近真实结果,必须将概率估计值运用到大量危险单位中。因此,大数定律的应用具有双重性。

第一,为准确估计事件发生的概率,保险公司必须掌握大量的经验数据。经验数据越多,对事件发生的概率的估计就越准确。

第二,一旦估计出事件发生的概率,必须将此概率估计值运用到大量的危险单位中才能对未来损失有比较准确的估计。

在用经验数据进行未来危险预测时,保险公司往往假设过去事件发生的概率与未来事件发生的概率相同,并且对过去事件发生概率的估计是准确的。但是过去事件发生的概率与未来事件发生的概率往往不一样。事实上,由于各种条件的变化,事件发生的概率也在不断变化。另外,也不能从过去的经验数据中得出完全准确的概率。所有这些都导致实际经验与预期结果之间存在必然偏差,保险公司的危险实际上也就是这种偏差。保险公司可以通过承保大量危险单位提高对危险单位预测的准确性。

二、保险费率厘定的原则与方法

(一)保险费率的构成

保险费是投保人为获得经济保障而缴纳给保险人的费用。保险费由纯保险费和附加保险费构成。纯保险费主要用于保险赔付支出,附加保险费主要用于保险业务的各项营业支出,其中包括营业税、代理手续费、企业管理费、工资及工资附加费、固定资产折旧费以及企业盈利等。

保险费率是保险费与保险金额的比例,保险费率又被称为保险价格,通常以每百元或每千元的保险金额应缴的保险费来表示。但作为保险价格的保险费率是不同于其他商品的价格的。因为保险人制定费率时主要依据的是过去的损失和费用统计记录,在此基础上对即将发生的损失及费用进行预测,而不是以已保标的已经发生损失的资料为基础。

同样,保险费率一般由纯费率与附加费率两部分组成。纯费率又称净费率,它是用来支付赔款或保险金的费率,其计算依据因险种的不同而不同。财产保险纯费率的计算依据是损失概率,人寿保险纯费率计算的依据是利率和生命表。附加费率是附加保费与保险金额的比率。把纯费率和附加费率加总起来,就构成保险费率。

(二)保险费率厘定的基本原则

保险人在厘定费率时要遵循权利与义务平衡的原则,具体包括以下几点:

1.公平合理原则

公平有两方面的含义,对保险人来说,其收取的保费应与其承担的危险相当,对投保人来说,其负担的保费应与被保险人获得的保障相对称;但公平原则只能在一定程度上得以贯彻,想达到绝对的公平是不可能的。合理是指保险费率的制定应尽可能合理,保费的多少应与保险种类、保险期限、保险金额相对应,保险人不能为追求超额利润而随意制定高费率。

2.充分原则

充分原则是指收取的保费在支付赔款及合理的营业费用、税收后,仍有一部分利润。可见,充分原则要求保费的厘定应确保保险人的偿付能力。如果保费过低,就会降低保险人的偿付能力,结果使保险人的经营处于一种不稳定状态,不利于其稳健发展。在竞争激烈的保险市场上,为了提高自己的竞争力,保险人常常不惜降低保险费率以招徕顾客,结果导致盲目竞争。为了贯彻充分原则,避免恶性竞争,许多国家都对保险费率进行管制,以保证偿付能力。

3.相对稳定原则

相对稳定原则是指在一定时期内应保持费率的稳定。稳定的费率有利于保险机构核算。对投保人来说,稳定的费率可使其支出确定,免遭费率变动之苦;反之,如果费率经常上涨,尽管保险人可以获得一定的利润,但势必激起投保人的不满,以至于逐步减少对保险的购买。如果保险费率呈下降趋势,投保人也将会减少对保险的购买,以等待一个更低的价格。可见,不稳定的价格会给保险机构的经营活动带来负面影响。因此,在厘定费率上,要遵循相对稳定原则。但这一原则并不是指保险费率一成不变,当危险环境、保险责任以及保险需求状况发生变化时,费率应及时改变。

4.促进防灾防损原则

促进防灾防损原则是指保险费率的厘定应有利于促进防灾防损。具体说,对注重防灾防损工作的被保险人采取较低的费率。贯彻这一原则有两个好处:其一,减少了保险人的赔付支出;其二,减少了整个社会财富的损失。

(三)保险费率厘定的方法

保险费率的厘定,从理论上讲是在依据损失概率测定纯费率的基础上,再加上附加费率得到的市场保险费率或毛保费率。在实际业务中,因为保险费率的测定还需要必要的技术支持,所以存在不同的费率厘定,即有各种不同的厘定方法。一般来说,保险费率的计算方法大致可分为三种:分类法、增减法、观察法。

1.分类法

分类法是依据某些重要的标准,对危险进行分类,并据此将被保险人分成若干类别,把不同的保险标的根据危险性质归入相应群体,分别确定费率的方法。分类法是基于这样一种假设:被保险人将来的损失很大程度上由一系列相同的因素决定。这一方法有时也被叫作手册法,因为各种分类费率都印在手册上,保险人只需查阅手册,便可决定费率。这是一种最常用也是最主要的保险费率厘定方法,被广泛运用于财产保险、人寿保险和大部分人身意外伤害保险。对于财产保险,一般根据标的物的使用性质分为不同的类别,每一类又可以分为若干等级。不同类别,不同等级,费率各异。对于人身保险,一般按照性别、年龄、健康状况、职业等分类。分类法的思想符合保险运行所遵循的大数定律。大数定律要求保险标的损失概率相同。只有标的物面临同质危险,才能较好地符合这个条件。因此,必须在对危险进行分类的基础上确定不同类别的保险费率。

分类费率可通过两种方法来计算:即纯保险费率法和损失比率法。两种方法的不同之处在于:一是纯保险费率法以实际经验为计算基础,损失比率法则以整个行业的实际损失比率为计算基础;二是当费率调增或调减时,损失比率法要求把增减额分摊于各类,而纯保险费率法则不需要这样做。但从纯数学的角度看,只要费用增加率一致,则无论采用纯保险费率法还是损失比率法,计算出来的保险费率结果是一致的。因此,这里仅就纯保险费率的厘定加以说明。

(1)纯保险费率法。纯保险费率法以某一时期内保险单位具体发生的损失为基础。

首先,计算出纯保险费。

$$纯保险费=\frac{已发生的损失总额+理赔费用}{保险单位数}$$

已发生的损失包括会计期间所有已付赔款和同期已发生但未赔付的损失准备金。例如,某承保类别的 10 万辆汽车一年内支付损失赔款和理赔费用 1000 万元,则每辆汽车的纯保险费为 100 元。

$$纯保险费=\frac{1000 万元}{10 万辆}=100 元/辆$$

其次,求出每一危险单位的毛保费(总保费)。计算毛保费不仅要考虑损失因素,还要考虑费用因素。附加费用、承保利润和意外准备金一般以毛保费的一个比率表示,称为费用比率。

$$损失比率=\frac{损失总额(赔偿金额+理赔费用)}{期满保险费}$$

$$费用比率=\frac{各种费用支出(不包括理赔费用)}{期满保险费}$$

不难发现:

损失比率+费用比率=1

费用比率=1-损失比率

于是,总保险费就可以得出:

$$毛保费=\frac{纯保险费}{1-费用比率}=\frac{纯保险费}{损失比率}$$

根据总保险费,可厘定出保险费率:

$$毛费率=\frac{毛保费}{保险金额}$$

(2)损失比率法。有些情况下,纯保险费率法会不适用。例如分类过多,每一类包含的标的物过少,从统计学的角度出发,不符合大数定律的前提条件,无法运用纯保险费率法。这时需要结合其他团体的损失资料,对保险费率进行调整。

损失比率法是指根据实际损失比率调整费率。例如机动车辆险的预期损失比率为 60%,即总保险费的 40% 为费用比率。而实际发生的损失比率为 70%,则保险费率应该提高 16.7%。

$$费率调整比例=\frac{A-E}{E}=\frac{0.7-0.6}{0.6}=16.7\%$$

式中：A 为实际损失率；E 为预期损失率。

分类法的优点在于便于运用，适用费率可迅速查到，缺点是不尽公平。如在分类法下是不加区别地向所有投保人按确定的保险费率征收保费。这对不同的投保人来说是欠公平的。例如，相对于钢筋混凝土建筑来说，砖木结构的建筑遭受火灾的危险更大，但两者所缴的保费却一样。

2. 增减法

增减法是指在同一分类中，对投保人给以变动的费率。增减法是在凭借分类法确定的基本费率的基础上，再依据实际情况予以细分测定费率。与分类费率相比，在增减法下厘定出来的费率，有可能高于或低于分类法所确定的费率。增减法主要分为三种：表定法、经验法、追溯法。但无论何种方法，均适用于较大规模的投保人，这是因为：第一，对小规模投保人而言，费率的些许变动对其影响不大，但对大规模投保人而言，由于保险金额高，费率稍微发生变动就会产生影响。第二，增减费率所花的费用较大。只有经过调整的保费存在较大变动的情况下，调整保费的费用支出才可能得到弥补。

（1）表定法。表定法以每一危险单位为计算依据，在基本费率的基础之上，参考标的物的显著危险因素来确定费率。使用表定法，首先要在分类中就各项特殊危险因素，设立客观标准。因为典型的被保险人的危险，既可能比被保险人的平均危险高，也可能比被保险人的平均危险低。

表定法的优点在于：第一，能够促进防灾防损。若被保险人的防灾防损意识不强，可能会面临较高的保险费率，为了改变这一状况，被保险人将主动减少有关危险因素。第二，适用性较强。表定法可适用于任何大小的危险单位，而经验法和追溯法不能做到这一点。其缺点主要是使用该法成本太高，保险机构为了详细了解被保险人的情况，经常要支付大量营业费用。另外，该法只注重物质或有形的因素而忽视了人的因素，这是片面的。

（2）经验法。该方法又称为预期经验法。它是根据被保险人过去的损失记录，对按分类法计算的费率加以增减，但当年的保费额并不受当年经验的影响，而是以过去数年的平均损失来修订未来年份的保险费率。经验法的理论基础是：凡能影响将来的风险因素，必已影响过去的投保人的经验。其计算公式如下：

$$M = \frac{A-E}{E} \times C$$

式中：M 为经验调整数；A 为经验时期被保险人的实际损失；E 为被保险人适用某费率的预期损失；C 为可靠度。

例如，某投保人在过去 3 年经验期间预期损失 5 万元，实际损失 4 万元，可靠度为 80%，则其经验调整数可依据上式求得：

$$M = \frac{4-5}{5} \times 80\% = -16\%$$

即该投保人下年所缴的保费将减少 16%。

经验法的优点是，在决定被保险人的保费时，已考虑到若干具体影响因素，而表定法只给出了物质因素，没有包括非物质因素。与表定法相比，经验法更能全面地顾及影响危险的各项因素。经验法主要应用于汽车保险、公共责任保险、盗窃保险等。

（3）追溯法。该法是依据保险期间的损失为基础来调整费率的。投保人起初以其他方法(如表定法或经验法)确定的费率购买保单,而在保险期届满后,再依照本法确定保费。如果实际损失大,缴付的保费就多;实际损失小,缴付的保费就少。

追溯保险费的计算公式为:

$$RP=(BP+L\times VCF)\times TM$$

式中:RP 为追溯保险费;BP 为基本保险费;L 为实际损失额;VCF 为损失调整数(大于1);TM 为税收系数(大于1)。

基本保险费又叫纯保险支出,它由两部分组成,一部分用于支付与理赔有关的各种费用,一部分用于弥补超过最大保险费的损失额。基本保费通常是标准保险费的某一百分比。损失调整系数将随着损失变动而变动的费用考虑在内,税收系数则是一个将税收因素考虑在保费之内的数字。必须指出,追溯保险费有上限和下限。例如,如果某一厂商投保,起初,它所预缴的标准保费是依据经验法而定的,为1万元。由此,可使用追溯法得出基本保险费(BP),如基本保险费为标准保险费的20%,即2000元。损失调整系数和税收系数分别为1.1和1.2,在保险期间,投保人损失了1000元或2万元。

当其损失1000元时,应缴的保费为:

$$RP=(2000+1000\times 1.1)\times 1.2=3720(元)$$

当其损失2万元时,应缴的保费为:

$$RP=(2000+20000\times 1.1)\times 1.2=28800(元)$$

但保费的缴纳有最高限额和最低限额。假设最低保费额为标准保费的50%,最高保费额为标准保费的150%。这样,投保人损失1000元时,就必须缴纳5000元(10000×50%)的保费,而不是3720元。当投保人损失20000元时,只需缴纳15000元(10000×150%),而不必缴纳28800元。

必须指出的是,追溯法的计算方法不止一种,它视具体情况而定,追溯法计算复杂,其应用范围不广,仅局限于少数大规模投保人。

3. 观察法

观察法又被称为个别法或判断法,它是就某一被保危险,单独厘定出费率,在厘定费率的过程中保险人主要依据自己的判断。之所以采用观察法,是因为保险标的的数量太少,无法获得充足的统计资料来确定费率。这种方法虽不尽科学,但有其可取之处:

(1)根据不同性质的危险,确定出相应的费率,更具有灵活性。在标的数量较少的情况下,不能将各种危险生硬地集中在一起来厘定费率,这样做违反了大数定律,无法保证费率的准确性。

(2)用观察法厘定费率,尽管主要考虑个别危险因素,但仍需要运用相关的经验和数据,这就在一定程度上保证了其科学性。

三、人寿保险费率的厘定

(一)人寿保险费概述

和财产保险费一样,人寿保险费也由两部分构成:纯保险费和附加保险费。由于人寿保险费并不是一次付清的,所以,投保人所缴纳的纯保险费可分为危险保险费和储蓄保险费。前者用于当年保险金的支付,后者则是一种累积的保险费,用来弥补未来年份的赤字。

附加保险费用于保险费经营中的一切费用开支。纯保险费和附加保险费构成了营业保险费，它是寿险机构实际收取的保险费。

寿险计算的基本原则是收支平衡原则，"收"是指保险机构收取的保险费总额；"支"是指保险机构的保险金给付和支出的各项经营费用。这里所说的收支平衡，并不是数学意义上的简单相等，它要考虑货币的时间价值等一些重要因素。

以缴费方法为依据，寿险保险费可分为自然纯保险费、趸缴纯保险费和均衡纯保险费。自然纯保险费是以死亡率为缴付标准计算的保险费，它按年收取。随着年龄的增大，人死亡的概率越来越高，需缴纳的保险费也越来越多，因此，这种缴费方式年轻人乐于接受，而老年人则不希望采用这种方式。趸缴保险费是在投保之日起便一次性缴清的保险费，如果从趸缴保险费中扣除附加保险费，就得到了趸缴纯保险费。计算趸缴保险费时，要考虑到货币的时间价值和死亡率因素，要把各个年岁应缴的保险费折合成现值。在现实生活中，很少有人一次性缴清所有保险费。均衡保险费是指在某一期限内，投保人按固定数额缴纳的保险费，从均衡保险费中扣除附加保险费，就是均衡纯保险费。与自然纯保险费和趸缴纯保险费相比，均衡纯保险费更能让人接受，因此，在保险业中得到了广泛的运用。

（二）利息的概念与计算

利息是资金所有者由于借出资金而获得的报酬。利息广泛存在于现代生活之中，已成为衡量经济效益的一个尺度。利息率是指借贷期间所形成的利息额与所贷资金的比值。以不同的标准，可以划分出各种各样的利率类别。以计算利息的期限单位为标准，利率可划分为年利率、月利率和日利率。年利率是以年为时间单位计算利息；月利率、日利率分别是以月、日为时间单位计算利息。

人寿保险机构在经营业务时，必须考虑利息因素，因为它直接影响着保险人的经营绩效，无论是确定保险费率，还是进行保险基金的投资，无不涉及利息的计算，利息的计算方法有两种，即单利和复利。

1.单利

单利计算利息的特点，就是对利息不再付息，其计算公式为：

$$I=P\times i\times n, S=P\times(1+i\times n)$$

式中：I 为利息额；P 为本金；i 为利息率；n 为借贷期限；S 为本利和。

如一笔为期 3 年、年利率为 6% 的 10000 元存款，利息额为：

$$10000\times0.06\times3=1800(元)$$

本利和为：

$$10000\times(1+0.06\times3)=11800(元)$$

2.复利

复利是一种将上期利息转化为本金一并计算的方法。即上期的利息在本期也作为本金生息，如按年计息，第一年按本金算出利息，第二年计算利息时，要把第一年利息加在本金之上，然后再计算。以此类推，直到合同期满，复利计算的公式是：

$$S=P\times(1+i)^n, I=S-P$$

用复利计算上述实例的利息：

$$S=10000\times(1+0.06)^3=11910(元), I=11910-10000=1910(元)$$

可见,用复利计算,利息多出了 110 元。

和单利相比,复利是更符合利息定义的计算利息方法,现代经济生活中,复利的运用十分广泛。

3.终值和现值

在人寿保险费率的厘定过程中,常常会遇到终值和现值的问题。终值又称将来值,是现在一定量现金在未来某一时点上的价值,也就是本利和。在上例中,10000 元在 3 年后的本利和 11800 元就是终值。

现值又称本金,是指未来某一时点上的一定量现金折合到现在的价值。如上例中 3 年后的 11800 元折合成现在的价值为 10000 元,这 10000 元就是 3 年后的 11800 元现值。

以上都是在以单利计算的情况下讨论的终值和现值。在以复利计算时,终值可表示为:

$$终值 = F = P \times (1+i)^n$$

现值可表示为:

$$现值 = P = \frac{F}{(1+i)^n}$$

令 $v = \frac{1}{1+i}$,v 被称之为折现因子,则现值可表示为:

$$现值 = P = F \times v^n$$

例如,求现在存入多少钱,可在复利为 6% 的前提下,得到 3 年后的 10000 元。

$$P = \frac{10000}{(1+0.06)^3} = 8396.2(元)$$

4.年金

年金是指在一定时间内按照一定的时间间隔有规则地收付的款项,依据不同的标准,年金可划分为很多类。按支付条件,年金可分为确定年金(与死亡率无关)和生命年金(与死亡率有关)。对人寿保险而言,有意义的年金划分方式还有以下几种:以每期年金支付的条件为标准,可分为期首付年金和期末付年金。期首付年金是指年金的支付发生在期初。期末付年金是指年金的支付发生在期末。以支付开始的时间为标准,可分为即期年金和延期年金。即期年金是指一旦年金领受人符合条件就立即开始支付的年金,延期年金是延长一定时期后才开始支付的年金。

鉴于期首付年金和期末付年金在厘定保险费率时较为常用,下面详细加以介绍:

(1)期首付年金。以 n 表示年金支付的期间,用 i 表示利率,设支付额为 1 单位元,令

$$v = \frac{1}{1+i}$$

用 $\ddot{a}_{n\rceil}$ 表示期首付年金的现值,则:

$$\ddot{a}_{n\rceil} = 1 + v + v^2 + \cdots + v^{n-1} = \sum_{t=0}^{n-1} = \frac{1-v^n}{i} \times (1+i)$$

用 $\ddot{s}_{n\rceil}$ 表示期首付年金的终值,则:

$$\ddot{s}_{n\rceil} = (1+i) + (1+i)^2 + \cdots + (1+i)^n = \sum_{t=1}^{n}(1+i)^t = \frac{(1+i)^n-1}{i} \times (1+i)$$

显然,$\ddot{a}_{n\rceil}$ 和 $\ddot{s}_{n\rceil}$ 之间存在着这样的关系：

$$\ddot{s}_{n\rceil} = \ddot{a}_{n\rceil}(1+i)^n, \ddot{a}_{n\rceil} = \ddot{s}_{n\rceil}v^n$$

(2)期末付年金。以 n 表示年金支付的期间,用 i 表示利率,设支付额为 1 单位元,令

$$v = \frac{1}{1+i}$$

用 $a_{n\rceil}$ 表示期末付年金的现值,则：

$$a_{n\rceil} = v + v^2 + \cdots + v^n = \sum_{t=1}^{n} v^t = \frac{1+v^n}{i}$$

用 $s_{n\rceil}$ 表示期末付年金的终值,则：

$$s_{n\rceil} = 1 + (1+i) + \cdots + (1+i)^{n-1} = \sum_{t=0}^{n-1}(1+i)^t = \frac{(1+i)^n-1}{i}$$

期首付年金与期末付年金的现值与终值之间有以下关系：

$$\ddot{a}_{n\rceil} = a_{n\rceil}(1+i), \ddot{s}_{n\rceil} = s_{n\rceil}(1+i)$$

(三)生命表

1.生命表的含义及分类

生命表是根据一定时期某一国家或地区的特定人群的有关生存、死亡的统计资料,加以分析整理而形成的一种表格,它是人寿保险测定危险的工具,是寿险精算的数理基础,是厘定人寿保险纯费率的基本依据。生命表以年龄为纲,全面地反映某一国家和地区一定人群的生死状况。在生命表中,最重要的是计算每个年龄段的死亡率。

(1)以死亡统计的对象为标准,生命表可分为国民生命表和经验生命表。国民生命表是根据全体国民或某一特定地区人口的死亡资料编制而成的。经验生命表是根据保险机构有关人寿保险、社会保险的死亡记录编制而成的。在人寿保险的精算过程中,一般选用经验生命表,因为国民生命表统计的范围很大,老弱病残无所不包,而经验生命表所统计的对象仅为被保险人,他们只有在身体合格的情况下,才能参加人寿保险。因此,相对国民生命表而言,经验生命表的死亡率更低,对保险机构更具有实际意义。

(2)以反映程度为标准进行分类,生命表可分为完全生命表和简单生命表。前者是以人口普查资料为依据编制的,它能够反映出每一年龄段的生死概率;后者的编制依据人口动态统计资料与人口调查,它只能反映出某一年龄段的生死概率。

2.生命表的内容

在生命表中,首先要选择初始年龄并假定在该年龄上,有一定数量的人生存,这个数量就叫作基数。一般选择 0 岁为初始年龄,并规定此年龄的人数,通常选择 10 万、100 万、1000 万等整数。下面以中国人寿保险业经验生命表(1990—1993 年)的部分内容为例进行说明,如表 10-1 所示。

表 10-1　中国人寿保险业经验生命表(1990—1993 年)部分内容

年龄(x)	生存人数(l_x)	死亡人数(d_x)	生存率(p_x)	死亡率(q_x)
25	980199	723	0.999262	0.000738
26	979475	713	0.999272	0.000728

续表

年龄(x)	生存人数(l_x)	死亡人数(d_x)	生存率(p_x)	死亡率(q_x)
27	978762	712	0.999273	0.000727
28	978051	714	0.999270	0.000730
29	977337	726	0.999257	0.000743
30	976611	755	0.999227	0.000773
31	975856	789	0.999191	0.000809

可以看出,生命表一般包括以下内容:

x:年龄。

l_x:生存人数,是指从初始年龄至满 x 岁尚生存的人数,即 x 岁的生存人数。例如,"$l_{25}=980199$"表示在初始年龄定义的 1000000 人中有 980199 人活到了 25 岁,或者说在 0 岁时总共统计了 1000000 个刚出生的人,在他们到达 25 岁时,还剩余的生存人数为 980199 人。

d_x:死亡人数,是指 x 岁的人在此后的一年内死亡的人数,即在 $x\sim x+1$ 岁的年龄间死亡的人数。例如,"$d_{25}=723$"表示在 25~26 岁的年龄间死亡的人数为 723 人。

p_x:生存率,是指 x 岁的人在一年内仍生存的概率,即 x 岁的人生存 1 年的概率。

q_x:死亡率,是指 x 岁的人在一年内的死亡率,即在 $x\sim x+1$ 岁的年龄间死亡的人数 d_x 与 l_x 的比率。

3. 生命表中的几个关系式

(1)$l_x-d_x=l_{x+1}$。该式表示,x 岁的人年初的生存数 l_x 与年内的死亡数 d_x 的差额就是次年 $x+1$ 岁的人的生存人数 l_{x+1};上式也可写作:

$$d_x=l_x-l_{x+1}$$

即年内死亡人数是本年初生存人数与次年初生存人数之差。

(2)$d_x+d_{x+1}+\cdots+d_{x+n-1}=l_x-l_{x+n}$。该式表示连续数年死亡人数之和等于第一年年初生存人数与最后一年年初生存人数之差。

(3)$p_x=\dfrac{l_{x+1}}{l_x}$。该式给出了生存率与存活人数之间关系。生存率是次年初生存人数与本年年初生存人数之比,它表示 x 岁的人能生存到 $x+1$ 岁的概率。

同理,可以推导出另一个关系式:

$$np_x=\frac{l_{x+n}}{l_x}$$

该式表示 x 岁的人存活到 $x+n$ 岁的生存率。

(4)$q_x=\dfrac{d_x}{l_x}=\dfrac{l_x-l_{x+1}}{l_x}$。死亡率是年内死亡人数和年初生存人数的比率。

同理,可推导出 x 岁的人在 n 年间的死亡率关系式:

$$nq_x=\frac{l_x-l_{x+n}}{l_x}$$

容易看出,x 年度的生存率与死亡率之和为 1,即:

$$p_x+q_x=1,np_x+nq_x=1$$

(5) $_{n|m}q_x$ 表示 x 岁的人在生存了 n 年之后,于 m 年内死亡的概率,即:

$$_{n|m}q_x = \frac{l_{x+n} - l_{x+n+m}}{l_x}$$

(四)纯保险费率的计算

与自然纯保险费、趸缴纯保险费、均衡纯保险费对应,保险费缴纳方式分为两种:趸缴和分期缴纳。趸缴是指投保人将保险费一次缴清;分期缴纳指在一定期限内按某一数额缴纳保险费。

1.趸缴纯保险费的计算

根据不同的险种,对趸缴纯保险费的计算,分别加以介绍。

(1)定期生存趸缴纯保险费的计算。定期生存保险是以被保险人在一定时期继续生存为保险金给付条件的一种保险形式,也就是说,如果被保险人在保险期届满时仍然存活,则保险机构给付保险金;如果死亡,则不给付保险金,也不退还所缴保险费。通过一个例子给出计算定期生存保险纯保险费的公式。

【例 10.1】 设有 25 岁的被保险人 $l_{25}=980199$ 人,他们购买 3 年期生存保险,利率为 6%,保险金额为 1 单位元,即如果这些投保人能存活到 28 岁,他们每人将领到 1 单位元的保险金。令 $v=\frac{1}{1+0.06}=0.943396226$。采用表 10-1 提供的数据求每个投保人应趸缴的纯保险费 $A_{25:\overline{3}|}$。

分析:期初时,有 $l_{25}=980199$ 人参加这种保险,保险机构向每人收取 $A_{25:\overline{3}|}$ 元的纯保险费,总共可得到的保险费收入为:

$$l_{25} \times A_{25:\overline{3}|} = 980199 \times A_{25:\overline{3}|}$$

3 年期满时,存活人数为 $l_{28}=978051$ 人,保险机构应支付的总保险金为:

$$l_{28} \times 1 = 978051 \times 1$$

根据收支平衡的原则,并考虑货币的时间价值因素,可得到以下等式:

$$980199 \times A_{25:\overline{3}|} = 978051 \times v^3$$

$$A_{25:\overline{3}|} = \frac{978051 \times v^3}{980199} = 0.837779344$$

则 0.837779344 单位元就是投保人应趸缴的纯保险费。如果在签订保险契约时规定,在 3 年期满时每个存活的被保险人可以领到 5 万元的保险金,则投保人应趸缴的纯保险费为:

$$50000 \times A_{25:\overline{3}|} = 50000 \times 0.837779344 = 41888.97(元)$$

现在给出有 l_x 人投保定期生存保险趸缴纯保险费的一般公式。设投保人的保险金额为 1 单位元,保险期限为 n,年利率为 i,令 $v=\frac{1}{1+i}$,令投保人在 x 岁应趸缴保险费为 $A_{x:\overline{n}|}$,则:

$$A_{x:\overline{n}|} = \frac{v^n \times l_{x+n}}{l_x}$$

如果投保人的保险金额为 R 元,应趸缴保险费为:

$$R \times A_{x:\overline{n}|} = R \times \frac{v^n \times l_{x+n}}{l_x}$$

(2)定期死亡保险的趸缴纯保险费计算。定期死亡保险又叫定期人寿保险,是以被保险人在保险期限内死亡为条件支付保险金的一种形式。也就是说,只有当保险人在保险期间死亡时,保险机构才支付保险金,如若继续存活,则不予支付。

通过例子,给出定期死亡保险趸缴纯保险费计算的公式。

【例 10.2】 设有 25 岁的被保险人 980199 人,他们购买 3 年期的死亡保险,利率为 6%,保险金额为 1 单位元,即:如果被保险人在 25~28 岁死亡,在其死亡后紧接着的整数年龄上,其受益人将可以领到 1 单位元的保险金。令 $v=\dfrac{1}{1+0.06}$。采用表 10-1 提供的数据求每个投保人应趸缴的保险费。

分析:每位投保人应趸缴的保险费为 $A^1_{25:\overline{n}|}$,在签订保险契约时保险机构的保险费总收入为:

$$l_{25} \times A^1_{25:\overline{3}|} = 980199 \times A^1_{25:\overline{n}|}$$

查生命表可知,保险机构的保险费支出情况如下:

在 25~26 岁的这 1 年内被保险人中有 723 个人死亡,在 26 岁的整数年龄上,保险机构支付保险金总额为 723×1 单位元,这笔保险金在 25 岁时的现值为 723×v 单位元;

在 26~27 岁的这 1 年内被保险人中有 713 个人死亡,在 27 岁的整数年龄上,保险机构支付保险金总额为 713×1 单位元,这笔保险金在 25 岁时的现值为 713×v^2 单位元;

在 27~28 岁的这 1 年内被保险人中有 712 个人死亡,在 28 岁的整数年龄上,保险机构支付保险金总额为 712×1 单位元,这笔保险金在 25 岁时的现值为 712×v^3 单位元;

根据收支平衡原则,可得到下列等式:

$$l_{25} \times A^1_{25:\overline{3}|} = 980199 \times A^1_{25:\overline{3}|} = d_{25} \times v + d_{26} \times v^2 + d_{27} \times v^3$$
$$= 723 \times v + 713 \times v^2 + 712 \times v^3$$

$A^1_{25:\overline{3}|} = 0.001953174$。这表明:如果每个死亡的人可以获得 1 单位元的保险金给付,在投保时他们应缴纳 0.001953174 单位元的趸缴净保费。

如果受益人将可以领到 50000 元的保险金,则:

$$50000 \times A^1_{25:\overline{3}|} = 50000 \times 0.001953174 = 97.66(元)$$

现在可以给出计算定期死亡保险的趸缴纯保险费的一般计算公式:

$$A^1_{x:\overline{n}|} = \frac{d_x \times v + d_{x+1} \times v^2 + \cdots + d_{x+n-1} \times v^n}{l_x} = \frac{1}{l_x} \sum_{k=0}^{n-1} d_{x+k} \times v^{k+1}$$

(3)混合保险趸缴纯保险费率的计算。混合保险是一种生死保险,是一种无论被保险人生死与否,一旦保险期届满,保险人均须支付保险金的保险形式。因此,该保险可以看作是定期生存保险和定期死亡保险的混合。那么,其应缴的保险费应是定期生存保险费和定期死亡保险费之和。这样,就可以得出混合保险的趸缴保险费率公式。设 $A_{x:\overline{n}|}$ 为趸缴保险费,则:

$$A_{x:\overline{n}|} = A^1_{x:\overline{n}|} + A_{x:\overline{n}|}^{\ 1}$$

【例 10.3】 设有 25 岁的被保险人 $l_{25}=980199$ 人,他们购买 3 年期混合保险,利率为 6%,保险金额为 50000 元,如果这些投保人在 25~28 岁死亡,其受益人将可以领到 50000 元的保险金;如果这些投保人能存活到 28 岁,他们每人也同样可以领到 50000 元的保险金。采用表 10-1 提供的数据求每个投保人应趸缴的纯保险费 $A_{25:\overline{3}|}$。由以上例 10.1 和例 10.2 的分析可知:

$$50000 \times A_{25\,:\,\overline{3}|} = 50000 \times (A_{\,25\,:\,\overline{3}|}^{\;\;1} + A_{25\,:\,\overline{3}|}^{\quad\;\,1}) = 97.66 + 41888.97 = 41986.63(元)$$

（4）年金保险的趸缴纯保险费计算。年金保险是指保险公司在一定时期内,以年金方式按期支付直至期满的一种保险形式,年金保险分为两个阶段:一是缴费期;二是年金支付期。这里探讨的是缴费期趸缴保险费的计算方法。

设有 x 岁的投保人 l_x,购买保险期限为 n 的年金保险。预期利率为 i,保险金额为 1 单位元,并均在期末支付,求趸缴保险费 $a_{x\,:\,\overline{n}|}$。

分析:在签订保险契约时,保险机构的保险费总收入为 $l_x \times a_{x\,:\,\overline{n}|}$,令 $v = \dfrac{1}{1+i}$。保险机构在 n 年内的每年年末保险金支出分别为:

第 1 年年末:$1 \times l_{x+1} \times v$;

第 2 年年末:$1 \times l_{x+2} \times v^2$;

第 3 年年末:$1 \times l_{x+3} \times v^3$;

……

第 n 年年末:$1 \times l_{x+n} \times v^n$。

由收支平衡原则,可得:

$$l_x \times a_{x\,:\,\overline{n}|} = l_{x+1} \times v + l_{x+2} \times v^2 + \cdots + l_{x+n} \times v^n$$

$$a_{x\,:\,\overline{n}|} = \frac{l_{x+1} \times v + l_{x+2} \times v^2 + \cdots + l_{x+n} \times v^n}{l_x} = \frac{1}{l_x} \sum_{k=1}^{n} l_{x+k} \times v^k$$

期初支付的年金保险保险费的推导类似于期末支付的年金保险保险费,用 $\ddot{a}_{x\,:\,\overline{n}|}$ 表示趸缴的保险费,则:

$$\ddot{a}_{x\,:\,\overline{n}|} = \frac{l_x \times v^0 + l_{x+1} \times v^1 + \cdots + l_{x+n-1} \times v^{n-1}}{l_x} = \frac{1}{l_x} \sum_{k=1}^{n-1} l_{x+k} \times v^k$$

【例 10.4】　设有 25 岁的被保险人 $l_{25} = 980199$ 人,他们购买 3 年期年金保险,利率为 6%,在 26、27、28 岁这 3 个整数年龄上,每个存活的被保险人都可以领到 50000 元的保险金。令 $v = \dfrac{1}{1+i}$。采用表 10-1 提供的数据求每个投保人应趸缴的纯保险费 $50000 \times a_{x\,:\,\overline{n}|}$。

由以上分析可知:

$$50000 \times a_{25\,:\,\overline{3}|} = 50000 \times \frac{l_{26} \times v + l_{27} \times v^2 + l_{28} \times v^3}{l_{25}}$$

$$= 50000 \times \frac{979475 \times v + 978762 \times v^2 + 978051 \times v^3}{980199} = 133458.52(元)$$

同理,期初支付的年金保险保险费为:

$$\ddot{a}_{25\,:\,\overline{3}|} = \frac{l_{25} \times v^0 + l_{26} \times v^1 + l_{27} \times v^2}{l_{25}} = 2.8313922$$

$$50000 \times \ddot{a}_{25\,:\,\overline{3}|} = 50000 \times 2.8313922 = 141569.61(元)$$

2. 分期缴付纯保险费的计算

一次性缴清保险费,可以减少诸多烦琐环节,这对保险人、被保险人双方都有利,但现实的情况是,被保险人往往不愿意拿出较大的一笔钱缴纳保险费。为了解决这个问题,保险费缴纳可以采取分期的方式,即保险人允许被保险人分期缴纳,如按年、按季、按月来缴付。一般来说,按年度缴费最为普遍。这里就年度纯保险费的计算予以介绍。

（1）定期生存保险年度缴付纯保险费的计算。

设有 25 岁的被保险人 980199 人购买 3 年期的定期生存保险，保险金额 1 单位元，利率 6%，保险费均在期首支付，求每年应缴保险费。

分析：设每人每年缴保险费均为 $P_{25:\frac{1}{3}}$，$v=\dfrac{1}{1+0.06}=0.943396226$。保险机构各年初收入的保费现值分别为：

第 1 年年初：$P_{25:\frac{1}{3}}\times 980199\times v^0$；

第 2 年年初：$P_{25:\frac{1}{3}}\times 979475\times v^1$；

第 3 年年初：$P_{25:\frac{1}{3}}\times 978762\times v^2$。

保险机构需要对所有 3 年后存活的人每人支付 1 单位元的保险金，查生命表得 $l_{28}=978051$（人），折成现值为：

$$l_{28}\times v^3=978051\times v^3$$

根据收支平衡原则，有以下等式成立：

$$978051\times v^3=P_{25:\frac{1}{3}}\times(980199\times v^0+979475\times v^1+978762\times v^2)$$

$$P_{25:\frac{1}{3}}=\frac{978051\times v^3}{980199\times v^0+979475\times v^1+978762\times v^2}=0.295889661$$

根据同一原理，可以推出一般情况下的等式：

设有 x 岁的被保险人 l_x 个人购买 n 年的定期生存保险，保险金额为 R，利率为 i，保险费均在 n 年内每年初支付，令 $v=\dfrac{1}{1+i}$，年度纯保险费为：

$$R\times P_{x:\frac{1}{n}}=R\times\frac{l_x\times v^n}{l_x\times v^0+l_{x+1}\times v^1+\cdots+l_{x+n-1}\times v^{n-1}}=R\times\frac{A_{x:\frac{1}{n}}}{\ddot{a}_{x:\overline{n}}}$$

【例 10.5】 设有 25 岁的被保险人 980199 人购买 3 年期的生存保险，保险金额 50000 元，利率 6%，保险费均在期首支付，采用表 10-1 提供的数据求每年应缴保险费。

由以上分析可知：

$$50000\times P_{25:\frac{1}{3}}=50000\times\frac{A_{25:\frac{1}{3}}}{\ddot{a}_{25:\overline{3}}}=50000\times\frac{0.837779}{2.8313922}=14794.48（元）$$

（2）定期死亡保险年度缴付纯保险费的计算。

设有 x 岁的被保险人 l_x 个人购买 n 年的定期死亡保险，保险金额为 1 单位元，利率为 i，保险费均在期初支付，令 $v=\dfrac{1}{1+i}$，年度纯保险费为 $P^1_{x:\overline{n}}$。

分析：先将保险机构各年的保险费收入折合成现值如下：

第 1 年：$P^1_{x:\overline{n}}\times l_x\times v^0$；

第 2 年：$P^1_{x:\overline{n}}\times l_{x+1}\times v^1$；

第 3 年：$P^1_{x:\overline{n}}\times l_{x+2}\times v^2$；

……

第 n 年：$P^1_{x:\overline{n}}\times l_{x+n-1}\times v^{n-1}$。

保险机构各年的保险金额支出折合现值为：

第 1 年年末：$d_x\times v^1$；

第 2 年年末：$d_{x+1}\times v^2$；

......

第 n 年年末：$d_{x+n-1}\times v^n$。

从而：

$$P_{x:\overline{n}|}^{1}\times(l_x\times v^0+l_{x+1}\times v^1+\cdots+l_{x+n-1}\times v^{n-1})=d_x\times v^1+d_{x+1}\times v^2+\cdots+d_{x+n-1}\times v^n$$

$$P_{x:\overline{n}|}^{1}=\frac{d_x\times v^1+d_{x+1}\times v^2+\cdots+d_{x+n-1}\times v^n}{l_x\times v^0+l_{x+1}\times v^1+\cdots+l_{x+n-1}\times v^{n-1}}=\frac{A_{x:\overline{n}|}^{1}}{\ddot{a}_{x:\overline{n}|}}$$

【例 10.6】 设有 25 岁的被保险人 980199 人购买 3 年定期死亡保险,保险金额为 50000 元,利率为 6％,保险费均在 3 年内每年初支付,采用表 10-1 提供的数据求每年应缴保险费。

由以上分析可知：

$$50000\times P_{25:\overline{3}|}^{1}=50000\times\frac{A_{25:\overline{3}|}^{1}}{\ddot{a}_{25:\overline{3}|}}=50000\times\frac{0.0019532}{2.8313922}=34.49(元)$$

(3)混合保险年度保险费的计算。混合保险年度保险费是定期生存保险与定期死亡保险的年度保险费之和。设 $P_{x:\overline{n}|}$ 为混合保险年度保险费,则有下式成立：

$$P_{x:\overline{n}|}=P_{x:\overline{n}|}^{1}+P_{x:\overline{n}|}^{\ 1}$$

(五)毛保险费的计算

毛保险费是由纯保险费和附加保险费构成的。计算毛保险费一般可使用三种方法：

1.三元素法

三元素法把附加费用分为三类:原始费用、维持费用、收费费用。原始费用是保险公司为招揽新合同,在第一年度支出的一切费用。维持费用是指整个保险期间为使合同维持保全的一切费用,它应分摊于各期。收费费用是指收取保险费时的支出。与维持费用一样,它也分摊于各期。把将来年份的附加费用折合成现值,就可得到附加保险费的现值之和。再根据"毛保险费现值＝纯保险费现值＋附加保险费现值"的原理来计算总保险费。三元素法的优点是计算结果准确,缺点是计算过程复杂、烦琐。

2.比例法

比例法假设附加保险费为毛保险费的一定比例。这一比例通常是根据经验来确定的。设毛保险费用 G 表示,P 表示纯保险费,F 表示附加保险费,附加保险费比例为 R,则有

$$G=P+F=P+RG$$

整理得：

$$G=\frac{P}{1-R},\ F=RG=\frac{RP}{1-R}$$

比例法的优点是计算简便,不足之处在于 R 值的确定缺乏合理性。

【例 10.7】 若净保费 $P=300$ 元,附加保费比例 $R=0.12$,求毛保险费 G 与附加保险费 F。

分析：

$$F=\frac{0.12\times300}{1-0.12}=40.91(元)$$

$$G=P+F=300+40.91=340.91(元)$$

3.比例常数法

比例常数法是把附加保险费分为两部分,一部分表示为毛保险费 G 的一个固定比例,用 R 表示;另一部分是每单位(一般以 1000 元为一个单位)保险金收取的费用,该项总费用用 C 表示,这样就有:

$$G=P+F=P+RG+C$$

整理得:

$$G=\frac{P+C}{1-R}$$

$$F=RG+C=R\frac{P+C}{1-R}+C=\frac{RP+RC+C-RC}{1-R}=\frac{RP+C}{1-R}$$

【例 10.8】 某一两全保险的保单,若保险金额为 25000 元,年缴净保险费为 689 元,固定附加保险费为总保险费的 8%,另外每千元保险金另收管理费用 8 元,求这一保险的毛保险费与附加保险费。

分析: $R=0.08$,$C=25000\times0.008=200$,$P=689$

$$F=\frac{RP+C}{1-R}=\frac{0.08\times689+200}{1-0.08}=277.3(元)$$

$$G=P+F=689+277.3=966.3(元)$$

四、财产保险费率的厘定

财产保险费率的厘定是以损失概率为基础的,它先通过对保额损失率和均方差的计算求出纯费率,然后再计算附加费率。

(一)纯费率的计算

纯费率是用于弥补被保险人因保险事故而造成的损失的金额,它的计算公式为:

纯费率=保额损失率×(1+稳定系数)

式中:保额损失率是赔偿金额与保险金额的比值;稳定系数则是衡量期望值与实际结果密切程度的一个参数。

保额损失率的计算公式为:

$$保额损失率=\frac{赔偿金额}{保险金额}=100\%$$

根据历年来的保险事故发生的情况,可求出平均保额损失率。下面举例说明(见表 10-2)。

表 10-2 历年损失情况

年 份	1	2	3	4	5	6	7	8	9
保额损失率(%)	5	5.1	4.8	5.4	4.7	4.9	4.5	5.4	5.2

设 $\overline{X}$ 为平均保额损失率;X_i 为不同时期的保险损失率;n 为期限,则可得出以下公式:

$$\overline{X}=\frac{1}{n}\sum_{i=1}^{n}X_i$$

$$=\frac{1}{9}\times(0.05+0.051+0.048+0.054+0.047+0.049+0.045+0.054+0.052)$$

$$=0.05$$

可见,5%是9年间的平均保额损失率,但它并不是所要求的纯保险费率,因为它具有不稳定性,还要求出稳定系数才能了解损失率的波动程度。稳定系数的计算公式为:

稳定系数＝均方差÷平均保额损失率

式中:均方差是指保额损失率与平均损失率的离差平方和平均数的平方根,它能表明平均保额损失率的代表性。均方差的计算公式为:

$$\sigma = \sqrt{\frac{1}{n}\sum_{i=1}^{n}(X_i - \overline{X})^2}$$

式中:σ 为均方差;X_i 为每年损失率;$\overline{X}$ 为平均损失率;n 为年限。依据上例中的数据进行计算(见表10-3)。

表 10-3　损失率、离差和离差平方和

年　份	损失率	离　差	离差平方和
1	0.05	0	0.000000
2	0.051	0.001	0.000001
3	0.048	−0.002	0.000004
4	0.054	0.004	0.000016
5	0.047	−0.003	0.000009
6	0.049	−0.001	0.000001
7	0.045	−0.005	0.000025
8	0.054	0.004	0.000016
9	0.052	0.002	0.000004
合　计	—	—	0.000076

代入公式得:

$$\sigma = \sqrt{\frac{0.000076}{9}} = 0.0029$$

于是可求出稳定系数:

稳定系数＝均方差÷平均保额损失率＝0.0029÷0.05＝0.058

一般说来,稳定系数越低,则保险经营的稳定程度越高;稳定系数越高,则保险经营的稳定程度越低。一般认为稳定系数的取值在0.1～0.2是合适的,因此,0.058的稳定系数很低,保险经营的稳定程度很高。

有了平均损失率和稳定系数,就可以计算出纯费率。

(二)附加费率的计算

附加保险费率与营业费用密切相关。附加费率的计算公式为:

$$附加保险费率 = \frac{营业费用开支总额}{保险金额} \times 100\%$$

营业费用主要包括:

(1)按保险费的一定比例支付的业务费、企业管理费、代理手续费及缴纳的税金。

(2)支付的工资及附加费用。

(3)预期的营业利润。

除了按上述公式计算附加费率外,还可以纯保险费率的一定比例来确定,如规定附加保险费率为纯保险费率的 20%。

财产保险的毛保险费是由纯保险费和附加保险费构成的,其计算公式为:

毛保险费＝纯保险费＋附加保险费

但这样得出来的仅是一个大概的毛费率,实用性不强。因此,须根据不同业务,进行分项调整,这种调整被称为级差费率调整,经过级差费率调整后,毛费率就最终形成了。

第二节　保险责任准备金

一、保险准备金及分类

(一)保险准备金

所谓保险准备金,是指保险公司为保证其如约履行保险赔偿或给付义务而提取的、与其所承担的保险责任相对应的基金。为了保障保险客户的利益,各国一般都以保险立法的形式规定保险公司应提留保险准备金,以确保保险公司具备与保险业务规模相应的偿付能力。只有当保险公司的实际资产超过其实际负债达到规定的额度时,才具有可靠的偿付能力。保险准备金实际上包括资本金、公积金或总准备金及其他任意准备金(在未到期责任准备金和赔付准备金之外的准备金)以及未分配的利润等。

(二)保险准备金的分类

从保险准备金的构成来看,按不同的依据有不同的划分方法:

1. 依据提存的约束力不同划分

(1)保险公司根据有关法律规定必须提取的准备金,如未到期责任准备金、未决赔款准备金,其计算办法由法律规定。

(2)保险公司根据公司章程或主管机关指定提存的准备金,如保险保障基金等。

(3)保险公司任意提存的准备金。

2. 依据准备金的性质不同划分

(1)属于股东所有的准备金。它实质上相当于未分配盈余,如总准备金、特别危险准备金、非常准备金、留存利润、未分配盈余等等。西方国家的保险会计习惯上将这些项目加上公司的资本额称为"净值",在分析一个公司的财务状况和进行财务管理时,这类准备金是与公司资本额等同看待的。

(2)属于保险客户所有的准备金。一般称为业务准备金,又可细分为未到期责任准备金和赔付准备金,这种准备金尽管在财务管理与会计核算中被称为保险公司的准备金,但实质上为保险单持有者所有,是保险公司的负债。它从保险费收入中计提,数额巨大,从而构成了保险准备金的主体部分,代表了保险准备金的本质特征。

（3）属于有关资产账户备抵性质的准备金。该类准备金一般用于抵消相应资产科目的部分余额，如呆账准备金对应于应收未收保费、投资损失准备金对应于投资等。

3.依据计提基础不同划分

（1）税前列支准备金。它是以保险费或赔案数为计算基础，是保险公司未了责任准备金，亦即业务准备金，它属于保险客户所有，从而从保费收入中直接计提。

（2）税后列支准备金。主要包括总准备金、特别危险准备金等，它属于公司股东或业主所有，从而只能在保险公司的税后利润分配中计提。

由于财险业务与寿险业务各方面的差异，使得两者在准备金的设置和提取上也存在很大的不同。以下将对此分别介绍。

二、非寿险准备金及其计提

非寿险（包括各种财产保险、责任保险、信用保险及短期人身保险等一切非寿险业务）准备金主要包括未决赔款准备金（简称赔款准备金）和未到期责任准备金两种。此外，还有总准备金等。本处主要介绍赔款准备金与未到期责任准备金和两者的计提方法。

（一）赔款准备金及其计提

1.赔款准备金

是衡量保险人某一时期内应负的赔偿责任及理赔费用的估计金额。其计提的原因在于：在保险公司会计年度内发生的赔案中，总有一部分未能在当年决算结案。根据审慎经营的原则，保险公司对于这些已发生的赔案应依法提取赔款准备金，计入当期的营业支出中，以免利润的虚增。具体包括以下几种情况：①被保险人已经提出索赔，但被保险人与保险人之间尚未对这些案件是否属于保险责任范围以内、保险赔付额应当为多少等事项达成协议，这类赔案称为未决赔案。②保险人对索赔案件已经理算完毕，应赔付金额也已经确定但尚未支付，这类赔案称为已决未付赔案。③保险事故已经发生但尚未报告，这类赔案称为已发生未报告赔案。

2.赔款准备金的计提

赔款准备金的计提一般有三种方法，即个案估计法、平均值法和赔付率法。

（1）个案估计法。采用这种方法的保险公司一般通过检查赔付案件登记表，就尚未解决的案件逐笔估计其所需要的赔偿金，加上少数尚未报告的赔付案件的估计金额，即为应提取的赔款准备金。这种方法较大程度上依赖于保险公司理赔部门的经验判断，较适用于大额赔案。

（2）平均值法。在这种计算方法下，保险公司首先根据以往的损失数据计算出各类赔付案件的平均值，并根据其变动趋势对其加以调整，再将这一平均值乘以已报告赔案数目就能得出未决赔款额。这一方法适用于索赔案多，且索赔金额大致相同的业务，如汽车险。

（3）赔付率法。在这一方法下，保险公司选择某一个时期的赔付率来估计某类业务的最终赔付数额，从估计的最终赔付额中扣除已支付的赔款和理算费用，即为未决赔款额。用这种方法计算出来的赔款准备金，包括了已报告的损失和已发生但未报告的损失，而前面两种计算法只涉及已报告的赔案，对已发生但未报告的赔案还需另行估计，但有时赔付率法下所假定的赔付率与实际赔付率可能会有很大出入。

(二)未到期责任准备金及其计提

1. 未到期责任准备金

由于保险公司会计年度与保单有效期不完全一致,按照权责匹配的原则,保险公司不能把当年的保费收入全部计入损益,而应将保费在各保险责任期内进行分摊。因此,所谓未到期责任准备金,就是指保险公司在年终会计决算时,把属于未到期责任部分的保费提存出来,用做将来赔偿准备的基金。留在当年的部分属于当年的收入,称之为已赚保费;转入第二年度的部分属于下一年度的收入,称之为未赚保费。

提取未到期责任准备金的原因主要在于以下两点:

第一,保险公司对保险合同的剩余期限负有承保责任;

第二,当保险合同在到期前依法被解除时,其未到期部分的保费应退还投保人。

2. 未到期责任准备金的计提

如果严格按照未到期责任准备金的定义进行提取,则应先计算出每份保单的未到期责任,再按未到期责任的比重求出应提留的准备金。然而这种方法尽管比较直观,但工作量太大,在实际操作中往往不易做到。因此,保险实务中一般采用以下近似计算方法:

(1)年平均估算法。这种计算方法较适用于一年中保费收入较稳定的保险公司。其具体思路是:假定保险公司各月营业量较为平均,则一年中所有签发保单的平均保险期限为6个月,也就是说,如为1年期保单,则应计提的未到期责任准备金为自留总保费收入的1/2;如为3年期保单,则第1年应计提的未到期责任准备金为保费收入的5/6,第2年应计提保费收入的3/6,第3年应计提保费收入的1/6。

(2)月平均估算法。这种方法的思路仍与年平均估算法相同,但在精确程度上高于年平均估算法,对于年度内各月间业务量变动较大,但月度内业务量较为平稳的保险公司比较适用。它假设一月中保单以大致相同的速度发出,则本月承保保单的有效保险期限都是15天,于是,一年可分为24个半月,应计提的未到期责任准备金为:

$$未到期责任准备金=\frac{签发保单月份\times 2-1}{24}\times 保费收入$$

(3)日平均估算法。这一方法的准确性无疑是最高的,它根据每张保单在下一会计期间的有效天数计算未到期责任准备金,其计算公式如下:

$$未到期责任准备金=\frac{下一会计年度有效天数}{保险期总天数}\times 保费收入$$

前两种方法的准确性有赖于计算期内保险业务的稳定性。如果保险公司的保费收入在计算期内呈递增趋势,则容易导致准备金计提不足,从而虚增了当期利润;如果保费收入呈递减趋势,则准备金提取过多,对国家而言会造成税收流失。

另外还有一点需要指出的是,财产保险中也存在保费分期缴付的现象;至于责任保险,由于保险期限比较短,且多采用追溯法,部分保费是等保险期满后根据实际损失再计收的,在以上两种情况下,未到期责任准备金已渐失其重要性。

三、寿险准备金及其计提

人寿保险公司在经营过程中也必须提取各种准备金,如责任准备金、未到期责任准备金(适用于1年定期寿险、健康保险和伤害保险)、赔款准备金及其他任意准备金。其中最重要的是责任准备金,它是专门针对1年期以上的长期人寿保险计提的准备金,由保险人所收的纯保费中超缴的部分及其利息积累而成。由于未到期责任准备金及赔款准备金的内容与财险准备金中有关概念相近,在此,我们不再复述,而将重点放在对寿险责任准备金的介绍上。

(一)寿险保费缴付方式

在不同的寿险种类和缴费方式下,责任准备金的计提是有差别的。因此,我们首先介绍以下各种保费缴付方式。

1. 自然保费

自然保费是指以每年更新续保为条件,签订一年定期保险合同时,各年度的纯保费。由于各年的危险程度不同,因而自然保费也各不相同。从根本上讲,自然保费属于分期缴费形式。这种方式可以避免一次性缴费带来的经济压力,而且它以续保为条件,使投保人具有投保灵活性,可以视自身需要决定是否续保。但在预定利率确定的条件下,随着被保险人的年龄的增加,死亡率也在随之增加,相应地,自然保费也逐年提高;与此同时,在一般情况下,人的经济来源随着年龄的增长却在逐年减少,从而不断提高的自然保费便成为投保人的经济负担。

2. 趸缴纯保费

趸缴纯保费是指毛保费中扣除附加保费的部分,并在投保之日一次性缴清的纯保费,相当于未来给付支出的现值。这种方式不仅可以减少后续保费的烦琐,而且可以让投保人选择在其经济实力较强的时期一次性付清保费,避免在自然保费方式下可能出现的后继支付能力不足的现象。

3. 均衡纯保费

均衡纯保费是指毛保费中扣除附加保费的部分,并在约定缴费期限内,每次缴费金额始终不变的纯保费,是一个年金的概念。

上述三种纯保费,尽管缴费形式不同,但其本质都是用于保险人未来的给付支出。

(二)寿险责任准备金的性质

在自然保费缴费方式下,根据其计算的原理,自然保费收入恰好等于当年给付的支出。所以从理论上讲,在自然保费条件下,无须在营业年度末计提责任准备金。

在趸缴保费方式下,由于以后的保险期限内投保人不再缴纳保费,而保险人的给付责任并没有在付费当期就结束,它还将对以后保险期限内的各年度承担保险的给付责任,所以保险人对趸缴方式下的长期性寿险合同,应在每个营业年度末计提长期责任准备金。

在均衡纯保费方式下,保费金额在各缴费期限内是均衡的,但保险责任却是变动的。随着被保险人年龄的增长,死亡率在增加,死亡保险的给付可能性随之增加。也就是说,在保险初期,均衡纯保费高于自然保费;而在保险后期,均衡纯保费低于自然保费即此期间保险金额的支出。因此,保险期限前期,均衡纯保费高于应付保险金支出后的结余,不能视为保险人的利润,而必须提取作为责任准备金,以备应付保险期限后期均衡纯保费不足以支出保险给付的差额。从这个意义上讲,我们通常所说的寿险责任准备金就是指均衡纯保费责任准备金。

(三)寿险责任准备金的计提

在计算寿险准备金时,首先有两个基本的前提假设:①保险人在年初收取保费。②在年末支付保险金,然后再依据生命表和资金收益率进行具体的计提。它的基本计算原则是收支平衡,即一定时点上保险人收取的保费应等价于保险人支付的保险金额。用公式来表示,就是:

未来保险金支出的现值－未来纯保费收入的现值
＝已收取纯保费的终值－已支付保险金的终值

一般情况下,上述等式的两端不为零,其差额即为应提取的寿险责任准备金。并且,由上述等式还可以推导出计算准备金的两种方法,即预期法和追溯法。所谓预期法,又称为将来法,就是预先确定将来可能赔付的死亡给付,扣除将来可能流入的保费收入及投资收益后,其余额即为应提取的责任准备金数量。所谓追溯法,又称为过去法,是指保单生效后历年的纯保费收入,加上假定的投资利息,扣除假定支付的死亡给付后,其余额即为应提取的责任准备金。具体来说,就是根据过去的业务,将年初所收的纯保费,加上依照预定利率计算得出的全年利息,减去年末给付的保险金,其余额部分即为年末责任准备金。第一年的期末准备金加上第二年所收的纯保费,即为第二年的期初准备金,依照上述原理,即可计算得到各年应计提的责任准备金。以上给出的是计算寿险准备金的一般公式,对于不同的险种,具体的计算公式不尽相同,但其计算原理是相同的。下面仅举一例说明。

【例 10.9】 设有 25 岁的被保险人 980199 人,他们购买 5 年期的死亡保险,利率为 6%,保险金额为 50000 元,即:如果被保险人在 25~30 岁死亡,在其死亡后紧接着的整数年龄上,其受益人将可以领到 50000 元的保险金。保险费采用均衡缴费的方式在 25~29 岁期间每年初缴付。令 $v = \dfrac{1}{1+0.06}$。采用表 10-1 提供的数据求单个投保人在 28 岁($t=3$)的责任准备金。

由例 10.2、例 10.4、例 10.6 分析可知:

$$\ddot{a}_{25:\overline{5|}} = \frac{l_{25} \times v^0 + l_{26} \times v^1 + \cdots + l_{29} \times v^4}{l_{25}} = 4.458952437$$

$$A^{1}_{25:\overline{5|}} = \frac{d_{25} \times v + d_{26} \times v^2 + \cdots + d_{29} \times v^5}{l_{25}} = 0.003083727$$

$$P^{1}_{25:\overline{5|}} = \frac{A^{1}_{25:\overline{5|}}}{\ddot{a}_{25:\overline{5|}}} = \frac{0.003083727}{4.458952437} = 0.000691581$$

$$\ddot{a}_{25+3:\overline{5-3|}} = \frac{l_{28} \times v^0 + l_{29} \times v^1}{l_{28}} = 1.942707547$$

$$A^{1}_{25+3:\overline{5-3|}} = \frac{d_{28} \times v^1 + d_{29} \times v^2}{l_{28}} = 0.001349464$$

因此,当 $t=3$ 时(此时被保险人的年龄为 28 岁,保单的有效期还剩 2 年),未来保险金支出的现值为:

$$50000 \times A^{1}_{25+3:\overline{5-3|}} = 50000 \times 0.001349464 = 67.4732(元)$$

未来纯保费收入的现值为:

$$50000 \times P_{\overline{25:5|}}^1 \times \ddot{a}_{25+3:\overline{5-3|}} = 50000 \times 0.000691581 \times 1.942707547 = 67.1770(元)$$

采用预期法计算的投保人在 28 岁($t=3$)的责任准备金为:

$$50000 \times {}_3V_{\overline{25:5|}}^1 = 67.4732 - 67.1770 = 0.2962(元)$$

以上方法,是针对均衡纯保费提出的。事实上,由于各种营业费用的存在,往往使保险公司开办之初的各项支出,超过附加保费所带来的收入。因此,各公司在实际操作中把均衡纯保费准备金制度予以修改,把公司设立之初所收取的纯保费的一部分用于弥补营业开支,再用以后年度的附加保费分摊这部分被占用了的纯保费。

【本章小结】

现代保险学是建立在概率论和大数定律基础之上的。概率论和大数定律为保险经营的稳定性、费率厘定的科学性以及保险风险的集合与分散的可行性提供了科学依据。本章第一节第一部分介绍了大数定律的主要内容及其对保险的重要意义;第二、三、四部分分别介绍了保险、人寿保险及财产保险费率的厘定。本章第二节介绍了保险责任准备金的概念及其计提方法。本章具体要点如下:

(1)大数定律是保险经营的数理基础,它揭示了一个规律:大量的随机现象由于偶然性相互抵消总体上呈现出必然的数量规律。它要求所承保的危险事故必须是大量标的均有遭受损失的可能性。

(2)保险费率一般由两部分组成:纯费率与附加费率。纯费率又称净费率,它是用来支付赔款的费率,其计算依据因险种的不同而不同。财产保险纯费率的计算依据是损失概率,人寿保险纯费率计算的依据是利息和生命表。附加费率是附加保险费与保险金额的比率。它的计算依据是保险人的营业费用。附加保险费率由费用率、营业税率和利润率组成。把纯费率和附加费率加总起来,就构成了保险费率。

(3)由于人寿保险费并不是一次付清的,所以投保人所缴纳的纯保险费部分可分为危险保险费和储蓄保险费。前者用于当年保险金的支付,后者则是一种累积的保险费,用来弥补未来年份的赤字。附加保险费用于保险费经营中的一切费用开支。纯保险费和附加保险费构成了营业保险费,它是寿险机构实际收取的保险费。

(4)人寿保险机构在经营业务时必须考虑利息因素,因为它直接影响着保险人的经营绩效,无论是确定保险费率,还是进行保险基金的投资,无不涉及利息的计算。

(5)生命表是根据一定时期某一国家或地区的特定人群的有关生存、死亡的统计资料加以分析整理而形成的一种表格,它是寿险精算的数理基础,是厘定人寿保险纯费率的基本工具。生命表以年龄为纲,全面反映了某一国家或地区内一定人群的生死状况。

(6)财产保险费率的厘定以损失概率为基础,它先通过对保额损失率和均方差的计算求出纯费率,然后再计算附加费率。

【思考与练习】

■主要概念

大数定律　保险费率　纯费率　毛费率　分类法　观察法　稳定系数　自然纯保险费　趸缴纯保险费　均衡纯保险费　利息　现值　生命表　责任准备金

■基础练习

一、单项选择题

1. 寿保险纯费率的厘定应遵循( )原则。

A. 收支相等　　　　B. 收大于支　　　　C. 收小于支　　　　D. 以上均不对

2. 保险公司的利润来源有( )。

A. 承保利润

B. 投资利润

C. 承保和投资利润

D. 利差、死差和费差收益

3. 财产保险的纯费率与( )有密切的关系。

A. 保险标的损失频率

B. 保险标的所在的环境状况

C. 生命规律

D. 货币的时间价值

4. 精算现值是指( )。

A. 现金流的现值

B. 现金流的现值的期望值

C. 趸缴纯保费

D. 贴现值

5. 已知保险标的的件数为 800 件,全部保险标的的保险金额为 500 万元,发生保险事故的次数为 16 次,则保险事故的频率为( )。

A. 1%　　　　B. 2%　　　　C. 3%　　　　D. 4%

6. 假定甲乙两家保险公司,甲保险公司案均赔款数是 $X=1000$ 元,标准差为 600 元;乙保险公司的案均赔款数为 $Y=6500$ 元,标准差 610 元,则甲、乙两公司相比( )。

A. 甲公司的案均赔款数比乙公司更有代表性

B. 乙公司的案均赔款数比甲公司更有代表性

C. 甲公司稳定性优于乙公司

D. 甲公司业务最具稳定性

7. 已知 20 岁的生存人数为 1000 人,21 岁的生存人数为 998 人,22 岁的生存人数为 992 人,则 $_1q_{20}$ 为( )。

A. 0.008　　　　B. 0.007　　　　C. 0.006　　　　D. 0.005

8. 已知 $A_{25:\overline{2}|}=0.8853481$,则利率为( )。

A. 0.062　　　　B. 0.064　　　　C. 0.066　　　　D. 0.068

9. 计算长期责任准备金的基本方法有两种,即"未来法"和"过去法"。未来法的基本计算公式是( )。

A. 准备金=已发生保费的累积值-已发生保险责任和费用的累积值

B. 准备金=未来保险责任和费用的现值-未来保费的现值

C. 准备金=已发生保险责任和费用的累积值-已发生保费的累积值

D. 准备金=未来保费的现值-未来保险责任和费用的现值

二、多项选择题

1. 保险费率厘定的方法包括( )。

A. 观察法　　　　B. 未来法　　　　C. 分类法　　　　D. 增减法

2. 影响制定人寿保险费率的因素包括( )。

A. 利率因素

B. 死亡率因素

C. 失效率因素

D. 保险标的的生存状况

3.赔款准备金的计提方法包括（　　）。

A.营业费用法　　　　B.个案估计法　　　　C.平均值法　　　　D.赔付率法

三、简答题

1.大数定律对保险经营有何重要意义？

2.保险费厘定时应遵循什么原则？

3.简述厘定保险费的各种方法。

4.生命表对人寿保险费率的厘定有什么重要意义？

5.人寿保险的纯保险费率是如何计算的？

6.人寿保险毛保险费的计算有几种方法？

7.财产保险费率是如何厘定的？

8.人寿保险责任准备金的计算有几种方法？

四、计算题

1.小李向银行申请住房抵押贷款 30 万元,10 年内还清,年贷款名义利率为 12%（相当于月贷款利率为 1%）。问：

(1)这 10 年中小李每月需还银行多少钱？

(2)每隔半年,小李会收到银行寄给他的对账单,请给出第一个半年的对账单。

2.以下列表格为基础,构造生命表：

x	l_x	d_x	p_x	q_x
0	1000			0.011
1				0.005
2				0.003

其中：p_x 表示 x 岁的人存活到 $x+1$ 岁的概率。

3.已知 $l_x = 1000 \cdot \left(1 - \dfrac{x}{120}\right)$,计算下面各值：$l_0, l_{120}, d_{33}, {}_{20}p_{30}, {}_{30}q_{20}$。

4.已知 $q_{55} = 0.01, d_{54} = 62, l_{56} = 6435$,求 ${}_{1|}q_{54}$。

5.某人 25 岁购买定期生存保险,保险合同规定当其年满 30 岁时可获得 5 万元的生存保险金。使用本章的表 10-1 及利率 6%,计算该保险的精算现值。

6.某人现年 25 岁,以 10000 元购买定期 4 年、每年末给付的生存年金,试使用本章的表 10-1 及利率 6%,求其每年所得的年金额。

7.某人在 26 岁时投保了 20000 元的 4 年定期生死两全保险,死亡保险金于死亡年末给付。使用本章的表 10-1 及利率 6%。

(1)求这一保单的精算现值。

(2)如果保险合同规定采用均衡缴费的方式在 4 年内缴清保费,试计算每年的净保费缴费额。

(3)计算在投保后第 2 年年末的均衡净保费责任准备金。

8.假设经估计发现某火险保单的纯保费为 3000 元,固定费用为 300 元,可变费用因子为 15%。试求其该保单的毛保费。

第十一章 保险公司业务

学习要点

- 保险公司的营销理念、直接营销渠道与间接营销渠道利弊。
- 承保业务流程及责任控制。
- 理赔程序、原则及理赔金额的计算方式。
- 保险投资的主要方式与原则。

第一节 保险公司的营销业务

基于大数法则为基础的保险经营,保单无限量销售成为必然。显然只有承保大量的同质保单才能将风险在众多的被保险人之间进行有效分散。然而保险商品是一种承诺,属于无形商品,所以保险公司需要经过相当长时期的客户发展阶段,使客户或潜在客户了解保险,了解不同种类的保险,并帮助客户找到适合自身的险种,来达到保单的销售,积累大量的保险基金,增强自身的竞争能力,提供更多更优质的服务。因此,保险公司的营销业务是保险公司所有业务中最为关键的环节之一。

保险营销是指以保险为商品,以市场为中心,以满足被保险人需要或开发其潜在需求为目的,实现保险公司经营目标的一系列整体活动,即保险市场营销。

保险营销与保险销售是不同的概念,保险销售是保险营销过程中的一个阶段,即保险销售人员通过对客户的拜访和对保单的说明,促使客户采取购买行为的活动过程。

一、保险公司的营销理念

保险营销理念贯彻保险营销活动的全过程,指导保险公司组织和控制营销活动,以及在营销活动中如何兼顾投保人、被保险人、中介人、债权人、政府等保险活动相关者的应得权益。保险营销理念随着保险市场形势的变化而发展变化。目前来看,保险营销理念大致经历了以下几个阶段。

(一)推销理念

推销理念的核心是保险公司应该把注意力倾注于把保险商品全力卖出去,强调保险商品如果不经过销售努力,消费者就不会大量购买。推销理念产生于 20 世纪初期,当时保险市场日臻成熟,市场竞争逐步形成,各国都颁布了相对比较完备的保险法规,以规范保险市场的运作。在英国劳合社组织内,有些保险公司开始借鉴工商企业的做法,在个别竞争较为激烈的险种业务上采用广告和促销手段。随后,许多竞争对手也相继采取同样的措施。

(二)服务营销理念

服务营销理念强调保险公司要与保户保持友好关系,要对保户关怀和体贴,提高保户的忠诚度。该营销理念产生于 20 世纪 30 年代。随着保险公司之间竞争的加剧,保险公司依靠广告、促销带来的优势很快因竞争对手的仿效而抵消。因此,许多保险公司开始注重服务,开始通过对员工和代理人进行培训,努力提高保险工作人员的素质和推销技巧,推行微笑服务的方式来赢得客户。在此期间,国外保险公司大力推广保险中介制度,并对代理人、经纪人和公估人的行为以法律规范加以约束,为西方保险业后期的发展奠定了基础。

(三)创新理念

20 世纪 70 年代中期,西方爆发了金融革命,推动了保险营销的迅速发展。许多保险公司开始意识到他们所经营的业务在本质上是满足客户不断发展变化的保险需要,于是加大了创新力度。众多保险公司开始在金融工具、保险市场以及保险服务项目等方面进行创新,纷纷推出了"一揽子保险"、"投资型保险"、养老与疾病相结合的保险、汽车与第三者责任险相结合的保险等险种,并与银行、投资公司、医院、修理厂等各种相关机构进行联合经营服务。创新理念的贯彻给西方保险业带来了新的繁荣。

(四)品牌理念

20 世纪 80 年代,各家保险公司都注重广告、促销、优质服务和险种创新,但由于所提供的产品、服务具有同质性,没有一家保险公司能成为所有顾客心目中的最佳保险公司。保险公司为了将自己和竞争对手区分开来,许多保险公司开始建立理念识别、行为识别、视觉识别等子系统来构成企业形象识别系统。各保险公司大力宣传自己的经营理念、经营宗旨,强调企业文化,制定各部门的行为规范、准则及衡量标准,设计符合企业理念的标识以及有关图案、标准字、标准色等,并通过大众传媒或非大众传媒向外界传播。

(五)社会营销理念

随着全球环境破坏、资源短缺问题的日益严重,要求企业顾及社会利益的呼声越来越高。20 世纪 90 年代,很多保险公司认识到要使自己的经营业务保持优势地位,获得持久的良好业绩,必须加强对保险营销环境的调研和分析,将保险需求、保险公司的优势和社会利益结合起来,强调保险公司利润、保户需要和社会利益的统一。

(六)关系营销理念

随着市场竞争日趋激烈,特别是互联网的出现改变了传统的商业规则,越来越多的保险公司认识到客户的需求日益多样化且选择余地大为增加。保险业作为重要的金融服务性行业,竞争的焦点聚集在对客户资源,尤其是优质客户资源的争夺上。为此,保险公司营销理念必须有所创新和发展。关系营销理念是自 20 世纪 90 年代以来逐步受到重视的一种营销理念,其核心是建立和发展与保户的良好关系,提高保户对保险公司的忠诚度。关系营销理念强调保险公司的营销活动应该以建立和巩固与保户的关系为目的,通过集中关注和连续服务与保户建立长期的互信互利关系,实现保险公司的利益最大化。

二、保险公司的营销渠道

保险营销渠道是指保险商品从保险公司向保户转移过程中所经过的途径。对保险公司来说,如果不能使保险消费者在想买的时间和地点买到自己想要的保险商品,就不能达到最终的营销目标。因此,保险营销渠道的选择直接制约和影响着其他营销策略的制定和执行效果。选择适当的营销渠道,不仅会减少保险公司经营费用的支出,而且会促成保险商品的销售。

(一)保险营销渠道的种类

按照有无保险中介参与,保险营销渠道可以分为直接营销渠道和间接营销渠道。

1.直接营销渠道

直接营销渠道,是指能使保险公司与投保人之间不需要经过任何中间环节直接进行保险商品交换的营销渠道。保险公司主要通过公司业务人员对保险消费者直接提供保险商品的销售和服务。

采用直接营销渠道的保险公司运用多种不同方法接近准客户,包括:直接邮件,印刷、广电媒体,电话营销,互联网和在线营销等,以吸引和建立客户群,向客户和潜在客户提供保险业务信息,给消费者提供向保险公司咨询或索取更多信息的机会,从而达到客户直接从保险公司购买保险产品的目的。随着现代科技的发展与应用,直接营销渠道日益受到保险公司的重视。

2.间接营销渠道

间接营销渠道是指保险公司通过保险中介销售保险商品的方法。根据中介环节的不同,间接营销渠道可以分为两种类型。

(1)保险代理人与保险代理制度。我国《保险法》第117条规定:"保险代理人是根据保险人的委托,向保险人收取佣金,并在保险人授权的范围内代为办理保险业务的机构或者个人。"保险代理制度是代理保险公司招揽和经营保险业务的一种制度。投保人直接与代理人发生关系,向代理人购买保单。根据不同的标准,保险代理人有不同的种类,如寿险代理人和非寿险代理人、专业代理人和兼业代理人、专属代理人和独立代理人等。

(2)保险经纪人与保险经纪制度。我国《保险法》第118条规定:"保险经纪人是基于投保人的利益,为投保人与保险人订立保险合同提供中介服务,并依法收取佣金的机构。"保险经纪制度是指保险人依靠保险经纪人争取保险业务,推销保单的一种营销方式。理论上,保险经纪人是投保人的代理人,而不是保险公司的代理人。他们受投保人的委托,从投保人的利益出发,寻找保险公司、购买保险单。在国内外,保险经纪人活跃于保险市场。按险种,保险经纪人可分为寿险经纪人、非寿险经纪人和再保险经纪人三种。

(二)保险营销渠道的利弊分析

1.直接营销渠道的利弊

(1)直接营销的主要优势:

第一,保险公司的业务人员素质较高、工作稳定性强,在对保险合同条款进行说明解释方面能够获得更高的客户满意度;

第二,采用直接营销渠道,可以凭借保险公司的信誉,增加保险消费者的安全感;

第三,保险公司的营销成本相对低廉等。

(2)直接营销渠道可能存在的弊端:

第一,由于保险公司的业务人员数量有限,不利于保险公司争取客户,也不利于扩大保险业务的经营范围;

第二,保险公司业务人员的收入与业务量的利害关系有别于间接营销中保险中介人与其代理或经纪业务量的利害关系。在现实中,前者通常要弱于后者。

2.间接营销渠道的利弊

(1)保险代理人渠道的利弊:保险代理人制度的实施有利于降低保险公司的成本,弥补保险公司营业网点少、业务人员不足的状况,提高保险公司的供给能力,促进保险公司的保险信息网络建设,提高保险公司经营效果。但是,保险代理人薪酬制度会在一定程度上导致保险代理人仅为获得代理手续费而开展业务,从而降低保险公司的承保质量,甚至影响保险公司的信誉。

(2)保险经纪人渠道的利弊:保险经纪人能够提供专业的服务,一般不会增加投保人的经济负担。但是保险经纪人不依托特定保险公司进行中介活动,可能导致保险经纪人以中介为名,对保户进行欺诈行为。

(三)营销渠道的选择

保险公司在选择营销渠道时考虑的最重要的问题就是能否以最小的代价,最有效地将保险商品推销出去。因此,保险公司在评价保险营销渠道、做出决策时,需要综合考虑保险产品本身的因素、所运作的营销环境、保险公司自身特征等因素。

一般而言,财产保险公司面对的保险标的特殊性强,险种复杂,宜采用直接营销渠道,以强化宣传和配套服务、减少营销成本、加强承保控制。对于人寿保险公司而言,宜采用间接营销渠道,以缓解投保人分布广而保险公司业务人员数量少的矛盾,便于保险公司争取更多的客户,不断扩大市场占有率,增强企业的竞争力。

想一想:

你认为自己现在可以接受的营销方式是什么?

三、保险公司的营销策略

保险公司的营销策略主要包括险种策略、费率策略和促销策略。对这些策略要进行综合分析,选择最有效的组合以实现最优化的保险营销目标。

(一)险种策略

保险公司要在市场调查与选定目标市场的基础上制定险种策略,主要包括险种组合策略、险种生命周期策略和新险种开发策略等。

1.险种组合策略

险种组合策略是指保险公司根据市场需求、公司经营能力和市场竞争等因素确定保险险种的结合方式,包括对险种组合广度、深度的有效选择。险种组合的广度是指保险公司的产品大类,如火灾保险、责任保险、运输工具保险等。险种组合的深度是指保险公司每一产品大类中的产品总数,例如,保险公司对机动车辆保险提供车损险、第三者责任险、附加险等。

(1)扩大险种组合策略,即把保险商品系列化,也就是把原有的保险商品扩充成系列化险种。扩大险种组合策略可以采取增加险种组合广度的方式,也可以采取增加险种组合深度的方式,还可以采取广度和深度并重的方式。通过实施扩大险种组合策略,保险公司能够达到扩大承保风险的目的,使消费者的需求获得更大的满足。

(2)缩减险种组合策略,即保险公司缩减险种组合的广度和深度,淘汰利润低、竞争力不强的保险险种。在保险市场处于饱和状态、竞争激烈和客户缴费能力下降的情况下,保险公司可以采取缩减险种组合策略,取消某些市场占有率低、经营亏损、保险消费需求不强烈的保险商品,集中力量进行专业化经营,以提高保险公司的经营效率。

(3)关联性小的险种组合策略。随着保险公司之间竞争的加剧,越来越多的保险公司将关联性较小的财产险和人身险进行组合,使新组合的险种更能满足消费者的需求。例如将家庭财产保险与家庭成员的意外伤害保险进行组合,驾驶员意外伤害险与机动车辆保险进行组合等,形成具有特色的新险种。

2. 险种生命周期策略

险种生命周期策略是指区分保险商品从进入市场到退出市场所经历的导入期、成长期、成熟期和衰退期四个阶段,分别采取不同的营销策略。

(1)导入期。导入期指险种投放市场的初期阶段。在导入期,保险公司对承保风险缺乏了解、承保的标的极为有限。导入期通常采取快速掠取、缓慢掠取、迅速渗透、缓慢渗透等营销手段。快速掠取是指以高价格和高水平的营销费用推出新险种。缓慢掠取是指以高价格和低水平的营销费用推出新险种。迅速渗透是指以低价格和高水平的营销费用推出新险种。缓慢渗透是指以低价格和低水平的营销费用推出新险种。

(2)成长期。成长期指险种销售量迅速增长的阶段。该阶段,保险公司已经掌握风险的出险规律,险种条款更为完善,保险费率更为合理,保险需求日益扩大,并且风险能够大量转移,承保成本不断下降。成长期采取的营销策略包括不断完善保险商品的内涵,广泛开拓保险营销渠道,适时调整保险费率,保证售后服务质量等,以尽可能保持该险种在市场上的持续、稳定的增长率。

(3)成熟期。成熟期指险种销售量最高的阶段。在该时期,险种利润达到最高峰,销售额的增长速度开始下降,市场呈饱和状态,潜在消费者减少,更完善的替代险种开始出现。在成熟期应采用的营销策略有开发新的保险市场、改进现有险种和争夺优质客户等。

(4)衰退期。衰退期指险种已经不适应保险市场需求,销售量大幅度萎缩的阶段。在衰退期,保险供给能力大而销售量迅速下降,保险公司的利润随之下降,保险消费者的需求发生了转移。保险公司主要采取稳妥的销售策略,有计划地、逐步地限制推销该险种,并有预见性地、有计划地开发新险种。

3. 新险种开发策略

新险种开发策略是指开发能给消费者带来新的利益和满足的险种。新险种是具有创新构思的险种。我国寿险市场上推出的投资连结保险、分红保险和万能寿险,产险市场上推出的理财型家庭财产险等,均为各保险公司开发的新险种。

新险种可分为完全创新的险种、模仿的新险种、改进的新险种和换代的新险种四类。

(1)完全创新的险种,是指根据市场需求特点及趋势,设计开发出全新的险种。如英国劳合社开发了世界第一张汽车保险单、第一张飞机保险单、第一张卫星保险单等。

(2)模仿的新险种,是指直接从其他保险公司引进险种。开发模仿的新险种在运作中具有滞后性,但是保险公司投入的人、财、物较少,风险较小,因而有较多保险公司采用。

(3)改进的新险种,是对现有险种进行技术改进,扬长避短,提高对保险消费者的吸引力。改进可以是功能上的完善,也可以是费率、缴费方式、服务方式等的进步。

(4)换代的新险种,是对保险公司过去开发过的老险种进行更新换代,使之符合保险消费者的现实需求。

4.新险种的开发的途径

(1)外延型,随着不可保风险向可保风险的转化,原来不可能承保的风险以新险种的形式承保了。

(2)内涵型,因可保风险的不断细化和充实,保险人通过调整险种结构而衍生出许多新险种,包括原有险种的改造和新险种的推出。例如,少儿保险、学生平安保险、母婴安康保险等,都是从人身意外伤害险中细化而来的。

(二)费率策略

费率策略是保险市场营销策略中最常用的策略,具体而言,有以下几种:

1.低价策略

低价策略是指以低于原价格的水平而确定保险价格的策略。这种定价策略主要是为了迅速占领保险市场,打开新险种的销路,更多地吸收保险资金,为保险公司资金运用创造条件。实行低价策略,保险公司既要从自身利益出发,考虑保险险种的促销作用,又要考虑公司的社会效益。如果过分使用低价策略,就会损害保险公司的偿付能力,影响保险公司的信誉,导致在竞争中失败。实行低价策略,应建立在提高管理效率,加强成本与管理费用的控制,降低保险推销成本的基础上。

2.高价策略

高价策略是指高于原价格的水平而确定保险价格的策略。保险公司实行高价策略,一般是因为某些保险标的的风险程度太高,保险公司不愿承保,或者是因为投保人有选择地投保某部分风险程度高的保险标的。实行高价策略,保险公司可以通过实行高价获得高额利润,提高自身经济效益,同时也可以利用高价拒绝高风险项目的投保,增强经营稳定性。但是,保险公司要谨慎使用高价策略,保险定价过高,会使投保人的保费负担加重,而且定价高、利润大,极易诱发激烈竞争,不利于开拓保险市场。

3.优惠价策略

优惠价策略是指保险公司在现有价格的基础上,根据营销需要给投保人以折扣与让价优惠的策略。运用优惠价策略的目的是为了刺激投保人大量投保、长期投保,及时缴付保险费和加强安全工作。保险公司经常采用的优惠价策略有:统保优惠价、续保优惠价、趸缴保费优惠价、安全防范优惠价、免缴或减付保险费等。

4.差异价策略

差异价策略主要包括地理差异、险种差异、竞争策略差异等。地理差异是指保险公司对同一险种不同地区相同的保险标的采取不同的保险费率。险种差异是指对各个险种采用不同的保险费率标准和计算方法。竞争策略差异有三种情况：第一，与竞争对手同时调整费率，以确保本公司的市场份额；第二，在竞争对手调整费率时，保持费率不变，以维护本公司的声誉和市场形象；第三，采取跟随策略，在竞争对手调整费率且对市场产生较大影响时，跟随竞争对手调整费率。

(三)促销策略

促销是保险公司对潜在的保险消费者传递保险公司和产品的信息，激发他们的购买欲望，产生购买行为的活动。在保险营销活动中，促销策略发挥了十分重要的作用。保险营销效果的好坏很大程度上取决于促销策略的高明与否。保险促销策略包括推动策略、拉动策略和组合策略三种。

1.推动策略

推动策略是指保险公司直接面向保险中介、业务人员进行促销，以促进保险中介销售保险产品的促销策略。通常，推动策略主要依赖于销售促进，如竞赛、特别激励等。例如，采用代理人销售渠道的保险公司开展销售竞赛来销售新产品，并对优胜者进行奖励；采用经纪人销售渠道的保险公司向经纪人支付特定产品的促销费用作为补偿。不论采用何种促销手段，所有推动策略都是面向保险中介，而不是面向保险消费者的。

2.拉动策略

拉动策略是指保险公司直接面向保险消费者进行促销，使保险消费者对保险产品产生需求，带动这一产品在保险中介、业务人员的销售。通常，保险公司采用拉动策略的目的是影响消费者去接触保险中介、业务人员并购买产品。当保险公司运用这一策略时，保险中介、业务人员通常负有将保险公司信息传递给消费者的责任。保险公司运用拉动策略可以保持其对信息传递的控制。

3.组合策略

组合策略是指推动策略和拉动策略的组合。大多数保险公司都运用这种策略进行促销，因为组合策略能够创造一种保险公司、保险中介和消费者都关注公司产品及服务的氛围，有助于保险中介、业务人员宣传和销售产品，有助于消费者搜集更多相关信息。

专栏 11-1

第三方平台——用互联网改变传统保险销售[1]

尽管发展了几十年，但从互联网改造传统行业的角度来说，保险行业的产品评测仍旧是一块待挖掘的沃土。

---

[1] 根据《南方日报》2015年3月23日刊登的"理想青年×××创立第三方平台蜗牛保险——用互联网改变传统保险销售"一文整理。

一当代女青年看到了这块空白,也果断切入了这一领域。对她来说,保险应该是一个正常的产品——客户对产品有完全的了解,用购买的方式转嫁风险,而不是被代理人逼得急匆匆签单。

"保险从来都不应该是个丢人的行业,这是一个真正能为客户解决后顾之忧的有价值的行业,而我,能通过将我的所学用在正确的地方,帮助客户鉴别手中保险的真面目,帮助客户正确地了解自己,了解自己的保障需求,从容地选择自己最需要的产品,而不是在代理员的推销下糊里糊涂地买下来。"

该青年想把这样的想法变成现实。就像她给项目起的名字"蜗牛保险",从小做起。"虽然迟缓,但每一种转变,都需要时间的考验。"

谈起买保险,很多人的印象都停留在保险行业的代理人、推销员殷勤推销的一幕,并在不同程度上对这样的推销产生抗拒。事实上,很多人倾向于通过自己的计算选择适合自己的保险产品。但不可否认的是,保险是一项专业性很强的金融产品,并非短时间内可以入门的简单问题。

对于普通大众来讲,买保险,有时候完全要听销售人员的引导和推荐。然而站在销售方的角度来讲,这种推荐有时候并不公允。

该青年也一度是保险行业的从业人。大学毕业后,她进入某保险公司,当时她的想法很单纯,但任职一段时间后,她逐渐对现状产生怀疑。"在保险公司,卖保险就像卖一件普通消费品一样随意,一切都以卖出去为导向,这个产品真正能解决什么问题,解除哪方面的后顾之忧,能在多大层面上解决保障需求,没人能说得清楚。买的人糊里糊涂,卖的人一问三不知,这就是现状。"她认为,尽管大家都在这样做,但并不代表这就是对的。

"保险是一个非常复杂的金融产品,客户选择了保险就等于是把一生的风险转嫁了出来,这是一件非常严肃并且专业的事情。保险应该发挥它本身的作用,而不是被外界妖魔化。"因此,这使她最初萌生了改变的念头。她看到的商机也就建立于行业的这种不透明、不便利上。

在现在的市场上,消费者想要依靠自己的能力分析保险产品,谈何容易。首先是各家保险公司的利益壁垒,使得消费者难以获取不同公司的同类产品信息,无法进行比对,消费者了解保险,需要花费巨大的时间成本。

她认为,这个现象非常不合理。"保险本身是一个很有意义的事情,因为在一个人最黑暗最低谷的时候,只有保险公司是来送钱的,是来送希望给你的。"创立蜗牛保险,也是她基于对保险本质信任的一种尝试。

想法有了,但怎么去做还是个问题。在她的设计里,蜗牛保险是这样一个平台:在这个平台上,客户可以找到想要的数据。她想要建立一个全面的保险产品库,就像百度百科一样,客户可以通过简单的一个搜索,看到任何保险产品的基本资料、保险条款和专业、简明的评价分析。特别是,通过输入自己的信息,用户可以找到匹配自己个性化需求的产品。

她认为,这样做就有希望弱化保险行业最大的问题——完全的信息不对称,可以让用户一眼看穿花哨的营销手段,对保险产品的本质核心条款一目了然。一般来说,保险公司对产品的宣传会夸大某一特性,还要加很多不是卖点的卖点进去。我们的任务就是要揭露它的真假,找出其真正的盈利点和产品特点,对比分析计算。

这并不是一项简单的工作,搜集数据只是个开始,还要对材料进行整理、二次开发,工程量巨大。

尽管几经周折,这一项目还是获得了一些投资人的青睐,最终众筹成功。2015年1月4日,蜗牛保险PC端网站和APP才真正落地。

在她的设计里,蜗牛保险是一个独立第三方平台,也就是说不会有自己的看法和倾向,一切从客户最真实的情况出发,判断客户的风险程度,做出保障规划,产品推荐原则也由客户自助选择,价格、保障、服务、灵活程度,一切由客户自己做主,按照客户所选,用最精确的模型把最适合客户、最符合客户需求的产品从成千上万个产品中挑选出来,一来节省了客户的时间,二来节省了客户的精力,客户不需要跟代理人去斗智斗勇,不需要自己去研究难懂的条款文字,一切交给自动算法,随时随地找到自己最想要的产品。

而在客户定位上,希望她的产品能够打动80后、90后的心。这些年轻人有些刚刚进入社会,有些初步成家立业,正是开始保险理财的时候,但他们不愿意听从保险代理的推销,更愿意自己去计算,去挑选合适的产品,这时候,蜗牛保险这样相对中立、相对通俗的评测平台就会成为他们的首选。

她认为:"最大的问题还是怎么让客户知道你现在这种需求是很多的,现在市场上信息混乱怎么让大家知道这是我们遇到的最大问题,要让客户产生信任。"不过,她并不十分担心,她觉得,只要用着顺手,这款产品就能在年轻人中迅速扩展开来,她有耐心去等待。

有投资者提示,早几年,互联网金融刚刚开始,也是这个项目投资开始的时段,各类资金踊跃进入,她的蜗牛保险也卡准了这个时点。保险是个很传统的行业,一定有被互联网革命和颠覆的空间,在这个过程中,机会均等地开放给行业领先的大公司和小的创业公司。对于蜗牛保险这种创新型企业来说,最难的事情在于获取用户。由于保险产品是需要公允地推荐给消费者的,那么在创业之初,一定要有足够多的用户量,才有传播和发展的基础。

蜗牛保险可以从精准定位开始,形成从量变到质变的过程。建议创业公司先增强自己获取用户的能力,更多地寻求对外合作,比如和流量较大的平台开展合作。

也有保险学者认为,在中国,保险产品的销售主要是靠保险营销和保险代理去做的,在国外有一种模式是通过理财顾问来做。中国理财顾问发展得不好,就是为家庭的财务做全年计划,但这种方式收费高,市场也还不成熟。现在年轻人愿意在移动网络上寻找免费的资讯,做出自己的判断。中国的保险行业开始已有多年,传统保险的模式不是能够放在一起评价的,而保险公司也难有动力去经营此类评鉴平台,而一旦有公司开始切入,市场逐渐做大,更多第三方理财机构可能加入进来,形成竞争压力。未来蜗牛保险这类平台可能更需要考虑的是发展成熟的盈利渠道,否则大公司的切入会很快将其淘汰。

第二节　保险公司的承保业务

保险承保是指保险人接受投保人申请并与之签订保险合同的过程。保险承保是保险营销的继续，是在营销的基础上进入合同双方就保险条件进行实质性谈判的阶段。保险承保是保险经营的一个重要环节，承保质量可以体现保险公司的经营管理水平，直接关系到保险公司的经营稳定性和经济效益。

一、承保业务的流程

保险公司的承保业务流程包括制定承保方针、编制承保手册；获取承保信息；审核；做出承保决策；签发正式的保险单等步骤。

（一）制定承保方针、编制承保手册

保险公司一般设有专职的承保部门，其职责是根据公司经营目标，制定承保方针、编制承保手册。承保手册规定了承保的险种、展业的地区、所适用的保险单和费率厘定计划与可以接受的、难以确定的和拒保的业务以及需要得到上一级承保人批准的业务等。承保部门利用承保手册向保险营销人员传达承保方针。此外，承保部门还要分析损失和保险费的经验数据、修订保险费率计划、研究保险责任范围和保单格式、设计新的保险品种、负责承保人员的教育和培训等。

（二）获取承保信息

为了做出准确、合理的承保决策，保险公司必须多渠道收集、整理承保信息，以便分析和评价投保标的面临的风险。承保信息主要来源于三个渠道：投保单、保险中介和社会公共部门。

1.投保单

投保单是投保人向保险人申请订立保险合同的书面要约。投保单通常由保险人采取统一的格式印刷，投保人依照保险人所列的项目逐一填写、如实告知。如果投保人没有如实告知，隐瞒了某些重要事实，保险人可以以投保人违反最大诚信原则而解除保险合同。投保单是保险人获取承保信息的基本渠道，是保险人决定是否承保、以何条件承保的依据，也是保险合同的重要组成部分。

2.保险中介

保险代理人、保险经纪人与投保申请人有较多的接触机会，能够提供一些投保单以外的信息。承保人员通过向保险中介了解情况、收集信息，能够更好地进行风险评估。

3.社会公共部门

医院、安全生产管理部门、消费者服务机构等社会公共部门是承保人员获取承保信息的重要渠道。通过社会公共部门获取的信息具有较高的准确性，也可以节约承保人员的时间、精力，节省费用。

在人寿保险和健康保险中,承保人员通过医院对被保险人的体检,了解被保险人的身体健康状况信息,包括身高、体重、腰围、胸围、血型、心肺和神经系统等。如果保险金额超过保险公司规定的限额,或者发现被保险人健康方面有明显问题,还可以授权主治医师对被保险人实行全面体检并出具详细的体检报告。必要的时候,承保人员可以利用医院及其他社会公共部门了解被保险人的病史。

在财产保险中,承保人员可以通过安全生产管理部门了解企业的安全生产记录,也可以利用信用评估机构、会计师事务所等出具的报告了解企业的经营状况、财务状况等,获取承保信息。

在国外,一些独立的消费者服务机构可以调查和提供未来或潜在的被保险人的背景材料和信息,这也是保险人获取信息的一个来源。

(三)审核

保险审核是保证承保质量的关键。通过保险审核,才能全面识别投保标的的风险,评估投保标的的风险程度,便于对不同风险程度的投保标的,按不同的标准承保、制定费率,做出正确的承保决策。审核包括对投保单的审核和对投保标的风险的审核。承保人员应在收到投保单后,详细审核投保单的各项内容,发现问题,及时指正。对投保标的风险的审核,主要是审核与投保标的本身的性能以及控制投保标的的投保人和被保险人有关的各种风险因素。但险种不同,审核的要素也随之不同。

(四)做出承保决策

保险人通过收集、整理承保信息,并对这些信息经过承保选择和承保控制之后,做出承保决定。

1. 正常承保与条件承保

正常承保,即保险人按照标准费率承保保险标的的风险,出具保险单。条件承保,即保险人通过增加限制性条件或加收附加保险费的方式予以承保,出具保险单。

2. 拒绝承保

如果投保人的投保条件明显低于保险人的承保标准,保险人会拒绝承保。

(五)签发正式的保险单

保险人决定承保后,由签单员缮制保险单或其他保险合同形式。保险单是保险合同双方当事人履行义务、行使权利的依据。保险单的签发应及时,采用计算机统一打印,做到单证相符、保险合同要素明确、数字准确、复核签章、手续齐备。

二、核保

核保是指保险公司对可保风险进行评判与分类,进而决定是否承保,以什么条件承保的分析过程。核保的内容包括承保选择和承保控制两个方面。

保险人不仅需要承保大量的可保风险和标的,还需要对所承保的风险加以主动的选择。承保选择表现在两个方面:一是尽量选择同质风险的标的承保,从而使风险在量上得以测定,实现风险的平均分散;二是淘汰那些超出可保风险条件的保险标的。承保选择包括事前承保选择和事后承保选择。

（一）事前承保选择

事前承保选择是指保险人在承保前考虑决定是否接受承保。包括对人的选择和对物的选择。对人的选择，即对投保人的选择；对物的选择，即对保险标的的选择。

1. 对投保人的选择

根据我国《保险法》规定，投保人必须具有完全的民事行为能力和权利能力，才能使保险合同具有法律效力。人身保险的投保人应当在投保时对被保险人具有保险利益。而且，投保人的品格、行为会直接影响保险事故发生的可能性和损失程度的大小。因此，保险公司必须对投保人的法律资格、资信、品格等进行必要的审核、选择。

2. 对保险标的的选择

保险标的是保险公司承保风险的载体。对保险标的选择应集中在保险标的本身发生损失的可能性上。财产保险的保险标的，其使用性质、结构性能、所处环境、防灾设施、安全管理等与风险直接相关。人身保险的保险标的是被保险人的身体和生命，被保险人的身体状况、道德、职业等因素影响着风险高低。保险公司在承保业务时必须对不同性质的保险标的加以分类，承保时依据分类标准对具体的保险标的做出合理选择，剔除影响保险经营稳定的保险标的。

（二）事后承保选择

事后承保选择是指保险人在承保后对保险标的的风险超出核保标准的保险合同做出淘汰的选择，具体表现为：

（1）保险合同期满后，保险人不再续保。

（2）保险人如发现被保险人错误申报重要事实或有欺诈行为，可解除保险合同。

（3）按照保险合同规定的事项注销保险合同。

三、承保责任的控制

承保责任的控制是指保险人对投保风险做出合理的承保选择后，针对承保标的具体风险状况，运用保险技术手段，控制自身的责任和风险，以合适的承保条件予以承保。承保责任控制的对象主要有两类：一类是控制保险责任，对风险较大但还可以承保的保险标的，保险人为了避免承担较大风险，通过承保责任控制来限制自己的保险责任；另一类是对道德风险和心理风险进行控制。道德风险和心理风险是在保险合同订立后诱发的新的风险。

（一）控制保险责任的措施

1. 保持风险分散

保险所集中的风险总量与结构应与保险公司的经营管理能力与水平相适应。同一业务或不同业务的风险都应该在时间和空间方面以及不同保险需求群体之间有所分散。

2. 用特殊的承保技术和经验满足某些险种的承保要求

一般来说，对于常规风险，保险人通常按照基本条款予以承保。对于一些具有特殊风险的保险标的，保险人需要与投保人充分协商保险条件、免赔额、责任免除和附加条款等内容后特约承保。

3.安排再保险

通过再保险,保险公司将保险风险转移给再保险人,扩大保险公司的承保能力,增加承保新保险单的数量。

(二)保险公司控制道德风险因素的主要措施

道德风险因素是指被保险人或受益人故意制造保险事故以骗取赔款。保险公司控制道德风险因素的主要措施包括:

1.控制保险金额

控制保险金额意味着控制了保险损失赔偿和给付的最高限额。

2.控制赔偿程度

根据损失补偿原则,当保险事故发生时,被保险人所获得的赔偿仅限于其实际损失或者将保险标的恢复到原有的状态所支付的费用,被保险人不能因保险而额外获利。

(三)保险公司控制心理风险因素的主要措施

心理风险因素是指投保人或被保险人在参加保险后产生的松懈心理,不再小心防范所面临的自然风险和社会风险,或在保险事故发生时,不积极采取施救措施,任凭损失扩大。道德风险因素在法律上是一种犯罪行为,但心理风险因素并不触及法律,所以更难控制。所以保险公司主要通过以下方式对心理风险因素进行控制。

(1)规定免赔额。免赔额是保险人对某种保险标的在一定额度内的损失不承担赔偿责任的金额。

(2)规定共同保险。由保险人和被保险人按事先约定的比例共同承担保险损失。

(3)订立保证条款。一旦被保险人违反保证,保险人拒绝赔偿损失或给付保险金。

(4)无赔款优待。对无赔款发生的保户,续保时在保险费率上给予优待。

(5)其他优惠。对配备先进防灾设施和防灾防损工作做得好的被保险人,在投保时也给予保险费率上的优惠。

第三节 保险公司的理赔业务

理赔,即处理赔案,是指保险人在保险标的发生风险事故后,根据保险合同的规定,对被保险人提出的索赔请求进行处理的行为。

保险理赔是保险补偿职能的具体体现。通过保险理赔,可以使被保险人遭受的损失及时得到补偿,保险的职能和作用得以充分发挥。通过保险理赔,可以检验承保业务质量,从中发现防灾防损工作的薄弱环节,为提高承保业务质量、完善风险管理提供依据。通过保险理赔,可以提高保险企业的信誉,扩大保险的社会影响,促进保险业的发展。因此,理赔业务是保险经营的重要环节,做好理赔工作,对提高保险公司的经济效益和社会效益具有重要意义。

一、理赔的程序

要保证保险理赔的质量,必须按照保险理赔的程序认真负责地处理赔案。理赔程序根据不同的险种和案情而定,一般需经过受理赔案,初步审核,现场查勘,责任审定,支付保险金,损余处理、代位追偿,争议处理等步骤。

(一)受理赔案

我国《保险法》第21条规定:"投保人、被保险人或者受益人知道保险事故发生后,应当及时通知保险人",在保险公司的保险合同条款中也明确规定投保人在发生保险事故后,要立即通知保险人。投保人、被保险人或者受益人应将事故发生的时间、地点、原因及其他有关情况,以最快的方式通知保险人,并提出索赔请求。损失通知的方式可以是口头通知、电话通知、书信通知或其他方式,但应及时补发正式的书面通知,并提供必要的索赔单证。发出损失通知书是被保险人的义务。损失通知通常有时限要求。我国《保险法》第26条规定:"人寿保险以外的其他保险的被保险人或者受益人,向保险人请求赔偿或者给付保险金的诉讼时效期间为二年,自其知道或者应当知道保险事故发生之日起计算。人寿保险的被保险人或者受益人向保险人请求给付保险金的诉讼时效期间为五年,自其知道或者应当知道保险事故发生之日起计算。"保险人在接受出险报案后应立即受理,做好登记工作,在与保险底单核对无误后,着手立案。

(二)初步审核

受理赔案后,保险理赔人员应该进行审核,初步确认保险人是否应承担赔偿或给付责任。

(1)保险合同是否仍有效力,是否有暂停保险或保险合同已被解除的情况。

(2)损失是否由所保危险引起,是否是保险合同所承担的损失。

(3)已遭毁损的财产是否是所投保的财产。

(4)损失发生时,被保险人是否对保险标的具有保险利益。

(5)损失是否在被保的地域范围发生。

(6)保险事故是否发生在承保时间内,杜绝倒签单。

(7)索赔人员是否有权提出索赔。

(三)现场查勘

保险人经过初步审核,理赔人员应进行现场查勘,掌握事故情况的第一手资料。

1.查勘出险地点

核对出险地点与保单中载明的地点是否一致,或者是否在保单载明的区域内。如汽车保险中汽车出事地点是否符合保单规定的行驶区域;货运险是否符合保单中载明的航线、航程。

2.查明出险时间

核实出险时间是否是在保险有效期限内,即损失是否发生在保险责任起讫时间内。对投保时、出险或期满后未办续保手续的损失均应拒赔。

3.查明出险原因

保险公司要协同有关部门调查出险原因。确定出险原因是一项非常复杂的工作,为了保证调查的科学性与公正性,对一些技术性问题,保险公司应请商检、交通管理等专业部门进行技术鉴定,必要时请专家指导。

4.核实损失金额

保险公司要对保险标的的损失程度、修复金额、施救费用进行准确估算,并经被保险人确认,必要时请公估机构估算。

(四)责任审定

保险公司在现场查勘后,应审定损失责任。如果损失属于保险责任,就应确定保险人的赔偿责任和赔偿范围;如果损失不属于保险责任,保险人必须向被保险人或受益人发出拒绝赔付保险金的书面通知。

(五)支付保险金

在核定损失、确定赔偿责任和赔偿范围后,理赔人员要编制赔款计算书。赔偿的方式多为支付货币。在财产保险中,保险人也可与被保险人约定修复、更换、重置等赔偿方式。保险人在支付赔款之前,应根据核赔权限取得上级的审批,然后执行赔付,被保险人在领款时签具领款收据。保险人赔付后,应整理有关赔案的所有文件和单证,以及查勘照片、声像、文字资料,归档保存,以备日后查验。我国《保险法》第87条规定:"保险公司应当按照国务院保险监督管理机构的规定妥善保管业务经营活动的完整账簿、原始凭证和有关资料。前款规定的账簿、原始凭证和有关资料的保管期限,自保险合同终止之日起计算,保险期间在1年以下的不得少于5年,保险期间超过1年的不得少于10年。"

(六)损余处理、代位追偿

我国《保险法》第59条规定:"保险事故发生后,保险人已支付了全部保险金额,并且保险金额等于保险价值的,受损保险标的的全部权利归于保险人;保险金额低于保险价值的,保险人按照保险金额与保险价值的比例取得受损保险标的的部分权利。"除了保险标的的物质形态完全灭失外,受损标的尚有残值。如果不进行损余处理,将会使被保险人因保险而获利。实务中,通常将损余物资估价,冲减赔款数额,然后将损余物资的所有权交给被保险人,必要时,损余物资也可归保险公司处理。

如果保险事故是由第三者的过失或非法行为引起的,第三者对被保险人的损失须负赔偿责任。保险人可以按保险合同的约定或法律规定,在向被保险人支付保险赔偿金后,由被保险人将追偿权转让给保险人,并协助保险人向第三者责任方追偿。

(七)争议处理

由于投保人和保险人对待赔款的立场不同,赔案的处理难免出现争议,因此,理赔过程中不可避免地要涉及协商、调解、仲裁和诉讼等问题。赔案争议处理一般由保险公司的专职部门负责。争议的处理方式通常已在保险合同中载明。

二、理赔的原则

(一)重合同、守信用

保险合同中约定了保险人和被保险人的权利义务,对双方都具有法律约束力。保险合同条款是保险人履行义务,承担赔偿责任或给付责任的依据。保险人应该恪守合同约定,尊重保险人和被保险人双方的合法权益,在理赔过程中既不扩大保险责任,也不惜赔。

(二)实事求是

保险合同条款对赔偿责任做了原则性的规定,但是索赔案件形形色色,案发原因也错综复杂,有时根据保险合同条款很难明确判断是否属于保险责任。在这种情况下,保险公司应实事求是,既要按照合同条款的规定,又要合情合理,结合不同案件具体情况具体分析,灵活处理赔案。

(三)主动、迅速、准确、合理

"主动、迅速",要求保险人在处理赔案时积极主动,不推诿,不拖延。我国《保险法》第23条明确规定:"保险人收到被保险人或受益人的赔偿或给付保险金的请求后,应当及时做出核定……保险人应当将核定结果通知被保险人或受益人;对属于保险责任的,在与被保险人或受益人达成有关赔偿或给付保险金额的协议后10日内,履行赔偿或给付保险金义务。"

"准确、合理",要求理赔人员分清责任,合理审定,计算赔偿准确无误。我国《保险法》第25条规定:"保险人自收到赔偿或者给付保险金的请求和有关证明、资料之日起60日内,对其赔偿或者给付保险金的数额不能确定的,应当根据已有证明和资料可以确定的数额先予以支付;保险人最终确定赔偿或者给付保险金的数额后,应当支付相应的差额。"

三、理赔金额的计算方式

人寿保险的给付金额是以保险金额为最高限额,不属于价值赔偿范畴。责任保险的赔偿是以法律责任为最高赔偿限额。财产保险的赔偿金额有4种计算方式。

(一)第一危险(损失)赔偿方式

第一危险(损失)赔偿方式,是指把保险金额限度内的损失作为第一损失,超过保险金额的损失作为第二损失。保险人对第一损失视作足额投保,承担全部赔偿责任;对第二损失视作未投保,保险人不承担赔偿责任,由被保险人自行负担。即:

当损失金额≤保险金额时,赔偿金额=损失金额;

当损失金额>保险金额时,赔偿金额=保险金额。

我国家庭财产保险采用这种赔偿金额确定方式。

(二)比例赔偿方式

比例赔偿方式是当发生保险事故造成损失后,按照保障程度,即保险金额与出险时保险财产的实际价值比例来计算赔款。计算公式为:

赔偿金额=损失金额×保险保障程度

式中:保险保障程度=保险金额/保险财产受损当时市场完好价值×100%。

在足额保险和不足额保险情况下,保险保障程度≤100%;在超额保险情况下,保险人按照足额保险计算赔偿额,超出部分无效。

(三)限额赔偿方式

限额赔偿方式分为两种:限额责任赔偿方式和免责限度赔偿方式。

1.限额责任赔偿方式

在约定限度内,保险人赔偿损失;超过约定的限额,保险人不负赔偿责任。这种赔偿方式一般适用于农作物收获保险。当实际收获量低于保障限额(即标准收获量)时,保险人赔偿其差额;当实际收获量达到保障限额(即标准收获量)时,即使发生保险事故,保险人也不负赔偿责任。

2.免责限度赔偿方式

损失在一定限度内,保险人不负赔偿责任。免责限度可分为绝对免责限度和相对免责限度两种。

(1)绝对免责限度。绝对免责限度是指保险人对所发生的损失超过免责限度时,只对超过部分负赔偿责任。即:

$$赔偿金额 = 保险金额 \times (损失率 - 免赔率)$$

式中:损失率>免赔率。

(2)相对免责限度。相对免责限度是指保险人对所发生的损失超过免责限度时,按损失数额全数赔偿。即:

$$赔偿金额 = 保险金额 \times 损失率$$

式中:损失率>免赔率。

采用免责限度赔偿方式,可以减少保险人大量小额赔偿的工作量,节约理赔费用,降低保险费,同时可以增强被保险人维护保险标的安全的责任感。

(四)定值保险赔偿方式

保险合同当事人双方在订立合同时,约定保险价值,以此为基础确定保险金额。当发生保险事故时,保险人不论保险标的损失时实际价值如何,全部损失时,按保险金额全数赔偿,部分损失则依据损失程度赔偿。计算公式为:

$$赔偿金额 = 保险金额 \times 损失程度$$

式中:损失程度=(损失当时保险标的实际价值-残值)/损失当时保险标的实际价值×100%。

这种赔偿金额计算方式适用于海洋运输货物保险、船舶保险,以及价值鉴定较为困难的工艺品、古玩、珠宝等特约保险。

第四节　保险公司的投资业务

保险投资是指保险公司在组织经济补偿过程中,将积聚的保险基金的暂时闲置部分,用于融资或投资,使资金增值的活动。

一、保险投资的意义

(一)保险投资有利于推动了保险公司的发展

利润指标可以反映保险公司的经营管理水平。保险公司的利润主要来源于承保业务和投资业务。随着各国保险市场竞争的日趋激烈,许多保险公司为了保持、扩大市场份额,营运成本上升,承保利润下降甚至亏损。因而,投资业务成为保险公司的主要利润来源,通过投资业务的高收益弥补承保业务的亏损,保持保险公司的盈利能力。

保险投资有助于推动保险产品的创新。20世纪70年代中后期,保险公司特别是寿险公司的产品结构发生了重大变化,兼有保障和投资功能的创新型保险产品相继问世,对保险投资提出了更高的要求。

偿付能力风险是保险公司面临的最严重的风险。增加总准备金是增强保险公司偿付能力的有效手段,而总准备金主要来源于投资收益。可见保险投资是保险公司增强偿付能力的重要手段。

(二)保险投资有利于推动保险业的发展

随着世界经济和金融全球化的发展,保险业竞争呈现综合化、国际化趋势,保险并购风起云涌,有国内保险公司之间的并购,也有保险公司的跨国并购,还有保险公司、银行、证券公司之间的并购。保险公司通过投资业务开展并购,将触角伸向其他国家和地区,向其他行业渗透,分享了多方的利润,扩大了保险在社会经济生活中的影响,提升了保险业的地位,推动了保险业的发展。

(三)保险投资有利于推动资本市场的发展

保险公司通过各种形式的保险投资活动,使保险公司成为资本市场的重要参与者,也是资本市场上具有雄厚资金实力、最稳健的机构投资者,有助于资本市场交易的活跃和稳定,提高了储蓄向投资转化的效率,有利于资本市场功能的进一步发挥,总供给和总需求的均衡,实现促进经济增长的目标。

二、保险投资资金的构成

保险投资资金主要来源于资本金、各种责任准备金和承保盈余。

(一)资本金

资本金是保险公司的开业资本。资本金是保险公司开业初期赔付保险金的资金来源,是保险公司日后积累资本的基础,也是偿付能力的重要组成部分。为了保证保险经营的稳定,保障被保险人的利益,各国《保险法》对资本金都做了法律规定。最低资本金的数额,各个国家的规定不同。例如,美国纽约州对不同形式的保险人有不同的资本金要求:人寿保险股份有限公司的最低资本金要求是450万美元;相互人寿保险公司的最低资本金要求是15万美元;财产与责任保险股份有限公司的资本金不得低于405万美元;财产与责任相互保险公司必须拥有50万美元的资本金。除了最低注册资本金的规定外,还规定了人寿保险股份有限公司必须经常持有的最低资本金为200万美元,相互人寿保险公司必须经常持有的资本金为10万美元。如果已经开业的寿险公司资本金不足,不能满足最低资本金要求,监管机构可责令其增资以达到法律要求。我国《保险法》明确规定,设立保险公司,其注册资本的最低限额为2亿元人民币。

各国保险法还要求保险公司以一定比例的资本金缴存保证金,存入管理当局指定的银行。该保证金未经管理机关批准,保险公司不得动用,只能在保险公司清算时用于清偿债务。我国《保险法》第97条规定,"保险公司应当按照其注册资本总额的20%提取保证金"。

保险公司的资本金属于所有者权益,是保险公司的自有资金,不存在偿付责任,只有在发生特大灾害事故或经营不善以致偿付能力不足时才可以动用。因此,在正常情况下,保险公司的资本金除上缴保证金外,基本处于闲置状态。这部分资金具有较强的稳定性和长期性,一般可以进行长期投资。

(二)责任准备金

为了保证保险公司履行经济补偿或给付的义务,确保保险公司的偿付能力,保险公司应按规定从保费收入中提存各种责任准备金。与资本金性质不同的是,责任准备金是保险公司的负债,将来发生保险事故时,偿付给被保险人。由于保险经营存在时间差和数量差,保险人提存的责任准备金成为保险投资的主要资金来源。有关保险责任准备金的相关概念在第十章介绍得较为具体,在此不再赘述。

(三)承保盈余

承保盈余是保险公司平时的保险收支结余。财产保险和短期人身保险的承保盈余就是保费收入减去保险赔款支出,再扣除各种准备金后的差额。人寿保险的承保盈余包括死差益、利差益、费差益以及解约失效收益等。承保盈余随着保险经营的科学化和合理化,在一般情况下是稳步增长的,除了抵补某些年份的保险费不敷赔款外,一般可作长期投资。

三、保险投资的主要方式

(一)存款

存款是指保险公司将闲置资金存放于银行等金融机构。存款安全性高和流动性强,但相比其他投资方式,收益率最低。因而,存款主要作为保险公司正常赔付或寿险保单满期给付的支付准备,不应该作为保险公司的主要投资品种。

在保险业发达的国家,银行存款占保险资产总额的比例较低,仅满足一般的流动性需求。我国长期以来受到投资监管的限制,资本市场不发达,保险投资工具较少,因而我国保险投资中银行存款占比较高。

(二)债券

购买债券是保险投资的重要方式。依据发行主体,债券可以分为政府债券、金融债券和公司债券。从保险投资实践来看,债券具有安全性高、变现能力强、收益相对稳定的优点。美国保险投资以债券为主,寿险公司债券投资占比一般保持在 70% 左右,财险公司在 65% 左右。德国保险投资债券的比例也较高,在 60% 左右。

我国 1995 年颁布的《保险法》规定,保险资金可投资于政府债券、金融债券。2003 年 6 月,允许保险资金投资于信用评级在 AA 级以上的企业债券。2010 年进一步增加债券品种,可以投资以簿记建档方式公开发行的已上市交易的无担保企业债、非金融企业债务融资工具和商业银行发行的无担保可转换公司债等债券。

(三)股票

股票是股份有限公司发给股东作为持股凭证并借以取得股息和红利的一种有价证券。股票投资收益来自股息收入和资本利得。股票投资流动性强,保险公司作为股东享有多项权利,包括盈余分配权、剩余财产分配请求权、表决权、股票配售等,但是股票投资风险较大,股息收入的多少取决于公司的盈亏状况,资本利得则取决于股票价格的走向。为了保证保险投资的安全,各国对保险公司的股票投资均有严格的比例限制。

（四）证券投资基金

证券投资基金通过发行基金份额，集中投资者的资金，由基金托管人托管，由基金管理人管理和运用资金，从事股票、债券等金融工具投资，并将投资收益按基金投资者的投资比例进行分配的一种间接投资方式。证券投资基金的风险低于直接购买股票，其收益又高于债券，保险公司还可以享受基金管理公司的专业理财服务。

（五）贷款

保险资金用于贷款是指向需要资金的单位或个人提供融资，按约定期限收回资金并获得利息的活动。保险人发放的贷款可以分为抵押贷款、信用贷款和保单质押贷款。

20世纪70年代前，贷款曾经是寿险公司最主要的投资方式。随着资本市场的发展，筹资方式的多元化，保险投资于贷款的比例下降。

（六）不动产投资

不动产投资指保险公司通过购买土地、建筑物或修建住宅、商业建筑，基础设施建设等，并从中获取收益的投资形式。保险公司的不动产投资在19世纪就已经出现。当前，不动产投资是保险投资的主要方式之一。由于不动产投资的期限长、资金占用量大、风险高、流动性低，因而保险公司对这一投资方式较为审慎。

（七）海外投资

海外投资是指对国外的有价证券或其他一些项目的投资，包括购买外国政府债券、银行债券、公司债券、外国公司股票及国外直接投资等。海外投资可以利用国际这个大的金融市场，充分分散保险资金的投资风险，积累投资管理经验，从而增强保险公司的实力，提高其在国际市场上的竞争力。

（八）产业投资

产业投资是指将保险资金直接投资于生产、经营等特定的产业，建立企业，并通过其经营活动获得收益。比如高科技产业、房地产、基础设施等。产业投资一般预期收益较高，同时，由于产业投资的专业性强，人才要求较高，且投资期限长，资产变现能力差，因而风险较大。

除以上保险投资方式外，保险资金还可参与同业拆借、票据贴现、投资黄金外汇，在某些国家，还可以投资期货、期权等金融衍生工具（通常仅用于避险目的而不能以赚取差价为目的）、参与融资租赁业务、投资保险业务相关的领域（如风险咨询、医疗救护、产权交易等）等。

四、保险投资的基本原则

保险投资的基本原则包括安全性、流动性、收益性。

（一）安全性原则

安全性是指收回保险投资资金的可靠程度。由于保险公司业务经营中保费收入与保险金赔付之间存在着时间差和数量差，使保险公司有大量的资金处于闲置状态。这些资金大部分属于保险公司的负债。随着保险公司规模的不断扩大，这些资金也不断积累，成为保险投资的主要资金来源。从数量上看，保险基金总量应与未来损失赔偿和保险给付的总量一致,若不能安全返还,必将影响保险公司的经济补偿能力。保险投资资金的负债性决定了保险投资应遵循安全性原则,并将安全性原则作为首要原则。为保证保险资金运用的安全,保险公司一定要做好投资的可行性分析。值得注意的是,安全性原则是针对全部投资而言,并非要求每一项投资都绝对安全。

(二)流动性原则

流动性是指保险投资的变现能力。流动性原则是由保险经营中风险的不确定性所决定的。在保险期限内保险事故的发生具有不确定性,为了满足支付保险赔款和给付保险金的需要,保险投资必须具有一定的流动性,有一部分资产能够随时变现。

不同的保险业务对流动性要求不同,一般财产保险和短期人身意外伤害险的保险期限短,自然灾害和意外事故发生的随机性高,未来的赔偿额、赔偿时间难以确定,对保险投资的流动性要求较高;而人寿保险一般以长期业务为主,承保风险是被保险人的生、老、病、死,风险相对较小,业务收入和给付较有规律,流动性要求较低。

与安全性原则一样,流动性原则并非要求每一项投资都具有较强的流动性,只要在总体上确保具有一定的流动性即可。

(三)收益性原则

收益性是指保险投资活动获取投资收益的能力。保险投资的直接目的就是盈利。保险业作为国民经济的组成部分,应当达到社会平均利润水平。如果投资收益低,保险公司所要求的平均利润将主要来自保险费,这样会加重投保人的保费负担,削弱保险公司的竞争能力。反之,如果投资收益高,可以减轻投保人的保费负担,刺激保险需求。坚持收益性原则有利于吸引更多的客户,增强保险公司的实力,实现保险经营的良性循环。

> **思考:**
>
> 实现保险投资收益对保险双方分别意味着什么?

投资收益和投资风险往往是正相关的,保险公司在选择投资项目时,应该在一定风险限度内力求实现收益最大化。

安全性、流动性、收益性三个原则之间相互联系,相互制约。安全性是收益性的基础,流动性是安全性的保证,收益性是安全性、流动性的最终目标。保险投资需要兼顾安全性、流动性和收益性,保证资金的安全性和流动性,在此基础上努力追求资金运用的收益性。

专栏 11-2

AIG 困境的主要原因[①]

美国国际集团(简称 AIG),创建于 1919 年,是全球最大的保险集团公司,资产高达 1 万亿美元,员工 10 万余人,业务涵盖 130 个国家和地区,旗下分支机构 4300 个,也

---

① 许汉坤. AIG 困境及其对我国保险业的启示. 中南财经政法大学研究生学报,2009(1).

是全美"AAA俱乐部"八位成员中唯一的金融类公司。

然而,AIG在最近一年多所发生的剧烈变化,足以让世界保险业为之震惊,仅2008年AIG亏损就高达993.6亿美元。自美国次贷危机爆发以来,AIG连续五个季度出现净亏损。2007年第四季度净亏损52.9亿美元,2008年第一季度亏损78亿美元,二季度亏损53.6亿美元,三季度亏损245亿美元,四季度亏损617亿美元。从其股价来看,2007年6月1日,AIG股价高达72.65美元,而2009年2月5日其股价甚至跌破1美元。2008年9月16日,美国政府向AIG提供850亿美元的注资,并获得AIG 79.9%的股份,且贷款以AIG的全部资产作为抵押。AIG被接管,避免了倒闭的命运,但850亿美元的贷款也只能是一个应急的清盘方案,AIG仍不得不通过出售其很多优良资产来尽快还清这笔贷款。

自2007年美国"次贷危机"爆发以来,国际金融业巨头相继落马,AIG也难逃厄运。具体原因分析如下:

1. AIG风险过度集中于房地产市场

AIG涉足房地产市场的行为有:出售住房按揭保险、出售住房抵押贷款偿还保证保险、出售家庭住房财产类保险、出售CDS、购买CDO。据统计,AIG持有房地产、次贷证券约1000亿美元。次贷链中的一个环节出现故障,将面临不只来自于一种业务的损失。

2. AIG过度涉足高风险类金融产品

相对于其他资金来说,保险公司资金获取的成本较低,容易产生投资冲动而去投资于高收益类金融产品。然而,高收益类产品却是一把"双刃剑",既可以产生高收益,也可能带来巨额损失。

从AIG的投资资产配置结构来看,AIG投资的高风险类金融产品有:房地产抵押贷款、飞机租赁、远期、期权与互换交易、融资融券等。虽然AIG的飞机租赁业务始终利润丰厚,但是投资于房地产的业务却损失惨重,尤其是CDS业务。据统计,AIG通过CDS承保的保险金额达4410亿美元。从其公布的2007年证券投资损失来看,仅CDS亏损就达111.4亿美元。

3. 信用评级机构失职

AIG作为一个保险集团公司,其对金融产品信用等级高低的判断基本上来自于国际信用评级机构。AIG在次贷危机中深陷泥淖,评级机构难辞其咎。据资料显示,AIG投资的ALT-A住房抵押贷款和次级住房抵押贷款几乎都属于"AAA"和"AA"级。并且,在次贷危机爆发前,信用评级机构认为部分较高层次的CDO几乎没有风险。正是在诸如穆迪、标准普尔、惠誉等顶尖评级机构的"AAA"、"AA"评定后,AIG才敢大规模地进入市场。

【本章小结】

保险公司的业务是由一系列相互联系、彼此制约的环节组成,其包括营销业务、承保业务、理赔业务、保险投资业务等。保险营销是指以保险为商品,以市场为中心,以满足被保险人需要为目的,实现保险公司经营目标的一系列整体活动,即保险市场营销。保险营销渠道有直接营销渠道和间接营销渠道之分。保险公司可以选择险种策略、费率策略和促销策略等三种营销策略。

保险承保是指保险人接受投保人申请并与之签订保险合同的过程。承保业务流程包括制定承保方针、编制承保手册;获取承保信息;审核;做出承保决策;签发正式的保险单等步骤。核保是承保工作的核心。

理赔是指保险人在保险标的发生风险事故后,根据保险合同的规定,对被保险人提出的索赔请求进行处理的行为。理赔一般要经过受理赔案,初步审核,现场查勘,责任审定,支付保险金,损余处理、代位追偿,争议处理等步骤。保险理赔应遵循重合同、守信用原则;实事求是原则;主动、迅速、准确、合理原则。赔偿金额计算方法有第一危险(损失)赔偿方式、比例赔偿方式、限额赔偿方式和定值保险赔偿方式。

保险投资是指保险公司在组织经济补偿过程中,将积聚的保险基金的暂时闲置部分,用于融资或投资,使资金增值的活动。保险投资资金来源于资本金、各种准备金和承保盈余。投资方式包括存款、债券、股票、证券投资基金、贷款、不动产等。保险投资应遵循安全性、流动性、收益性原则。

【思考与练习】

■主要概念

保险营销　　直接营销渠道　　核保　　理赔　　保险投资

■基础练习

一、单项选择题

1.消费者通过电话、邮件、传真或互联网与保险公司取得联系,通过电话、邮寄或传真的投保单来申请投保,这种营销渠道属于(　　　)。

A.间接营销　　　　　B.直接营销　　　　　C.代理营销　　　　　D.经纪营销

2.区分保险商品从进入市场到退出市场所经历的导入期、成长期、成熟期和衰退期四个阶段,分别采取不同的营销策略,称为(　　　)。

A.新险种开发策略　　　　　　　　　B.险种生命周期策略

C.低价策略　　　　　　　　　　　　D.差异价策略

二、多项选择题

1.保险投资资金来源于(　　　)。

A.未到期责任准备金　　　　B.资本金　　　　　　C.保险保障基金

D.赔款准备金　　　　　　　E.总准备金

2.保险赔偿金的计算方式有(　　　)。

A.比例赔偿方式　　　　　B.限额赔偿方式　　　　C.第一危险赔偿方式

D.定值保险赔偿方式　　　E.修复

三、简答题

1.保险营销渠道有哪些?

2.简述保险理赔的程序。

3.保险赔款的计算方式有哪几种?

4.保险投资资金来源是什么?

5.保险投资应遵循什么原则?

■思考题

试述保险风险保障与投资理财两大功能的关系。

■单元实训

利用与保险公司或其员工或保险中介人接触的机会,了解一下保险公司营销都采用了哪些策略。

第十二章　保险市场与保险服务创新

学习要点

- 保险市场的构成要素。
- 保险市场机制的主要内容。
- 互联网保险、银行保险基本含义与特点。
- 巨灾风险的特点,我国建立巨灾保险服务体系的可行性。

第一节　保险市场

　　保险市场是现代市场体系的一个重要组成部分,是保险商品交换关系的总和或是保险商品供给与需求关系的总和。它既可以有固定的交易场所如保险交易所,但随着计算机和网络技术的高速发展,人们可以直接采用无形、非固定的交易方式,因而也可以是没有固定的交易场所。在保险市场上,交易的对象是保险人为消费者所面临的风险提供的各种保险保障。

　　采用不同的标准,可以把保险市场分成不同的类别。按保险业务承保的程序不同,可将保险市场分为原保险市场和再保险市场。原保险市场是保险人与投保人之间通过订立保险合同而直接建立保险关系的市场。再保险市场是原保险人将已经承保的直接业务通过再保险合同转分给再保险人的方式形成保险关系的市场。按保险业务的活动范围划分,保险市场可分为国内保险市场和国际保险市场。国际保险市场是国内保险人经营国外保险业务的保险市场,国内保险市场按经营区域范围又可分为全国性保险市场和区域性保险市场。按照市场竞争程度的不同,可将保险市场分为完全竞争型保险市场、垄断竞争型保险市场、寡头型保险市场和垄断型保险市场。完全竞争型保险市场是一种理想状态的市场,在该市场上存在数量众多的保险公司,他们提供无差异的保险产品,保险公司能自由进出市场,保险商品交易完全自由,价值规律和市场供求规律充分发挥作用。垄断竞争型保险市场和完全竞争型保险市场比较接近,大小保险公司在自由竞争中并存,各公司提供有差别的保险产品,虽然会有少数大公司在保险市场中分别具有某种业务的局部垄断地位,但各公司之间存在着激烈的竞争。寡头型保险市场的垄断程度高于垄断竞争型保险市场,市场由几家相互竞争的保险公司占据,其他公司较难进入。目前,这种类型的保险公司普遍存在于世界上许多国家。垄断型保险市场是由一家保险公司操纵的市场,其他保险公司无法进入市场,市场价格由该公司决定。在这样的市场上,不存在任何竞争,消费者没有选择的余地,市场效率低下。

一、保险市场的构成要素

(一)保险市场的主体

保险市场的主体是指保险市场交易活动的参与者,包括:提供各类保险产品的供给方和各类保险产品的需求方,以及为促成保险交易、提供辅助作用的保险中介。

1.保险产品的供给方

保险产品的供给方是保险市场上提供各种保险产品的保险人。由于各国社会经济制度、经济管理体制和历史传统等方面的差异,各国保险人的组织形式各不相同,如国有保险公司、保险股份有限公司、相互保险公司、相互保险社、保险合作社和劳合社等,但通常都必须是经过国家有关部门审查认可并获准专门经营保险业务的法人组织。

(1)国有保险公司。国有保险公司是国家授权投资机构或国家直接投资经营保险业务的有限责任保险公司。国有独资保险公司多为资金实力雄厚的大公司,分散风险的能力较强。这曾是我国保险公司的主要组织形式,在国外,国有保险公司一般经营政策性的或商业保险公司不愿承保的强制保险或巨灾保险。

(2)股份有限公司。股份有限公司是现代企业制度最典型的组织形式,也是当今世界上经营保险业的主要组织形式。它由一定数目以上的股东发起成立,将全部注册资本分成等额股份,由股东以其所持股份份额为限对公司承担责任。股份有限公司的资金来源比较广泛,容易分散风险和进行筹资融资,但在经营过程中可能会为了追求利润而忽略被保险人的利益。

(3)相互保险公司。相互保险公司是由有可能发生某些风险的人为达到共同保险保障的目的而建立的非营利型保险组织,是保险业特有的公司组织形式。与股份保险公司相比较,虽然相互保险公司的组织机构类似于股份公司,由成员代表大会、董事会、监事会及经理层组成,但它没有股东,投保人具有双重身份,既是公司的所有人,又是公司的顾客,既是投保人或被保险人,又是保险人;而且,相互保险公司没有资本金,以各位成员缴纳的保费形成公司的责任准备金。当经营有剩余时,将剩余资金分给各成员或补充以后的保费,当经营亏损时则由各成员共同弥补差额。当保险合同终止时,成员与公司的保险关系随之消失。相互保险公司的经营成本较低,但它利用资本市场的能力有限,因而保障能力也有限,比较适合于人寿保险业务和农业保险领域。

(4)相互保险社。相互保险社是保险组织的最原始形态,规模一般都很小。它是同一行业的人员,为了应付自然灾害或意外事故造成的经济损失而自愿组织起来的保险社团。当其中某个成员遭受损失时,由全体成员共同分摊。相互保险社的经营资本来源于社员缴纳的分担金,一般在每年年初按暂定分摊额向社员预收,在年度结束时计算实际分摊额,多退少补。在收取保费时,采取事后分摊制,事先并不确定。因为经营程序简单,相互保险社在许多欧美国家普遍存在。

(5)保险合作社。保险合作社是在一定范围内由一些对某种风险具有同一保障需求的人,自愿集资设立的保险社团。它与相互保险社看似很相似,但事实上存在很大的差异。首先,保险合作社的社员必须缴纳一定金额的股本,社员即股东。其次,只有保险合作社的社员才能作为其被保险人,但他们也可以不与保险合作社建立保险关系,因而保险关系的消灭并不影响社员关系的存在,使得保险合作社与社员之间的关系比较长久。再次,保险合作社采取固定保费制,事后不补缴。保险合作社的典型形式是船东保赔协会,以及美国的蓝十字会和蓝盾医疗保险组织。

(6)劳合社。劳合社是当今世界上最大的保险组织,创建于1688年2月18日。它本身并不直接经营业务,而是为其成员提供保险交易的场所及其有关服务。因而,劳合社实际上是一个保险市场,它的保险交易方式通常是由保险经纪人替投保人寻找承保组合,进行分业务出单。劳合社的承保范围很广,其中最有影响的是海上保险。

2004年11月,经保监会批准建立的阳光农业相互保险公司意味着我国开始尝试设立股份有限公司和国有独资公司以外的保险公司组织形式。2009年10月1日开始实施的《保险法》不再对我国保险公司做特别的组织形式限定。

2.保险市场的需求方

保险市场的需求方是指保险市场上所有现实的和潜在的保险商品的购买者,即各类投保人。根据保险消费者不同的需求特征,可以把保险市场的需求方划分为个人投保人、团体投保人、农村投保人、城市投保人等。根据保险需求的层次还可以把保险市场的需求方划分为当前的投保人与未来的投保人等。

3.保险市场的中介方

保险市场的中介方是为保险交易双方提供服务的专门组织或个人,既包括活动于保险人与投保人之间,充当保险供需双方媒介,把保险人和投保人联系起来并建立保险合同关系的人,也包括独立于保险人与投保人之外,以第三者身份处理保险合同当事人委托办理的有关保险业务的公证、鉴定、理算、精算等事项的人。具体有保险代理人(或公司)、保险经纪人(或公司)、保险公估人(行)、保险律师、保险理算师、保险精算师、保险验船师等。保险市场中介方的服务能提高保险市场效率,降低交易成本。

(二)保险市场的客体

保险市场的客体是指保险市场上供求双方具体交易的对象,这个交易对象就是各类以保险合同为载体的保险产品。

1.保险产品是一种无形商品

保险产品是一种以风险为对象的特殊商品,是一种劳务商品,具有不可感知性。

2.保险产品是一种"非渴求商品",即人们不会主动想到去购买

这是因为人们在风险发生之前总是存在侥幸心理,因而对购买保险不感兴趣。

3.保险产品的消费是一种隐形消费

保险产品的无形性使得人们在消费时不像消费其他有形物质产品那样有直观感觉。

二、保险市场运行机制

保险市场机制是指将市场机制应用于保险经济活动中所形成的价值规律、供求规律和竞争规律三者之间相互制约、相互作用的关系。由于保险市场具有不同于一般市场的独有特征,市场机制在保险市场上表现出特殊的作用。

（一）价值规律在保险市场上的作用

价值规律的主要作用是合理配置保险资源。价值规律会引导各种生产要素，如资金、技术、人力资源等流向竞争力强的保险公司，使资源得到更优化的配置。但在目前的保险市场上，由于市场价格没有完全反映价值与供需关系，如一些大型项目招标业务中标费率持续走低，有的项目甚至大大低于经验数据测算出的纯风险保费，导致保险公司经营的风险越来越大，偿付能力受到损害，影响了价值规律作用的发挥。

（二）供求规律在保险市场上的作用

供求规律对保险市场的作用在于能通过对保险市场供需双方力量的调节达到市场均衡从而影响市场均衡价格。虽然保险市场上的供求关系对保险价格的影响很大，但并不是决定价格的唯一因素。保险市场上的费率还取决于风险发生的频率，风险发生的概率高，费率就高。因而，保险人在确定费率时尽管要考虑市场的供求状况，但供求状况并不是确定保险费率的主要因素。保险费率的确定要通过专门的精算技术。

（三）竞争规律在保险市场上的作用

竞争规律是市场经济中的重要规律，通过竞争规律，保险市场将形成一套优胜劣汰的机制，使资源配置达到最优。保险市场上的竞争包括供给者即保险人之间的竞争；需求者即投保人或被保险人之间的竞争；以及需求者与供给者之间的竞争。

在一般的商品市场上，价格是最有利的竞争手段，但在保险市场上，竞争手段多种多样，除了价格竞争外，还有服务竞争、险种竞争等。但由于我国仍处于保险业发展的初级阶段，一些保险公司市场竞争层次低、手段单一，价格战成为市场主体之间广泛采用的主要竞争手段，产品、服务、质量等非价格竞争被忽视。同时，因为市场选择机制不健全，相对而言，新机构进入市场比较容易，而竞争中处于不利地位的主体缺乏正常退出渠道，使得竞争规律的效果不明显。

第二节　保险服务创新

一、互联网保险

2000 年 8 月，国内两家知名保险公司太保和平安几乎同时开通了自己的全国性网站。太保的网站成为我国保险业界第一个贯通全国、连接全球的保险网络系统。平安保险开通的全国性网站 PA18，以网上开展保险、证券、银行、个人理财等业务被称为"品种齐全的金融超市"。同年 9 月，泰康人寿保险公司也在北京宣布泰康在线开通，在该网上可以实现从保单设计、投保、核保、缴费到后续服务全过程的网络化。与此同时，由网络公司建立的保险网站也不断涌现，如易保网、网险等。2013 年 11 月 6 日正式成立的，由蚂蚁金服、腾讯、中国平安发起设立，完全通过互联网进行承保和理赔服务的众安在线财产保险股份有限公司是我国第一家持牌的互联网保险公司。互联网保险已进入了我们的生活；同时，作为一种低成本、高效率运作的保险产品营销工具，互联网保险越来越受到各保险公司的关注。

(一)互联网保险的含义

互联网保险是新兴的一种以计算机网络为媒介的保险营销模式,有别于传统的保险代理人营销模式。从狭义上讲,互联网保险是指保险公司或新型网上保险中介机构以因特网和电子商务技术为工具为客户提供有关保险产品和服务的信息,并实现网上投保、承保等保险业务的经济行为。从广义上讲,互联网保险强调保险企业内部管理的信息化,因而它包括保险公司内部基于因特网技术的经营管理活动,以及保险企业之间、保险企业与非保险企业之间以及保险企业与企业股东、保险监管、税务、工商管理等机关之间的信息交流活动。

借助于互联网,保险公司可将整个保险业务流程实现网上运作。互联网保险的具体程序主要包括:消费者浏览保险公司的网站,选择适合自己的产品和服务项目,填写投保意向书、确定后提交,通过网络银行转账系统或信用卡方式,保费自动转入公司,保单正式生效。经核保后,保险公司同意承保,并向客户确认,则合同订立;客户则可以利用网上售后服务系统,对整个签订合同、划缴保费过程进行查询。

(二)互联网保险的特点

与传统的保险相比,互联网保险具有以下特点。

1.虚拟性

开展互联网保险不需要具体的办公场所,只需要申请一个网址,建立一个服务器,并与相关机构链接,就可以通过因特网进行交易。在交易过程中,没有现实的货币甚至金融货币,而是以数字形式在网络上进行。数字化意味着标准化,因而互联网保险有助于标准化的合同或者合约的发展。

2.直接性

首先,网络使得客户与保险机构的相互作用更加直接。利用网上营销,保险公司可以随时根据消费者个性化的需要提供"一对一"的个性化信息。客户也可以主动选择和实现自己的投保意愿,并可以在多家保险公司及多种产品中实现多样化的比较和选择。

思考:

你认为线上和线下保险有何互补性?

其次,信息在网络中以每天 24 小时、一周 7 天进行不停地流动与交换,突破了工作时间的限制,让各种客户和保险公司在不同的时段内进行沟通和交流,极大地延长了交易活动的时间。而且,网络是全球化的,突破了空间的限制,因而能把空间的制约降低到最小的限度,使保险公司突破了营销人员上门营销的地理限制。

3.电子化

在互联网保险交易中尽可能地采用电子单据、电子货币交割,实现无纸化交易,避免传统保险中书写任务繁重且不易保存、传递速度慢等弊端,实现快速、准确、双向式的数据信息交流。

4. 交互性

互联网保险更强调互动式的信息交流,任何人都可通过网络发表见解。消费者可以直接将信息和要求传递给市场营销人员,大大提高了营销过程中消费者的地位,使他们由被动的承受对象和消极的信息接受者,转变为主动参与者和重要的信息源。在整个过程中,保险企业与消费者保持持续的信息密集的双向沟通和交流,让消费者参与营销过程的方方面面,实现实时互动。

此外,当保险公司推出新产品时,可以通过公告牌、电子邮件等方式及时向全球发布电子广告,向客户发送有关保险动态,使他们了解新保险产品的情况,有效改进以往借助于报纸、宣传小册子时时效性较差的问题。

(三)互联网保险的发展

1. 国外互联网保险的产生与发展

最先出现互联网保险的是美国。在网络用户数量、普及率等方面,美国的互联网保险业都拥有着明显的优势。目前,几乎所有的美国保险公司都已经上网经营,为消费者提供了全新的保险体验。美国的 Ecoverage 公司声称他们所有的业务活动均通过互联网进行。在加利福尼亚州的一家最大的互联网保险服务公司 INSWEB 提供 28 家保险商的费率咨询,在网络服务内容上,设计信息咨询、询价谈判、解决争议、赔付功能等;在保险品种上,包括健康、医疗、人寿、汽车、财险等。据统计,截至 2000 年,美国通过互联网保险获得的保费就达 11 亿美元。

英国是世界上公认的互联网保险最为发达的国家之一,其互联网保险公司的保险产品不仅仅局限于汽车保险,而且还包括借助因特网以及电话实施营销的意外伤害、健康、家庭财产等一系列个人保险产品。最近十几年中,互联网保险在英国发展迅猛,在 1999 年建立的"屏幕交易"网站为 7 家本国保险商的汽车和旅游保险产品提供报价和销售服务,用户数量以每个月 70% 的速度递增。同时,在个人财产保险总保费当中,网络营销的比例从 2000 年的 29% 增加到 2004 年的 35%。具体来看,汽车保险总保费中互联网保险份额在 1990 年仅占 3%,而到 2004 年则上升到了 41%;同年,家庭财产保险网络保费的份额是 26%。与此对应,传统的保险经纪份额与同期相比,从 42% 下降到了 29%。

日本由 1999 年 7 月出现首家完全通过因特网推销业务的保险公司,这家保险公司总部位于美国,并由美国的 AFLAC 公司和日本电信共同投资设立和管理。同年 9 月底,索尼损害保险公司开始推出电话及互联网销售汽车保险业务。2000 年 4 月 7 日朝日生命保险公司宣布,决定与第一劝业银行、伊藤忠商事等共同出资设立网络公司,专门从事保险销售活动,并于 2001 年 1 月开始正式营业。

2. 国内互联网保险的发展状况

与发达国家相比,我国的互联网保险业务起步较晚。1997 年 11 月,中国保险协会和北京维信投资顾问有限公司成立了第一个面向保险市场和保险公司内部信息化管理需求的中文网站——中国保险信息网。同年 11 月 28 日,由该网站为新华人寿公司促成了第一份网上保单,标志着我国保险业迈入互联网保险的大门。

2000 年 3 月 9 日,国内推出首家电子商务网站——"网险",该网站由太平洋保险公司北京分公司与朗络电子商务公司合作开发,真正实现了"网上投保"。之后,其他保险公司也纷纷推出自己的互联网保险业务。

外资保险公司进入中国后也纷纷创办自己的网站。2000年9月,友邦保险上海分公司网站开通,利用互联网为客户进行保险的售前咨询和相关的售后服务。安盛集团在上海的合资企业——金盛人寿保险有限公司也建立了自己的网站。

互联网保险出现市场细分,比如针对车险市场,出现了较多的保险网站,如车盟网、114保险网等网站。另外,还有专门销售个人人寿保险网站等。综合来看,中国的保险网站可以分为三种模式:一是保险公司自己开发的网站。这类网站主要限于推广自家公司的险种,例如平安PA18、泰康在线、华泰和新华人寿等。二是专业财经网站或综合门户网站开辟的保险频道,其目的在于满足其消费群的保险需求,例如和讯和上海热线的保险频道。三是独立的保险网,也称第三方网站,他们不属于任何保险公司或附属于某大型网站,他们是为保险公司、保险中介、客户提供技术平台的专业互联网技术公司。目前,国内较具有影响的独立保险网有易保网、中国保险网、吉利网等。

从2011年到2014年,互联网渠道保费规模提升了26倍。2014年保费收入858.9亿元,占总保费收入的比例达到4.2%,成为拉动保费增长的重要因素之一。与此同时,互联网保险经营主体也不断扩容。截止到2014年,全行业经营互联网保险业务的保险公司达到85家。另外,互联网保险的经营模式逐步确立。在经营互联网保险的85家公司中,69家公司通过自建在线商城开展经营,68家公司与第三方电子商务平台进行深度合作,其中52家公司采用官网和第三方合作"双管齐下"的商业模式。

二、银行保险

进入21世纪以来,一个新的保险业务系列——银行保险悄然出现,且发展迅猛。2010年,我国银行保险共实现保费收入3504亿元,在整个人身保险保费收入中占比32.96%。与此同时,商业银行代理保险业务过程中存在的问题也日益显现,为了规范商业银行代理保险市场秩序,保护金融保险消费者权益,促进商业银行代理保险业务健康发展,中国保监会和中国银监会于2011年3月和2014年1月联合制定了《商业银行代理保险业务监管指引》以及《关于进一步规范商业银行代理保险业务销售行为的通知》。

(一)银行保险的含义

在20世纪80年代,银行保险仅仅意味着在银行柜台销售保险产品,随着经济一体化进程的加快和市场竞争的日益激烈,其所包含的内容越来越广泛,已由最初的保险公司产品流向银行这一单一渠道发展成银行与保险机构相互交融的双向流动。银行保险,是指由银行、邮政、基金组织以及其他金融机构与保险公司合作,通过共同的销售渠道向客户提供产品和服务;银行保险是不同金融产品、服务的相互整合,互为补充,共同发展。银行保险作为一种新型的保险概念,在金融合作中,体现为银行与保险公司的强强联手,互联互动。

国际上银行保险主要有三种模式:一是银行代理模式,即保险公司提供产品,银行提供销售渠道,收取手续费;二是战略伙伴关系,由银行与保险公司建立密切的联系,签订较为长期的合同,银行除收取手续费外,还分享保险业务的部分利润;三是银行入股保险公司,通过股权纽带参与经营保险业务。我国现在采用的是第一种模式,而发达国家基本上都采用第三种模式。

（二）银行保险的特点

1. 操作简便

银行保险产品对核保一般没有很高的要求，一般也不需要被保险人进行体检。银行保险购买的手续也很简捷，客户只要在银行柜台填好投保单，提供银行存折账号就可以完成投保过程。同时，因为银行网点多，在家门口就可以买到保险，减少了交通费用和时间、精力等的支出；而且可以同时在银行办理银行业务和买保险，也满足了客户"一次购足"的心理。

2. 险种设计简单

银行保险产品属于标准化产品，具备标准化的条款。险种的设计形式一般比较简单，产品简单易懂，客户可以当场决定是否购买。

3. 成本低

与代理人个人营销不同，客户在银行买保险，价格更便宜，回报更高。因为首先，保险公司利用银行密集的网点可以提高销量并且降低成本，从而可以以更低的价格为客户提供更好的产品；其次，保险公司通过银行柜台销售保险不需要支付较高的佣金，只需支付少量手续费，从而可节省大量的人力、财力和物力；此外，银行保险的销售成本、客户开拓成本和人员培训成本等都比个人保险低得多。

4. 双方受益

对银行来说，可以通过代理销售多样化的产品，提高客户满意度和客户忠诚度，同时因为保险产品与银行传统业务相联系，可以调动银行开展代理业务的积极性。对保险公司来说，利用银行的客户资源和信誉，再配合以保险公司的优质服务，可以树立良好的品牌形象，开拓更多的客户源，提高市场份额。

（三）银行保险的发展

1. 国外银行保险的产生与发展

事实上，银行业与保险业相互结合已经有较长的历史了。例如，比利时的 CGER，西班牙的 La Caixa 以及法国的 CNP 等公司，自 19 世纪就开始全面提供银行与保险服务了。但真正意义的银行保险，是从 20 世纪 80 年代的欧洲开始的。经过多年的探索与发展，银行保险的发展遍及全球，不仅仅是欧洲保险业的主要销售方式，更成为美洲、澳洲、亚洲等地区金融机构拓展全能型集团的重要模式。根据市场发展的特征，可将银行保险的发展分为四个阶段。

第一阶段：萌芽阶段。1980 年之前，银行保险仅仅局限在银行充当保险公司的代理中介人角色，即银行通过向保险公司收取手续费介入保险领域。从严格意义上说，此时银行保险尚未真正出现，因为银行只是通过向保险公司收取手续费介入到保险领域的分销环节。这一阶段，银行尽管也直接出售保险单（如银行信贷保证保险），但只是作为银行信贷业务的补充而进行的，其目的是减少银行承受的风险，例如当时许多银行在发放抵押贷款时要求借款方必须对其所抵押物进行保险，银行与保险公司的关系纯粹是合作关系，不存在保险产品制造环节的竞争。这一阶段为银行以后介入保险领域积累了丰富的销售经验。

第二阶段：起步阶段。20 世纪 80 年代，银行开发出与其传统业务不完全相同的金融产品，如养老保险年金产品（投保人在银行按年度支付保费，在约定的某一固定期限之后，投保人可一次性或分次领取定额年金，并附加保障功能），从此开始全面介入保险领域。这被认为是银行保险的真正起源，因为客观上银行已经涉足保险领域的生产环节，并与保险公司展开竞争。但这一阶段，银行保险的发展主要是银行为应付银行业之间的竞争而扩展业务范围所致，并非主动地进入保险领域的生产环节。欧洲是这一阶段发展银行保险的主要市场。

第三阶段：关键时期。20世纪80年代末至90年代是银行保险的快速发展阶段。这一阶段的主要特点：一是银行保险主动发展，银行为应付同业及与保险公司之间的竞争，全面拓展银行保险业务，采取了新设、并购、合资等措施，将银行业务与保险业务结合起来，并主动参与到保险领域的生产环节和销售环节，而且，银行推出的产品也日趋多样化，如英国的银行开始直接提供纯保障的寿险产品，西班牙的银行也推出了终身寿险产品。银行保险的组织形式也变得更为复杂。二是银行保险开始向全世界扩散，包括美国、拉美、澳大利亚、亚洲在内的国家和地区都开展得如火如荼。

在该阶段，无论是从银行保险的产品种类、组织形式还是实现的保费的比重来看，银行保险都取得了长足的进步，其中以欧洲的表现最为突出。在金融、税收和立法产生巨大变化的背景下，特别是欧洲一体化的进程更加快了各国金融立法的统一，使不同的金融业务逐步融合。而且，银行随着同业数量的增加，其间的竞争也日趋激烈，纷纷寻求包括保险业务在内的新业务的发展机会。1999年初，欧元的启动使这一趋势更为显著，商业银行借助于其特有的资源与网络优势，使得通过银行销售的保费收入占保费总额的比例大幅上升。在银行保险开展得最为成功的法国，从1990—2000年通过银行和邮局实现的保费收入比重从40%左右上升到60%左右；而在另外一些国家，如比利时、意大利、挪威、荷兰、德国、英国等，银行保险实现的保费收入比例也在20%～35%。

随着欧洲银行保险业的发展，其他国家纷纷仿效。尤其是自20世纪90年代以来，随着全球第五次并购浪潮的到来，欧洲、美洲、澳洲的商业银行在发展注重批发业务的全能银行和注重零售金融业务的银行保险方面各有建树。

在欧洲，1990年荷兰保险公司与荷兰银行合并，并与比利时银行合并成立的富通集团，成为欧洲第一家综合性金融集团，专注于银行保险事业的发展；1991年荷兰银行、荷兰邮政银行、荷兰国民保险公司合并成立了荷兰国际集团，业务范围涉及批发银行、零售银行、ING直销、美洲保险、欧洲保险和亚太保险；1995年瑞银集团与瑞士第一大寿险公司瑞士人寿缔结合约；1997年瑞士信贷银行与丰泰保险合并，组建瑞士信贷集团。1998年11月花旗公司兼并旅行者集团后共同组建花旗集团，更是将银行保险推向了前所未有的新高潮，开创了集银行、证券、保险、信托、基金、资产管理等金融服务为一体的金融集团，成为全球架构"集团混业、法人分业"全能式金融保险集团的典范之作。在这股风潮之下，2000年英国大型商业银行与劳埃德保险集团公司收购英国第六大寿险和年金公司——苏格兰威德斯保险公司，形成英国最大的金融集团；2001年德国安联保险并购德累斯顿银行，组建了德国版的花旗集团，等等，都是通过并购实现银行保险规模经营的典型案例。在亚洲，韩国、马来西亚、日本的银行保险逐渐占据鳌头，在中国的香港、台湾地区银行销售保险更是方兴未艾，对引领国内银保业务的发展起到了重要的作用。

第四阶段：成熟阶段，也称为专业阶段。从20世纪90年代开始出现了银行保险的两种截然不同的分化趋势：一种是向银行保险一体化的更高形式迈进，如欧洲的富通集团、安联集团、荷兰国际集团等，这些集团的银行业务和保险业务实现了高度的融合，不仅在产品开发、销售支持能够运用统一的管理和技术平台，而且具有很强的开发银行客户的能力，真正实现了客户资源的共享，能够向客户提供"一站式"服务。另一种则是将保险制造或承保业务与银行主业相分离，实现银行主业的专业化经营的同时，银保模式转为协议销售或战略联盟。

2.国内银行保险的发展状况

与国外银行保险的发展相比，我国的银行保险业务起步相对滞后，其间走过了曲折的发展之路。与国外严格意义上的银行保险相比，国内银行保险的发展尚处于初级阶段。根据其业务发展状况以及特征，可分为三个阶段。

第一阶段：萌芽阶段（1996年以前）。1996年以前，我国银行保险一直处于萌芽阶段。国内银行保险真正的兴起是在1995年，当时通过银行柜台销售的主要是养老年金和定期寿险产品。这一时期银行与保险的合作是零星的、局部的，银行网络虽然已成为保险销售的重要渠道，但银保双方合作并不是基于客户服务，银行仅仅是保险公司的业务代理机构。因此，无论在理论界还是在银行或保险业都未形成银行保险的概念。

从1996年开始，随着银行利率的不断下调，保险产品的预定利率也跟着逐步走低，银行保险产品的销售出现下滑的态势。

第二阶段：初步发展阶段（1996—2001年）。1996年以后，我国保险市场竞争日趋激烈，国内银行和保险公司逐步开始合作。1996年8月8日，中国平安保险公司与中国农业银行在深圳平安大厦签订了代理保险业务协议。1997年，中保人寿保险有限公司与中国工商银行；中保财险与中国银行；中国太平洋保险公司与交通银行、中国银行、中国农业银行分别签订代理保险业务协议。与此同时，当时一些新设立的保险公司，如华安、泰康、新华等，为尽快占领市场，也纷纷与银行签订代理协议。从1999年开始，中国金融业出现了"银保合作"热，业务规模逐步扩大。2000年以来，在入世压力的推进下，国内银行和保险公司合作更为频繁。

进入21世纪，为了有效抵御通货膨胀、规避利差损的经营风险，各家保险公司纷纷开发出具有新型投资功能的保险产品，银行保险也不例外，有了新的投资功能。同时随着银行存款开始征收利息税，银行保险业务量呈现出跨越式增长的势头。2001年银行保险保费收入达到47亿元。

第三阶段：快速发展阶段（2002年以来）。2002年开始，国内银行业和保险业之间加强了合作，逐步建立了银行保险战略联盟关系，联手开拓银行保险市场。银行对银行保险业务的重视程度也不断提高，纷纷成立专门的保险代理部门管理银行保险业务，并逐步规范运作，纳入银行内部考核体系。

虽然国内的银行保险业务取得了快速地发展，但目前多数地方的做法还只是保险公司通过银行的营业网络销售保险产品。这种做法与国外比较，还存在较大的差距。对此，我国应借鉴国外银行保险的成功经验，结合国内的实际情况，努力加强银行保险的强强联合，实现优势互补，把我国的银行保险业务发展提高到一个新的台阶。

三、巨灾风险管理

风险是指损失发生的可能性,根据风险对人类社会财富和生命安全可能造成的损失大小的不同,可将风险分为巨灾风险和其他风险。

(一)巨灾风险的含义

巨灾风险是指发生概率低但导致损失严重的事件,包括自然灾害、人为灾害等。事实上,巨灾的界定是一个模糊的概念,即使是保险界,对巨灾也没有一个统一的界定。在实务中,通常的做法是各个国家根据本国实际情况,在不同的历史时期对其进行界定。例如,在1983年以前,美国保险服务局将巨灾定义为损失超过100万美元的风险;1983年以后增加为500万美元;1997年以后,损失则应至少为2500万美元。

(二)巨灾风险的特点

相对于普通风险,巨灾风险有以下特点:

1. 损失发生频率低

不同于普通风险在一年中较为频繁的发生,巨灾风险可能是一年偶有一遇,甚至百年不遇。

2. 影响范围广,保险标的具有高度相关性

普通风险只会影响一个或几个保险标的,而巨灾风险的发生是具有地域性的,往往会使一定区域内的大量保险标的同时受损。

3. 损失程度大,保险公司通常难以承受赔付压力

对于普通风险,保险公司通过收取合理的保费,提存充足的责任准备金便可保证赔付,而巨灾风险一旦发生,损失惨重,常成为保险公司和再保险公司的灭顶之灾。

4. 不易准确估计预期损失,难以准确厘定巨灾保险的费率

一般来说,标的发生危险的数量越大,可预测值越准确,大数法则便可发挥作用。但因巨灾风险发生的次数少又缺乏可靠的参考资料,且随着全球气候变暖,温室效应的影响,巨灾发生的频率和损失程度都在不断发生变化,使大数法则和概率论的应用受到限制,从而影响费率厘定的准确性。

5. 易受道德风险与逆选择的影响

由于巨灾风险的发生频率较低,人们往往存在极大的侥幸心理,不愿意投保。而在高风险区域中,人们对巨灾的担忧要高于一般民众,因而投保的积极性较高,从而产生逆选择现象。此外,在巨灾发生时,损失认定较困难,被保险人易诱发道德风险。

(三)目前各种巨灾风险管理手段分析

1. 政府灾后救济

政府灾后救济,即由国家财政基本承担主要的灾后救助和救济任务。这是许多发展中国家巨灾风险管理的基本模式。但是,如果一国政府在灾害管理政策中或国民在心理上过分依赖灾后捐赠或政府救济手段,必将导致减灾政策贯彻不力,从而增加了巨灾的损失概率和损失后果,最终使灾害的社会成本增加。此外,灾后救济和捐赠还存在其他弊端,如其

金额不能满足灾后的融资需求、救助资金到位一般需要比较长的时间、资金的使用效率低等。

2. 私营保险市场

因为巨灾风险存在时间风险（即巨灾发生在保险公司充分收取足够的保费之前）问题，使得保险公司没有充分的时间来累积应对巨灾损失所需要的准备金，从而保险公司无法独自面对巨灾损失，必须借助于其他渠道的金融支持。

3. 中央或地方的政府保险项目

这是世界上很多国家采用的巨灾风险管理方式。政府承担巨灾损失的形式一般有四种：一是政府充当直接保险人的角色，通过完全由政府提供的巨灾保险项目承担巨灾损失，如美国的国家洪水保险计划和加州地震局；二是通过与保险人和再保险人合作，政府充当再保险人的角色；三是政府并不直接参与（再）保险市场，而是通过提高基础设施和建筑物的防灾抗灾水平支持巨灾保险；四是政府在灾后提供紧急救助和赈灾款项，充当社会财富再分配人的角色。这些保险项目虽然在一定程度上解决了巨灾保险的可供给性和可负担性问题，但也存在着诸如费率不足、承保能力有限、承保风险过于单一、在地域分布上过于集中等弊端。

目前，我国灾后救助大致有三个层次：一是以国家财政为背景的救助体系，二是以保险公司为主的商业保险补偿体系，三是慈善机构与国际援助。其中，政府主导的财政救助机制是我国现有灾后救助机制的主要形式。这种方式不仅大大加重了政府的财政负担，也降低了效率。

(四)我国建立巨灾保险体系的可行性

基于我国目前的国情，建立多层次、由私营保险公司主办、由政府支持、可持续发展的巨灾保险体系是一个必然的选择，且目前也具备了实施的基础。

1. 经济社会发展为实现巨灾保险制度奠定了坚实的经济基础

据国家财政与统计局发布数据显示：2015 年全国财政收入增速为 8.4%，全国居民可支配收入增速为 8.9%。财政及居民收入的不断提高，为实施巨灾保险奠定了坚实的经济基础。

2. 保险业在巨灾风险管理方面进行了多年的探索和研究，在承保技术及经验方面有了良好的积累

2003 年以来，保监会一直连同地震局、财政部、税务总局等相关部门，就推动我国家庭财产的地震保险制度进行了有益探索。另一方面，保险公司在经营过程中对巨灾风险进行了数据及相关信息资料的储备和积累，可以为我国巨灾风险管理提供良好的技术支持。

3. 人民群众的风险和保险意识正逐步提高

随着保险业的蓬勃发展和保险消费者队伍不断扩大，保险知识普及日渐深入，人民群众保险意识明显提高，这为扩大巨灾保险覆盖面、建立和完善巨灾保险制度奠定了良好的基础。

4. 国际上已经有较好的经验和模式可供借鉴

据世界银行统计，目前世界范围内有 10 个国家和地区，包括美国加州、日本、新西兰等，

共建立了 14 个巨灾保险基金,大部分都是采取政府和保险行业共同合作参与的方式,这些都为我国巨灾保险制度的建立提供了宝贵的经验借鉴。

2013 年 9 月,国内首个巨灾保险试点在深圳正式启动;随之作为第二个试点城市的宁波也于 2014 年 11 月正式实施巨灾保险。与此同时,云南、上海、广东等多地均在酝酿巨灾保险制度。

专栏 12-1

"台湾住宅地震保险制度"介绍

台湾位处环太平洋地震带上,地震发生非常频繁和剧烈,每年发生的有感地震就超过 200 个,自 1900 年以来,近 90 个破坏性地震给台湾地区造成的经济损失平均每年达 190 亿新台币(约 47.5 亿元人民币)。1997 年台湾当局设立了"防灾国家型科技计划",专门研究地震等巨灾影响和可采取的政策措施。1999 年 9 月 21 日台湾中部发生里氏 7.3 级大地震,造成 2415 人死亡,10 余万房屋被毁,经济损失达 120 亿美元,保险损失 10 亿美元,是 100 多年来台湾最为严重的一次地震。由于此前台湾地震保险投保率仅为 2‰,因此发挥的经济补偿作用极为有限。如何建立一个向大多数受灾民众提供灾后经济补偿的保险机制成为社会各界关注的问题,台湾当局加快"防灾国家型科技计划"的研究和实施,到 2001 年 7 月 9 日,台湾增订的所谓"保险法"第 138-1 条,建立住宅地震保险制度;2002 年 1 月 7 日台湾批准设立了"住宅地震保险基金";2002 年 4 月 1 日,正式实施政策性的住宅地震基本保险——住宅火灾及地震基本保险,以后凡投保住宅火灾保险即同时获得地震基本保险保障,并停售过去为配合房贷业务而要求承保的长期住宅火灾保单。

据统计,截至 2007 年年底,台湾地区的住宅地震保险有效保单件数达 187 万件,保费累计达新台币 108.5 亿元(约 27 亿元人民币),保险金额达新台币 2.5 万亿元(约 6000 亿元人民币)。其中,台北县和基隆的投保率最高,达到 24.3%;其次是台北市,投保率约为 14.37%。而 2008 年以来,地震保险投保率上升很快,截至 2008 年 4 月底,整个台湾地区的投保率已达 24.74%。目前住宅地震保险的最高保额为新台币 120 万元(约 30 万元人民币),对应的平均最高保费为 1459 元新台币(约 365 元人民币)。全台湾采取单一地震保险费率,不考虑房屋的所在位置和结构。若被保险人觉得 120 万元的保额不够,则可以以批单方式加保"扩大地震保险",保额没有上限。对于价值不足 120 万新台币的小型房屋,保费按比例计算,确保大多数被保险人可以支付地震险保费,从而提高地震保险的投保率。另外,如果受损的住宅符合地震险的赔偿条件,保险公司还会同时支付"临时住宿费用"18 万元新台币(约 4.5 万元人民币)。保单中没有设立免赔额。

根据住宅地震保险制度,地震保险的赔付主要由四大主体组成,其中包括由台湾各保险公司共同组织设立的"住宅地震保险共保体"、台湾当局设立的"住宅地震保险基金"、台湾当局财政和国际再保险市场。根据地震所带来的损失程度,住宅地震保险的赔偿按照超赔再保险的方式,分为五层赔付机制。第一层,总赔偿金额在新台币 24 亿元以下的,由住宅地震保险共保体承担;第二层,总赔偿介于新台币 24 亿元到 200 亿元之间的部分,由住宅地震保险基金承担;第三层,赔偿金额在新台币 200 亿元至 400

亿元的部分,则安排向台湾或国际上的再保险市场分保,亦可通过资本市场(如发放巨灾债券)进行风险分散;第四层,超过新台币 400 亿元至 480 亿元的部分则由住宅地震保险基金承担;第五层,超过新台币 480 亿元至 600 亿元的部分,则由台湾当局财政承担。根据"9·21 地震"的情况,台湾"财政部"最初将地震损失的最高赔偿限额定为 500 亿新台币,随后在 2007 年 1 月 1 日增加到 600 亿。同时规定,如果地震所带来的总赔偿金额超过这个限额,将按比例调整赔付被保险人。

专栏 12-2

中国巨灾保险试点介绍①

一、深圳模式

2013 年 9 月,保监会批复深圳作为全国巨灾保险首批试点地区之一。12 月 30 日,《深圳市巨灾保险方案》经深圳市政府常务会议审议通过,"三位一体"的巨灾保险制度框架在深圳率先建立。2014 年 5 月,深圳市民政局与人保财险深圳市分公司正式签署《深圳市巨灾救助保险协议书》,由市政府出资 3600 万元向商业保险公司购买巨灾保险服务(25 亿元的风险保障,其中人身伤亡救助 20 亿元,核应急救助 5 亿元)。巨灾保险在深圳率先进入实施阶段。

深圳巨灾保险制度框架主要包括三个层次,一是设立巨灾救助保险,由市政府出资购买商业巨灾保险服务,保险灾种覆盖了地震、台风、海啸、暴雨、泥石流、滑坡等 15 种灾害,救助项目为因灾害造成人身伤亡的医疗费用、残疾救助金、身故救助金以及其他相关费用;二是设立巨灾基金,由市政府拨付首期 3000 万元资金发起,作为巨灾保险救助的有效补充,同时可广泛吸收社会捐赠资金;三是商业性个人巨灾保险,由市民自主购买。

二、宁波模式

2014 年 11 月宁波市民政局与人保财险宁波市分公司签署了公共巨灾保险合同,我国巨灾保险增加第二个试点城市。

宁波市的巨灾保险体系由公共巨灾保险、巨灾基金和商业巨灾保险三部分组成。与深圳不同的是,宁波巨灾保险中首次涉及了家庭财产损失救助这一领域,保障分为居民人身伤亡抚恤和家庭财产损失救助两个领域,范围覆盖台风、强热带风暴、龙卷风、暴雨、洪水和雷击等自然灾害及其引起的突发性滑坡、泥石流、水库溃坝、漏电和化工装置爆炸、泄漏等次生灾害造成的上述两个领域的伤害。宁波市政府出资 3800 万向商业保险公司购买 6 亿元的巨灾风险保障,同时由政府拨付 500 万元设立巨灾基金。保障对象为灾害发生时处于宁波市行政区域范围内的所有人口以及常住居民的家庭财产。赔付标准为居民人身伤亡抚恤最高赔偿限额每人 10 万元,家庭财产损失救助最高赔偿限额每户 2000 元。对居民在灾害期间的见义勇为行为导致死亡、残疾的,由保险机构额外再赔付最高每人 10 万元的见义勇为增补抚恤。

---

① 杨文明,陈功. 我国巨灾保险的制度演进与风险管理探析[J]. 保险研究实践与探索,2015(6).

【本章小结】

保险市场是现代市场体系的一个重要组成部分,是保险商品交换关系的总和或是保险商品供给与需求关系的总和,由主体和客体构成。保险市场的主体包括提供各类保险产品的供给方和各类保险产品的需求方,以及为促成保险交易提供辅助作用的保险中介。保险市场的客体即各类以保险合同为载体的保险产品。将市场机制应用于保险经济活动中所形成的价值规律、供求规律和竞争规律三者之间相互制约、相互作用的关系就是保险市场的运行机制。

随着保险业不断地发展,保险服务也在不断地创新,出现了互联网保险和银行保险。虽然目前在我国的发展都还属于起步阶段,但其所具有的优势必将会使互联网保险和银行保险在未来跨上一个新的台阶。

巨灾风险管理也是当前风险管理中的热点之一,我国现有灾后救助机制的主要形式是政府主导的财政救助机制,但这种方式存在着不少问题,所以,建立一个多层次、由私营保险公司主办、由政府支持、可持续发展的巨灾保险体系将是巨灾风险管理的一个方向。

【思考与练习】

■主要概念

保险市场　保险市场主体　保险市场客体　保险市场机制　互联网保险　银行保险
巨灾风险管理　国有保险公司　相互保险公司　相互保险社　保险合作社　劳合社

■基础练习

一、单项选择题

1.保险业特有的公司组织形式是(　　)。

A.相互保险公司　　B.保险合作社　　C.相互保险社　　D.劳合社

2.当今世界上最大的保险组织是(　　)。

A.相互保险公司　　B.保险合作社　　C.相互保险社　　D.劳合社

3.我国保险业界第一个贯通全国、连接全球的保险网络系统是(　　)。

A.泰康在线　　B.易保网　　C.太保网站　　D.平安网站

4.欧洲第一家综合性金融集团是(　　)。

A.富通集团　　　　　　　　B.瑞银集团

C.荷兰国际集团　　　　　　D.瑞士信贷集团

二、多项选择题

1.下列属于保险合作社的典型形式的有(　　)。

A.船东保赔协会　　　　　　B.美国的蓝十字会

C.美国的蓝盾医疗保险组织　D.劳合社

2.互联网保险的特点有(　　)。

A.虚拟性　　B.交互性　　C.直接性　　D.电子化

3.下列属于独立保险网的有(　　)。

A.易保网　　B.平安 PA18　　C.中国保险网　　D.吉利网

三、简答题

1. 保险市场由哪些要素构成?
2. 简述保险市场的运行机制。
3. 互联网保险的主要特点是什么?
4. 银行保险的主要特点是什么?
5. 巨灾风险有哪些特点?

■思考题

1. 目前对巨灾风险,一般采取什么样的措施? 有什么局限性?
2. 论述互联网保险的发展状况。
3. 论述银行保险的发展状况。

第十三章　保险监管

学习要点

- 保险监管的原因。
- 保险监管的基本原则。
- 偿付能力监管的内容、制度与趋势。
- 市场行为监管与治理结构监管基本含义。

第一节　保险监管概述

一、保险监管的原因

保险业是金融体系的重要组成部分,是一个经营风险的特殊行业,同时也是社会性、公众性很强的行业。从保险业的发展史来看,保险监管是保险发展过程中不可或缺的重要组成部分。从一般意义上讲,保险监管是政府对保险业的监督管理。具体来说是指保险监管机构依法对保险人、保险市场进行监督管理,以保障被保险人合法权益,促进保险业持续、健康、协调发展。保险监管体系主要是指政府监管部门在法律授权范围内进行具体的保险监管总体安排,包括监管目标、机构、过程等。其具体形式在不同国家又有较大差别:有的国家或地区由独立的保险监管部门负责保险监管,有的国家或地区由综合性的金融监管部门负责保险监管,有的国家或地区由非政府组织部门负责保险监管。

在目前的实践中,政府对经济社会的各行各业都实行不同程度的监管和调控,相对而言,对金融保险业的监管更为严格,不仅有专门的监管法规,设立专门的监管机构,同时也形成了一系列的监管制度体系。政府为什么要对保险业进行专门监管,一般认为保险监管理论产生发展的原因主要有以下三个方面。

(一)保险经营具有公共性和社会性

保险业是一个特殊的行业,保险产品与一般商品相比,存在很大的差异性。人们通过消费保险产品来减少当前利益,换取对未来的保障,保险公司依靠诚信经营并吸收资金,其经营成败不仅关系到保险公司投资者的利益,更关系到社会公众的利益。人们购买一般商品后,生产企业的后续经营与客户利益相关度不高,而保险产品的供给与消费具有一定的特殊性,保险产品有的长达几十年,在长时间的跨度内,仅靠保险公司自我约束来保证承诺的有效性是不太现实也不可行的。因此,保险公司持续经营情况将会影响到各行各业以及千家万户。如果保险公司破产或倒闭退出,负面影响将比一般企业要大得多,将使广大被保险人利益也即社会公众利益受到损害,带来社会福利损失,影响社会稳定。为保证社会公众利益,确保保险公司偿付能力,政府对保险业的监管就显得顺理成章和十分必要。

（二）保险交易存在信息不对称和不完全性

一般而言,市场中的销售者和购买者都很难具有充分信息,交易双方存在信息不对称。相对而言,保险业是一个技术含量高、业务专业性强的复杂行业,信息不对称和不完全的问题更为突出。保险合同是格式合同,保险产品定价和保险合同内容往往由保险公司单方面拟定,投保人、被保险人对保险费率、保险责任、责任免除、退保等重要事项的了解有限,一般只能就接受合同或拒绝合同进行选择。因此,如果缺乏外部监管,保险公司可能利用信息不对称和信息透明度低的优势实施损害被保险人的行为。

（三）保险发展过程中存在市场失灵和破坏性竞争

市场失灵理论是研究政府干预市场的一种经济学理论。市场失灵理论认为,由于存在大量现实和潜在的市场失灵问题,包括市场存在垄断、信息成本过高、负外部效应、搭便车现象等,造成理想状况的竞争性市场难以实现,导致市场公平和效率的损失,因此政府必须干预市场,纠正市场失灵,增进市场的公平和效率。保险市场也存在上述市场失灵问题,现实的保险市场通常是垄断竞争型市场,公司之间的竞争并不完全平等,保险公司财务状况和社会保险需求状况等信息透明度不高,因此保险市场需要政府的监管,以最大限度地防止和消除市场失灵产生的非效率和不公正问题。此外,由于保险业经营的特点,在保险市场竞争中,保险公司存在牺牲客户长远利益以换取短期经营利益的倾向,从而在经营中出现恶性或过度竞争以及不合理价格,其结果是保险公司丧失偿付能力并危及社会公众利益,损害消费者的合法权益,从而影响保险业的持续发展。

总体而言,监管在保险业的发展中具有独特而重要的地位。保险市场的结构影响保险市场行为和市场发展,市场发展在很大程度上又影响保险监管的内容和方法;保险监管政策实施后又会直接影响市场结构和市场行为,从而使市场状况发生变化,而市场状况发生变化后,反过来会影响监管部门,即监管部门会根据市场状况调整监管目标和方法,从而使市场发展与监管形成互动。

二、保险监管的方式

利用保险法规实行对保险行业的监管是世界各国政府的保险监督管理机关所采取的主要监管手段,其中监管的方式主要有以下三种。

（一）公示主义

公示主义亦称公告管理,是国家对保险业最为宽松的一种监督管理方式,适用于保险业自律能力较强的国家。其含义是国家对于保险行业的经营不进行直接监督,而将其资产负债、财务结果以及相关事项公布于众的管理方式。该方式为保险业的发展提供了较大的自由空间,但它以保险行业本身也具有相当的自我约束能力,社会具有较强的保险意识并对保险人的经营有正确的判断为前提。

(二)准则主义

准则主义亦称规范管理,由国家颁布一系列涉及保险行业运作的法律法规,要求所有的保险人和保险中介人必须遵守,并在形式上实行监督的管理方式。该方式适用于保险法规比较严密和健全的国家所采取。准则主义较公告管理方式有了进步,注重保险经营形式上的合法性,并不涉及保险业经营管理的实体,但由于保险的技术复杂,有关法规很难囊括,因此有时容易流于形式。

(三)批准主义

批准主义亦称实体管理,是国家保险监督管理机关在制定保险法规的基础上,根据保险法规所赋予的权力,对保险业实行全面有效的监督管理措施。其监管的内容涉及保险业的设立、经营、财务乃至倒闭清算。其监管的内容具体实际,有明确的衡量尺度,是对保险业监管最为严格的一种。它追求彻底有效的监督和管理,赋予国家保险监督管理机关以较高的权威和灵活处理的权力,一方面对保险人的市场准入资格进行限制,另一方面对于保险人的审批具有很大的政策灵活性。同时,国家保险监督管理机关还辅之以规范管理的某些措施。该方式目前为大多数国家所采用,但随着经济的发展,许多国家已逐步放宽费率管理和条款审定等,因此,批准主义有放宽的趋势。

三、保险监管的基本原则

保险监管的基本原则主要有:坚实原则、公平原则、健全原则和社会原则。

(一)坚实原则

保险监管实行坚实原则的目的是为了维护保险业的偿付能力,以保护广大保险消费者的权益。其内容包括资产坚实和负债坚实,前者是对保险业资产的要求,不仅数量充足,而且质量要好;后者是对各种准备金要求充足,以满足各种保险损失补偿或给付的需要。

(二)公平原则

公平原则是指保险监管者对保险参与者以及订立合同的公平要求。前者包括申请加入保险行业的资格公平、条件公平以及保险经营过程中的竞争公平;后者包括对保险消费者的费率公平和条款公平。

(三)健全原则

健全原则是指保险监管者在监管过程中指导、督促保险业的正常经营和健康发展,提高保险经营效益,维护股东及合伙人的权益,其内容包括提高保险服务质量,提供适合社会需要的保险产品,创造保险经营的社会效益和经济效益等。

(四)社会原则

社会原则是指根据国家经济和社会政策的需要,积极发展保险事业,促进社会进步和经济发展。其内容包括扩大保险保障覆盖面,宣传保险和风险管理知识,积极而又慎重地运用保险资金,为国家经济建设和社会发展服务。

第二节　保险监管的内容

保险监管通常包括三大方面,即偿付能力监管、市场行为监管和公司治理结构监管。这三个方面相辅相成,缺一不可。下面分别介绍这三个方面的内容。

一、偿付能力监管

(一)偿付能力监管概述

1.偿付能力概念

偿付能力是保险公司承担所有到期债务和未来责任的财务支付能力。实际偿付能力额度是指保险公司的实际资产减去实际负债,其中实际资产和实际负债都要按照监管要求和公共会计准则进行估价和核准。最低偿付能力额度是指国内法律规定的偿付能力额度的最低数额,是监管部门从监管的角度据以判断公司偿付能力状况的重要指标。保险公司的实际偿付能力额度应当保持在法定最低偿付能力额度以上,否则就会被要求采取相应措施来提高其偿付能力。

保险公司的偿付能力体现为保险公司对所承担风险的赔偿或给付能力,它反映的是保险公司资产和负债的一种关系。通过对偿付能力的监管,目的是确保在任何情况下,保险公司都有足够的偿付能力和较好的财务状况,使保险公司偿付能力不足的可能性降到最小。只有这样,保险业才能健康发展。

2.偿付能力监管是保险监管的核心

各个国家的保险监管模式和监管制度因其不同的发展历史、社会经济背景及监管的理念和经验而各不相同,但都毫无疑义地将偿付能力监管确定为保险监管的核心内容。一般而言,在市场发展初期,保险监管机关更多地关注市场行为和市场发展的监管。随着市场的成熟,当市场行为和市场发展中的一些问题可以更多地通过市场本身和行业自律的方式来解决时,保险监管就由以条款费率监管和审批制度为主逐渐向以偿付能力监管为核心转变。因为充足的偿付能力是保险公司经营产品与服务的必要前提和保证。监管保险公司的偿付能力程度和水平,防范由于偿付能力不足所导致的公司经营风险,保护广大保险消费者的利益和收益的安全,是保险公司偿付能力监管的出发点和目的所在。

3.偿付能力监管的内容、制度及趋势

(1)偿付能力监管的基本内容。偿付能力监管可以分为两个层次:第一是偿付能力常规监管。从理论上讲,如果在没有巨灾发生的正常年度,只要监督保险公司厘定适当、公平、合理的保险费率,自留与其净资产相一致的承保风险,并提足各项准备金,使保险基金保值增值,保险公司就能有足够的资金进行赔偿或给付,维持其偿付能力。偿付能力常规监管,主要体现在对保险费率的厘定、准备金的提取、风险自留额的确定以及保险资金的运用做出规定等。第二是偿付能力额度监管。在非正常年度,很可能发生巨额赔偿或给付,使实际赔偿或给付超出预定的额度,同时,投资收益也可能偏离预期的目标,另外费率的测

算和准备金的提存是基于一些经验假设,本身也会产生偏差,以上三种情况要求保险公司认可资产减去认可负债后的余额,保持在最低偿付能力额度以上。偿付能力额度类似于银行的资本充足率概念,是衡量保险公司偿付能力的重要指标。

(2)偿付能力监管制度及主流趋势。偿付能力监管制度通常由三个方面内容构成:一是偿付能力的计算方法,包括保险公司资产和负债的评估标准、风险资本评估标准和法定最低偿付能力标准等,运用这些标准对负债、资产的质量、流动性和价值、资产和负债的匹配进行评估。二是偿付能力真实性的检查方法,包括财务报告、精算报告制度、偿付能力报告、监管部门的现场检查及非现场监督制度。三是偿付能力不足时的处理方法,指监管部门根据保险公司的偿付能力水平而采取的整顿、接管、清算等监管措施。

不同国家的偿付能力监管制度有所差异。大体上可以分为偿付能力常规监管和偿付能力额度监管及二者并重的全方位偿付能力监管三类。美国实行的是典型的全方位偿付能力监管模式。日本和德国原来实行的是偿付能力的常规监管模式,现在也逐渐放松对条款费率的管制,越来越重视对偿付能力额度的监管,其中日本建立了类似于美国风险资本(RBC)式的偿付能力额度监管制度。而欧盟则致力于建立风险基础资本法,对保险公司偿付能力进行全方位的动态监管。

(二)我国的偿付能力监管

我国于1995年10月1日开始实施的第一部《保险法》,首次对保险公司偿付能力监管做出了具体的规定。我国《保险法》做出了如下几方面的规定:一是最低偿付能力;二是各项准备金、公积金和保险保障基金的提取;三是保险公司的资金运用;四是各类保险险种的保险条款和保险费率的审批和备案;五是规定了办理再保险分出业务的条件。可以说,我国的保险偿付能力监管模式是全方位的。

中国保险监督管理委员会成立后,于2000年1月颁布了《保险公司管理规定》,对偿付能力管理进行了强化。2001年1月,保监会制定了《保险公司最低偿付能力及监管指标管理规定》,系统、全面地规定了偿付能力监管的有关问题。针对偿付能力监管的主要环节和制度基础,2003年1月修订后实施的《保险法》对责任准备金提取、监管指标体系、精算制度建立、报表资料真实性、保险资金运用等方面做了详细规定,为加强偿付能力监管提供了法律依据。2003年3月颁布的《保险公司偿付能力额度及监管指标管理规定》不仅总结了2001年《保险公司最低偿付能力及监管指标管理规定》运行两年来的实际效果,同时也进一步借鉴了国外保险偿付能力监管的相关经验。2008年保监会颁布了《保险公司偿付能力管理规定》(以下简称《管理规定》),《管理规定》建立了与国际趋同的、以风险为基础的动态偿付能力监管框架,并明确提出了分类监管要求,建立了分类监管机制。2009年10月1日实施的《保险法》拓宽了保险资金运用的渠道,并对保险公司偿付能力作了原则性的规定。为完善我国保险监管体系,改进和加强偿付能力监管,深化保险业市场化改革,转变行业增长方式,更好地保护保险消费者权益,保监会于2012年启动了"中国风险导向偿付能力体系"(以下简称偿二代)建设工作,并于2015年2月颁布了《保险公司偿付能力监管规则(1-17号)》,标志着以风险为导向、符合中国国情、具有国际可比性的新一代偿付能力监管体系基本建成。

1.偿付能力监管体系的建立

(1)法律对保险公司偿付能力提出严格要求。我国《保险法》规定保险公司应当具有与其业务规模相适应的最低偿付能力。并且规定,保险公司应当使其认可资产减去认可负债的差额不得低于保险监督管理机构规定的数额;低于规定数额的,应当增加资本金,补足差额。《保险法》明确提出偿付能力监管的基本原则,规定保监会为认可资产和认可负债计算方法的制定机构。法律明确了保险监督管理机构在偿付能力监管中的作用,要求保监会应当建立健全保险公司偿付能力监管指标体系,对保险公司的最低偿付能力实施监控。

(2)完善了偿付能力监管框架。2003年,中国保监会实质启动了偿付能力监管制度体系建设工作,到2007年底,基本搭建起具有中国特色的第一代偿付能力监管制度体系。2008年之后,中国保监会结合国际金融危机和我国保险市场发展情况,不断完善、丰富偿付能力监管制度,提高了制度的科学性和有效性。第一代偿付能力监管制度体系推动保险公司树立了资本管理理念,提高了经营管理水平,在防范风险、促进我国保险业科学发展方面起到了十分重要的作用。在国际金融保险监管改革不断深化和我国保险市场快速发展的背景下,为了进一步加强偿付能力监管,更加有效地提高行业防范风险的能力,中国保监会决定启动中国第二代偿付能力监管制度体系建设工作。2012年4月开始,保监会启动"偿二代"建设。2013年保监会向全行业发布《中国第二代偿付能力监管制度体系整体框架》,确立了三支柱原则。2014年,保监会基本确立产险和寿险的"偿二代"标准,并开展了行业测试。2015年2月13日,保监会正式印发偿二代17项监管规则以及过渡期内试运行的方案,保险业自2015年起进入偿二代实施过渡期。

(3)颁布了一系列的偿付能力编报规则。为加强偿付能力监管,科学评估保险公司的偿付能力,保监会研究制定了《保险公司偿付能力报告编报规则第1号:固定资产、土地使用权和计算机软件》、《保险公司偿付能力报告编报规则第2号:货币资金和结构性存款》、《保险公司偿付能力报告编报规则第3号:应收及预付款项》、《保险公司偿付能力报告编报规则第4号:委托投资资产》、《保险公司偿付能力报告编报规则第5号:证券回购》、《保险公司偿付能力报告编报规则第6号:认可负债》、《保险公司偿付能力报告编报规则第7号:投资连结保险》、《保险公司偿付能力报告编报规则第8号:实际资本》、《保险公司偿付能力报告编报规则第9号:综合收益》、《保险公司偿付能力报告编报规则第10号:子公司、合营企业和联营企业》、《保险公司偿付能力报告编报规则第11号:动态偿付能力测试(人寿保险公司)》、《保险公司偿付能力报告编报规则第12号:年度报告的内容与格式》、《保险公司偿付能力报告编报规则第13号:季度报告》、《保险公司偿付能力报告编报规则第14号:保险集团》、《保险公司偿付能力报告编报规则第15号:再保险业务》、《保险公司偿付能力报告编报规则第16号:动态偿付能力测试(财产保险公司)》。

经过几年的时间,保监会已经全部完成了保险公司偿付能力报告编报规则的制定工作,并全部颁布实施。

(4)出台了清晰可循的偿付能力监管措施。我国《保险法》有关条款规定,保险公司实际偿付能力额度低于最低偿付能力额度的,应当采取有效措施,改善偿付能力状况,并将其有关整改方案具体措施和到期成效等情况向中国保监会报告。2008年保监会颁布的《管理规定》中的第37条、38条、39条和40条对偿付能力不足规定了具体的措施。2015年2月保监会颁布的偿二代监管规则中的《保险公司偿付能力监管规则第10号:风险综合评级(分类监管)》和《保险公司偿付能力监管规则第11号:偿付能力风险管理要求与评估》对不同偿付能力类别的保险公司规定了不同的监管措施。

2.其他相关影响因素的监管

偿付能力本身是一个综合性的指标,它受到保险公司内外部多种因素的影响,具体来说,这些影响保险公司偿付能力的因素包括最低资本金要求、保险条款和费率、准备金、再保险、保险资金运用等。

(1)最低注册资本和资本性质要求。我国《保险法》规定,设立保险公司,其注册资本的最低限额为人民币2亿元。保险公司注册资本最低限额必须为实缴货币资本。保险监督管理机构根据保险公司业务范围、经营规模,可以调整其注册资本的最低限额,但是不得低于第一款规定的限额。

《保险公司管理规定》按照上述规定进一步明确了人民币2亿元的注册资本要求,并且规定保险公司以此最低资本金额设立的,在其住所地以外的每一省、自治区、直辖市首次申请设立分公司,应当增加不少于人民币2000万元的注册资本。

申请设立分公司时,保险公司注册资本已达到前款规定的增资后额度的,可以不再增加相应的注册资本。保险公司注册资本达到人民币5亿元,在偿付能力充足的情况下,设立分公司不需要增加注册资本。

(2)保险产品的条款和费率。保险产品的条款和费率对保险公司的最终偿付能力有着直接的影响,这是因为条款和费率共同构成了保险产品定价的基础,如果保险公司的产品定价是稳健合理的,或者说保险产品的条款和费率设定比较科学,则保险公司在正常年份发生偿付能力危机的可能性将处在一个较低的水平上。反之,如果保险公司的费率厘定偏低,定价策略过于激进,则其未来的实际损失与期望损失之间出现偏差的可能性就比较大,发生偿付能力危机的可能性也较大。

我国保险业对保险产品条款和费率的监管,经历了一个从严格管制到逐步放松的转变过程。根据1995年《保险法》的相关规定,商业保险主要险种的基本条款和费率由监管部门制定,在这一法律规定下,各保险公司采用的是统一条款和统一费率。2002年《保险法》修订时则首次对保险条款和费率管理制度进行了改革。根据修订后的《保险法》,保险条款费率由保险公司制定,其中关系社会公众利益、实行强制保险和新开发的人寿保险等的条款费率应当报监管机构审批,其他的报监管机构备案。法律规定上的调整为我国保险业费率市场化打开了空间。

2004年中国保监会颁布了《人身保险产品审批和备案管理办法》,其规定,除了中国保监会认定的关系社会公众利益的产品、依法实行强制保险的产品以及保监会认定的新开发的人寿保险产品这三类产品,保险公司的其他产品实行事后备案制度,不用再报保监会审批。2005年保监会颁布了《财产保险公司保险条款和保险费率管理办法》,其规定保监会将仅对强制保险条款、机动车辆保险条款、投资性保险条款以及保险期间超过1年的保证保险和信用保险等四类险种实施行政审批,其他险种的保险条款均适用于备案管理。新的保险产品管理制度的提出,有效增强了保险公司产品创新和服务创新的积极性,从而能鼓励保险公司开发更多更好的符合社会需求的保险产品。

(3)准备金的提取。准备金是保险公司根据精算原理,按照一定的比例从保费中提留的资金,它是保险公司对广大投保人和被保险人的负债。从保险经营的角度来看,准备金往往构成了保险公司负债的绝大部分,是保险公司进行赔偿和给付的基础。因此,保险公司提取的准备金是否充足,直接关系到保险公司未来的赔偿和给付能力。我国《保险法》在法律上规定了保险公司必须提取各项责任准备金、未决赔款准备金以及公积金,并且对未按照规定提取或结转各项准备金的行为做出了处罚规定。而具体到准备金的提取和结转办法,主要体现在《保险公司财务制度》、《关于下发有关精算规定的通知》、《关于印发人身保险新型产品精算规定的通知》、《万能保险精算规定》以及《保险公司非寿险业务准备金管理办法(试行)》等法规和文件上。

(4)再保险的办理。再保险对保险公司的偿付能力有着重要影响。通过将部分风险转移给再保险公司,不仅可以有效地改善分出公司的财务状况,扩大其承保风险的数额,还可以凭借再保险人的技术优势,对承保风险进行有效的控制和管理。因此,科学、合理地安排再保险能够有效地增强保险公司的偿付能力。

我国的《保险法》对再保险有着明确的规定。如第102条规定:"经营财产保险业务的保险公司当年自留保险费,不得超过其实有资本金加公积金总和的4倍。"第103条规定:"保险公司对每一危险单位,即对一次保险事故可能造成的最大损失范围所承担的责任,不得超过其实有资本金加公积金总和的10%;超过的部分应当办理再保险。"

为了培育和发展再保险市场,加强对再保险业务的管理,2005年10月14日,中国保监会颁布了《再保险业务管理规定》。2010年对该规定做了重新修订,目前实施的是2010年版的《再保险业务管理规定》。该规定是我国规范再保险市场的重要规章,内容涉及再保险的业务经营、经纪业务、监督管理、法律责任等若干重要方面。

(5)保险资金运用。保险资金运用是保险公司经营的重要内容之一。从国际经验来看,汇集大量资金的保险业的功能已经由专门提供风险保障服务发展为既提供风险保障服务又提供资金管理服务。通过保险资金运用,保险公司可以获得良好的投资收益,弥补承保业务上的损失,从而增强保险公司的偿付能力。

对保险资金运用的监管一直以来都是我国保险监管的中心内容之一。近年来,随着我国保险业资产规模的日益扩大,监管机构不断放宽资金运用渠道,加强风险管理与控制,初步形成了较为规范的资金运用监管体制。

首先,对保险资金运用渠道的规定。我国《保险法》对保险资金运用的范围进行了明确的规定。保险公司的资金运用范围包括银行存款、买卖债券股票证券投资基金份额等有价证券、投资不动产以及国务院规定的其他资金运用形式。其次,对保险资金运用体制的规定。2004年保监会颁布了《保险资产管理公司管理暂行规定》,严格规定了保险资产管理公司的投资身份和比例限制,界定了业务范围和定位,明确了和控股母公司的利益分配方式,确立了保监会的监管主体地位,为保险资产管理公司的规范运作奠定了良好的法律基础。第三,对保险资金风险管理制度的规定。2004年,保监会颁布了《保险资金运用风险控制指引》,从资产负债管理、投资决策管理、投资交易管理、风险技术系统管理等方面对保险资金运用的风险内控机制建设提出了明确要求,指导各保险公司和资产管理公司建立健全资金运用风险控制体系。2006年,保监会发布《关于加强保险资金风险管理的意见》,进一步明确了保险资金风险管理的指导思想、工作目标和主要任务,并要求保险公司根据"健全、合理、独立、制衡"的原则,建立健全组织框架和运作机制,制定科学管理操作流程,加强信息技术系统建设,有效管理各类风险。2010年颁布了《保险公司资金运用管理暂行办法》,2014年对该办法做了修改,并于2014年5月正式实施。总体而言,保险公司的资金运用渠道不断拓展,适应了保险业的快速发展。

二、市场行为监管

(一)市场行为监管概述

1.市场行为监管内涵

市场行为监管是保险监管的重要内容。其内涵可以从两个方面来理解：第一方面是从传统意义上讲的。即保险市场行为监管强调保险公司和保险中介要在保险市场上按照公开、公平、公正的原则进入保险市场及进行市场竞争,不得违反法律规定从事不正当竞争行为,也不得损害消费者的利益;第二方面是从现代意义上讲的。随着经济和保险业的不断发展,由于保险本身的特点以及社会、经济、伦理等各方面因素的综合作用,投保人、被保险人甚至专业的犯罪团体的保险欺诈行为越来越严重,直接威胁到保险市场的健康发展。在这种情况下,防范和打击保险欺诈行为,为保险业创造一种良好的市场环境,也是保险监管机关的重要任务。因此,对保险市场行为的监管具体包括:一是加强消费者权益保护;二是规范保险中介的行为;三是防范和打击保险欺诈。

2.市场行为监管的原因

(1)加强保险消费者权益保护。由于保险消费具有一般商品所不具有的特点,因此,保险消费的特点决定了保险消费者的权益保护不同于一般消费者权益的保护。第一,保险商品的特殊性。保险消费者在保险市场上购买的商品是无形产品,所以,保险消费者的权益保护体现在保险所提供的保障,即经济上的赔偿或者给付在合同约定的保险事故出现时能否实现。第二,保险消费的特殊性。保险交易采取非即时结算方式,保险交易因风险的不确定性使得交易双方都不可能确切知道交易结果而立刻结算。因此,保险交易双方要通过签订保险合同来确立各自的权利和义务,并且依约履行。第三,保险合同的特殊性。保险关系通过保险合同来维系,保险合同是格式合同,投保人对保险人提供的预先拟订的合同条款只能表示全部同意或不同意,没有讨价还价的余地,保险

思考：

加强监管并放松管制有意义吗？

人可能通过格式条款将自己的意思强加给对方,合同中的专业术语也往往给消费者带来理解上的障碍,如果保险人不遵循诚信原则对条款进行明确说明,很容易误导消费者。

(2)规范保险中介行为。保险中介是连接保险机构和投保人、被保险人的桥梁和纽带,是保险机构一部分功能的延伸。保险中介在市场上的行为表现,直接关系到保险职能的发挥,直接关系到社会公众对整个保险业的信任程度。如果保险中介机构不能尽职尽责地为客户提供专业服务,甚至误导欺骗客户,就会严重侵害投保人和被保险人的利益,使其不能获得相应的风险保障,导致社会公众对保险机构和保险业的不信任。其次是保险中介市场存在信息不对称。保险中介与客户相比在信息方面处于优势地位,而且保险中介具有专业知识和专业团队,更强化了其在信息方面的优势。在这种情况下,保险中介为了自身利益最大化,可能会借助于隐瞒、欺诈等不正当手段谋取自身利益,这就有可能增加客户风险,

降低资源配置效率,对保险市场造成损害。

（3）防范和打击保险欺诈。首先保险欺诈损害了保险公司的经营基础。保险公司是经营商业保险的营利性组织。保险欺诈行为的普遍存在,使得保险公司的赔付率上升,赔款支出难以降低,同时,为了有效反击保险欺诈行为,保险公司还不得不在展业、承保、理赔等方面设计相应的机制,投入大量的人力和物力,这就增加了保险公司的经营成本和难度。其次保险欺诈加重了投保人的负担。由于保险欺诈行为的普遍存在,保险公司不得不从严控制保险承保条件或者提高保单的销售价格,从而使得投保人的保险成本上升。最后,保险欺诈不利于社会道德水平的提高。保险欺诈是一种反社会的行为,保险欺诈行为不断得逞,容易助长不良的社会风气。从长远看,保险行业如果不能树立诚实守信的正气,就很难为保险业的发展营造一种良好的社会环境和社会氛围,最终将制约保险业的健康发展。

(二)我国的保险市场行为监管规定

1. 对保险消费者的保护

我国《保险法》以及中国保监会近年来发布的相关规章和规范性文件都对保险消费者的保护做出了规定。第一,关于保险信息公开要求。《保险法》和《保险公司管理规定》都要求保险公司在签订保险合同前应向客户提供相应信息,并不得误导消费者。例如,《保险法》第17条规定:"订立保险合同,采用保险人提供的格式条款的,保险人向投保人提供的投保单应当附格式条款,保险人应当向投保人说明合同的内容。对保险合同中免除保险人责任的条款,保险人在订立合同时应当在投保单、保险单或者其他保险凭证上作出足以引起投保人注意的提示,并对该条款的内容以书面或者口头形式向投保人作出明确说明;未作提示或者明确说明的,该条款不产生效力。"第116条规定:"保险公司及其工作人员在保险业务活动中不得有下列行为:欺骗投保人、被保险人或者受益人;对投保人隐瞒与保险合同有关的重要情况;……给予或者承诺给予投保人、被保险人、受益人保险合同约定以外的保险费回扣或者其他利益;……"第131条规定:"保险代理人、保险经纪人及其从业人员在办理保险业务活动中不得有下列行为:欺骗保险人、投保人、被保险人或者受益人;隐瞒与保险合同有关的重要情况;给予或者承诺给予投保人、被保险人、受益人保险合同约定以外的利益。"还有其他的一些条款也对此做了相关规定,不再一一列举。第二,关于保险公司和保险中介的专业素质要求。我国相关法规对保险公司及中介机构本身的专业化要求是很高的。例如,我国《保险法》第68条规定:"设立保险公司应当具备下列条件:……有具备任职专业知识和业务工作经验的董事、监事和高级管理人员;……"《保险公司管理规定》规定:"设立保险公司应当具备下列条件:高级管理人员应当符合中国保监会规定的任职资格条件。"第三,关于理赔程序的要求。法律要求保险公司及时理赔。我国《保险法》第23条规定:"保险人收到被保险人或者受益人的赔偿或者给付保险金的请求后,应当及时作出核定;情形复杂的,应当在30日内作出核定,但合同另有约定的除外。保险人应当将核定结果通知被保险人或者受益人;对属于保险责任的,在与被保险人或者受益人达成有关赔偿或者给付保险金的协议后10日内,履行赔偿或者给付保险金义务。"此外,第25条规定:"保险人自收到赔偿或者给付保险金的请求和有关证明、资料之日起60日内,对其赔偿或者给付保险金的数额不能确定的,应当根据已有证明和资料可以确定的数额先予支付;保险人最终确定赔偿或者给付保险金的数额后,应当支付相应的差额。"监管机构还要求保险机构应设立相应部门处理客户投诉。如《保险公司管理规定》规定:"保险机构应当设立专门的客户服务部门或者咨询投诉部门,并向社会公开咨询投诉电话。""保险机构对于投保人、被保险人或者受益人的保险投诉,应当认真处理,并将处理意见及时告知投诉人。"

2. 对保险中介的监管

保险市场中介主要包括保险代理人、保险经纪人、保险公估人等。中国保监会发布的《保险专业代理机构监管规定》、《保险经纪机构监管规定》、《保险公估机构监管规定》是管理保险市场中介组织的主要法律依据。对保险中介的监管主要体现在以下几个方面:

(1)执照或注册。首先要求保险中介领取营业执照。例如,2015年修定的《保险专业代理机构监管规定》第2条规定:"在中华人民共和国境内设立保险专业代理机构,应当符合中国保险监督管理委员会(以下简称中国保监会)规定的资格条件,取得经营保险代理业务许可证(以下简称许可证)";第13条规定:"中国保监会依法批准设立保险专业代理公司的,应当向申请人颁发许可证。申请人收到许可证后,方可开展保险代理业务。"2015年修定的《保险经纪机构监管规定》第2条、第14条分别对保险经纪机构的执照或注册做出了明确规定。2015年修定的《保险公估机构监管规定》第2条、第15条分别对保险公估机构的执照或注册做出了明确规定。

(2)专业素质和能力。中介机构不仅要具有良好的信誉,还要有足够的、基础的、商业的和专业的知识和能力。首先要严格保险中介的设立条件。对于采取的组织形式,2015年修定的《保险专业代理机构监管规定》和《保险经纪机构监管规定》都明确规定保险专业代理机构和保险经纪机构应当采用的组织形式为有限责任公司和股份有限公司;《保险公估机构监管规定》明确规定保险公估机构应当采取的组织形式为有限责任公司、股份有限公司和合伙企业;对于注册资本金的要求,《保险专业代理机构管理规定》第7条规定:"设立保险专业代理公司,其注册资本的最低限额为人民币5000万元,中国保监会另有规定的除外。保险专业代理公司的注册资本为实缴货币资本。"第6条还规定了保险代理机构设立的基本条件。《保险经纪机构监管规定》第8条规定:"设立保险经纪公司,其注册资本的最低限额为人民币5000万元,中国保监会另有规定的除外。保险经纪公司的注册资本必须为实缴货币资本。"《保险公估机构监管规定》第9条规定:"保险公估机构的注册资本为在公司登记机关登记的全体股东认缴的出资额。"

(3)保障客户利益。保险中介机构应当保护客户的合法权益,主要是保证客户资金安全和披露身份关系。我国现行的《保险专业代理机构管理规定》和《保险经纪机构管理规定》对此都做了较为明确的规定。

3. 防范和打击保险欺诈

我国法律明确规定保险欺诈属于违法行为,并规定了相应的法律责任。主要规定如下:《保险法》第27条规定:"保险事故发生后,投保人、被保险人或者受益人以伪造、变造的有关证明、资料或者其他证据,编造虚假的事故原因或者夸大损失程度的,保险人对其虚报部分不承担赔偿或者给付保险金的责任。"《保险法》第116条规定:"保险公司及其工作人员在保险业务活动中不得有下列行为:故意编造未曾发生的保险事故、虚构保险合同或者故意夸大已经发生的保险事故的损失程度进行虚假理赔,骗取保险金或者牟取其他不正当利益。"《保险法》第174条规定:"投保人、被保险人或者受益人有下列行为之一,进行保险诈骗活动,尚不构成犯罪的,依法给予行政处罚:投保人故意虚构保险标的,骗取保险金的;编造未曾发生的保险事故,或者编造虚假的事故原因或者夸大损失程度,骗取保险金的;故意造成保险事故,骗取保险金的。"另外,我国《刑法》第198条也对保险欺诈活动的处罚有明确的规定。

目前,我国保险监管机构以及保险行业协会引导保险公司和中介机构反击保险欺诈方面还没有迈出实质性的步伐。在实践中,针对不断出现的保险欺诈行为,部分保险公司已经在反欺诈方面进行了有益的尝试。例如,2004年,针对保险领域欺诈案件日益突出的现象,杭州市公安局驻中国人民财产保险股份有限公司杭州市分公司联络室正式挂牌,这标志着公安与保险部门将联手查处这方面的违法犯罪行为。此外,部分保险公司还设立了专门的保险反欺诈机构。例如,太平洋产险设立了保险反欺诈举报专线。保险业的这些实践,为我国保险反欺诈提供了相应的实证资料,具有一定的示范效果。

三、公司治理结构监管

(一)公司治理结构监管概述

1.公司治理结构的内涵

公司治理结构是一个内涵广泛的概念,也常被称作公司治理机制、公司治理、法人治理结构等,其理论基础主要来源于两权分离理论、委托代理理论、产权理论和交易费用理论等。从20世纪80年代初期出现在经济学文献中以来,对于公司治理结构的定义迄今仍然没有一个统一的表述,一般认为它是现代企业发展的产物,并有狭义和广义之分。狭义的公司治理结构仅指董事会制度安排,强调解决企业所有权与经营权两权分离情况下股东和经理人员之间的代理问题,从制度上对股东和经理人员的契约关系做出相应安排,以形成对经理人员进行监督、约束和激励的有效机制。广义的公司治理结构强调公司利益关系者之间的关系问题,包括内部治理机制和外部治理机制两部分。广义的公司治理结构除治理机构设置和运行机制外,还涉及外部的资本市场、公司控制权市场、产品市场、经理人市场和利益相关者的利益兼顾等。

正如公司治理结构的定义迄今仍然无法统一一样,国际上也不存在一个统一的公司治理结构模式。但是,从各国公司发展的实践来看,良好的公司治理结构应该具备一些共同的要素。这些要素至少包括三点:一是问责制和责任原则。如明确董事会的职责,强化董事的诚信与勤勉义务,确保董事会对经理层的有效监督,建立健全绩效评价与激励约束机制等。二是公平性原则。主要指平等对待所有股东,如果他们的权利受到损害,他们应有机会得到有效补偿。同时,公司治理结构的框架应确认公司利益相关者的合法权利。三是透明度原则。一个强有力的信息披露制度是对公司进行市场监督的典型特征,是股东具有行使表决权能力的关键。信息披露也是影响公司行为和保护投资者利益的有力工具。强有力的披露制度有助于公司吸引资金,维持对资本市场的信心。

2.完善保险公司治理结构的意义

(1)完善保险公司治理结构是保险经营特殊性的要求。保险活动是一种特殊的经营活动,这种特殊性主要表现在四个方面。一是高负债性。保险公司是高比例负债经营,股东投入的资本金只占公司资产的小部分,投保人对公司资产的投入远远大于股东。二是广泛的社会性。保险公司经营的好坏不仅关系到股东利益,更关系广大被保险人的利益。三是持续性。保险公司通过收取保费的方式,对被保险人提供对未来的承诺。由于保险合同的长期性,保险公司不仅要追求眼前的效益,还要保持稳健和持续经营。四是专业性。由于保险产品的复杂性,保险公司经营者与所有者、被保险人之间存在信息不对称问题。

保险经营的特殊性决定了保险公司治理结构的特殊性,即既要维护股东利益,实现股东利益最大化,又要高度关注其社会责任,充分保护被保险人的利益;既要追求公司的效益,获得投资回报,更要防范和化解风险,维护社会稳定。因此,世界各国都把保险业作为高度监管的行业。2004年国际保险监督官协会在约旦年会上首次提出将公司治理与偿付能力及市场行为并列为保险监管的三大支柱。

(2)完善保险公司治理结构是建立现代企业制度的核心。保险公司要实现资本充足、内控严密、运营安全、服务和效益良好的目标,完善治理结构是关键。首先,完善治理结构有利于保险公司募集资本,达到资本充足的目标。有效的公司治理结构是企业取得投资者信赖的基石。投资者在投资决策时,不仅会考虑企业的发展前景,也会考虑企业的素质、企业内部的运营水平。国际著名咨询公司麦肯锡的研究表明,投资者愿意多支付15%~30%来购买治理结构良好的公司的股票。其次,完善公司治理结构有利于加强内控,实现运营安全。最后,完善公司治理结构,可以强化股东的监督制约作用,有利于督促保险公司改善服务、提高效率。

(3)完善保险公司治理结构是提高中国保险业竞争力的前提。公司治理结构是公司制度发挥作用的基础。良好的公司治理不仅成为现代公司制度中最重要的架构,也是企业增强竞争力和提高经营效益的必要条件。随着我国保险业的不断对外开放,与外资保险公司的竞争日趋激烈。为了提高我国保险业的整体竞争能力,必须抓住公司治理结构这个关键环节。只有这样,保险业才能在更高的层次上参与国际保险市场的合作和竞争,充分利用国际和国内两个市场,不断优化资源配置,拓宽发展空间。

(二)我国的保险公司治理结构监管规定

近年来,我国保险业积极借鉴国际先进经验,把完善公司治理结构作为保险公司改革的关键环节,把规范保险公司治理结构作为加强监管和防范风险的重要保证,不断加强保险公司治理建设。

1.完善保险公司治理结构的主要举措

(1)通过改制上市为完善保险公司治理结构提供体制保证。2003年以来,中国人保、中国人寿和中国再保险三家国有保险公司相继完成了股份制改革。国有保险公司通过股份制改革,改变了国有独资公司只有经理层的组织结构。目前,除出口信用保险公司作为政策性保险公司属于国有独资外,我国所有中资保险公司均采取了股份制的组织形式,为建立和完善公司治理结构提供了前提条件。

(2)通过对外对内开放为完善保险公司治理结构奠定了股权基础。保险业在向外资保险公司开放国内保险市场的同时,在金融业中率先引进境外战略投资者。同时,保险业坚持对外开放首先要对内开放,认真贯彻落实国家关于促进非公有制经济发展的政策方针,积极鼓励民营资本投资或参股保险公司,形成了国有股东、民营股东和外资股东优势互补、相互制衡的股权结构。

（3）通过加强内控建设为完善公司治理结构提供制度保障。坚持把完善保险公司治理结构和加强内控制度建设结合起来，防止公司治理结构停于文件、流于形式。中国人保实行财务、业务和客户服务集中管理制度，加强了总公司对分支机构的管控力度。中国人寿按照纽约证券交易所的要求进行业务流程再造，建立了垂直领导的内部审计体系。中国平安借鉴汇丰模式，加强后援集中，从制度入手使风险防范工作得到明显加强。

（4）通过加强监管使保险公司治理结构逐步规范。从 1995 年《保险法》颁布实施以来，保险公司治理结构的问题逐渐受到监管机关的重视，并且逐步纳入法律法规的调整范围。特别是我国加入 WTO 以来监管高层对金融业风险的关注超过以往，一个良好的保险公司治理结构在风险管理中的作用越显重要。国际保险监督官协会于 2004 年颁布了《保险公司治理核心原则》，并明确提出了保险公司治理监管在内的三支柱保险公司监管模式。在此背景下，2006 年 1 月，中国保监会认真总结国内外保险公司实践中的经验和做法，制定并发布《关于规范保险公司治理结构的指导意见（试行）》正式把公司治理监管纳入我国保险公司监管体系。随后保监会又相继出台了保险公司治理的相关配套制度，包括《保险公司独立董事管理暂行办法》、《保险公司关联交易管理暂行办法》、《保险公司风险管理指引（试行）》、《保险公司内部审计指引（试行）》、《保险公司总精算师管理办法》。由此，我国保险公司治理监管的制度性框架基本形成。

2. 取得的初步成效

经过积极探索和不懈努力，保险公司在完善公司治理结构方面取得了一些初步成绩。

（1）保险公司股权结构逐步优化。一是改变了国有保险公司国有独资的股权结构。中国人寿、中国人保两家上市保险公司公开发行股份分别为 28％和 27.2％，中国再保险集团改制后三家子公司外资和民营股东持股比例也相应提高。二是引入了民营资本参股。中国再保险、华安等通过吸收民营资本参股或向民营资本转让部分国有股权，增强了资本实力，民营股东在公司治理中监督制约作用不断加强。三是引入了国际战略投资者。平安、新华、泰康、华泰等保险公司分别先后引进了汇丰、ACE 等境外著名金融保险企业作为战略投资者。这些外资股东通过派出顾问等形式，参与公司各方面的管理，给公司带来了成熟的经营理念和先进的经营管理经验，在加强内控和风险防范等方面积极发挥作用。外资股东的进入，使这些股份制保险公司的治理结构以及经营管理发生了显著变化，外资股东对公司章程、股东权利、董事会建设、激励约束机制、关键岗位监督等都提出了具体要求，增强了保险公司完善公司治理结构的内在动力，使股份制保险公司治理结构水平扎扎实实迈上了一个新台阶。实践证明，优化股权结构是完善公司治理结构的基础，保险业通过引进外资和民营参股优化股权结构，在完善保险公司治理结构方面发挥了重要作用。

（2）公司治理结构框架逐步健全。由于《保险法》对保险公司的经营组织形式做了明确要求，即只能采取国有独资保险公司和股份制保险公司形式，同时因为有较高的资本金的要求，因此保险公司在治理结构方面都有一个比较好的起点。各保险公司都按照《公司法》和《保险法》的要求，建立了股东大会、董事会、监事会和经理层的组织机构，初步形成了公司治理结构的基本框架。一些公司还聘请了国际上著名的管理咨询公司，设计了全新的治理结构和组织机构。同时，公司治理的制度规则基本完备，目前，各保险公司都制定了较为完备的股东大会、董事会和监事会议事规则，对各机构的主要职能、议事和决策程序做了较为详细的规定。

(3)董事会制度不断健全。一是部分保险公司在董事会下设置了专门委员会,如审计委员会、薪酬委员会、提名委员会,提高了董事会决策效率和质量。二是探索建立独立董事制度,目前部分保险公司引入了独立董事,提高了董事会的独立性。

(4)内控和风险防范得到加强。有的保险公司通过实施业务流程再造,强化内控制度。有的公司按照证券交易所的要求,根据萨班斯法案,制定了一套比较完善的内控制度。有的公司借鉴战略投资者的模式,从制度入手,加强后援集中,使风险防范工作得到明显加强。

专栏 13-1

全球保险监管核心组织——国际保险监督官协会(IAIS)

国际保险监督官协会(International Association of Insurance Supervisors, IAIS)是与巴塞尔银行监管委员会和国际证券监督官协会并驾齐驱的全球三大金融监管核心组织之一。IAIS 于 1994 年在瑞士成立,目的在于促进保险业监管人员的合作以及同其他金融部门的监管合作。多年来协会会员一直稳步发展,目前来自 180 多个国家和地区的保险监管机构已经成为其会员,另有 100 多个组织和专业人士,如专业协会、保险和再保险公司、国际金融机构、顾问及其他专业人士等成为其观察员。

IAIS 汇聚了各国保险监管当局意志,对国际保险业发展方向有重要影响。成为 IAIS 成员,享有表决权,是一国保险监管当局融入国际保险界,对国际保险事务发挥影响的重要标志。当前 IAIS 主要在三个方面发挥着重要作用,一是制定国际保险监管规则。IAIS 通常以成员国表决的方式通过保险监管规则和标准。这些规则具有较高的权威性,被当作国际保险监管文件范本,影响着国际保险业的发展方向。二是发布国际保险最新动态。IAIS 汇集世界各国保险业信息,掌握各国保险监管情况,能够在第一时间发布国际保险行业动态信息,预测国际保险发展趋势。其各技术委员会搜集掌握的情况成为国际保险业各专门领域最新趋势的指南。三是提供国际保险界交流平台。IAIS 每年在全球组织近 60 场各种会议,为成员国提供沟通交流的平台。各国保险监管当局和国际保险业界代表可借助这个平台发表看法,密切联系,增进了解。

我国于 2000 年 10 月正式成为 IAIS 成员,2006 年 10 月 18 日至 21 日,IAIS 第十三届年会在中国北京举行,会议的主题是"加快发展与风险管理——保险监管面临的挑战"。IAIS 年会是国际保险界的"高峰会",对国际保险监管规则和国际保险业发展战略具有重大影响。取得 IAIS 年会主办权标志着中国保险监管当局已开始成为国际保险监管领域的中坚力量,中国将在国际保险监管合作中发挥重要作用,也表明在传统上由发达国家主导的国际金融规则制定领域,开始有了以中国为代表的发展中国家的声音。国际影响的日益扩大、国际地位的逐步提高见证了我国保险业 20 几年来快速发展壮大的风雨历程,充分肯定了中国政府在维护金融市场稳定,促进保险业发展,保护投保人利益方面所做出的不懈努力。

专栏 13-2

中国保监会关于保险中介从业人员管理有关问题的通知

保监中介〔2015〕139 号

各保监局,中国保险行业协会,各保险公司,各保险中介机构:

2015 年 4 月 24 日,全国人民代表大会常务委员会第十四次会议对《中华人民共和国保险法》部分条款作出了修改,取消了保险销售(含保险代理)、保险经纪从业人员资格核准审批事项。为确保新旧制度平稳过渡,现将有关事项通知如下:

一、各保监局不得受理保险销售(含保险代理)、保险经纪从业人员资格核准审批事项,并依法妥善做好后续工作。

二、根据《国务院审改办关于严肃纪律巩固行政审批制度改革成果的通知》(审改办发〔2015〕2 号)相关要求,我会决定废止《关于保险公估从业人员资格考试有关工作的通知》(保监中介〔2014〕74 号),不再委托中国保险行业协会组织保险公估从业人员资格考试,请各相关单位依法妥善做好后续工作。

三、保险中介从业人员执业前,所属公司应当为其在中国保监会保险中介监管信息系统进行执业登记,资格证书不作为执业登记管理的必要条件。

四、保险公司、保险中介机构应当按照修改后的保险法第 111 条和第 122 条规定,规范从业人员准入管理,认真对从业人员进行甄选,加强专业培训,确保从业人员品行良好,具有相应的专业能力。

五、保监局要认真督促辖内保险公司和保险中介机构严把准入关,加强风险监控。对于把关不严,造成客户投诉率、保单退保率等风险指标异常的机构,保监局应采取相关监管措施。

请各保监局将本通知内容及时转至辖内各有关单位,切实贯彻保险中介从业人员资格核准审批制度改革工作,在放开前端的同时,严格管控后端,做到无缝对接。中国保监会将尽快制定完善保险中介从业人员相关管理制度,具体事项另行通知。

中国保监会

2015 年 8 月 3 日

【本章小结】

保险监管是指国家对保险业的监督和管理。国家对保险业进行监管的原因主要是因为:一是保险经营具有公共性和社会性;二是保险交易存在信息不对称和不完全性;三是保险发展过程中存在市场失灵和破坏性竞争。世界各国对保险监管的方式主要有公示主义、准则主义和批准主义三种。保险监管的基本原则为坚实原则、公平原则、健全原则和社会原则四大原则。保险监管的内容主要包括偿付能力监管、市场行为监管和公司治理结构监管,这三者相辅相成,缺一不可,其中偿付能力监管是保险监管的核心。

【思考与练习】

■主要概念

保险监管　公示主义　准则主义　批准主义　偿付能力监管　市场行为监管　公司治理结构监管

■基础练习

一、多项选择题

1.保险监管的基本原则是（　　　）。

A.坚实原则　　　　　B.公平原则　　　　　C.健全原则　　　　　D.社会原则

2.保险监管的方式有（　　　）。

A.公示主义　　　　　B.批准主义　　　　　C.准则主义　　　　　D.公平主义

3.我国保险监管的三支柱分别是（　　　）。

A.偿付能力监管　　　　　　　　　　B.公司治理结构监管

C.市场行为监管　　　　　　　　　　D.保险内控机制监管

二、简答题

1.国家为什么要对保险业进行监管？

2.保险监管的方式有哪些？

3.什么是偿付能力？我国对偿付能力监管的措施包括哪些？

4.市场行为监管主要包括哪些方面？

5.什么叫公司治理结构？完善保险公司治理结构的意义何在？

■思考题

试分析为什么偿付能力监管是保险监管的核心？

主要参考文献

1.［美］米歇尔·科罗赫,丹·加莱,罗伯特·马克.风险管理[M].曾刚,罗晓军,卢爽,译.北京:中国财政经济出版社,2005.

2.［美］C.小阿瑟·威廉斯,迈克尔·L.史密斯,彼得·C.杨,等.风险管理与保险[M].8版.马从辉,刘国翰,译.北京:经济科学出版社,2000.

3. H D SHIPPER. International risk and insurance:an environmental-managerial approach[M]. Boston:McGraw-Hill/Irwin, 1998.

4. K BLACK Jr, H D SKIPPER. Life & health insurance[M]. NJ:Prentice Hall, 2000.

5.［美］马克·S.道弗曼.风险管理与保险原理[M].9版.齐瑞宗,等译.北京:清华大学出版社,2009.

6. S E HARRINGTON, G R NIEHAUS.风险管理与保险[M].陈秉正,王珺,周伏平,译.北京:清华大学出版社,2001.

7.陈冬至.寿险理赔典型案例选编[M].广州:广东人民出版社,2004.

8.陈盛伟.中国农业保险制度建设研究[D].泰安:山东农业大学,2006.

9.陈维伊.财产保险[M].天津:南开大学出版社,2005.

10.陈晓兴.保险法[M].北京:法律出版社,1999.

11.丁昶,李汉雄.投连和万能保险的原理与监管[M].北京:中国财政经济出版社,2009.

12.冯文丽.中国农业保险制度变迁研究[M].北京:中国金融出版社,2004.

13.高彦斌.中国农业保险经营模式研究[D].咸阳:西北农林科技大学,2006.

14.郝演苏.财产保险[M].北京:中国金融出版社,2003.

15.何慧珍.保险学基础[M].北京:中国金融出版社,2006.

16.胡炳志,陈之楚.再保险[M].2版.北京:中国金融出版社,2006.

17.胡援成.财产保险[M].大连:东北财经大学出版社,1999.

18.阚小冬.保险案例精选精评[M].南昌:江西高校出版社,2000.

19.兰虹.保险学基础[M].2版.成都:西南财经大学出版社,2005.

20.李国义.保险概论[M].2版.北京:高等教育出版社,2001.

21.李秀芳.精算理论与实务研究[M].北京:中国金融出版社,2009.

22.刘钧.风险管理概论[M].北京:中国金融出版社,2005.

23.刘平.保险学原理与应用[M].北京:清华大学出版社,2009.

24.刘子操,刘波.保险概论[M].北京:中国金融出版社,2003.

25. 马永伟.保险知识读本[M].北京:中国金融出版社,2000.

26. 孟春.中国农业保险试点模式研究[M].北京:中国财政出版社,2006.

27. 乔林,王绪瑾.财产保险[M].北京:中国人民大学出版社,2008.

28. 上海保监局.寿险案例评析[M].北京:中国金融出版社,2006.

29. 施建祥.保险学[M].上海:立信会计出版社,2004.

30. 粟芳,许谨良.保险学[M].北京:清华大学出版社,2006.

31. 孙迎春.保险实务[M].大连:东北财经大学出版社,2009.

32. 唐运祥.保险代理理论与实务[M].北京:中国社会科学出版社,2000.

33. 庹国柱,李军.农业保险[M].北京:中国人民大学出版社,2005.

34. 庹国柱.我国农业保险发展的里程碑——论《农业保险条例》的特点与贡献[J].中国保险,2013(2).

35. 庹国柱.中国农业保险发展报告 2013[M].北京:中国农业出版社,2013.

36. 庹国柱.中国农业保险研究 2014[M].北京:中国农业出版社,2014.

37. 王安,罗力勇.中国保险理赔大案[M].北京:中国三峡出版社,2001.

38. 王健康,周灿.机动车辆保险实务操作[M].北京:电子工业出版社,2009.

39. 王绪瑾.保险学[M].北京:高等教育出版社,2011.

40. 王永盛.车险理赔查勘与定损[M].2 版.北京:机械工业出版社,2008.

41. 魏华林,林宝清.保险学[M].2 版.北京:高等教育出版社,2006.

42. 魏华林,林宝清.保险学[M].3 版.北京:高等教育出版社,2011.

43. 吴定富.保险原理与实务[M].北京:中国财政经济出版社,2005.

44. 吴小平.保险原理与实务[M].北京:中国金融出版社,2002.

45. 徐爱荣.保险学习题与案例[M].上海:复旦大学出版社,2009.

46. 许汉坤.AIG 困境及其对我国保险业的启示[J].中南财经政法大学研究生学报,2009(1).

47. 许谨良,王明初,陆熊.财产保险原理和实务[M].上海:上海财经大学出版社,2000.

48. 杨立旺.机动车辆保险投保与索赔[M].成都:西南财经大学出版社,1999.

49. 杨文明,陈功.我国巨灾保险的制度演进与风险管理探析[J].保险研究实践与探索,2015(6).

50. 应世昌.新编财产保险学[M].上海:同济大学出版社,2005.

51. 张代军.保险实务[M].北京:经济科学出版社,2007.

52. 张代军.保险实务教程[M].北京:经济科学出版社,2002.

53. 张洪涛,郑功成.保险学[M].北京:中国人民大学出版社,2009.

54. 张见生.保险理论与实务[M].北京:中国财政经济出版社,2001.

55. 张跃华.需求、福利与制度选择——中国农业保险的理论与实证研究[M].北京:中国农业出版社,2007.

56. 赵苑达.再保险学[M].北京:中国金融出版社,2003.

57. 郑功成,孙蓉.财产保险[M].北京:中国金融出版社,1999.

58. 郑功成,许飞琼.财产保险[M].北京:中国金融出版社,2005.

59. 周玉华.保险合同与保险索赔理赔[M].北京:人民法院出版社,2001.

60. 庄世昌.船舶保险[M].上海:上海财经大学出版社,1999.

61. 邹辉.保险纠纷案例[M].北京:经济日报出版社,2001.

附录:中华人民共和国保险法(2015年修正)

第一章 总 则

第一条 为了规范保险活动,保护保险活动当事人的合法权益,加强对保险业的监督管理,维护社会经济秩序和社会公共利益,促进保险事业的健康发展,制定本法。

第二条 本法所称保险,是指投保人根据合同约定,向保险人支付保险费,保险人对于合同约定的可能发生的事故因其发生所造成的财产损失承担赔偿保险金责任,或者当被保险人死亡、伤残、疾病或者达到合同约定的年龄、期限等条件时承担给付保险金责任的商业保险行为。

第三条 在中华人民共和国境内从事保险活动,适用本法。

第四条 从事保险活动必须遵守法律、行政法规,尊重社会公德,不得损害社会公共利益。

第五条 保险活动当事人行使权利、履行义务应当遵循诚实信用原则。

第六条 保险业务由依照本法设立的保险公司以及法律、行政法规规定的其他保险组织经营,其他单位和个人不得经营保险业务。

第七条 在中华人民共和国境内的法人和其他组织需要办理境内保险的,应当向中华人民共和国境内的保险公司投保。

第八条 保险业和银行业、证券业、信托业实行分业经营、分业管理,保险公司与银行、证券、信托业务机构分别设立。国家另有规定的除外。

第九条 国务院保险监督管理机构依法对保险业实施监督管理。

国务院保险监督管理机构根据履行职责的需要设立派出机构。派出机构按照国务院保险监督管理机构的授权履行监督管理职责。

第二章 保险合同

第一节 一般规定

第十条 保险合同是投保人与保险人约定保险权利义务关系的协议。

投保人是指与保险人订立保险合同,并按照合同约定负有支付保险费义务的人。

保险人是指与投保人订立保险合同,并按照合同约定承担赔偿或者给付保险金责任的保险公司。

第十一条 订立保险合同,应当协商一致,遵循公平原则确定各方的权利和义务。

除法律、行政法规规定必须保险的外,保险合同自愿订立。

第十二条 人身保险的投保人在保险合同订立时,对被保险人应当具有保险利益。

财产保险的被保险人在保险事故发生时,对保险标的应当具有保险利益。

人身保险是以人的寿命和身体为保险标的的保险。

财产保险是以财产及其有关利益为保险标的的保险。

被保险人是指其财产或者人身受保险合同保障,享有保险金请求权的人。投保人可以为被保险人。

保险利益是指投保人或者被保险人对保险标的具有的法律上承认的利益。

第十三条 投保人提出保险要求,经保险人同意承保,保险合同成立。保险人应当及时向投保人签发保险单或者其他保险凭证。

保险单或者其他保险凭证应当载明当事人双方约定的合同内容。当事人也可以约定采用其他书面形式载明合同内容。

依法成立的保险合同,自成立时生效。投保人和保险人可以对合同的效力约定附条件或者附期限。

第十四条 保险合同成立后,投保人按照约定交付保险费,保险人按照约定的时间开始承担保险责任。

第十五条 除本法另有规定或者保险合同另有约定外,保险合同成立后,投保人可以解除合同,保险人不得解除合同。

第十六条 订立保险合同,保险人就保险标的或者被保险人的有关情况提出询问的,投保人应当如实告知。

投保人故意或者因重大过失未履行前款规定的如实告知义务,足以影响保险人决定是否同意承保或者提高保险费率的,保险人有权解除合同。

前款规定的合同解除权,自保险人知道有解除事由之日起,超过三十日不行使而消灭。自合同成立之日起超过二年的,保险人不得解除合同;发生保险事故的,保险人应当承担赔偿或者给付保险金的责任。

投保人故意不履行如实告知义务的,保险人对于合同解除前发生的保险事故,不承担赔偿或者给付保险金的责任,并不退还保险费。

投保人因重大过失未履行如实告知义务,对保险事故的发生有严重影响的,保险人对于合同解除前发生的保险事故,不承担赔偿或者给付保险金的责任,但应当退还保险费。

保险人在合同订立时已经知道投保人未如实告知的情况的,保险人不得解除合同;发生保险事故的,保险人应当承担赔偿或者给付保险金的责任。

保险事故是指保险合同约定的保险责任范围内的事故。

第十七条 订立保险合同,采用保险人提供的格式条款的,保险人向投保人提供的投保单应当附格式条款,保险人应当向投保人说明合同的内容。

对保险合同中免除保险人责任的条款,保险人在订立合同时应当在投保单、保险单或者其他保险凭证上作出足以引起投保人注意的提示,并对该条款的内容以书面或者口头形式向投保人作出明确说明;未作提示或者明确说明的,该条款不产生效力。

第十八条 保险合同应当包括下列事项:

(一)保险人的名称和住所;

(二)投保人、被保险人的姓名或者名称、住所,以及人身保险的受益人的姓名或者名称、住所;

(三)保险标的;

(四)保险责任和责任免除;

(五)保险期间和保险责任开始时间;

(六)保险金额;

(七)保险费以及支付办法;

(八)保险金赔偿或者给付办法;

(九)违约责任和争议处理;

(十)订立合同的年、月、日。

投保人和保险人可以约定与保险有关的其他事项。

受益人是指人身保险合同中由被保险人或者投保人指定的享有保险金请求权的人。投保人、被保险人可以为受益人。

保险金额是指保险人承担赔偿或者给付保险金责任的最高限额。

第十九条　采用保险人提供的格式条款订立的保险合同中的下列条款无效:

(一)免除保险人依法应承担的义务或者加重投保人、被保险人责任的;

(二)排除投保人、被保险人或者受益人依法享有的权利的。

第二十条　投保人和保险人可以协商变更合同内容。

变更保险合同的,应当由保险人在保险单或者其他保险凭证上批注或者附贴批单,或者由投保人和保险人订立变更的书面协议。

第二十一条　投保人、被保险人或者受益人知道保险事故发生后,应当及时通知保险人。故意或者因重大过失未及时通知,致使保险事故的性质、原因、损失程度等难以确定的,保险人对无法确定的部分,不承担赔偿或者给付保险金的责任,但保险人通过其他途径已经及时知道或者应当及时知道保险事故发生的除外。

第二十二条　保险事故发生后,按照保险合同请求保险人赔偿或者给付保险金时,投保人、被保险人或者受益人应当向保险人提供其所能提供的与确认保险事故的性质、原因、损失程度等有关的证明和资料。

保险人按照合同的约定,认为有关的证明和资料不完整的,应当及时一次性通知投保人、被保险人或者受益人补充提供。

第二十三条　保险人收到被保险人或者受益人的赔偿或者给付保险金的请求后,应当及时作出核定;情形复杂的,应当在三十日内作出核定,但合同另有约定的除外。保险人应当将核定结果通知被保险人或者受益人;对属于保险责任的,在与被保险人或者受益人达成赔偿或者给付保险金的协议后十日内,履行赔偿或者给付保险金义务。保险合同对赔偿或者给付保险金的期限有约定的,保险人应当按照约定履行赔偿或者给付保险金义务。

保险人未及时履行前款规定义务的,除支付保险金外,应当赔偿被保险人或者受益人因此受到的损失。

任何单位和个人不得非法干预保险人履行赔偿或者给付保险金的义务,也不得限制被保险人或者受益人取得保险金的权利。

第二十四条　保险人依照本法第二十三条的规定作出核定后,对不属于保险责任的,应当自作出核定之日起三日内向被保险人或者受益人发出拒绝赔偿或者拒绝给付保险金通知书,并说明理由。

第二十五条　保险人自收到赔偿或者给付保险金的请求和有关证明、资料之日起六十日内，对其赔偿或者给付保险金的数额不能确定的，应当根据已有证明和资料可以确定的数额先予支付；保险人最终确定赔偿或者给付保险金的数额后，应当支付相应的差额。

第二十六条 人寿保险以外的其他保险的被保险人或者受益人，向保险人请求赔偿或者给付保险金的诉讼时效期间为二年，自其知道或者应当知道保险事故发生之日起计算。

人寿保险的被保险人或者受益人向保险人请求给付保险金的诉讼时效期间为五年，自其知道或者应当知道保险事故发生之日起计算。

第二十七条 未发生保险事故，被保险人或者受益人谎称发生了保险事故，向保险人提出赔偿或者给付保险金请求的，保险人有权解除合同，并不退还保险费。

投保人、被保险人故意制造保险事故的，保险人有权解除合同，不承担赔偿或者给付保险金的责任；除本法第四十三条规定外，不退还保险费。

保险事故发生后，投保人、被保险人或者受益人以伪造、变造的有关证明、资料或者其他证据，编造虚假的事故原因或者夸大损失程度的，保险人对其虚报的部分不承担赔偿或者给付保险金的责任。

投保人、被保险人或者受益人有前三款规定行为之一，致使保险人支付保险金或者支出费用的，应当退回或者赔偿。

第二十八条 保险人将其承担的保险业务，以分保形式部分转移给其他保险人的，为再保险。

应再保险接受人的要求，再保险分出人应当将其自负责任及原保险的有关情况书面告知再保险接受人。

第二十九条 再保险接受人不得向原保险的投保人要求支付保险费。

原保险的被保险人或者受益人不得向再保险接受人提出赔偿或者给付保险金的请求。

再保险分出人不得以再保险接受人未履行再保险责任为由，拒绝履行或者迟延履行其原保险责任。

第三十条 采用保险人提供的格式条款订立的保险合同，保险人与投保人、被保险人或者受益人对合同条款有争议的，应当按照通常理解予以解释。对合同条款有两种以上解释的，人民法院或者仲裁机构应当作出有利于被保险人和受益人的解释。

第二节 人身保险合同

第三十一条 投保人对下列人员具有保险利益：

（一）本人；

（二）配偶、子女、父母；

（三）前项以外与投保人有抚养、赡养或者扶养关系的家庭其他成员、近亲属；

（四）与投保人有劳动关系的劳动者。

除前款规定外，被保险人同意投保人为其订立合同的，视为投保人对被保险人具有保险利益。

订立合同时，投保人对被保险人不具有保险利益的，合同无效。

第三十二条 投保人申报的被保险人年龄不真实，并且其真实年龄不符合合同约定的年龄限制的，保险人可以解除合同，并按照合同约定退还保险单的现金价值。保险人行使合同解除权，适用本法第十六条第三款、第六款的规定。

投保人申报的被保险人年龄不真实，致使投保人支付的保险费少于应付保险费的，保险人有权更正并要求投保人补交保险费,或者在给付保险金时按照实付保险费与应付保险费的比例支付。

投保人申报的被保险人年龄不真实,致使投保人支付的保险费多于应付保险费的,保险人应当将多收的保险费退还投保人。

第三十三条 投保人不得为无民事行为能力人投保以死亡为给付保险金条件的人身保险,保险人也不得承保。

父母为其未成年子女投保的人身保险,不受前款规定限制。但是,因被保险人死亡给付的保险金总和不得超过国务院保险监督管理机构规定的限额。

第三十四条 以死亡为给付保险金条件的合同,未经被保险人同意并认可保险金额的,合同无效。

按照以死亡为给付保险金条件的合同所签发的保险单,未经被保险人书面同意,不得转让或者质押。

父母为其未成年子女投保的人身保险,不受本条第一款规定限制。

第三十五条 投保人可以按照合同约定向保险人一次支付全部保险费或者分期支付保险费。

第三十六条 合同约定分期支付保险费,投保人支付首期保险费后,除合同另有约定外,投保人自保险人催告之日起超过三十日未支付当期保险费,或者超过约定的期限六十日未支付当期保险费的,合同效力中止,或者由保险人按照合同约定的条件减少保险金额。

被保险人在前款规定期限内发生保险事故的,保险人应当按照合同约定给付保险金,但可以扣减欠交的保险费。

第三十七条 合同效力依照本法第三十六条规定中止的,经保险人与投保人协商并达成协议,在投保人补交保险费后,合同效力恢复。但是,自合同效力中止之日起满二年双方未达成协议的,保险人有权解除合同。

保险人依照前款规定解除合同的,应当按照合同约定退还保险单的现金价值。

第三十八条 保险人对人寿保险的保险费,不得用诉讼方式要求投保人支付。

第三十九条 人身保险的受益人由被保险人或者投保人指定。

投保人指定受益人时须经被保险人同意。投保人为与其有劳动关系的劳动者投保人身保险,不得指定被保险人及其近亲属以外的人为受益人。

被保险人为无民事行为能力人或者限制民事行为能力人的,可以由其监护人指定受益人。

第四十条 被保险人或者投保人可以指定一人或者数人为受益人。

受益人为数人的,被保险人或者投保人可以确定受益顺序和受益份额;未确定受益份额的,受益人按照相等份额享有受益权。

第四十一条 被保险人或者投保人可以变更受益人并书面通知保险人。保险人收到变更受益人的书面通知后,应当在保险单或者其他保险凭证上批注或者附贴批单。

投保人变更受益人时须经被保险人同意。

第四十二条 被保险人死亡后,有下列情形之一的,保险金作为被保险人的遗产,由保险人依照《中华人民共和国继承法》的规定履行给付保险金的义务:

(一)没有指定受益人,或者受益人指定不明无法确定的;

（二）受益人先于被保险人死亡，没有其他受益人的；

（三）受益人依法丧失受益权或者放弃受益权，没有其他受益人的。

受益人与被保险人在同一事件中死亡，且不能确定死亡先后顺序的，推定受益人死亡在先。

第四十三条 投保人故意造成被保险人死亡、伤残或者疾病的，保险人不承担给付保险金的责任。投保人已交足二年以上保险费的，保险人应当按照合同约定向其他权利人退还保险单的现金价值。

受益人故意造成被保险人死亡、伤残、疾病的，或者故意杀害被保险人未遂的，该受益人丧失受益权。

第四十四条 以被保险人死亡为给付保险金条件的合同，自合同成立或者合同效力恢复之日起二年内，被保险人自杀的，保险人不承担给付保险金的责任，但被保险人自杀时为无民事行为能力人的除外。

保险人依照前款规定不承担给付保险金责任的，应当按照合同约定退还保险单的现金价值。

第四十五条 因被保险人故意犯罪或者抗拒依法采取的刑事强制措施导致其伤残或者死亡的，保险人不承担给付保险金的责任。投保人已交足二年以上保险费的，保险人应当按照合同约定退还保险单的现金价值。

第四十六条 被保险人因第三者的行为而发生死亡、伤残或者疾病等保险事故的，保险人向被保险人或者受益人给付保险金后，不享有向第三者追偿的权利，但被保险人或者受益人仍有权向第三者请求赔偿。

第四十七条 投保人解除合同的，保险人应当自收到解除合同通知之日起三十日内，按照合同约定退还保险单的现金价值。

第三节 财产保险合同

第四十八条 保险事故发生时，被保险人对保险标的不具有保险利益的，不得向保险人请求赔偿保险金。

第四十九条 保险标的转让的，保险标的的受让人承继被保险人的权利和义务。

保险标的转让的，被保险人或者受让人应当及时通知保险人，但货物运输保险合同和另有约定的合同除外。

因保险标的转让导致危险程度显著增加的，保险人自收到前款规定的通知之日起三十日内，可以按照合同约定增加保险费或者解除合同。保险人解除合同的，应当将已收取的保险费，按照合同约定扣除自保险责任开始之日起至合同解除之日止应收的部分后，退还投保人。

被保险人、受让人未履行本条第二款规定的通知义务的，因转让导致保险标的的危险程度显著增加而发生的保险事故，保险人不承担赔偿保险金的责任。

第五十条 货物运输保险合同和运输工具航程保险合同，保险责任开始后，合同当事人不得解除合同。

第五十一条 被保险人应当遵守国家有关消防、安全、生产操作、劳动保护等方面的规定，维护保险标的的安全。

保险人可以按照合同约定对保险标的的安全状况进行检查，及时向投保人、被保险人提出消除不安全因素和隐患的书面建议。

投保人、被保险人未按照约定履行其对保险标的的安全应尽责任的,保险人有权要求增加保险费或者解除合同。

保险人为维护保险标的的安全,经被保险人同意,可以采取安全预防措施。

第五十二条 在合同有效期内,保险标的的危险程度显著增加的,被保险人应当按照合同约定及时通知保险人,保险人可以按照合同约定增加保险费或者解除合同。保险人解除合同的,应当将已收取的保险费,按照合同约定扣除自保险责任开始之日起至合同解除之日止应收的部分后,退还投保人。

被保险人未履行前款规定的通知义务的,因保险标的的危险程度显著增加而发生的保险事故,保险人不承担赔偿保险金的责任。

第五十三条 有下列情形之一的,除合同另有约定外,保险人应当降低保险费,并按日计算退还相应的保险费:

(一)据以确定保险费率的有关情况发生变化,保险标的的危险程度明显减少的;

(二)保险标的的保险价值明显减少的。

第五十四条 保险责任开始前,投保人要求解除合同的,应当按照合同约定向保险人支付手续费,保险人应当退还保险费。保险责任开始后,投保人要求解除合同的,保险人应当将已收取的保险费,按照合同约定扣除自保险责任开始之日起至合同解除之日止应收的部分后,退还投保人。

第五十五条 投保人和保险人约定保险标的的保险价值并在合同中载明的,保险标的发生损失时,以约定的保险价值为赔偿计算标准。

投保人和保险人未约定保险标的的保险价值的,保险标的发生损失时,以保险事故发生时保险标的的实际价值为赔偿计算标准。

保险金额不得超过保险价值。超过保险价值的,超过部分无效,保险人应当退还相应的保险费。

保险金额低于保险价值的,除合同另有约定外,保险人按照保险金额与保险价值的比例承担赔偿保险金的责任。

第五十六条 重复保险的投保人应当将重复保险的有关情况通知各保险人。

重复保险的各保险人赔偿保险金的总和不得超过保险价值。除合同另有约定外,各保险人按照其保险金额与保险金额总和的比例承担赔偿保险金的责任。

重复保险的投保人可以就保险金额总和超过保险价值的部分,请求各保险人按比例返还保险费。

重复保险是指投保人对同一保险标的、同一保险利益、同一保险事故分别与两个以上保险人订立保险合同,且保险金额总和超过保险价值的保险。

第五十七条 保险事故发生时,被保险人应当尽力采取必要的措施,防止或者减少损失。

保险事故发生后,被保险人为防止或者减少保险标的的损失所支付的必要的、合理的费用,由保险人承担;保险人所承担的费用数额在保险标的损失赔偿金额以外另行计算,最高不超过保险金额的数额。

第五十八条 保险标的发生部分损失的,自保险人赔偿之日起三十日内,投保人可以解除合同;除合同另有约定外,保险人也可以解除合同,但应当提前十五日通知投保人。

合同解除的,保险人应当将保险标的未受损失部分的保险费,按照合同约定扣除自保险责任开始之日起至合同解除之日止应收的部分后,退还投保人。

第五十九条 保险事故发生后,保险人已支付了全部保险金额,并且保险金额等于保险价值的,受损保险标的的全部权利归于保险人;保险金额低于保险价值的,保险人按照保险金额与保险价值的比例取得受损保险标的的部分权利。

第六十条 因第三者对保险标的的损害而造成保险事故的,保险人自向被保险人赔偿保险金之日起,在赔偿金额范围内代位行使被保险人对第三者请求赔偿的权利。

前款规定的保险事故发生后,被保险人已经从第三者取得损害赔偿的,保险人赔偿保险金时,可以相应扣减被保险人从第三者已取得的赔偿金额。

保险人依照本条第一款规定行使代位请求赔偿的权利,不影响被保险人就未取得赔偿的部分向第三者请求赔偿的权利。

第六十一条 保险事故发生后,保险人未赔偿保险金之前,被保险人放弃对第三者请求赔偿的权利的,保险人不承担赔偿保险金的责任。

保险人向被保险人赔偿保险金后,被保险人未经保险人同意放弃对第三者请求赔偿的权利的,该行为无效。

被保险人故意或者因重大过失致使保险人不能行使代位请求赔偿的权利的,保险人可以扣减或者要求返还相应的保险金。

第六十二条 除被保险人的家庭成员或者其组成人员故意造成本法第六十条第一款规定的保险事故外,保险人不得对被保险人的家庭成员或者其组成人员行使代位请求赔偿的权利。

第六十三条 保险人向第三者行使代位请求赔偿的权利时,被保险人应当向保险人提供必要的文件和所知道的有关情况。

第六十四条 保险人、被保险人为查明和确定保险事故的性质、原因和保险标的的损失程度所支付的必要的、合理的费用,由保险人承担。

第六十五条 保险人对责任保险的被保险人给第三者造成的损害,可以依照法律的规定或者合同的约定,直接向该第三者赔偿保险金。

责任保险的被保险人给第三者造成损害,被保险人对第三者应负的赔偿责任确定的,根据被保险人的请求,保险人应当直接向该第三者赔偿保险金。被保险人怠于请求的,第三者有权就其应获赔偿部分直接向保险人请求赔偿保险金。

责任保险的被保险人给第三者造成损害,被保险人未向该第三者赔偿的,保险人不得向被保险人赔偿保险金。

责任保险是指以被保险人对第三者依法应负的赔偿责任为保险标的的保险。

第六十六条 责任保险的被保险人因给第三者造成损害的保险事故而被提起仲裁或者诉讼的,被保险人支付的仲裁或者诉讼费用以及其他必要的、合理的费用,除合同另有约定外,由保险人承担。

第三章 保险公司

第六十七条 设立保险公司应当经国务院保险监督管理机构批准。

国务院保险监督管理机构审查保险公司的设立申请时,应当考虑保险业的发展和公平竞争的需要。

第六十八条 设立保险公司应当具备下列条件:

(一)主要股东具有持续盈利能力,信誉良好,最近三年内无重大违法违规记录,净资产不低于人民币二亿元;

(二)有符合本法和《中华人民共和国公司法》规定的章程;

(三)有符合本法规定的注册资本;

(四)有具备任职专业知识和业务工作经验的董事、监事和高级管理人员;

(五)有健全的组织机构和管理制度;

(六)有符合要求的营业场所和与经营业务有关的其他设施;

(七)法律、行政法规和国务院保险监督管理机构规定的其他条件。

第六十九条 设立保险公司,其注册资本的最低限额为人民币二亿元。

国务院保险监督管理机构根据保险公司的业务范围、经营规模,可以调整其注册资本的最低限额,但不得低于本条第一款规定的限额。

保险公司的注册资本必须为实缴货币资本。

第七十条 申请设立保险公司,应当向国务院保险监督管理机构提出书面申请,并提交下列材料:

(一)设立申请书,申请书应当载明拟设立的保险公司的名称、注册资本、业务范围等;

(二)可行性研究报告;

(三)筹建方案;

(四)投资人的营业执照或者其他背景资料,经会计师事务所审计的上一年度财务会计报告;

(五)投资人认可的筹备组负责人和拟任董事长、经理名单及本人认可证明;

(六)国务院保险监督管理机构规定的其他材料。

第七十一条 国务院保险监督管理机构应当对设立保险公司的申请进行审查,自受理之日起六个月内作出批准或者不批准筹建的决定,并书面通知申请人。决定不批准的,应当书面说明理由。

第七十二条 申请人应当自收到批准筹建通知之日起一年内完成筹建工作;筹建期间不得从事保险经营活动。

第七十三条 筹建工作完成后,申请人具备本法第六十八条规定的设立条件的,可以向国务院保险监督管理机构提出开业申请。

国务院保险监督管理机构应当自受理开业申请之日起六十日内,作出批准或者不批准开业的决定。决定批准的,颁发经营保险业务许可证;决定不批准的,应当书面通知申请人并说明理由。

第七十四条 保险公司在中华人民共和国境内设立分支机构,应当经保险监督管理机构批准。

保险公司分支机构不具有法人资格,其民事责任由保险公司承担。

第七十五条 保险公司申请设立分支机构,应当向保险监督管理机构提出书面申请,并提交下列材料:

（一）设立申请书；

（二）拟设机构三年业务发展规划和市场分析材料；

（三）拟任高级管理人员的简历及相关证明材料；

（四）国务院保险监督管理机构规定的其他材料。

第七十六条　保险监督管理机构应当对保险公司设立分支机构的申请进行审查，自受理之日起六十日内作出批准或者不批准的决定。决定批准的，颁发分支机构经营保险业务许可证；决定不批准的，应当书面通知申请人并说明理由。

第七十七条　经批准设立的保险公司及其分支机构，凭经营保险业务许可证向工商行政管理机关办理登记，领取营业执照。

第七十八条　保险公司及其分支机构自取得经营保险业务许可证之日起六个月内，无正当理由未向工商行政管理机关办理登记的，其经营保险业务许可证失效。

第七十九条　保险公司在中华人民共和国境外设立子公司、分支机构，应当经国务院保险监督管理机构批准。

第八十条　外国保险机构在中华人民共和国境内设立代表机构，应当经国务院保险监督管理机构批准。代表机构不得从事保险经营活动。

第八十一条　保险公司的董事、监事和高级管理人员，应当品行良好，熟悉与保险相关的法律、行政法规，具有履行职责所需的经营管理能力，并在任职前取得保险监督管理机构核准的任职资格。

保险公司高级管理人员的范围由国务院保险监督管理机构规定。

第八十二条　有《中华人民共和国公司法》第一百四十六条规定的情形或者下列情形之一的，不得担任保险公司的董事、监事、高级管理人员：

（一）因违法行为或者违纪行为被金融监督管理机构取消任职资格的金融机构的董事、监事、高级管理人员，自被取消任职资格之日起未逾五年的；

（二）因违法行为或者违纪行为被吊销执业资格的律师、注册会计师或者资产评估机构、验证机构等机构的专业人员，自被吊销执业资格之日起未逾五年的。

第八十三条　保险公司的董事、监事、高级管理人员执行公司职务时违反法律、行政法规或者公司章程的规定，给公司造成损失的，应当承担赔偿责任。

第八十四条　保险公司有下列情形之一的，应当经保险监督管理机构批准：

（一）变更名称；

（二）变更注册资本；

（三）变更公司或者分支机构的营业场所；

（四）撤销分支机构；

（五）公司分立或者合并；

（六）修改公司章程；

（七）变更出资额占有限责任公司资本总额百分之五以上的股东，或者变更持有股份有限公司股份百分之五以上的股东；

（八）国务院保险监督管理机构规定的其他情形。

第八十五条　保险公司应当聘用专业人员，建立精算报告制度和合规报告制度。

第八十六条　保险公司应当按照保险监督管理机构的规定，报送有关报告、报表、文件和资料。

保险公司的偿付能力报告、财务会计报告、精算报告、合规报告及其他有关报告、报表、文件和资料必须如实记录保险业务事项,不得有虚假记载、误导性陈述和重大遗漏。

第八十七条 保险公司应当按照国务院保险监督管理机构的规定妥善保管业务经营活动的完整账簿、原始凭证和有关资料。

前款规定的账簿、原始凭证和有关资料的保管期限,自保险合同终止之日起计算,保险期间在一年以下的不得少于五年,保险期间超过一年的不得少于十年。

第八十八条 保险公司聘请或者解聘会计师事务所、资产评估机构、资信评级机构等中介服务机构,应当向保险监督管理机构报告;解聘会计师事务所、资产评估机构、资信评级机构等中介服务机构,应当说明理由。

第八十九条 保险公司因分立、合并需要解散,或者股东会、股东大会决议解散,或者公司章程规定的解散事由出现,经国务院保险监督管理机构批准后解散。

经营有人寿保险业务的保险公司,除因分立、合并或者被依法撤销外,不得解散。

保险公司解散,应当依法成立清算组进行清算。

第九十条 保险公司有《中华人民共和国企业破产法》第二条规定情形的,经国务院保险监督管理机构同意,保险公司或者其债权人可以依法向人民法院申请重整、和解或者破产清算;国务院保险监督管理机构也可以依法向人民法院申请对该保险公司进行重整或者破产清算。

第九十一条 破产财产在优先清偿破产费用和共益债务后,按照下列顺序清偿:

(一)所欠职工工资和医疗、伤残补助、抚恤费用,所欠应当划入职工个人账户的基本养老保险、基本医疗保险费用,以及法律、行政法规规定应当支付给职工的补偿金;

(二)赔偿或者给付保险金;

(三)保险公司欠缴的除第(一)项规定以外的社会保险费用和所欠税款;

(四)普通破产债权。

破产财产不足以清偿同一顺序的清偿要求的,按照比例分配。

破产保险公司的董事、监事和高级管理人员的工资,按照该公司职工的平均工资计算。

第九十二条 经营有人寿保险业务的保险公司被依法撤销或者被依法宣告破产的,其持有的人寿保险合同及责任准备金,必须转让给其他经营有人寿保险业务的保险公司;不能同其他保险公司达成转让协议的,由国务院保险监督管理机构指定经营有人寿保险业务的保险公司接受转让。

转让或者由国务院保险监督管理机构指定接受转让前款规定的人寿保险合同及责任准备金的,应当维护被保险人、受益人的合法权益。

第九十三条 保险公司依法终止其业务活动,应当注销其经营保险业务许可证。

第九十四条 保险公司,除本法另有规定外,适用《中华人民共和国公司法》的规定。

第四章 保险经营规则

第九十五条 保险公司的业务范围:

(一)人身保险业务,包括人寿保险、健康保险、意外伤害保险等保险业务;

(二)财产保险业务,包括财产损失保险、责任保险、信用保险、保证保险等保险业务;

（三）国务院保险监督管理机构批准的与保险有关的其他业务。

保险人不得兼营人身保险业务和财产保险业务。但是，经营财产保险业务的保险公司经国务院保险监督管理机构批准，可以经营短期健康保险业务和意外伤害保险业务。

保险公司应当在国务院保险监督管理机构依法批准的业务范围内从事保险经营活动。

第九十六条 经国务院保险监督管理机构批准，保险公司可以经营本法第九十五条规定的保险业务的下列再保险业务：

（一）分出保险；

（二）分入保险。

第九十七条 保险公司应当按照其注册资本总额的百分之二十提取保证金，存入国务院保险监督管理机构指定的银行，除公司清算时用于清偿债务外，不得动用。

第九十八条 保险公司应当根据保障被保险人利益、保证偿付能力的原则，提取各项责任准备金。

保险公司提取和结转责任准备金的具体办法，由国务院保险监督管理机构制定。

第九十九条 保险公司应当依法提取公积金。

第一百条 保险公司应当缴纳保险保障基金。

保险保障基金应当集中管理，并在下列情形下统筹使用：

（一）在保险公司被撤销或者被宣告破产时，向投保人、被保险人或者受益人提供救济；

（二）在保险公司被撤销或者被宣告破产时，向依法接受其人寿保险合同的保险公司提供救济；

（三）国务院规定的其他情形。

保险保障基金筹集、管理和使用的具体办法，由国务院制定。

第一百零一条 保险公司应当具有与其业务规模和风险程度相适应的最低偿付能力。保险公司的认可资产减去认可负债的差额不得低于国务院保险监督管理机构规定的数额；低于规定数额的，应当按照国务院保险监督管理机构的要求采取相应措施达到规定的数额。

第一百零二条 经营财产保险业务的保险公司当年自留保险费，不得超过其实有资本金加公积金总和的四倍。

第一百零三条 保险公司对每一危险单位，即对一次保险事故可能造成的最大损失范围所承担的责任，不得超过其实有资本金加公积金总和的百分之十；超过的部分应当办理再保险。

保险公司对危险单位的划分应当符合国务院保险监督管理机构的规定。

第一百零四条 保险公司对危险单位的划分方法和巨灾风险安排方案，应当报国务院保险监督管理机构备案。

第一百零五条 保险公司应当按照国务院保险监督管理机构的规定办理再保险，并审慎选择再保险接受人。

第一百零六条 保险公司的资金运用必须稳健，遵循安全性原则。

保险公司的资金运用限于下列形式：

（一）银行存款；

（二）买卖债券、股票、证券投资基金份额等有价证券；

（三）投资不动产；

（四）国务院规定的其他资金运用形式。

保险公司资金运用的具体管理办法，由国务院保险监督管理机构依照前两款的规定制定。

第一百零七条　经国务院保险监督管理机构会同国务院证券监督管理机构批准，保险公司可以设立保险资产管理公司。

保险资产管理公司从事证券投资活动，应当遵守《中华人民共和国证券法》等法律、行政法规的规定。

保险资产管理公司的管理办法，由国务院保险监督管理机构会同国务院有关部门制定。

第一百零八条　保险公司应当按照国务院保险监督管理机构的规定，建立对关联交易的管理和信息披露制度。

第一百零九条　保险公司的控股股东、实际控制人、董事、监事、高级管理人员不得利用关联交易损害公司的利益。

第一百一十条　保险公司应当按照国务院保险监督管理机构的规定，真实、准确、完整地披露财务会计报告、风险管理状况、保险产品经营情况等重大事项。

第一百一十一条　保险公司从事保险销售的人员应当品行良好，具有保险销售所需的专业能力。保险销售人员的行为规范和管理办法，由国务院保险监督管理机构规定。

第一百一十二条　保险公司应当建立保险代理人登记管理制度，加强对保险代理人的培训和管理，不得唆使、诱导保险代理人进行违背诚信义务的活动。

第一百一十三条　保险公司及其分支机构应当依法使用经营保险业务许可证，不得转让、出租、出借经营保险业务许可证。

第一百一十四条　保险公司应当按照国务院保险监督管理机构的规定，公平、合理拟订保险条款和保险费率，不得损害投保人、被保险人和受益人的合法权益。

保险公司应当按照合同约定和本法规定，及时履行赔偿或者给付保险金义务。

第一百一十五条　保险公司开展业务，应当遵循公平竞争的原则，不得从事不正当竞争。

第一百一十六条　保险公司及其工作人员在保险业务活动中不得有下列行为：

（一）欺骗投保人、被保险人或者受益人；

（二）对投保人隐瞒与保险合同有关的重要情况；

（三）阻碍投保人履行本法规定的如实告知义务，或者诱导其不履行本法规定的如实告知义务；

（四）给予或者承诺给予投保人、被保险人、受益人保险合同约定以外的保险费回扣或者其他利益；

（五）拒不依法履行保险合同约定的赔偿或者给付保险金义务；

（六）故意编造未曾发生的保险事故、虚构保险合同或者故意夸大已经发生的保险事故的损失程度进行虚假理赔，骗取保险金或者牟取其他不正当利益；

（七）挪用、截留、侵占保险费；

（八）委托未取得合法资格的机构从事保险销售活动；

（九）利用开展保险业务为其他机构或者个人牟取不正当利益；

（十）利用保险代理人、保险经纪人或者保险评估机构，从事以虚构保险中介业务或者编造退保等方式套取费用等违法活动；

（十一）以捏造、散布虚假事实等方式损害竞争对手的商业信誉，或者以其他不正当竞争行为扰乱保险市场秩序；

（十二）泄露在业务活动中知悉的投保人、被保险人的商业秘密；

（十三）违反法律、行政法规和国务院保险监督管理机构规定的其他行为。

第五章　保险代理人和保险经纪人

第一百一十七条　保险代理人是根据保险人的委托，向保险人收取佣金，并在保险人授权的范围内代为办理保险业务的机构或者个人。

保险代理机构包括专门从事保险代理业务的保险专业代理机构和兼营保险代理业务的保险兼业代理机构。

第一百一十八条　保险经纪人是基于投保人的利益，为投保人与保险人订立保险合同提供中介服务，并依法收取佣金的机构。

第一百一十九条　保险代理机构、保险经纪人应当具备国务院保险监督管理机构规定的条件，取得保险监督管理机构颁发的经营保险代理业务许可证、保险经纪业务许可证。

第一百二十条　以公司形式设立保险专业代理机构、保险经纪人，其注册资本最低限额适用《中华人民共和国公司法》的规定。

国务院保险监督管理机构根据保险专业代理机构、保险经纪人的业务范围和经营规模，可以调整其注册资本的最低限额，但不得低于《中华人民共和国公司法》规定的限额。

保险专业代理机构、保险经纪人的注册资本或者出资额必须为实缴货币资本。

第一百二十一条　保险专业代理机构、保险经纪人的高级管理人员，应当品行良好，熟悉保险法律、行政法规，具有履行职责所需的经营管理能力，并在任职前取得保险监督管理机构核准的任职资格。

第一百二十二条　个人保险代理人、保险代理机构的代理从业人员、保险经纪人的经纪从业人员，应当品行良好，具有从事保险代理业务或者保险经纪业务所需的专业能力。

第一百二十三条　保险代理机构、保险经纪人应当有自己的经营场所，设立专门账簿记载保险代理业务、经纪业务的收支情况。

第一百二十四条　保险代理机构、保险经纪人应当按照国务院保险监督管理机构的规定缴存保证金或者投保职业责任保险。

第一百二十五条　个人保险代理人在代为办理人寿保险业务时，不得同时接受两个以上保险人的委托。

第一百二十六条　保险人委托保险代理人代为办理保险业务，应当与保险代理人签订委托代理协议，依法约定双方的权利和义务。

第一百二十七条　保险代理人根据保险人的授权代为办理保险业务的行为，由保险人承担责任。

保险代理人没有代理权、超越代理权或者代理权终止后以保险人名义订立合同，使投保人有理由相信其有代理权的，该代理行为有效。保险人可以依法追究越权的保险代理人的责任。

第一百二十八条 保险经纪人因过错给投保人、被保险人造成损失的,依法承担赔偿责任。

第一百二十九条 保险活动当事人可以委托保险公估机构等依法设立的独立评估机构或者具有相关专业知识的人员,对保险事故进行评估和鉴定。

接受委托对保险事故进行评估和鉴定的机构和人员,应当依法、独立、客观、公正地进行评估和鉴定,任何单位和个人不得干涉。

前款规定的机构和人员,因故意或者过失给保险人或者被保险人造成损失的,依法承担赔偿责任。

第一百三十条 保险佣金只限于向保险代理人、保险经纪人支付,不得向其他人支付。

第一百三十一条 保险代理人、保险经纪人及其从业人员在办理保险业务活动中不得有下列行为:

(一)欺骗保险人、投保人、被保险人或者受益人;

(二)隐瞒与保险合同有关的重要情况;

(三)阻碍投保人履行本法规定的如实告知义务,或者诱导其不履行本法规定的如实告知义务;

(四)给予或者承诺给予投保人、被保险人或者受益人保险合同约定以外的利益;

(五)利用行政权力、职务或者职业便利以及其他不正当手段强迫、引诱或者限制投保人订立保险合同;

(六)伪造、擅自变更保险合同,或者为保险合同当事人提供虚假证明材料;

(七)挪用、截留、侵占保险费或者保险金;

(八)利用业务便利为其他机构或者个人牟取不正当利益;

(九)串通投保人、被保险人或者受益人,骗取保险金;

(十)泄露在业务活动中知悉的保险人、投保人、被保险人的商业秘密。

第一百三十二条 本法第八十六条第一款、第一百一十三条的规定,适用于保险代理机构和保险经纪人。

第六章　保险业监督管理

第一百三十三条 保险监督管理机构依照本法和国务院规定的职责,遵循依法、公开、公正的原则,对保险业实施监督管理,维护保险市场秩序,保护投保人、被保险人和受益人的合法权益。

第一百三十四条 国务院保险监督管理机构依照法律、行政法规制定并发布有关保险业监督管理的规章。

第一百三十五条 关系社会公众利益的保险险种、依法实行强制保险的险种和新开发的人寿保险险种等的保险条款和保险费率,应当报国务院保险监督管理机构批准。国务院保险监督管理机构审批时,应当遵循保护社会公众利益和防止不正当竞争的原则。其他保险险种的保险条款和保险费率,应当报保险监督管理机构备案。

保险条款和保险费率审批、备案的具体办法,由国务院保险监督管理机构依照前款规定制定。

第一百三十六条 保险公司使用的保险条款和保险费率违反法律、行政法规或者国务院保险监督管理机构的有关规定的,由保险监督管理机构责令停止使用,限期修改;情节严重的,可以在一定期限内禁止申报新的保险条款和保险费率。

第一百三十七条 国务院保险监督管理机构应当建立健全保险公司偿付能力监管体系,对保险公司的偿付能力实施监控。

第一百三十八条 对偿付能力不足的保险公司,国务院保险监督管理机构应当将其列为重点监管对象,并可以根据具体情况采取下列措施:

(一)责令增加资本金、办理再保险;

(二)限制业务范围;

(三)限制向股东分红;

(四)限制固定资产购置或者经营费用规模;

(五)限制资金运用的形式、比例;

(六)限制增设分支机构;

(七)责令拍卖不良资产、转让保险业务;

(八)限制董事、监事、高级管理人员的薪酬水平;

(九)限制商业性广告;

(十)责令停止接受新业务。

第一百三十九条 保险公司未依照本法规定提取或者结转各项责任准备金,或者未依照本法规定办理再保险,或者严重违反本法关于资金运用的规定的,由保险监督管理机构责令限期改正,并可以责令调整负责人及有关管理人员。

第一百四十条 保险监督管理机构依照本法第一百三十九条的规定作出限期改正的决定后,保险公司逾期未改正的,国务院保险监督管理机构可以决定选派保险专业人员和指定该保险公司的有关人员组成整顿组,对公司进行整顿。

整顿决定应当载明被整顿公司的名称、整顿理由、整顿组成员和整顿期限,并予以公告。

第一百四十一条 整顿组有权监督被整顿保险公司的日常业务。被整顿公司的负责人及有关管理人员应当在整顿组的监督下行使职权。

第一百四十二条 整顿过程中,被整顿保险公司的原有业务继续进行。但是,国务院保险监督管理机构可以责令被整顿公司停止部分原有业务、停止接受新业务,调整资金运用。

第一百四十三条 被整顿保险公司经整顿已纠正其违反本法规定的行为,恢复正常经营状况的,由整顿组提出报告,经国务院保险监督管理机构批准,结束整顿,并由国务院保险监督管理机构予以公告。

第一百四十四条 保险公司有下列情形之一的,国务院保险监督管理机构可以对其实行接管:

(一)公司的偿付能力严重不足的;

(二)违反本法规定,损害社会公共利益,可能严重危及或者已经严重危及公司的偿付能力的。

被接管的保险公司的债权债务关系不因接管而变化。

第一百四十五条　接管组的组成和接管的实施办法,由国务院保险监督管理机构决定,并予以公告。

第一百四十六条　接管期限届满,国务院保险监督管理机构可以决定延长接管期限,但接管期限最长不得超过二年。

第一百四十七条　接管期限届满,被接管的保险公司已恢复正常经营能力的,由国务院保险监督管理机构决定终止接管,并予以公告。

第一百四十八条　被整顿、被接管的保险公司有《中华人民共和国企业破产法》第二条规定情形的,国务院保险监督管理机构可以依法向人民法院申请对该保险公司进行重整或者破产清算。

第一百四十九条　保险公司因违法经营被依法吊销经营保险业务许可证的,或者偿付能力低于国务院保险监督管理机构规定标准,不予撤销将严重危害保险市场秩序、损害公共利益的,由国务院保险监督管理机构予以撤销并公告,依法及时组织清算组进行清算。

第一百五十条　国务院保险监督管理机构有权要求保险公司股东、实际控制人在指定的期限内提供有关信息和资料。

第一百五十一条　保险公司的股东利用关联交易严重损害公司利益,危及公司偿付能力的,由国务院保险监督管理机构责令改正。在按照要求改正前,国务院保险监督管理机构可以限制其股东权利;拒不改正的,可以责令其转让所持的保险公司股权。

第一百五十二条　保险监督管理机构根据履行监督管理职责的需要,可以与保险公司董事、监事和高级管理人员进行监督管理谈话,要求其就公司的业务活动和风险管理的重大事项作出说明。

第一百五十三条　保险公司在整顿、接管、撤销清算期间,或者出现重大风险时,国务院保险监督管理机构可以对该公司直接负责的董事、监事、高级管理人员和其他直接责任人员采取以下措施:

(一)通知出境管理机关依法阻止其出境;

(二)申请司法机关禁止其转移、转让或者以其他方式处分财产,或者在财产上设定其他权利。

第一百五十四条　保险监督管理机构依法履行职责,可以采取下列措施:

(一)对保险公司、保险代理人、保险经纪人、保险资产管理公司、外国保险机构的代表机构进行现场检查;

(二)进入涉嫌违法行为发生场所调查取证;

(三)询问当事人及与被调查事件有关的单位和个人,要求其对与被调查事件有关的事项作出说明;

(四)查阅、复制与被调查事件有关的财产权登记等资料;

(五)查阅、复制保险公司、保险代理人、保险经纪人、保险资产管理公司、外国保险机构的代表机构以及与被调查事件有关的单位和个人的财务会计资料及其他相关文件和资料;对可能被转移、隐匿或者毁损的文件和资料予以封存;

(六)查询涉嫌违法经营的保险公司、保险代理人、保险经纪人、保险资产管理公司、外国保险机构的代表机构以及与涉嫌违法事项有关的单位和个人的银行账户;

(七)对有证据证明已经或者可能转移、隐匿违法资金等涉案财产或者隐匿、伪造、毁损重要证据的，经保险监督管理机构主要负责人批准，申请人民法院予以冻结或者查封。

保险监督管理机构采取前款第（一）项、第（二）项、第（五）项措施的，应当经保险监督管理机构负责人批准；采取第（六）项措施的，应当经国务院保险监督管理机构负责人批准。

保险监督管理机构依法进行监督检查或者调查，其监督检查、调查的人员不得少于二人，并应当出示合法证件和监督检查、调查通知书；监督检查、调查的人员少于二人或者未出示合法证件和监督检查、调查通知书的，被检查、调查的单位和个人有权拒绝。

第一百五十五条 保险监督管理机构依法履行职责，被检查、调查的单位和个人应当配合。

第一百五十六条 保险监督管理机构工作人员应当忠于职守，依法办事，公正廉洁，不得利用职务便利牟取不正当利益，不得泄露所知悉的有关单位和个人的商业秘密。

第一百五十七条 国务院保险监督管理机构应当与中国人民银行、国务院其他金融监督管理机构建立监督管理信息共享机制。

保险监督管理机构依法履行职责，进行监督检查、调查时，有关部门应当予以配合。

第七章　法律责任

第一百五十八条 违反本法规定，擅自设立保险公司、保险资产管理公司或者非法经营商业保险业务的，由保险监督管理机构予以取缔，没收违法所得，并处违法所得一倍以上五倍以下的罚款；没有违法所得或者违法所得不足二十万元的，处二十万元以上一百万元以下的罚款。

第一百五十九条 违反本法规定，擅自设立保险专业代理机构、保险经纪人，或者未取得经营保险代理业务许可证、保险经纪业务许可证从事保险代理业务、保险经纪业务的，由保险监督管理机构予以取缔，没收违法所得，并处违法所得一倍以上五倍以下的罚款；没有违法所得或者违法所得不足五万元的，处五万元以上三十万元以下的罚款。

第一百六十条 保险公司违反本法规定，超出批准的业务范围经营的，由保险监督管理机构责令限期改正，没收违法所得，并处违法所得一倍以上五倍以下的罚款；没有违法所得或者违法所得不足十万元的，处十万元以上五十万元以下的罚款。逾期不改正或者造成严重后果的，责令停业整顿或者吊销业务许可证。

第一百六十一条 保险公司有本法第一百一十六条规定行为之一的，由保险监督管理机构责令改正，处五万元以上三十万元以下的罚款；情节严重的，限制其业务范围、责令停止接受新业务或者吊销业务许可证。

第一百六十二条 保险公司违反本法第八十四条规定的，由保险监督管理机构责令改正，处一万元以上十万元以下的罚款。

第一百六十三条 保险公司违反本法规定，有下列行为之一的，由保险监督管理机构责令改正，处五万元以上三十万元以下的罚款：

（一）超额承保，情节严重的；

（二）为无民事行为能力人承保以死亡为给付保险金条件的保险的。

第一百六十四条 违反本法规定，有下列行为之一的，由保险监督管理机构责令改正，处五万元以上三十万元以下的罚款；情节严重的，可以限制其业务范围、责令停止接受新业务或者吊销业务许可证：

（一）未按照规定提存保证金或者违反规定动用保证金的；

（二）未按照规定提取或者结转各项责任准备金的；

（三）未按照规定缴纳保险保障基金或者提取公积金的；

（四）未按照规定办理再保险的；

（五）未按照规定运用保险公司资金的；

（六）未经批准设立分支机构的；

（七）未按照规定申请批准保险条款、保险费率的。

第一百六十五条　保险代理机构、保险经纪人有本法第一百三十一条规定行为之一的，由保险监督管理机构责令改正，处五万元以上三十万元以下的罚款；情节严重的，吊销业务许可证。

第一百六十六条　保险代理机构、保险经纪人违反本法规定，有下列行为之一的，由保险监督管理机构责令改正，处二万元以上十万元以下的罚款；情节严重的，责令停业整顿或者吊销业务许可证：

（一）未按照规定缴存保证金或者投保职业责任保险的；

（二）未按照规定设立专门账簿记载业务收支情况的。

第一百六十七条　违反本法规定，聘任不具有任职资格的人员的，由保险监督管理机构责令改正，处二万元以上十万元以下的罚款。

第一百六十八条　违反本法规定，转让、出租、出借业务许可证的，由保险监督管理机构处一万元以上十万元以下的罚款；情节严重的，责令停业整顿或者吊销业务许可证。

第一百六十九条　违反本法规定，有下列行为之一的，由保险监督管理机构责令限期改正；逾期不改正的，处一万元以上十万元以下的罚款：

（一）未按照规定报送或者保管报告、报表、文件、资料的，或者未按照规定提供有关信息、资料的；

（二）未按照规定报送保险条款、保险费率备案的；

（三）未按照规定披露信息的。

第一百七十条　违反本法规定，有下列行为之一的，由保险监督管理机构责令改正，处十万元以上五十万元以下的罚款；情节严重的，可以限制其业务范围、责令停止接受新业务或者吊销业务许可证：

（一）编制或者提供虚假的报告、报表、文件、资料的；

（二）拒绝或者妨碍依法监督检查的；

（三）未按照规定使用经批准或者备案的保险条款、保险费率的。

第一百七十一条　保险公司、保险资产管理公司、保险专业代理机构、保险经纪人违反本法规定的，保险监督管理机构除分别依照本法第一百六十条至第一百七十条的规定对该单位给予处罚外，对其直接负责的主管人员和其他直接责任人员给予警告，并处一万元以上十万元以下的罚款；情节严重的，撤销任职资格。

第一百七十二条　个人保险代理人违反本法规定的，由保险监督管理机构给予警告，可以并处二万元以下的罚款；情节严重的，处二万元以上十万元以下的罚款

第一百七十三条　外国保险机构未经国务院保险监督管理机构批准，擅自在中华人民共和国境内设立代表机构的，由国务院保险监督管理机构予以取缔，处五万元以上三十万

元以下的罚款。

外国保险机构在中华人民共和国境内设立的代表机构从事保险经营活动的,由保险监督管理机构责令改正,没收违法所得,并处违法所得一倍以上五倍以下的罚款;没有违法所得或者违法所得不足二十万元的,处二十万元以上一百万元以下的罚款;对其首席代表可以责令撤换;情节严重的,撤销其代表机构。

第一百七十四条 投保人、被保险人或者受益人有下列行为之一,进行保险诈骗活动,尚不构成犯罪的,依法给予行政处罚:

(一)投保人故意虚构保险标的,骗取保险金的;

(二)编造未曾发生的保险事故,或者编造虚假的事故原因或者夸大损失程度,骗取保险金的;

(三)故意造成保险事故,骗取保险金的。

保险事故的鉴定人、评估人、证明人故意提供虚假的证明文件,为投保人、被保险人或者受益人进行保险诈骗提供条件的,依照前款规定给予处罚。

第一百七十五条 违反本法规定,给他人造成损害的,依法承担民事责任。

第一百七十六条 拒绝、阻碍保险监督管理机构及其工作人员依法行使监督检查、调查职权,未使用暴力、威胁方法的,依法给予治安管理处罚。

第一百七十七条 违反法律、行政法规的规定,情节严重的,国务院保险监督管理机构可以禁止有关责任人员一定期限直至终身进入保险业。

第一百七十八条 保险监督管理机构从事监督管理工作的人员有下列情形之一的,依法给予处分:

(一)违反规定批准机构的设立的;

(二)违反规定进行保险条款、保险费率审批的;

(三)违反规定进行现场检查的;

(四)违反规定查询账户或者冻结资金的;

(五)泄露其知悉的有关单位和个人的商业秘密的;

(六)违反规定实施行政处罚的;

(七)滥用职权、玩忽职守的其他行为。

第一百七十九条 违反本法规定,构成犯罪的,依法追究刑事责任。

第八章 附 则

第一百八十条 保险公司应当加入保险行业协会。保险代理人、保险经纪人、保险公估机构可以加入保险行业协会。

保险行业协会是保险业的自律性组织,是社会团体法人。

第一百八十一条 保险公司以外的其他依法设立的保险组织经营的商业保险业务,适用本法。

第一百八十二条 海上保险适用《中华人民共和国海商法》的有关规定;《中华人民共和国海商法》未规定的,适用本法的有关规定。

第一百八十三条 中外合资保险公司、外资独资保险公司、外国保险公司分公司适用本法规定;法律、行政法规另有规定的,适用其规定。

第一百八十四条 国家支持发展为农业生产服务的保险事业。农业保险由法律、行政法规另行规定。

强制保险，法律、行政法规另有规定的，适用其规定。

第一百八十五条 本法自2009年10月1日起施行。

附注：修正后的《保险法》对原《保险法》13项内容进行了修正，修正的具体内容如下：

1.删去第七十九条中的"代表机构"。

2.将第一百一十一条修改为："保险公司从事保险销售的人员应当品行良好，具有保险销售所需的专业能力。保险销售人员的行为规范和管理办法，由国务院保险监督管理机构规定。"

3.删去第一百一十六条第八项中的"或者个人"。

4.删去第一百一十九条第二款、第三款。"保险专业代理机构、保险经纪人凭保险监督管理机构颁发的许可证向工商行政管理机关办理登记，领取营业执照。

保险兼业代理机构凭保险监督管理机构颁发的许可证，向工商行政管理机关办理变更登记。"

5.将第一百二十二条修改为："个人保险代理人、保险代理机构的代理从业人员、保险经纪人的经纪从业人员，应当品行良好，具有从事保险代理业务或者保险经纪业务所需的专业能力。"

6.删去第一百二十四条中的"未经保险监督管理机构批准，保险代理机构、保险经纪人不得动用保证金"。

7.删去第一百三十条中的"具有合法资格的"。

8.删去第一百三十二条。"第一百三十二条 保险专业代理机构、保险经纪人分立、合并、变更组织形式、设立分支机构或者解散的，应当经保险监督管理机构批准。"

9.将第一百六十五条改为第一百六十四条，并删去第六项中的"或者代表机构"。

10.删去第一百六十八条。"第一百六十八条 保险专业代理机构、保险经纪人违反本法规定，未经批准设立分支机构或者变更组织形式的，由保险监督管理机构责令改正，处一万元以上五万元以下的罚款。"

11.将第一百六十九条改为第一百六十七条，并删去其中的"从业资格"。

12.将第一百七十三条改为第一百七十一条，修改为："保险公司、保险资产管理公司、保险专业代理机构、保险经纪人违反本法规定的，保险监督管理机构除分别依照本法第一百六十条至第一百七十条的规定对该单位给予处罚外，对其直接负责的主管人员和其他直接责任人员给予警告，并处一万元以上十万元以下的罚款；情节严重的，撤销任职资格。"

13.将第一百七十四条改为第一百七十二条，并删去第一款中的"并可以吊销其资格证书"和第二款。

ZHEJIANG UNIVERSITY PRESS 浙江大学出版社

互联网+教育+出版

立方书

教育信息化趋势下，课堂教学的创新催生教材的创新，互联网+教育的融合创新，教材呈现全新的表现形式——教材即课堂。

 轻松备课　 分享资源　 发送通知　 作业评测　 互动讨论

"一本书"带走"一个课堂"　教学改革从"扫一扫"开始

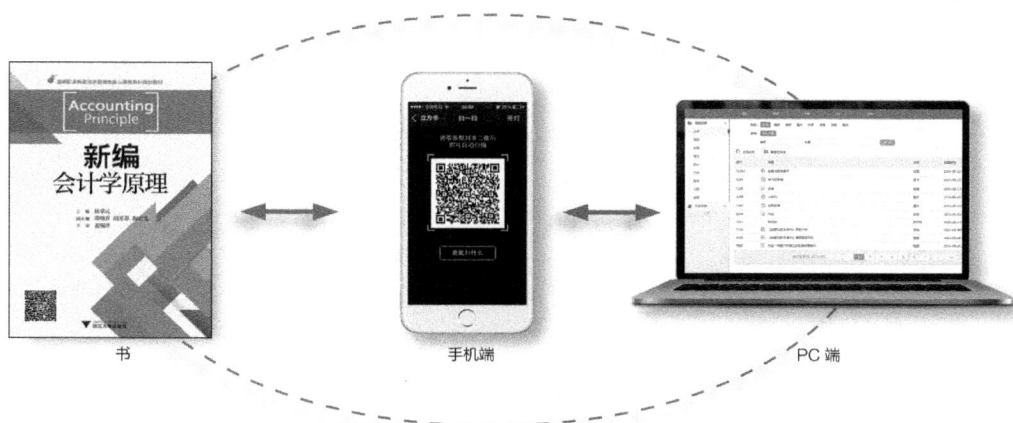

书　　　　　　　手机端　　　　　　　PC端

打造中国大学课堂新模式

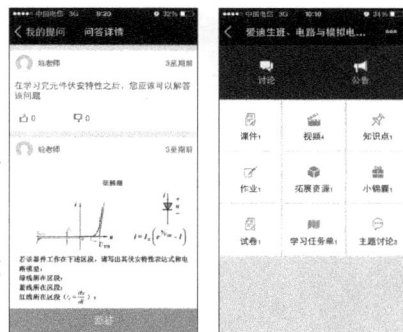

【创新的教学体验】

开课教师可免费申请"立方书"开课，利用本书配套的资源及自己上传的资源进行教学。

【方便的班级管理】

教师可以轻松创建、管理自己的课堂，后台控制简便，可视化操作，一体化管理。

【完善的教学功能】

课程模块、资源内容随心排列，备课、开课，管理学生、发送通知、分享资源、布置和批改作业、组织讨论答疑、开展教学互动。

扫一扫　下载APP

教师开课流程

➡ 在APP内扫描封面二维码，申请资源

➡ 开通教师权限，登录网站

➡ 创建课堂，生成课堂二维码

➡ 学生扫码加入课堂，轻松上课

网站地址：www.lifangshu.com
技术支持：lifangshu2015@126.com；电话：0571-88273329